教育部人文社會科學研究規劃基金項目
"《國語》研究史"（15YJA770004）階段性成果

河北省高等學校
人文社會科學研究重點項目（SD152014）結項成果

《國語》歷代序跋題識輯證

郭萬青 著

齊魯書社

圖書在版編目(CIP)數據

《國語》歷代序跋題識輯證／郭萬青著. —濟南:齊魯書社,2018.8

ISBN 978-7-5333-3981-4

Ⅰ.①國… Ⅱ.①郭… Ⅲ.①中國歷史—春秋時代—史籍②《國語》—研究 Ⅳ.①K225.04

中國版本圖書館 CIP 數據核字(2018)第 164606 號

裝幀設計　王其寶　亓旭欣

責任編輯　武良成

《國語》歷代序跋題識輯證

郭萬青 著

主管單位	山東出版傳媒股份有限公司
出版發行	齊魯書社
社　　址	濟南市英雄山路 189 號
郵　　編	250002
網　　址	www.qlss.com.cn
電子郵箱	qilupress@126.com
營銷中心	(0531)82098521　82098519
印　　刷	山東德州新華印務有限責任公司
開　　本	880mm×1230mm　1/32
印　　張	17.5
插　　頁	3
字　　數	415 千
版　　次	2018 年 8 月第 1 版
印　　次	2018 年 8 月第 1 次印刷
印　　數	1—1100
標準書號	ISBN 978-7-5333-3981-4
定　　價	118.00 圓

序 言

郭萬青

　　作爲一種文體,序跋自然有其風格韻致,古今文章家多有妙論,茲不具引。從學術文獻角度而言,序跋的價值不容小覷。今檢王國強《中國古籍序跋史》一書全部七章,用了四章的篇幅來談古籍序跋的文獻價值,可見序跋的重要性。

　　《國語》專書有序,現存最早的是韋昭《國語解敘》,韋敘也是目前可知現存最早的較有系統的《國語》研究文獻。韋昭《國語解敘》所言涉及四個方面:一、左丘明及其與《國語》的關係;二、《國語》的性質、內容及其功能;三、《國語》的考校及其研究脈絡;四、《國語解》的撰作動機、撰作方式及其發明。就韋昭《國語解敘》所述而言,其學術價值和文獻價值是不言而喻的。

　　此後則是柳宗元的《非國語序》,該序文字數較少,扼要闡述了《國語》的文章風格、思想特點以及作者撰作《非國語》的緣由。

　　宋代學者論述《國語》的文字較多,散見在書信、筆記、語錄中,唯一的一部著作是宋庠的《國語補音》。宋庠在《國語補音敘錄》中對《國語》學術史進行了梳理,同時也説明自己撰作《國語補音》的緣起、校訂《國語》所依據的傳本等。

　　明代是《國語》刊刻昌盛的時代,刻書者往往撰寫有刻書序,對《國語》的傳本特徵、內容、學術價值、社會功能以及刊刻緣起等多有交待。且從明代開始,已經有他人撰序置於《國語》傳本或《國語》論著書端。

　　清代是繼明代之後《國語》刊刻的第二個繁榮期,也是《國語》

研究著述較多的時期,故而《國語》序跋也比較豐富。由於去今未遠,清人的《國語》批校本大部分都保留到了今天,這些批校本上多有題跋。題跋的題寫比較靈活隨機,又提供了不少史料。大致包括以下諸方面內容:一、公序本、明道本系統的版本特徵;二、明道本、公序本學術價值和版本價值估測;三、明道本抄本的流傳遞藏;四、黄刊明道本的價值及學術意義;五、張一鯤本的版本特徵及其校勘者;六、許宗魯本的版本特徵;七、清人遞相校宋的學術活動及其依據;八、金李本的基本特徵及其校勘;九、《國語補音》的版本源流;十、遞修本的時代標識及其主要特徵;十一、詩禮堂刊本的價值及其影響;十二、《國語》和《左傳》的關係;十三、《國語》具體版本的校勘;十四、《國語》的文章風格;十五、《國語》論著的基本內容、學術價值、校勘。概括言之,這些序跋題識至少具有三個方面的價值:一、爲後世留下了較爲完整的明清時期《國語》傳本與刻本資料;二、爲研究明清時期《國語》刻本底本以及各本淵源提供了證據;三、正式確立了《國語》的兩大版本系統。此外,日本江户後期的《國語》傳本和《國語》論著多有序跋,交代該論著的撰述緣起、刊刻情況等,且日本學者在序跋中對《國語》的教化功能多有揭示,這是中國本土學者極少涉及的。日本學者的序跋題識進一步充實和豐富了《國語》研究史料。

晚近以來,《國語》出現了好幾種注本、譯本和句讀本,還有舊刊影印等,其書前也多有他序、自序和例言,對《國語》的學術價值、研究脈絡等多有探討。

因此,對《國語》序跋題識的歷時整理,實際上就是對《國語》研究歷時脈絡的梳理,既可以推動《國語》研究史的深入,也可以促進《國語》本體研究。

本書所收大體包括這樣幾個方面:一、自韋昭《國語解敘》以來的《國語》傳本和《國語》論著的序跋、例言等;二、古今學者探討《國語》或《國語》著述的書信、書後或讀後、題詠等;三、一些重要書目資料對《國語》傳本和《國語》著述的著錄資料;四、《國語》批校本的題跋;五、重要的學術史梳理資料。下限定在一九六五年,即嚴一萍先生所撰《國語翼解跋》的時間。因此後的《國語》論著較易檢尋,其中序言、後記等都很容易看到。凡所錄入者,大致按照時間先後依次編排,惟朱彝尊《經史考》所臚列《國語》資料中,最早的是司馬遷"左丘失明,厥有國語",遠在韋昭之前,故置書首。凡所選錄入者,均交待作者生平學術以及序跋等文字出處。凡所補充,俱以"輯證"形式出之。

筆者研讀《國語》有年,從碩士求學時期就比較注意《國語》序跋題識資料的搜集。但是古代典籍浩如煙海,而《國語》傳本、批校本又多散見各地,更兼寄身偏遠,生性疏懶,期諸無所遺漏實在是一件很困難的事情。惟輯已備者爲一帙,希望有助於《國語》歷時研究脈絡的梳理,並有助於《國語》之進一步整理與研究。作者水平有限,錯訛難免,祈請賢達指正,固所願也!

戊戌上巳,火盆陳邨人識。

凡 例

　　一、韋昭之前《國語》言論，朱彝尊《經義考》悉數收録，故本書以朱彝尊《經義考》"《國語》"部分置於全書之首，次録韋昭《國語解敘》，下至 1965 年嚴一萍《國語翼解跋》止。

　　二、引述來源包括：1.《國語》研究著作序跋題識；2.《國語》傳本及批校本所載之序跋題識；3.歷代中國文集以及日本漢學家文集中有關《國語》的題跋讀後；4.重要題跋、目録及考辨著作中著録《國語》的資料。

　　三、所輯文獻，除朱彝尊《經義考》"《國語》"部分置於書首，其他則大致以作者時代以及序跋寫作時間爲序，依次臚列。

　　四、所引文獻，有作者小字自注者，悉以"【輯證】○作者名＋曰"出之。

　　五、所輯文獻標題爲參照原文標題或内容擬定。

　　六、標題之下，首列作者，次出輯證，除韋昭傳記單獨附後，其他則在輯證中略述作者生平學術及相關考辨。

　　七、引述文獻文字有缺漏者，以"□"出之。

　　八、凡序跋題識有異本者，則取以校勘，異文比對，亦以"輯證"出之。

　　九、凡與序跋題識中論點有異而可資考校者，於相應文字之下以"輯證"引録出之。

　　十、凡所引述，往往於"輯證"後以"××曰"出之；綜合各家、案以己意者，則以"××案"出之。

目　錄

序言 ································· 郭萬青(1)
凡例 ······································ (1)

《經義考·國語》 ···················（清）朱彝尊(1)
《國語解》序 ·····················（三國吳）韋昭(28)
《非國語》序 ······················（唐）柳宗元(63)
《國語補音》敘錄 ····················（宋）宋庠(69)
答劉壯輿論《國語》書 ·············（宋）晁補之(92)
正《國語》説 ·······················（宋）張耒(95)
題《國語》 ·························（宋）陳造(96)
讀《國語》二首 ·····················（元）陳基(97)
讀《國語》 ·······················（元）戴表元(98)
《春秋傳類編》序 ···················（明）朱右(99)
朝鮮集賢殿校本《國語》識語 ·················(101)
《釋〈國語〉》序 ················（明）張邦奇(103)
《釋〈國語〉》跋 ················（明）張邦奇(104)
古本《國語》 ·····················（明）都穆(105)
《國語》戴鏞識語 ··················（明）戴鏞(106)
《國語》二十一卷《補音》三卷 ·······（明）黃佐(107)
重刊《國語》序 ··················（明）李士實(109)
刻《國語》序 ····················（明）許宗魯(111)
《國語·國語補音敘錄》後案 ········（明）許宗魯(115)

《國語·諸國世系說》後案 ……………………（明）許宗魯(116)
《國語古文音釋》識語 ……………………（明）王鏊(117)
許宗魯本《國語》蛾術老人跋……………………蛾術老人(119)
《國語》序 ……………………………………（明）唐龍(121)
《國語》後序 …………………………………（明）趙伸(124)
刊《國語》序 …………………………………（明）唐樞(126)
《左國腴詞》敘 ………………………………（明）凌迪知(128)
合集《國風》《國語》《國策》三書 ……………（明）沈懋孝(130)
《檀弓國語評林》序 …………………………（明）陳文燭(132)
《國語》童思泉識語 …………………………（明）童思泉(134)
刻《國語》序 …………………………………（明）張一鯤(135)
校補《國語》凡例 ……………………………（明）張一鯤(139)
跋《國語》後 …………………………………（明）吳汝紀(141)
《國語鈔評》序 ………………………………（明）劉鳳(143)
孫司馬《左國選評》題辭 ……………………（明）李維楨(147)
《左氏內外傳異同》序 ………………………（明）李維楨(150)
《國語抄評》序 ………………………………（明）葉明元(153)
刻《國語抄評》序 ……………………………（明）鄭道興(155)
敘《國語抄評》後 ……………………………（明）孫希夔(157)
鑴《左氏春秋內外傳類選》序 ………………（明）樊王家(159)
《國語髓析》序 ………………………………（明）董光宏(161)
《國語髓析》後序 ……………………………（明）唐暉(163)
《國語髓析》序 ………………………………（明）李若訥(165)
《國語裁注》按語 ……………………………（明）閔齊伋(167)
《國語裁注》跋 ………………………………（明）閔齊伋(168)
《國語》敘 ……………………………………（明）鍾人傑(169)
《國策》《國語》選評序 ………………………（明）陳仁錫(171)
《國語》序 ……………………………………（明）陳仁錫(173)

讀《國語》	（明）羅明祖(175)
《春秋外傳國語地名錄》序	（明）劉城(176)
《春秋外傳國語人名錄》序	（明）劉城(177)
二乙堂本《國語》凡例	（明）二乙堂主人(178)
《國語公穀合編》序	（明）沈明掄(180)
《春秋國語公穀合編》雜輯	（明）徐肇森(183)
《春秋內外傳》序	（明）茅元儀(188)
賦《左傳》《國語》用前韻	〔日本〕林道春(190)
《國語》《戰國策》跋	〔日本〕林道春(191)
《左國欣賞集》序	（清）魏裔介(192)
《山曉閣左國選》序	（清）孫琮(193)
跋《國語》	（清）何焯(195)
跋《國語》	（清）劉青藜(198)
《國語選》序	（清）徐銘硯(199)
《國語選》序	（清）吳景熹(200)
跋韋昭《國語解》	（清）汪由敦(202)
《古文眉詮》鈔例	（清）浦起龍(203)
《春秋左國公穀分國紀事本末》序	（清）汪廷璵(204)
《春秋左國公穀分國紀事本末》序	（清）李國華(206)
《春秋分國紀事本末》例言	(208)
《四書左國輯要》序	（清）周龍官(210)
《四書左國輯要》序	夏皋率耕氏(212)
《春秋外傳國語解刪補》序	〔日本〕渡邊操(214)
《國語解刪補》凡例	〔日本〕渡邊操(216)
御製讀《齊語》	（清）愛新覺羅·弘曆(218)
《國語》沈寶硯跋	（清）沈寶硯(219)
《國語》校跋	（清）洪榜(220)
《國語》孔繼汾識	（清）孔繼汾(221)

《國語》段玉裁跋 …………………………（清）段玉裁(222)
《國語》孔繼涵題記（一）……………（清）孔繼涵(223)
《國語》孔繼涵題記（二）……………（清）孔繼涵(224)
《國語補音》孔繼涵題記 ………………（清）孔繼涵(225)
《國語補音》孔廣栻題記 ………………（清）孔廣栻(226)
書《國語》後 ……………………………（清）朱景英(228)
《天祿琳琅書目·國語》………………（清）于敏中等(230)
《天祿琳琅書目後編·國語》…………（清）彭元瑞等(232)
《四庫全書總目·國語提要》……………………………(233)
《四庫全書總目·國語補音提要》………………………(239)
讀《國語》………………………………〔日本〕千葉玄之(241)
重刻《國語》跋 ………………………〔日本〕監野光迪(243)
《國語鈔》序 ……………………………………（清）高塙(244)
《國語略説》自序 ……………………〔日本〕關脩齡(246)
《國語略説》序 ………………………〔日本〕新井熙(248)
跋影宋本《國語》後 ……………………（清）顧廣圻(250)
跋明刻本《國語》………………………（清）顧廣圻(252)
《士禮居藏書題跋記·國語》……………（清）黃丕烈(254)
《國語考》序 …………………………〔日本〕戶崎允明(272)
《國語》顧廣圻跋 ………………………（清）顧廣圻(273)
《校刊明道本韋氏解〈國語〉札記》序 …（清）黃丕烈(274)
重刊明道二年《國語》序 ………………（清）錢大昕(279)
重刊明道二年《國語》序 ………………（清）段玉裁(281)
《春秋外傳考正》論例 …………………（清）陳樹華(284)
讀《國語》………………………………（清）吳俊(303)
《增注國語》序 ………………………〔日本〕冢田虎(304)
校正《國語》序 …………………………（清）趙懷玉(307)
讀《國語》………………………………（清）徐經(309)

《國語》序 ……………………………… 〔日本〕葛西質(311)
内閣文庫藏本《國語》題識 …………… 〔日本〕山田直温等(314)
上《國語定本》牋 ……………………… 〔日本〕秦鼎(316)
《國語定本》題言 ……………………… 〔日本〕秦鼎(319)
《國語定本》跋 ………………………… 〔日本〕村瀬海輔(323)
《國語定本》跋 ………………………… 〔日本〕神野世猷(324)
浦墉金李本《國語》題記 ……………… （清）浦墉(325)
《鄭堂讀書記·國語》 …………………… （清）周中孚(326)
天聖明道本《國語》跋 ………………… （清）許宗彦(329)
新刻《國語》序 ………………………… 〔日本〕朝川鼎(331)
《國語正義》序 ………………………… （清）董增齡(333)
《國語正義》敘 ………………………… （清）王引之(344)
韓本影寫《國語》題識 ………………… 〔日本〕細井謨等(346)
林道春點本《國語》題識 ……………… 〔日本〕細井謨等(350)
翻宋本《國語》跋 ……………………… （清）瞿中溶(354)
讀《國語》 ……………………………… （清）查揆(357)
《左國占義》序 ………………………… 〔日本〕朝川鼎(359)
《國語發正》序 ………………………… （清）汪遠孫(361)
《〈國語〉明道本考異》序 ……………… （清）汪遠孫(364)
《〈國語〉三君注輯存》序 ……………… （清）汪遠孫(366)
陳奐《國語》校跋 ……………………… （清）陳奐(367)
《春秋外傳國語釋文》敘 ……………… （清）王煦(368)
《春秋外傳國語補補音》敘 …………… （清）王煦(370)
《國語校注本三種》序 ………………… （清）陳奐(372)
《春秋外傳國語補補音》跋 …………… （清）王鏗(376)
書《周語》後一則 ……………………… （清）袁翼(377)
童思泉本《國語》跋 …………………… （清）徐時棟(379)
上海圖書館藏黃刊明道本《國語》題跋 …… （清）沈善經等(380)

讀《國語》	（清）汪之昌(382)
書《國語》後	（清）汪之昌(383)
《國語釋地》序	（清）譚沄(385)
《〈國語補音〉札記》序	（清）錢保塘(386)
跋舊本《國語補音》	（清）錢保塘(388)
重刻《左國腴詞》序	（清）徐友蘭(393)
《增注國語定本》序	〔日本〕菊池純(394)
《增注國語定本》例言	〔日本〕高木熊三郎(396)
詩禮堂本《國語》王籛記	（清）王籛(398)
《國語》跋	（清）翁同龢(401)
抄本《國語補音》跋	（清）李文田(403)
讀《國語》	（清）賀濤(404)
《皕宋樓藏書志·國語》	（清）陸心源(406)
宋槧《國語》跋	（清）陸心源(408)
毛抄天聖明道本《國語》跋	（清）陸心源(410)
宋槧《國語補音》跋	（清）陸心源(412)
《日本訪書志·國語》	（清）楊守敬(413)
《國語》葉德輝跋	（清）葉德輝(415)
《國語韋解補正》敘	吳曾祺(419)
《國語韋解補正》凡例	吳曾祺(422)
《增訂四庫全書簡明目録標注·國語》	（清）邵懿辰、邵章(425)
《國語義疏》凡例	（清）廖平(428)
《國語賈注補輯》自序	劉師培(433)
《國語精華》序	上海中華書局(439)
《國語詳注》例言	沈鎔(441)
桐城吳先生點勘《國語》識語	吳闓生(443)
《國語》劉咸炘題識	劉咸炘(445)
《國語集解》敘例	徐元誥(448)

張一鯤本《國語》題識………………………………… 單 鎮(458)
《國語》書錄………………………………………… （460）
《國語》張元濟跋…………………………………… 張元濟(461)
《善本書所見錄·國語》…………………………… 羅振常(464)
《藏園羣書經眼錄·國語》………………………… 傅增湘(467)
重刊《國語補韋》序………………………………… 邵瑞彭(470)
《國語索引》凡例 …………………………〔日本〕鈴木隆一(474)
《國語》例言………………………………………… 葉玉麟(477)
《國語》緒言………………………………………… 葉玉麟(479)
《白話譯解國語》序………………………………… 朱太忙(481)
《國語讀本》編輯大意……………………………… 秦同培(484)
《左國選讀》例言…………………………………… 張寄岫(488)
王白田《國語存校》識語…………………………… 馬敍倫(489)
李克家本《國語》題記……………………………… 張元濟(490)
《僞書通考·雜史類·國語》……………………… 張心澂(492)
《國語校本》題記…………………………………… 潘景鄭(508)
《國語選》前言……………………………………… 傅庚生(510)
《國語翼解》跋……………………………………… 嚴一萍(528)

主要參考文獻 ………………………………………………（533）

《經義考·國語》

（清）朱彝尊

【輯證】○萬青案：朱彝尊（1629—1709），字錫鬯，號竹垞，又號醧舫，晚號小長蘆釣魚師，又號金風亭長，浙江秀水（今嘉興）人。著有《經義考》《日下舊聞》《曝書亭集》等，另編有《明詞綜》《明詩綜》等。朱彝尊《經義考》卷二百零九所收《國語》著述始末最早且最爲完整，故將朱氏的文字放在最前面，作爲大略。

1. 左丘子明《春秋外傳國語》

《漢志》：二十一篇。存。

司馬遷曰：左丘失明，厥有《國語》。【輯證】○萬青案：王樹民《左丘與左丘明非一人辨》（《河北師院學報》1988 年第 4 期，頁 89～91）根據司馬遷的記述認爲，編撰《國語》的人爲失明的左丘，與左丘明的姓名很相近，但不能便説成是一個人。王氏認爲在《報任安書》中，"左丘列在屈原和孫臏之間，自然是戰國中期的人，遠在春秋末年的左丘明之後。又《國語》記晉事最詳，在晉三卿中更特詳趙氏之事，則編撰者應爲趙國或與趙氏有特別關係之人"。後來沈長雲又進一步申述了這一觀點。《國語》的作者問題，下文還會涉及。歷代學者對於"左丘明"這一名稱還存在很多分歧，古今中外很多學者都討論過，至今也沒能取得完全一致的意見，綜述各家之説者可見曹礎基《先秦文學集疑》、譚家健《先秦散文藝術新探》以及相關研究論文。又司馬遷此語，尚有專門研究者，如陳槃《"左丘失明，厥有〈國語〉"辨》（《書目季刊》1983 年第 1 期）認爲司馬遷的説法是錯誤的,認爲"作《國語》《左傳》之左丘,如其果有瞽史之稱,則亦應是官稱,非果其爲廢疾也"。李寳通《"左丘失明,厥有〈國語〉"新解》(《西北師大學報》2006年第6期)提出此處"失明"不當理解爲視力完全喪失,而應把"左丘失明"理解爲"失於明細"之義,亦即左丘明以"佐孔丘明史"自命。這種説法雖然新穎,但是和《太史公自序》《報任安書》中上下文語境就不一致了,故不可取。史繼東《〈國語〉文學研究》已經予以批駁,讀者可參。楊伯峻先生則認爲司馬遷這句話靠不住,他説:"司馬遷寫文章是一回事,寫史書是另一回事。寫文章,可以信筆拈來,不求切合史實;寫史書,卻需符合歷史客觀情況。他的《報任安書》所舉諸例,很多是非歷史的。'左丘失明,厥有《國語》'也是如此。司馬遷本應説'左丘失明,厥有《春秋》',爲著避免上文'孔子厄陳蔡作《春秋》'重複《春秋》兩字,於是改《春秋》爲《國語》,硬把《國語》的作者加於左丘明,遂成後代爭論問題之一。楊樹達先生《古書疑義舉例續補·避重複而變文例》説:'太史公《報任少卿書》云:"蓋西伯拘而演《周易》;仲尼厄而作《春秋》;屈原放逐,乃賦《離騷》;左丘失明,厥有《國語》。"鄉先輩王先生理安云:"左丘明作《春秋》内外傳,兹舉《國語》,避上《春秋》字。"'王理安的解釋祇一半中肯,左丘明並不曾作《春秋外傳》(即《國語》)。"(《楊伯峻學術論文集》,頁214)楊伯峻先生析分史學之筆與文學之筆,又以避重複釋之,可參。可見,這一問題還有探討的空間,但在缺乏直接證據材料支撐的前提下,已經很難繼續深入了。但仍然無法回答何以非要以《國語》代替《春秋》而避重複這一點。

王充曰:《國語》,左氏之外傳也。左氏傳經,辭語尚略,故復選録《國語》之辭以實之。【輯證】○萬青案:王充之言見載於《論衡·案書》篇。今《論衡》本句之下尚有"然則左氏《國語》,世儒之寳書也"一句,劉盼遂云:"寳書,疑當作'寶書'。古稱良史爲寶書。元刊本作寶。"(劉盼遂《論衡集解》,北京:古籍出版社1957年版,頁568)"實""實"形近易混。但上文既然云"選錄《國語》之辭以實之",則此處云"實書"亦通,不必以爲誤。實際上班固的父親班彪也有評論,當置於王充之前。其説云:"魯君子左丘明論集其文,作《左氏傳》三十篇。又撰異同,號曰《國語》二十一篇。由是乘、檮杌之事遂闇,而《左氏》《國語》獨章……孝武之世,太史令司馬遷採《左氏》《國語》,刪《世本》……夫百家之書猶可法也,若《左氏》《國語》《世本》《戰國策》《楚漢春秋》《太史公書》,今之所以知古,後之所由觀前,聖人之耳目也。"(《後漢紀》卷十三、《後漢書》卷三十)

傅玄曰:《國語》非丘明所作,故有共説一事,而二文不同。【輯證】○萬青案:傅玄之説見於孔穎達《〈左傳·哀公十三年〉正義》。

孔晁曰:左丘明集其典雅令辭,與經相發明者,爲《春秋傳》。其高論善言,别爲《國語》。【輯證】○萬青案:《左傳·僖公十一年》孔穎達《疏》引孔晁曰:"左丘明集其典雅令辭,與經相發明者,以爲《春秋傳》。其高論善言,别爲《國語》。凡《左傳》《國語》有事同而辭異者,以其詳於《左傳》,而略於《國語》;詳於《國語》,而略於《左傳》。"從孔晁的表述看,"其"是《左傳》和《國語》的共同來源。《左傳》和《國語》的區别在於其内容與性質,《左傳》之内容爲"典雅令辭,與經相發明",《國語》則爲"高論善言"。

劉熙曰:《國語》,記諸國君臣相與言語謀議之得失也。又曰:《外傳》,【輯證】○畢沅曰:《説文》引《國語》文,輒稱《春秋國語》,以《國語》爲《春秋外傳》故也。○王先謙曰:王啓原曰:《説文》及《風俗通》並稱《春秋國語》。至《釋名》則言"又曰《外傳》",蓋漢時二名。並稱《隋志》"《春秋外傳國語》二十卷,賈逵注",是《外傳》之名已蓋不得,以《漢志》無"外傳"之名而疑之,惟其爲《春秋外傳》,故《蜀志·陳震傳》震即以《國語》爲《春秋》也。蘇輿曰:

《漢書·律曆志》引《國語》"少昊之衰,九黎亂德"等語,稱《春秋外傳》,此蓋以《國語》爲外傳之證。又《論衡》云:《國語》,左氏之外傳也。《内傳》詞語有詳亦有略,故復選録《國語》之辭以補之。○萬青按:《説文》雖然稱《國語》爲《春秋國語》是否因爲認定《國語》爲外傳,恐怕也還在可討論之列。至少,司馬遷在《史記》中即已經出現了"春秋國語"的字眼。王先謙則主要梳理漢代以《國語》爲"外傳"的史實。《春秋》以魯爲内,以諸國爲外,外國所傳之事也。【輯證】○《四庫全書總目·國語提要》曰:考《國語》上包周穆王,下暨魯悼公,與《春秋》時代首尾皆不相應,其事亦多與《春秋》無關。繫之《春秋》,殊爲不類。至書中明有《魯語》,而劉熙以爲外國所傳,尤爲舛迕。附之於經,於義未允。○畢沅曰:《公羊》成十五年《傳》:春秋内其國而外諸夏。案:以此言《春秋》可也。《外傳》亦有《魯語》,則此語爲不可通。韋昭云:"其文不主於經,故謂之外傳。"斯言得之。○萬青案:《四庫全書總目》與畢沅之説近似,當然《四庫全書總目》所述更爲詳盡具體。

　　劉炫曰:《國語》非丘明作。【輯證】○萬青案:劉炫之説見於王應麟《困學紀聞》卷六。

　　劉知幾曰:左丘明既爲《春秋内傳》,又稽其逸文,纂其别説,分周、魯、齊、晉、鄭、楚、吴、越八國事,起自周穆王,終於魯悼公,列爲《春秋外傳國語》,合二十一篇。其文以方《内傳》,或重出而小異。然自古名儒賈逵、王肅、虞翻、韋曜之徒,並申以注釋,治其章句,此亦六經之流、三傳之亞也。【輯證】○浦起龍曰:首節疏明國别之體,因推稽纂所由,兼及注家章句如此。○萬青案:劉知幾之説見氏著《史通·六家第一·國語》,《經義考》引未全,"三傳之亞也"下文云:"曁縱橫互起,力戰争雄,秦兼天下而著《戰國策》。其篇有東西二周、秦、齊、燕、楚、三晉、宋、衛、中山,合十二國,分爲三十三卷。夫謂之策者,蓋錄而不序，故即簡以爲名。或云漢代劉向以戰國游士爲策謀，因謂之《戰國策》。至孔衍又以《戰國策》所書未爲盡善，乃引太史公所記，參其異同，刪彼二家，聚爲一録，號爲《春秋後語》。除二周及宋、衞、中山，其所留者七國而已，始自秦孝公，終於楚漢之際，比於春秋，亦盡二百三十餘年行事。始衍撰《春秋時國語》，復撰《春秋後語》，勒成二書，各爲十卷，今行於世者唯《後語》存焉。按其書序云：雖左氏莫能加，世人皆尤其不量力，不度德，尋衍之此義，自比於丘明者。第謂《國語》非《春秋傳》也，必方以類聚，豈多嗤乎？當漢氏失馭，英雄角力，司馬彪又録其行事，因爲《九州春秋》，州爲一篇，合爲九卷。尋其體統，亦近代之《國語》也。自魏都許洛，三方鼎峙，晉宅江淮，四海幅裂。其君雖號同王者，而地實諸侯。所在史官，記其國事爲紀傳者則規模班馬，創編年者則議擬荀袁。爲是《史》《漢》之體大行而《國語》之風替矣。"張孟倫在《中國史學史》中總結了劉知幾認爲《國語》是左丘明編纂的四點理由："第一，左氏搜集史料加以剪裁熔鑄著成《左傳》，又復採遺文逸事爲之排比編纂而成周、魯八國國別史的《國語》。從而《國語》的文筆較《左傳》自是不同。第二，《左傳》終於魯哀公，《國語》迄於魯悼公，所止年代，正是相近。至於《左傳》因傳《春秋》故始於魯隱公，《國語》則記周一代之始衰，故起於周穆王。則託始之點表面上雖説不同，而注重在政治上的意義——《左傳》紀周之衰始於東周之平王，《國語》紀周一代之衰始於西周之穆王，則又是一致的。第三，因爲《國語》《左傳》有相同而又不全相同，故名《左傳》爲'春秋内傳'，《國語》爲'春秋外傳'；前者是專爲'傳聖人之旨'作的，後者則衹和《春秋》密切相關而是經、傳的流亞。如此的一内一外，並不是它們有什麽相違相背。相反，而是它們關係之深、表裏之切。王應麟以博古通今、明辨考證著稱，而説它們'相別以成大業'（《補漢書藝文志考證》）也就正是這個意思——它們雖有不同之處，卻同是以史事給《春秋》作解釋而爲姊妹篇的史書。第四，從接近古代以來的漢魏名家鑽研《國語》且曾給予注釋的,莫不以爲《國語》是由左氏纂輯的,並沒有任何懷疑。"(蘭州:甘肅人民出版社1983年版,頁80)

陸淳曰:《國語》與《左傳》文體不倫,定非一人所爲。【輯證】〇萬青案:陸淳《春秋集傳纂例》卷一《趙氏損益義第五》云:"且《左傳》《國語》文體不倫,序事又多乖刺,定非一人所爲也。蓋左氏廣集諸國之史以釋《春秋》。傳成之後,蓋其家子弟及門人見嘉謀事跡多不入傳,或有雖入傳而復不同,故各隨國編之而成此書,以廣異聞爾。"

《崇文總目》:左丘明撰,吳侍中領左國史高陵亭侯韋昭解。昭參引鄭衆、賈逵、虞翻、唐固,【輯證】〇文淵閣本注曰:二人皆吳臣。合凡五家爲注,【輯證】〇翁方綱曰:"合凡五家"當作"四家"。〇萬青案:三國時期的《國語》研究,以吳國爲最盛,虞翻、唐固、韋昭皆爲吳國人。從表述上看,鄭、賈、虞、唐確實是四家。恐怕《崇文總目》此處"合凡五家"之"五家"是包括韋昭在內的。自所發正者三百七事。【輯證】〇萬青案:此出《崇文總目》卷二"春秋類"下。

司馬光曰:先儒多怪左丘明,既傳《春秋》,又作《國語》,爲之說者多矣,皆未甚通也。先君以爲,丘明將傳《春秋》,乃先采集列國之史,因別分之,取其精英者爲《春秋傳》,而先所采集之稾,因爲時人所傳,命曰《國語》。非丘明之本志也。故其辭語繁重,序事過詳,不若《春秋傳》之簡直、精明、渾厚、遒峻也。又多駁雜不粹之文,誠由列國之史學有厚薄、才有淺深,不能醇一故也。不然,丘明作此重複之書,何爲耶?【輯證】〇萬青案:司馬光之說見於《溫國文正公文集》卷六八《述國語》。

晁公武曰:班固《藝文志》有《國語》二十一篇。《隋志》云二十二卷,《唐志》云二十一卷,今書篇次與《漢志》同。蓋歷代儒者析簡併篇,互有損益,不足疑也。要之,《藝文志》審矣。陸淳謂與《左傳》文體不倫,定非一人所爲。蓋未必然。范寧曰:"左氏富而艷。"韓愈云:"左氏浮夸。"今觀此書,信乎其富艷且浮夸矣,非左氏而誰?柳宗元稱《越語》尤奇峻,豈特越哉?自楚以下,類如此。【輯證】○萬青案:《郡齋讀書志》原文"班固"上還有"右魯左丘明撰,吳韋昭弘嗣集鄭衆、賈逵、虞翻、唐固四家説成此解,皇朝宋庠爲《補音》三卷"之語,《經義考》引省。

《朱子語錄》曰:《國語》委靡繁絮,真衰世之文耳。是時語言議論如此,宜乎周之不能振起也。【輯證】○萬青案:朱熹之説見於《朱子語類》卷一百三十九《論文上》。又饒錄云:"《國語》説得絮,祇是氣衰,又不如戰國文字更有些精彩。"又曰:"《國語》文字極困苦,振作不起;戰國文字豪傑,便見事情。"可與《經義考》所引朱熹之説相呼應。

李燾曰:昔左丘明將傳《春秋》,乃先采集列國之史,國別爲語,旋獵其英華作《春秋傳》,而先所采集之語草稾具存,時人共傳習之,號曰《國語》。殆非丘明本志也。故其辭多枝葉,不若《内傳》之簡直峻健。甚者駁雜不類,如出他手。蓋由當時列國之史材有厚薄,學有淺深,故不能醇一耳。不然,丘明特爲此重複之書,何耶?先儒或謂《春秋傳》先成,《國語》繼作,誤矣。惟本朝司馬温公父子能識之。【輯證】○萬青案:李氏之説見於馬端臨《文獻通考》卷一百八十三《經籍考十·經·春秋》。

陳振孫曰:自班固《志》言左丘明所著,至今與《春秋傳》並行,號爲"外傳"。今考二書雖相出入,而事辭或多異同,文體亦不類。意必非出一人之手也。司馬子長云:"左丘失明,厥有《國語》。"又似不知所謂。唐啖助亦嘗辨之。【輯證】○萬青案:本條出陳振孫《直齋書錄解題》卷三,《經義考》引錄文字稍有減省。

陳造曰:左丘明傳記諸國事既備矣,復爲《國語》。二書之事大同小異者多或疑之。蓋傳在先秦古書,六經之亞也。紀史以釋經,文婉而麗。《國語》要是傳體,而其文壯,其辭奇。【輯證】○萬青案:見陳造《江湖長翁文集》卷三十一《題〈國語〉》。

真德秀曰:征犬戎、監謗、專利、不藉千畝、立戲五事,皆周宣王以前文章。不見於《書》,而幸見於《國語》。【輯證】○萬青案:見真德秀《文章正宗》卷四。

王應麟曰:劉炫謂《國語》非丘明作。葉少蘊云:古有左氏、左丘氏,太史公稱"左丘失明,厥有《國語》",今《春秋傳》作左氏,而《國語》爲左丘氏,則不得爲一家,文體亦自不同。其非一家書明甚。左氏蓋左史之後,以官氏者。【輯證】○萬青案:葉少蘊,即葉夢得,其說見《習學記言》。朱文公謂左氏乃左史倚相之後,故其書說楚事爲詳。司馬氏謂左氏欲傳《春秋》,先作《國語》,《國語》之文不及《傳》之精也。【輯證】○萬青案:說見《困學紀聞》卷六,文字稍有不同。王樹民《左丘與左丘明非一人辨》(《河北師院學報》1988年第4期)謂葉少蘊之說爲"一針見血之論"。

黃震曰:《國語》事必稽典型,言必主恭敬。衰周之邪說,一語無之。是足詔萬世也。【輯證】○萬青案:說見黃震《黃氏日鈔》卷五十二《讀雜史·國語》。

戴表元曰:此書不專載事,遂稱《國語》。先儒奇太史公變編年爲雜體,有作古之材。以余觀之,殆倣《國語》而爲之也。【輯證】○萬青案:説見氏著《剡源集》卷二十三《雜著祭文·讀〈國語〉》。

黄省曾曰:昔左氏羅集國史實書,以傳《春秋》。其釋麗之餘,溢爲《外傳》,實多先王之明訓。自張蒼、賈生、馬遷以來,千數百年,播誦於藝林不衰。世儒雖以浮夸譎誕者爲病。然而文辭高妙精理,非後之操觚者可及。【輯證】○萬青案:黄省曾(1490—1540),明代吴縣人,字勉之。在農學、楚辭學、地理風物方面都有著述,而且還刊刻過多部典籍。黄氏此論不見於《五嶽山人集》中,未知出自何處。檢其《五嶽山人集》卷二五有《黄氏懷賢傳序一首》一篇,云:"古者,策書簡牘所以存王軌、闡嘉猷、鏡將來也。使南面者有所興畏,陳列者有所效蓋,而天下恒治。此聖人作史,慮萬世至深遠也。自秦漢以來,文籍銷滅,而公旦春秋典法僅於左氏之紀見焉。學者玩狎罔知,侮鉅寶以爲瓦礫。上者不過獵漁其辭,下者則譏彈以爲衰周之迹,曷足以觀?嗚呼!何習俗之昏鄙桀敖,一至此也。春日有和,蕭齋多暇,乃披覽《國語》。每覩其閎言大謨,則掩卷太息,反覆而誦繹之,欽慕之不已。則又申之贊頌,而緇衣之心油然其未罄也。《詩》云:'高山仰止,景行行止。'仲尼曰:'見賢思齊,見不賢而内省。'感桑間而重姬姜,翳叢灌而瞻松桂,嫉鴟鴞而仰鳳皇,戚憸人而懷君子。此人之至情也。逾月卒業,迺擇素襟之所尤好者,自周至楚,得三十二人,表以録之,而羹牆焉。庶幾讀而興者,達爲良臣,處爲潔士,生爲仁人,死爲芳鬼,而古者操觚之心殆不負乎!嗚呼!予觀諸賢遭遇者寡,亦多沉淪坎坷,其與當時榮華佞小同一塵燼久矣。然獨諸賢之名至今艷人齒頰,縈人腹腸,將與天壤俱永。此賢者之所以可貴也。"是黄氏擷取《國語》中人物三十二勒爲一書,名之《黄氏懷賢傳》。黄氏的這篇序文對《國語》也頗多評議,可備參考。

王維楨曰：《左傳》尊聖人之經者，而《國語》羽翼之。《春秋》素王，丘明素臣，千古不易之論也。范武子謂左氏豔而富，其失也誣。【輯證】○翁方綱曰："其失也誣"，誣當作"巫"。○萬青案：范武子，即范寧，語出《春秋穀梁傳序》，朱彝尊已引述之。夫古之聞人恥巧言令色者，而肯誣耶？柳子厚文章簡古有法，深得左氏之遺，至爲論六十七篇，而命曰《非國語》，病其文勝而不醇乎道，斯持論之過也。【輯證】○萬青案："柳子厚"以下文字，清人陳鴻墀《全唐文紀事》卷六十九引陳文燭語與之同。《全唐文紀事》謂陳文燭語出宋柳開《河東集》亦誤。陳文燭爲明人，有《二西園集》傳世。審陳氏《二西園續集》卷一有《檀弓國語評林序》一篇，云："楊用修蓋有《檀弓叢訓》，不佞梓於蜀大都。孔門之事皆《家語》《魯論》所不載，而記述有體。其文工巧説者等於《考工記》。友人周國雍曾謀刻二注未果。乃《左傳》尊聖人之經者，而《國語》羽翼之。《春秋》素王，左丘明素臣，千古不易之論也。范武子謂左氏富而艷，其失也巫。夫古之聞人，恥巧言令色者而肯巫耶？柳子厚文章簡古有法，至爲論六十七篇，而命曰《非國語》，病其文勝而不純乎道，斯持論之過也。後之伏膺呻吟者真比之六經云。門人馬子叔華好古工文，讀三書而纂述之，題曰《評林》，請余引其端。高言妙句，寓目愜心，而不敢寓一字以褒貶之，益信古人立言之難也。"（《四庫全書存目叢書·集部》第139册，濟南：齊魯書社1997年版，頁411）陳文燭後於王維楨（1507—1556）30多年，其序文共219字，而有100字内容和《經義考》引王維楨語相同。但是《經義考》所引王維楨語不見於王氏所著《存笥稿》以及《司成遺翰》，未知出自何處。

王世貞曰：昔孔子因魯史以作經，而左氏翼經以立傳，復作《外傳》以補所未備。其所著記，蓋列國辭命、載書、訓誡、諫説之辭也。商畧帝王，包括宇宙，該治亂，蹟善敗，按籍而索之，班班詳覈，奚翅二百四十二年之行事，其論古今天道人事備矣。即寥寥數語，靡不悉張弛之義，暢彼我之懷，極組織之工，鼓陶鑄之巧。學者稍稍掇拾其芬豔，猶足以文藻羣流，黼黻當代，信文章之巨麗也。【輯證】○萬青案：張尚瑗《三傳折諸》卷首即引王氏此段文字，謂出自《弇州集》。

陶望齡曰：《國語》一書，深厚渾樸，周、魯尚矣。《周語》辭勝事，《晉語》事勝辭，《齊語》單記桓公霸業，大畧與《管子》同。如其妙理瑋辭，驟讀之而心驚，潛翫之而味永，還須以《越語》壓卷。【輯證】○萬青案：陶望齡（？—1609），浙江會稽人。著有《歇庵集》。《經義考》引陶望齡之言不見於《歇庵集》，未知出自何處。《經義考》引文不注出處，此其一弊。明鍾人傑校正本、盧之頤訂正本《國語》中常常引用陶望齡對《國語》的評點，此後黃模《國語補韋》亦引述陶望齡之說，或即本盧之頤訂正本。

2. 鄭氏衆《國語章句》

佚。

宋庠曰：鄭仲師作《國語章句》，亡其篇數。【輯證】○萬青案：宋庠説見《國語補音敘錄》，辨詳見宋庠《國語補音敘錄》本文。

3. 賈氏逵《國語解詁》

《隋志》：二十卷。佚。

宋庠曰：賈景伯《國語解詁》二十一篇，唐已亡。【輯證】○萬青案：宋庠説見《國語補音敘錄》，辨詳見宋庠《國語補音敘錄》本文。

按：《太平御覽》引賈氏解"平公射鷃篇"云：徒林，囿中池也。言唐叔有才藝,封於晉。餘見韋注者不少。【輯證】〇萬青案:就張以仁《國語舊注輯校》所收舊注的輯佚來源看,其中輯自韋注者確實占很大的比重。

4. 王氏肅《春秋外傳章句》

《隋志》:闕卷。佚。

宋庠曰:王肅《國語章句》,梁有二十二卷,《唐志》亦云。【輯證】〇萬青案:宋庠説見《國語補音敘錄》,辨詳見宋庠《國語補音敘錄》本文。

5. 虞氏翻《春秋外傳國語注》

《隋志》:二十一卷。佚。
【輯證】〇萬青案:辨詳見宋庠《國語補音敘錄》本文。

6. 唐氏固《春秋外傳國語注》

《隋志》二十一卷,佚。
【輯證】〇萬青案:亦見宋庠《國語補音敘錄》。

按:固注《國語》"農祥晨正"云:"農祥,房星也。晨正,晨見南方,謂立春之日。"《初學記》引之,餘見韋注者多。【輯證】〇萬青案:唐固的這條注文,多見引用。如《玉燭寶典》《初學記》《太平御覽》等皆引述之。

7. 韋氏昭《春秋外傳國語注》

《隋志》:二十二卷。《唐志》二十一卷,存。

《吳志》:韋曜,字弘嗣,吳郡雲陽人,爲中書郎,博士祭酒,封高陵亭侯,遷中書僕射。

裴松之曰:曜本名昭,史爲晉諱改之。【輯證】〇萬青案:

韋昭而《吴志》作"韋曜"者,以避司馬昭諱,是亦先儒之成説。向有疑之者,如杭世駿(1695—1773)《諸史然疑》"三國志"云:"又裴松之稱史爲晉諱,改韋昭爲韋曜。按《魏志》胡昭、董昭,《吴志》張昭,皆仍舊名,奚獨韋昭乃改稱曜?意是魏仍王魚諸人舊文,吴仍華覈、韋昭國史。"梁玉繩(1716—1792)《瞥記》亦引杭氏爲説。錢大昕(1728—1804)《廿二史考異》亦頗疑避諱之説,疑"弘嗣本有二名也",所疑亦具一定合理程度。清人葉廷琯(1791—1868)《吹網録》則不贊同錢説,認爲:"宏嗣二名恐未必然。若果二名,裴松之年代相隔容有未知,陳壽則近在同時,諒無不曉,作傳豈有不爲舉明者?且宏嗣爲字,與昭字之義相協。故避諱改名之説自非無因。蓋《三國志》於晉諸帝諱,或避,或不避,其體例本未能畫一耳。"葉氏分析亦有可能。總之,對於韋昭又名韋曜的原因,難以有一個統一的意見。

昭自序曰:昔孔子發憤於舊史,垂法於素王。左丘明因聖言以攄意,託王義以流藻。其淵源深大,沈懿雅麗,可謂命世之才,博物善作者也。其明識高遠,雅思未盡,故復采録前世穆王以來,下迄魯悼智伯之誅,邦國成敗、嘉言善語、陰陽律吕、天時、人事、逆順之數,以爲《國語》。其文不主於經,故號曰"外傳",所以包羅天地,探測禍福,發起幽微,章表善惡者,昭然甚明。實與經藝並陳,非特諸子之倫也。遭秦之亂,幽而復光,賈生、史遷頗綜述焉。及劉光禄於漢成世始更考校,是正疑謬,至於章帝,鄭大司農爲之訓注,解疑釋滯,昭晣可觀。至於細碎,有所闕畧。侍中賈君敷而衍之,其所發明,大義畧舉,爲已瞭矣。然其文間時有遺忘,建安、黄武之間,故侍御史會稽虞君、尚書僕射丹陽唐君,皆英才碩儒,洽聞之士也。采摭所見,因賈爲主而損益之,觀其辭義,信多善者。然所解釋,猶有異同。昭以末學,淺聞寡聞,階數君之成訓,思事義之是非,愚心頗有所覺。今諸家並行,是非相貿,雖聰明疏達識機之士,知所去就,然淺聞初學,猶或未能袪過。竊不自料,復爲之解,因鄭、賈之精實,採唐、虞之信善,【輯證】〇翁方綱曰:唐虞,當作"虞唐"。亦所以增潤補綴,參之以五經,檢之以《內傳》,以《世本》考其流,以《爾雅》齊其訓,去非要,存事實,凡所發正三百七事。又諸家紛錯,載述爲煩。是以時有所見,庶幾頗近情事,裁有補益,猶恐人之多言,未詳其故,欲世覽者察之。【輯證】〇翁方綱曰:"察之者"下脫"必"字,"之"下脫"也"字。〇林慶彰等曰"欲世覽者察之",依《補正》《四庫薈要》本應作"欲世覽者必察之也"。〇萬青案:對韋昭《國語解敘》之辨詳見下文。

黃震曰:《國語》文宏衍精潔,韋昭注文亦簡切稱之。【輯證】〇萬青案:殷孟倫(1908—1988)亦謂:"韋注文字簡潔,又多保存古注,是研究《國語》必讀之書。"(《中國古典文學名著題解》,北京:中國青年出版社1980年版,頁26)可參。

8. 孔氏晁《春秋外傳國語注》

《隋志》:二十卷。《唐志》:二十一卷。佚。

《隋書》:晉五經博士。【輯證】〇萬青案:辨詳見宋庠《國語補音敘錄》本文。

9. 柳氏宗元《非國語》

《唐志》二卷。存。

宗元自序曰:左氏《國語》,其文深閎傑異,固世之所耽嗜而不已也。而其說多誣淫,不槩於聖。予懼世之學者溺其文采,而淪於是非,是不得由中庸以入堯舜之道。本諸理,作《非國語》。【輯證】○萬青案:文載柳氏文集中。辨見下。

劉恕曰:《國語》,左丘明所著,載《內傳》遺事。或言理差殊,而文詞富美,爲書別行。自周穆王,盡晉智伯、趙襄子,當貞定王時,凡五百餘年。雖事不連屬,於史官蓋有補焉。唐柳宗元采摭片言之失,以爲誣淫不槩於聖,作《非國語》六十七篇。其説雖存,然不能爲《國語》輕重也。【輯證】○萬青案:此出劉氏《通鑒外紀後序》。原序文"左丘明"前有"亦"字。

蘇軾曰:《非國語》,鄙意不然之。但未暇著論耳。【輯證】○萬青案:見蘇軾《報江季恭書》。林慶彰、蔣秋華、楊晉龍等主編《經義考新校》謂文津閣四庫本《經義考》脫"之"字(見《經義考新校》,上海古籍出版社 2010 年版,頁 3808)。

晁公武曰:上卷三十一篇,下卷三十六篇。【輯證】○萬青案:見晁公武《郡齋讀書志》。

黃震曰:柳子厚作《非國語》,匪獨駁難多造理,文亦奇峭。【輯證】○萬青案:黃震《黃氏日鈔》卷六○《讀文集·非國語》云:"子厚以《國語》文深閎傑異,而説多誣淫,作《非國語》。愚觀所非獨駁難多造理,文亦奇峭。"是朱彝尊節錄其文。

王繼祀曰:柳氏之文,大抵得之《國語》者多,而子厚反非之,蓋欲掩古以自彰也。【輯證】○萬青案:明人中有王繼祀。但是明人中名王繼祀者非一人。《浙江通志》載萬曆二十九年辛丑科張以誠榜有歸安王繼祀。《古田縣志》卷五《名宦》下載:"王繼祀,字懋承,歸安人。萬曆辛丑進士,令古田。政尚寬厚,一切束濕鉤鉅之術,舉無所用,蓋慈惠長也。修學宮,治城壕,懲金礦之害民,創橋渡以利涉,凡有益於民者,次第舉。邑有二驛,黃田最爲疲困,抵任三日,力請增額。驛困稍蘇。至於利商剝民,鐵爐爲甚,痛陳其弊,悉除之。縣志創自劉令,繼祀續之,廣搜博采,補所未備,功不下劉蓋卿云。"(辛竟可總修,福建省古田縣志編纂委員會辦公室整理:《古田縣志》,福建省古田縣印刷廠1987年12月印刷,頁274~275)而又有文獻記載莆田王繼祀爲靜心讀書,自割睪丸,與歸安王繼祀絕非一人。此段文字所說王繼祀不知誰氏。但根據《經義考》的臚列次序看,此處王繼祀或當爲宋時人。

戴仔曰:觀《非國語》之書,而見宗元之寡識也。夫孔子不語怪力亂神,不語之,則是矣。謂其盡無,固不可也。上古之世,風氣初開,天地尚闇,民神之道雜糅弗章,自顓帝分,命重黎秩叙天地,然後幽明不相侵黷。《書》所謂"絕地天通,罔有降格"者也。不但古爲然也。今深山大藪之中,人跡鮮至之地,往往產異見怪,民人益繁,而後聽聞邈焉。故近古之書,多言怪神,不足異也。不特《國語》言之也。《書》六十篇,往往有是焉:《盤庚》告其羣臣,諄諄乎乃祖乃父告我高后之説。周公説於三王,《金縢》之冊至今存焉。故記曰:夏道尊命,殷人尊神,率民以祀神,先鬼而後禮,彼誠去之未遠也。《周官·宗伯》有巫祝禱祠之人,掌詛盟襘禜之事。攻説及乎毒蠱,【輯證】〇林慶彰等曰:"蠱",文淵閣四庫本誤作"蟲"。厭禳施於天鳥,牡橰以殺淵神,枉矢以射怪物。世之讀者往往懷子厚之見,遂以爲非周公之書。夫《國語》之書,皆先王之遺訓。周官之書,乃先聖之典禮。其大經大法,章明較著者,與日月俱懸。其小未能明者,存之以俟其通耳。故孔子曰"多聞闕疑,慎言其餘",則寡尤多見闕,殆慎行其餘則寡悔。觀子厚與吳武陵、呂溫書,知不免乎後來之悔,尤矣!夫古之爲享祀朝聘,以觀威儀,省禍福也。故古之觀人也,受玉而惰,受脤而不敬,或視遠而步高,或視下而言徐,與夫言之偷惰、手之高下、容之俯仰，皆有以見其禍福。何者？其民氣素治，故其亂者可得而察也。子厚見夫今人之巫有是而未嘗死亡也，則以訾古，此朝菌蟪蛄之智也。夫知人而後可以知天，子厚不知民則，焉知天道？伯陽父、仲山甫、王子晉、單穆公、單襄公、伶州鳩、史伯、衛彪傒、觀射父九人，語言皆不可訾，訾之其爲不知大矣。公孫僑如之貪邪，郤至之汰侈，矜伐不可獎，獎之其爲同德明矣。子貢曰：文武之道未墜於地。在人，賢者識其大者，不賢者識其小者。吾讀《國語》之書，蓋知此編之中，一話一言，皆文武之道也。而其辭閎深雅奧，讀之味尤雋永。然則不獨其書不可訾，其文辭亦未易貶也。故予爲之説曰：嗜古者好古書，便今者喜俗論。嗜古者多迂談，便俗者多疏快。予迂誕之徒也。亦因以自道云。【輯證】○萬青案：戴仔之文見於明弘治年間王瓚、蔡芳等編《弘治溫州府志》卷二十《詞翰二》以及明萬曆年間湯日昭編《溫州府志》卷十七《藝文志四》，又見於光緒年間王棻編《永嘉縣志》卷二十八《藝文志八》。文題俱爲《非國語辨》。

蔣之翹曰：元和三四年間，子厚在永州時作。【輯證】○萬青案：蔣氏輯注柳宗元文集。

10. 宋氏庠《國語補音》

【輯證】○萬青案：王圻《續文獻通考》卷一百八十八"六書考"收宋庠《國語補音》，題爲"國語音"。桂馥《説文解字義證》卷十四"皿"字注引宋庠亦作"國語音"。皆誤。

《宋志》：三卷。《聚樂堂目》：九卷。存。【輯證】○萬青案：明朱睦㮮（1518—1587）《萬卷堂書目》卷一"春秋類"下即收《國語補音》九卷，然而傳世《國語補音》唯作二卷或三卷，且三卷自宋代即有並且是《國語補音》的常見卷數，而二卷之製到了明代纔開始出現。《聚樂堂目》即《聚樂堂藝文目録》，和《萬卷堂書目》俱爲朱睦㮮編纂。余嘉錫（1884—1955）有《聚樂堂藝文目録考》（氏著《余嘉錫文史論集》，長沙：嶽麓書社1997年版，頁524～527），可參。

犀自序曰：班固《藝文志》種別六經，其春秋家有《國語》二十一篇。注左丘明著。至漢司馬子長撰《史記》，遂據《國語》《世本》《戰國策》以成其書，當漢出，《左傳》秘而未行，又不立於學官，故此書亦勿顯。惟上賢達識之士，好而尊之，俗儒勿識也。逮東漢，《左傳》漸布，名儒始悟向來《公》《穀》膚近之説，而多歸左氏。及杜元凱研精訓詁，木鐸天下，古今真謬之學一旦冰釋，雖《國語》亦從而大行，蓋其書並出丘明，自魏晉以後，書録所題，皆云"春秋外傳國語"。是則《左傳》爲内，《國語》爲外，二書相副，以成大業。凡事詳於内者略於外，備於外者簡於内。先儒孔晁亦以爲然。自鄭衆、賈逵、王肅、虞翻、唐固、韋昭之徒並治其章句，申之注釋，爲六經流亞，非復諸子之倫。自餘名儒碩士，好是學者不可勝記。歷世離亂，經籍亡逸，今此書惟韋氏所解傳於世，諸家章句遂無存者。然觀韋氏所叙，以鄭衆、賈逵、虞翻、唐固爲主而增損之，故其注備而有體，可謂一家之名學。惟唐文人柳子厚作《非國語》二篇，【輯證】〇翁方綱曰：篇當作"卷"。〇林慶彰等曰："篇"，依《補正》《四庫薈要》本應作"卷"。捃摭左氏意外微細，以爲訑訾。然未足掩其鴻美。左篇今完然與經籍並行無損也。庸何傷於道？若夫古今卷第亦多不同，或云二十一篇，或二十二卷，或二十卷。然據班《志》最先出，賈逵次之，皆云二十一篇，此實舊書之定數也。其後或互有損益，蓋諸儒章句煩簡不同，析簡併篇，自名其學，蓋不足疑也。要之，《藝文志》爲審矣。又按先儒未有爲《國語》音者，蓋外内傳文多相涉，字音亦通故耶？然近世傳《舊音》一篇，不著撰人名氏。尋其説，乃唐人也。何以證之？據解"犬戎樹惇"，引鄯州羌爲説，夫改鄯善國爲州，自唐始耳。【輯證】○翁方綱曰：《魏書·地形志》有鄯州，列於涼州、瓜州之間。是始於元魏也，此語失考。然其音簡陋不足名書，但其間時出異聞，義均雞肋。庠因暇輒記其所闕，不覺盈篇，今因舊本而廣之，凡成三卷。其字音反切，除存本説外，悉以陸德明《經傳釋文》【輯證】○林慶彰等曰："經傳釋文"，應作"經典釋文"。爲主，亦將稽舊學，除臆説也。惟陸音不載者，則以《説文》、字書、《集韻》等附益之，號曰《國語補音》。其間闕疑，請俟鴻博，非敢傳之達識。姑以示兒曹云。【輯證】○萬青案：辨見下文。

陳振孫曰：丞相安陸宋庠公序撰。以先儒未有爲《國語》音者，近世傳《舊音》一卷，不著撰人名氏，蓋唐人也，簡陋不足名書，因而廣之，悉以陸德明《釋文》爲主。陸所不載，則附益之。【輯證】○萬青案：陳振孫之説出《直齋書録解題》卷三，朱彝尊引之以明宋庠之後著録資料對其《國語補音》的著録情况。陳振孫著録文字實簡略宋庠《敘録》而成。《中華大典·文獻目録典·古籍目録分典》"《國語補音》"下即録陳振孫之言。

王應麟曰：治平元年上之，二月，令國子監鏤板。【輯證】○萬青案：今檢《玉海》卷四十"漢國語解詁（見上）"條下云："賈逵傳爲《國語解詁》二十一篇。《隋志》：《春秋外傳國語》二十卷，賈逵注（唐已亡。鄭衆作《國語章句》，亡其卷數）。《唐志》：王肅《國語章句》二十二卷，唐固、虞翻、韋昭注、孔鼂解各二十一卷

（吳韋昭集鄭、賈、虞、唐四家爲注）。《史通》：左邱明既爲《春秋内傳》（韋昭注《國語》，謂左傳爲《内傳》），又稽逸文纂别説，分周、魯、齊、晉、趙、楚、吳、越八國事，起周穆王，終魯悼公，爲《外傳國語》二十一篇（《書目》云：其文以方《内傳》，或重出而小異）。《左傳正義》：傅玄云：《國語》非邱明所作。有共説一事而二文不同。《吳志》注：沈珩尤善《春秋内外傳》。《唐志·雜家類》：晉孔衍《春秋時國語》十卷、《春秋後國語》十卷，唐盧藏用《春秋後語》十卷，唐柳宗元《非國語》二卷，劉貺《外傳》（見《竹書紀年》）。宋庠《補音》三卷（治平元年上之，二月二十五日，令國子監鏤板），劉攽解駁左氏爲《内傳國語》十卷。"是朱彝尊所本。宋紹興間浙刻本後附治平元年二月二十五日中書省劄子，此書後爲汲古閣所藏，現存臺灣故宫博物院。潘祖蔭（1830—1890）《滂喜齋藏書記》卷一、施廷鏞（1893—1983）《古籍珍稀版本知見録》並云見宋本《補音》，後有治平元年中書省劄子一道，當即王應麟所言之本。

《宋史》：宋庠字公序，安州安陸人，徙雍丘。天聖初舉進士，皇祐中拜兵部侍郎，同中書門下平章事，集賢殿大學士，遷工部尚書，再遷兵部尚書，以檢校太尉同平章事，充樞密使，封莒國公，改封鄭國公。讀書至老不倦，善正訛謬，嘗校《國語》，撰《補音》三卷，卒謚元獻。【輯證】〇萬青案：宋庠傳出《宋史》卷二八四。

11. 魯氏有開《國語音義》一卷

佚。

【輯證】〇萬青案：見《宋史·藝文志二》。又《通志·藝文略》收有《國語音略》一卷，明焦竑《國史經籍志》、明朱睦㮮《授經圖》卷十九著録之。魯有開傳在《宋史》卷四二六，謂其"好禮學，通《左氏春秋》"。著有《三禮通義》五卷、《春秋指微》十卷、《詩集》十卷等,均已亡佚。

12. 林氏概《辨國語》二卷

佚。

【輯證】○翁方綱曰:二當作"三"。○林慶彰等曰:"二卷",依《補正》《四庫薈要》本應作"三卷"。○萬青案:林氏著見《宋史·藝文志二》。翁氏、林氏等所言"二當作三"者是。《宋史》卷二三八有傳,謂其"幼警悟"。又明喻政主修《福建府志·人文志》謂林概著《史論》百篇、《辨國語》四十篇,下《經義考》引《閩書》亦謂林概《辨國語》四十篇。

《閩書》:概字端甫,福清人。景祐元年試禮部第一,以大理丞出知連州,遷太常博士集賢校理。著《辨國語》四十篇,曾鞏志其墓。【輯證】○萬青案:《宋史》卷四三二有傳,亦云概著《辨國語》,祇是未言篇、卷,明弘治年間陳道編《八閩通志》卷六二《人物·林概傳》則云林概"著史論百篇,《辯國語》四十篇",當是《經義考》所云《閩書》。

13. 江氏端禮《非〈非國語〉》

佚。

王應麟曰:江端禮嘗病柳子厚作《非國語》,乃作《非〈非國語〉》。東坡見之,曰:"久有意為此書,不謂君先之也。"【輯證】○萬青案:見《困學紀聞》卷六。江端禮,字子和。江端禮著《非〈非國語〉》之事始見晁說之《江子和墓志銘》。

14. 沈氏虛中《左氏國語要畧》十卷

佚。

《姓譜》:虛中,廣德人,舉進士,歷官吏部尚書。【輯證】

○萬青案：光緒間何紹基等編《重修安徽通志》卷二二九"廣德州"下收有沈虛中傳，謂引自《續通鑒綱目》《萬姓統譜》，傳云："沈虛中，字太虛，廣德人。宣和中進士，官翰林院知制誥。天資聰慧，博洽有聞。所著有《資治通鑒事類》《左氏國語要略》《考異》《國史要綱》《桐川集》。官至吏部尚書，時秦檜病，帝命虛中草檜及其子熺制，並令致仕。"卷三三六下則著錄沈虛中《左傳國語要略》十卷、《左傳國語考異》三卷，王圻《續文獻通考》卷一七三《經籍考》云沈氏《左氏國語要略》十卷、《考異》三卷。陳第《世善堂藏書目錄》卷上收沈氏《左國要略》一卷、《左國考異》三卷。如果陳第的記述可信，則沈氏《考異》即考校《左傳》《國語》之書。

15. 張氏九成《標注國語類編》

佚。

【輯證】○萬青案：王圻《續文獻通考》卷一七三《經籍考》有著錄。張九成（1092—1159），字子韶，紹興二年（1132）進士。著有經解著作多種。傳見《宋史》卷三七四。尹波、朱天《張九成著述考》（四川聯合大學古籍整理研究所、四川聯合大學宋代文化研究資料中心編《宋代文化研究》第 6 輯）著錄張氏一生著述頗詳，可參。

16. 呂氏祖謙《左氏國語類編》

《宋志》：二卷。未見。【輯證】○萬青案：朱睦㮮《授經圖》卷一九云《左氏國語類編》六卷，而陳振孫《直齋書錄解題》、馬端臨《文獻通考》等並云二卷。楊松水《兩宋壽州呂氏家族著述研究》謂："該書在明代仍然有著錄，直至清初方不見，可能在清代已經亡逸。"（合肥：黃山書社 2012 年版，頁 211）今《呂祖謙全集》未收本書。

《宋史》：祖謙門人所編。

陳振孫曰：與《左傳類編》畧同，但不載綱領，止有十六門。又分《傳》與《國語》爲二。【輯證】○萬青案：陳氏説見《直齋書録解題》卷三。

17. 戴氏仔《非國語辨》一篇

存。

【輯證】○萬青案：見上文。

18. 劉氏章《非〈非國語〉》

佚。

黃瑜曰：劉章有文名，病王充作《刺孟》、柳子厚作《非國語》，乃作《刺〈刺孟〉》《非〈非國語〉》。江端禮、虞槃亦作《非〈非國語〉》。是《非〈非國語〉》有三書也。【輯證】○萬青案：明人黃瑜（1426—1497），景泰七年（1456）舉人，成化五年（1469）授廣東長樂知縣。其説見氏著《雙槐歲鈔》卷六《非〈非國語〉》一文。原文云："宋劉章嘗魁天下，有文名。病王充作《刺孟》、柳子厚作《非國語》，乃作《刺〈刺孟〉》《非〈非國語〉》。江端禮亦作《非〈非國語〉》，東坡見之曰：'久有意爲此書，不謂君先之也。'元虞槃亦有《非〈非國語〉》，是《非〈非國語〉》有三書也。同邪？異邪？豈紹述而勸取之邪？求其書，不可得，蓋亦罕傳矣。今以子厚之書考之，大率闢庸蔽怪誣之説耳。雖肆情亂道，時或有之，然不無可取者焉。其非滅密也曰：'康公之母誠賢耶？則宜以淫荒失度命其子，焉用懼之以數，且以德大而後堪，則納三女之奔者德果何如？若曰勿受之則可矣，教子而媚王。'以女非正也，斯乃正論，其可以盡非耶？至其非三川震曰：'山川者，特天地之物也。陰與陽者，氣而遊乎其間者也。'自動自休，自峙自流，是惡乎與我謀？自鬭、自竭、自崩、自缺，是惡乎爲我設？此則肆情亂道甚矣。

是天變不足畏之所從出也。餘類此者不容枚舉。此所以來三子者之喙與?"劉章(1097—1177)傳見明柯維騏(1497—1574)《宋史新編》卷一四四,但沒有提到劉章著有《非〈非國語〉》一事。明王圻《稗史彙編》卷九八《剌孟》、明支允強《梅花渡異林》卷七亦錄黃瑜《非〈非國語〉》一文。

19. 亡名氏《國語音畧》

《通志》:一卷。佚。【輯證】〇萬青案:魏收《魏書》卷五六《劉芳傳》謂北魏劉芳撰有《韋昭注國語音》,《通志》卷一五〇引之。所云無名氏《國語音略》見《通志·藝文略一》。

20. 虞氏槃《非〈非國語〉》

佚。

何孟春曰:元虞槃讀柳子厚《非國語》曰:"《國語》誠可非,而柳説亦非也。"於是作《非〈非國語〉》。槃具見正史。【輯證】〇萬青案:何孟春(1474—1537)説見氏著《餘冬序錄》第四五卷。虞槃(1274—1327)傳見《元史》卷一八一,云:"槃幼時嘗讀柳子厚《非國語》,以爲《國語》誠可非,而柳子之説亦非也,著《非〈非國語〉》,時人已嘆其有識。《詩》《書》《春秋》皆有論著,而《春秋》乃其家學,故尤善。讀吳澄所解諸經義,輒得其旨趣所在,澄亟稱之。"可爲補證。

《姓譜》:槃,集之弟。同遊吳澄之門,《詩》《書》《春秋》皆有論著。官湘鄉州判官。【輯證】〇萬青案:虞槃生平大略,亦見載於《蜀中廣記》卷四二、《明一統志》卷六七、《萬姓統譜》卷九。

21. 葉氏真《是國語》七卷

佚。

【輯證】○萬青案:《宋史·藝文志》載葉真《是國語》七卷。葉真尚著有《爰日齋叢抄》《坦齋筆衡》等。

22. 張氏邦奇《釋國語》一卷

存。

【輯證】○萬青案:《釋國語》一卷,見《張邦奇集》之《養心亭集》卷七,共 15 則。詳見下文所收張氏《釋國語》序跋。

23. 曾氏于乾《非〈非國語〉》一卷

佚。

【輯證】○萬青案:明萬曆年間余之禎《吉安府志》卷二五有曾于乾傳,云:"曾于乾,字思健,泰和人。自少不喜弄,顓嗜誦書,一過目不忘。已從父官金壇,樗庵王公燁在諸生中才而寡,與于乾同硯席,相得甚懽。及父解組,出藏金授三子,盡以讓伯兄庶弟。新昏謝客半月,人頗訝之。及出所草《管議》二卷、《非〈非國語〉》一卷、《禹貢簡傳》一卷,士爭傳誦。"可爲補證。

24. 穆氏文熙《國概》

存。

【輯證】○萬青案:穆文熙(1532—1617)《國概》見《明史·藝文志》,爲六卷。《傳是樓書目》《千頃堂書目》也都予以收錄。《東明文史資料》第 6 輯載穆青田撰《東明縣歷代名人著作考略》(政協東明縣文史資料委員會,1991 年,頁 186~191)載穆文熙資料頗詳,可以參看。穆文熙關於《國語》的評點有《國語評苑》六卷,明萬曆二十年(1592)鄭以厚光裕堂本;《國語抄評》八卷,萬曆十八年(1590)朱朝聘《四史鴻裁》本,有明萬曆年間金陵胡東塘刻本,又有萬曆十二年(1584)傅光宅曾鳳儀刻本;《國語》二十一卷,劉懷恕校本。劉懷恕爲明代東明人,萬曆五年(1577)刊本《登科錄》載是年劉懷恕賜進士及第,在三甲二百四十一人之中名列第二百二十名。(見《明萬曆丁丑年進士〈登科錄〉簡介》,政協東明縣文史資料委員會編《東明文史資料》第 7 輯,頁 201～204)瞿冕良《中國古籍版刻辭典》收錄有"劉懷恕"詞條,謂劉懷恕刻有《校補國語解》二十一卷,劉懷恕校本即日本公序本系統《國語》刻本的最早刻本道春點本的底本。

25. 劉氏城《春秋外傳國語地名錄》一卷

存。

【輯證】○萬青案:劉城二書及其自序詳説見後。

城自序曰:予既詮次《内傳》地名,置之篋中,蓋數歲矣。後此讀《春秋》,輒觀大義,不復比類求之。近偶一巡攬焉。亦自謂龘有考索也。旋以《國語》參定其間,同者什之七,異者什之三。又周、晉采地多散見卿士姓號中,如召、樊、范、單、趙、欒、羊舌之類,予鈔《内傳》時,皆棄而勿取。今併裒采,補其闕遺,試以合諸前錄,庶幾備《春秋》之版籍云爾。雖甚寥寥,爲猶賢乎雞肋也。崇禎丁丑夏五月。

26.《春秋外傳國語人名錄》一卷

存。

城自序【輯證】○林慶彰等曰:"自序",《四庫薈要》本脱漏"序"字。曰:予録地名,《外傳》別出,故人名亦如之。【輯證】○林慶彰等曰:"故人名亦如之"下,《四庫薈要》本脱漏"世稱《國語》亦左氏手"至"《傳》之悲哉"計一百六十九字。世稱《國語》,亦左氏手,以采摭博富,繹經不盡,乃別用義類,成書而外之，以別乎《內傳》云爾。按《春秋》之義，內中國禮義之人，外亂賊之人，斷斷然也。我觀後世有一系之人而祖父內、子孫外者矣，有一姓之人而伯叔內、仲季外者矣，有一人之身而少壯內、末路外者矣，有不得已之人而魂魄內、衣冠外者矣。之數人者，律以《春秋》之法，當何等乎？嗟乎在三代之世，其《傳》外也。《外傳》之人，則皆內逮乎今日。其氏族內也，而人則皆外，吾烏乎傳之，悲哉！

《國語解》序

（三國吳）韋昭

【輯證】○陳樹華曰：弘治本"敘"作"序"，序十行行二十字。弘治十七年補修元大德本行款字數同（非《補音》者但稱元本），嘉靖四年本咸寧許宗魯本序十行行十八字，嘉靖本敘七行行十五字（此即指吳郡金李刻本）。第二行之下，補修元本及嘉靖後本並標"韋昭"二字（下空二格），許本序末有"韋昭序"三字。案弘治本無之，與宋明道本合，較爲近古。○萬青案：本篇用宋刻宋元遞修本《國語》録文。明德堂本、李克家本、二乙堂本、閔齊伋本、文津閣本同，許宗魯本、金李本、張一鯤本、《國語評苑》、緑蔭堂本、集賢殿校本、道春點本、千葉玄之校本、秦鼎《定本》"序"作"敘（叙）"，黃刊明道本及其覆刻本、寶善堂本、《四部備要》本、《集解》字亦作"敘"，《詳注》作"敍"，點校本《集解》作"叙"。又《叢書集成初編》本作"韋昭國語解敍"，吳曾祺《補正》作"韋敍"。董增齡作"國語敘"，薈要本作"國語原序"，文淵閣本作"自序"，文淵閣本中縫又題"國語序"，皆未當。又千葉玄之本"國語解敍"前有"重刻"二字。"序"本義爲房屋，引申爲次第；"敘（叙、敍）"本義即爲次第。就"言作其意"的文體性質而言，"序"和"敘（叙、敍）"差別不大。如許慎《説文敍》即置於《説文》全書最後，而司馬遷《太史公自序》亦置於《史記》全書最末。薈要本"原序"、董增齡"國語敘"皆非，正當作"國語解敍（序）"。

【輯證】○鍾惺曰：國有語，紀一國之事也。一國之中，以一人一事爲始終，變編年爲傳紀之始也。○董增齡曰：《國語》首以周，殿以越。周何以稱國？穆王時，周已兆《黍離》《國風》之漸。迫平王,周鄭交質,直言結二國之信。雖號令止行於畿内,而爲天下共主,故首列焉。次魯,重周公之後、秉禮之邦也。次齊,美桓公一匡之烈也。次晉,見其主盟十一世,有夾輔之勳、且文之伯繼乎桓也。次鄭,鄭出厲王、於諸姬爲近,又與晉同定王室也。次楚、次吴,以其爲重黎之後、泰伯之裔,不使其跡之湮没弗彰焉。終之以越,見閩蠻强而中夏無伯主,春秋亦於是而終矣。漢儒言:"《國語》,左氏之外傳。"蓋《内傳》與經相隸,故謂之《傳》。《釋名》:"傳,傳也,以傳示後人也。"《外傳》與《内傳》相補,故謂之語。《說文解字》:"語,論難也。"《說文繫傳》:"論難曰語。語者,午也。言交午也。吾言爲語。吾,語詞也。言者,直言;語者,相應答。"《國語》載列國君臣朋友相論語,故謂之語。爲之解者,漢大司農鄭衆作《國語章句》,漢侍中賈逵作《國語解詁》二十一篇,魏中領軍王肅作《國語章句》一卷,吴侍御史虞翻注《國語》二十一卷,吴尚書僕射唐固注《國語》二十一卷,吴中書僕射侍中高陵侯韋昭《國語解》二十一卷,晉五經博士孔晁注《國語》二十卷。在宏嗣前者,鄭司農等五家;在宏嗣後者,孔晁一家。自司農以下諸詁訓並散逸,《國語》注之存於今者,唯韋解爲最古。黄東發稱其簡潔有體,而先儒舊訓往往散見其中。宏嗣自言兼采鄭衆、賈逵、唐固、虞翻之注。今考所引鄭說、虞說寥寥數條,唯賈說、唐說援據駁正爲多。今大體依韋解爲正。敘者,舒也。舒展己意以次第經傳之義。宏嗣述己作解之意,故謂之敘也。○汪遠孫《借閒隨筆·國語非完書》曰:歸安董慶千(增齡)云:"《齊語》一篇皆采《管子·小匡篇》之文。《管子》遠出《左氏》前,必不預知《國語》之文而襲之,竊疑《齊語》全亡,後人采《小匡》以補之。《越語》下卷,亦疑非《國語》本文,與他卷不類。《國語》敘事雖不盡有年月,然未嘗越次,今上卷已書越滅吴,下卷復從句踐即位三年起,他國無此例。《内傳》無范蠡姓名,《外傳》止《吴語》一見,在五大夫之列,旅進旅退而已,至此卷乃專載蠡策,若滅吴之事蠡獨任之者,殊非事實。《藝文志·兵權謀》有《范蠡》二篇,此殆其一也。"董君撰《國語正義》徵引極博,於發明韋注之中時有是正,余采數條入鄙著《國語發正》中。○千葉玄之曰:物徂徠茂卿曰:"國者,周、魯、齊、晉、鄭、楚、吳、越也。語者,其國所傳聞之語也。"但謂之語者,凡書之一體。而若《論語》《家語》《樂語》《合語》是也。復不與他書同,猶後世《語林》《語園》,亦皆放之耳。○千葉玄之又曰:解者,解釋之義,韋昭以爲注名也。○陸次雲曰:《國語》,列國之語也。《左傳》,左氏之傳也。明是二書,而相傳以爲皆丘明所作。然《國語》之文質,而《左傳》之句樸而趣,《國語》之調排而《左傳》靈而變。明是列國有書而丘明輯之。且因其書中之事與《春秋》相表裏者從而傳之,一則述一則作也。○崔述曰:《國語》之作,主於敷言,與《左傳》主於紀事者不同,故以語名其書。猶孔門之有《論語》《家語》也。然其語亦非當日之語,乃後世之人取前史所載良臣哲士諫君料事之詞而增衍之以成篇者,是以言中所述古事率多荒誕不經,與經傳相悖者十而八九。而其文亦弱而不振,繁而不節也。且以《左傳》較之,有同一事而所言亦同一意者,在《左傳》不過以數語了之,而意已足。至《國語》則鋪張支蔓,旁引疊出,累牘而未肯已,其爲後人所衍明甚。惟其篇首所記之事以爲言張本者,及篇末所記以驗其言者,雖不悉實,要之合於經傳者多,而其文亦簡。疑此本之舊史原文,是以獨爲可據耳。○顧頡剛《致陳槃》曰:《國語》本是各國史書,經戰國時的結集,糅雜了許多當時的思想;經西漢時的竄改,又糅雜了許多當時的思想。其將黃帝、炎帝合爲一家人,並增多黃帝之子,較之《帝系篇》的系統更爲繁複,當在《帝系》之後。西漢人説漢爲堯後,王莽託爲虞舜之後而推本於黃帝,以前無此見解(如殷周人並不以古帝之後自己標榜,到親漢間始説他們是帝嚳之後),可知《帝系篇》及《國語》中之帝王系統,當起於秦以後也。○顧頡剛《讀書筆記》卷四曰:世稱《國語》注重言語,非也。史公作《史記》,每云"其事在某某語中",即謂在某某傳中。語即事。○顧頡剛《讀書筆記》卷四又曰:《國語》中,穆王將征犬戎，祭公謀父諫；厲王虐，國人謗王，召公諫。宛然《尚書》中《高宗肜日》《西伯戡黎》一類文字。《書》與《語》正可相通。○顧頡剛《讀書筆記》卷五曰：《史記》之文，凡彼此互見而有詳略者，則云"在某某語中"，或云"在某某事中"，云"語"猶之云"事"也。如《秦本紀》云："乃拜鞅爲左庶長，其語在《商君》語中。"《呂后本紀》云："齊王……遂殘兵，東詐奪琅邪王兵，並將之而西，語在《齊王》語中。"《孝文本紀》云："高后崩……諸呂呂產等欲爲亂……大臣共謀誅之，謀召立代王，事在《呂后》語中。"《禮書》云："天子誅錯以解難，事在《袁盎》語中。"《酈生陸賈列傳》云："令尉他去黃屋稱制……語在《南越》語中。"《平原君傳》云："漢已誅黥布，聞平原君諫不與謀，得不誅，語在《黥布》語中。"此以紀傳爲"語"也。其云"事在某某語中"，猶云"語在某某語中"也。《蕭相國世家》云："呂后用蕭何計，誅淮陰侯，語在《淮陰》事中。"《絳侯世家》云："勃與平謀卒誅諸呂而立孝文皇帝，其語在《呂后》《孝文》事中。"《袁盎列傳》云："袁盎具言吳所以反狀以錯故，獨急斬錯以謝吳，吳兵乃可罷，其語具在《吳》事中。"此以紀傳爲"事也"。其云"語在某某事中"，猶云"事在某某語中"也。即此可徵言"事"與言"語"無別。《國語》者猶"國事"也，不可把此"語"字看得太死，以爲《國語》專載語、《左傳》專載事。○顧頡剛《讀書筆記》卷十三載《與徐仁甫書》曰：又《左傳》之原本爲《國語》，觀史遷兩言"左丘失明，厥有《國語》"可知，又觀《左傳》修改《晉語》文以入書亦可知。但今本《國語》必非原本《國語》，觀《齊語》之全襲《管子·小匡》文，及《吳語》《越語》（上、下）之互相牴牾可見。僅周、魯、晉、楚四《語》略存原來面目，《鄭語》則僅保存春秋前一段事實，宋、衛兩國，《國語》無文而《左傳》中其事頗多，均露出其剿襲之馬腳。故研究《左傳》必須同時研究《國語》，批判《左傳》必須同時批判《國語》。此一工作之最終目標，則爲恢復《原本國語》。此事康有爲本欲爲之，故其《萬木草堂叢書目》中有《國語原本》一種。但此事甚難，必非三十五歲後不求學術上之進步而專搞政治活動之康氏所可爲,故實無一紙存留。我輩爲此,以參考資料之闕少,亦必不能做好,故須題爲"假定本《原本國語》",以待後人之討論與刪補。〇顧靜曰:《國語》的"語"是上古時代的一種著作形式。在《國語·楚語上》中説,楚莊王要教育太子,大夫申叔時提出了九項教育節目,有《春秋》《世》《詩》《禮》《樂》《令》《語》《故志》《訓典》。其中,《語》的作用是"使明其德,而知先王之務用明德於民也"。以之與今本《國語》相比照,大體相近,流傳至今的《論語》《短語》(在《管子》中)、《新語》,實際也是同樣性質的"語"書。《語》既是上古時代用以教育貴胄的教科書,當時的本子必不止《國語》一種,可惜由於時代久遠、七厄六災,完整流傳至今的《語》書,祇有這部經過後人重編的《國語》了。本世紀70年代中期,長沙馬王堆三號漢墓出土的帛書中有一種殘損不全的《語》書,被定名爲《春秋事語》,據張政烺先生考定,這是《語》書中的一種初級讀本(《〈春秋事語〉解題》,載《文物》1977年第1期)。準此,《國語》的性質其實並非是 History,而是 Discourse,事實上國外的《國語》譯本就是譯作"Discourse on the States"。由於上古史料的匱乏,人們也把《國語》中的材料作爲史料來運用,但這與歷史著作應該是有區別的。〇來可泓曰:《國語》是以記言爲主的歷史名著。既是一部春秋時期的國別史,又是一部歷史散文。就歷史性來看,誠如周予同先生所指出的"《國語》是'以國分類''以語爲主'編纂的我國第一部國別史"(《中國歷史文選》上册,1979年上海古籍出版社出版)。它記載上起周穆王十二年(前990)征犬戎,下迄周貞定王十六年(前453)韓、趙、魏聯合滅智伯的五百多年歷史。分周、魯、齊、晉、鄭、楚、吴、越八語,共二十一篇,即《周語》三篇,《魯語》兩篇,《齊語》一篇,《晉語》九篇,《鄭語》一篇,《楚語》兩篇,《吴語》一篇,《越語》兩篇。《周語》内容占全書三分之一,從周穆王開始至周敬王爲止。《晉語》從晉武公開始至晉哀公爲止,内容幾占全書二分之一左右,難怪有人把《國語》

看成是晉國歷史。《魯語》從魯莊公齊、魯長勺之戰開始,終於魯哀公。《齊語》專記管仲輔佐齊桓公稱霸之事,其史料與《管子·小匡篇》相同而略有增删。《鄭語》僅記鄭桓公規劃立國之事。《楚語》從楚莊王開始,終於楚惠王時白公勝之亂。《吳語》《越語》記吳王夫差與越王勾踐争霸之事。其史料價值大體以《周語》和《楚語》爲較高,《晉語》《魯語》《鄭語》次之。《齊語》《吳語》《越語》的史料價值不能與以上五個部分相比。《國語》雖然由單篇論説構成,不相統屬,但以國分類,按各國君主年代記言、論事,展示了春秋時期各國歷史的横斷面,仍是一部體例完整的史書,並無割裂之感。它爲今後分國編史開創了先例,産生了深遠影響。就文學性來看,《國語》以記言爲主,通過言論來反映事實,文字樸實凝重,辭藻典雅華麗,分别是一篇篇首尾完整、各有中心的歷史散文。《國語》既是一部春秋時期的國别史,又是一部歷史散文集,它具有以下幾個顯著的特點。首先,以禮治國,以禮修身的禮學思想像一根紅綫貫穿全書。第二,《國語》是春秋時期大國争霸史。《國語》記載少量西周史事外,大量記載春秋各國的史事,構成一部齊、晉、楚、吳、越的争霸史。其三,《國語》是一部優美的歷史散文。《國語》全書二百六十一篇(據上海古籍出版社1978年版《國語》點校本統計)不論篇幅大小,都是首尾完整,各有中心,情節曲折、邏輯嚴密,文字優美的散文。第四,《國語》彙集了春秋時期豐富的資料。《國語》是研究春秋時期歷史必讀之書,從思想内容到語言文字,從典章制度到文化知識,給我們保存了珍貴的資料。我們認爲《國語》非出自左丘明之手,而是戰國初期熟悉各國歷史掌故的人,根據春秋時代各國史官記録的原始材料,加工整理,彙編而成。〇張居三曰:《國語》是先秦私人修史的典範之作,確立編撰意圖、圍繞著編撰意圖來大範圍地搜羅史料、結構的安排也服務於"語"書的政治功用等實踐,爲後世的文學創作和史官修史提供寶貴的經驗。先秦諸子就某事而長篇大論以及他們著述編撰上的特點不能説没有《國語》的影響。需要説明的是,《國語》在流傳的過程中,或有散佚,或有增補,所以還不能以今天所見的版本來推測當初。但統觀全書,史料散佚和增補所帶來的問題需要做出細緻的考證,這是另外的問題,此不贅言。不管怎樣,史官記史的傳統影響了《國語》的編撰,進而影響到《國語》的文學價值。《國語》被認定是一部歷史著作,更準確地説是一部史料彙編。全部二百三十則史料表現的思想主要集中於禮治、民本、忠恕等儒家思想,這使得《國語》具有整體性。從文學角度看,《國語》是先秦歷史散文集,如同文選彙編。因形式上各個獨立,互不相屬,故而在語言運用和敘述方式上,没有做整體分析研究的必要。每一篇散文都有自己的表現手法和藝術特色,卻同樣表現其審美價值。重要的是,我們應該看到在看似簡單的史料拼湊的背後,其實有著編撰者良苦的用心,這一份光芒不應該被其語言和敘事的缺憾所掩蓋。〇裴登峰曰:《國語》是將性質不同、來源渠道不同、動機與目的不同、體例不同、文風不同、思想與主張不同的材料彙集在一起。各"語"自成其"書",合各"書"爲一"書"而成《國語》,性質大略近似於後代的"類書"。要以"類"相從,依性分類,區別對待,進行個案剖析。《國語》許多材料先有"源"——最初的事和"語"者,而後經過了瞽矇傳誦,或官廷之中、卿士大夫、權臣周圍人的口説,甚至"庶人傳語"(《周語上》)。在此基礎上,有人不斷收集、編纂累積而成,是依國分類的史料彙編,但不一定是史官"實録"文獻。《國語》許多材料是頗具中國特色的早期"説話",對小説的發展,在諸多方面有著重要影響。先秦包括《國語》在內具此類性質與體式的文章,應稱"事語"體,"國別體"則是全書的編纂體例。像"《國語》的作者"之類籠統提法,會造成"某部書在某段時間內由某人獨立完成"的印象,不妥。先秦許多典籍應談編纂者而非作者,具體某"書"可以談單篇文章的作者,但絕大多數已不可考了。〇萬青案:《國語》之名,傳世文獻中首見於《史記》,即《五帝本紀》"予觀春秋國語,其發明五帝德、帝系姓章矣"、《十二諸侯年表》"自共和訖孔子,表見春秋國語",又《太史公自序》及《報任安書》云:"左丘失明,厥有國語。"《五帝本紀》索隱云:"太史公言己以春秋國語古書博加考驗,益以發明五帝德等説甚章著也。"對於司馬遷"春秋國語"的看法,實際上也是"春秋""國語"的關係問題,即二者是並列關係還是所屬關係。(1)如看作並列關係,則"春秋""國語"爲二書名,"春秋""國語"是否即爲傳世之《春秋》《國語》似仍值得討論;(2)如看作所屬關係,則"春秋"爲限定詞,"國語"爲中心詞。則祇存在"國語"的定性問題,即此"國語"爲一書之名,抑或爲一種文類之總名。由於"春秋""國語"定性不同,故標點斷句者則亦有異,大抵三種:(1)春秋國語;(2)春秋《國語》;(3)《春秋》《國語》。尤以第3種爲最多。各種史學史、史料學著作頗及《史記·五帝本紀》之語,然於"春秋國語"則未專門討論,羅根澤《諸子考索》亦引《五帝本紀》《報任安書》之説以爲"國語"之名較早出現之證。陳松青《〈史記〉所言"春秋國語"係指〈國語〉小考》(《婁底師專學報》1994年第1期)認爲《史記》所言"春秋國語"即爲《國語》,理由有三:(1)發明《五帝德》《帝系姓》的是《國語》而非《春秋》;(2)《十二諸侯年表》是根據《國語》等書寫成,很難説是以《春秋》或《春秋左傳》爲最後依據;(3)以《説文》《風俗通義》爲例證漢人明言引自"春秋國語"的文字,皆見於《國語》,不見於《春秋》。如果陳氏之説成立,則"春秋國語"爲《國語》之又名,究其本始,當與《國語》一書所記絶大多數爲春秋時期之事有關,故"春秋國語"仍爲所屬關係,然爲一書之專稱而非一種文類之總名。從陳文所列三條論據而言,以第3條爲最能説明問題且無異議。第1條則梁啓超《要籍解題及其讀法》已言之,謂:"似司馬遷所見而據爲資料者,祇有一部《國語》。"(梁啓超撰,陳引馳編校:《梁啓超國學講録二種》,上海:華東師範大學出版社1997年版,頁54)而其最終結論則仍舊康有爲之論,謂《國語》《左傳》本爲一書。至其《古書真僞及其年代》中則一改前説,又謂《國語》《左傳》本爲二書,《左傳》非劉歆自《國語》中割裂出來者,且又據《墨子·明鬼篇》引魯春秋、燕春秋、齊春秋與宋春秋而謂:"可見,在孔子以前,周、晉、魯、燕、齊、宋諸國都有《春秋》。"(梁啓超撰,陳引馳編校:《梁啓超國學講錄二種》,頁241)綜合各家,鄙意以爲,"春秋國語"初當爲類名,非專書之名,至少在司馬遷《史記》中是如此。至於劉向整理中府秘書之後,則《國語》當爲專書之名,而許慎、應劭稱之"春秋國語"者,襲舊名以爲專書名耳。另外,《史記自序》和《報任安書》中的"左丘失明,厥有國語"一句,是目前所見《國語》作者的最早記録,也是後世學者以《國語》爲左丘明所纂輯的主要證據,還是後世以左丘爲復姓還是以左爲單姓之爭端所始。後世學者以《國語》《左傳》關係紛紜複雜,莫衷一是者,此亦肇其端緒。又范曄《後漢書·班彪傳》記載班彪畧論云:"魯君子左丘明論集其文,作《左氏傳》三十篇。又撰異同,號曰《國語》二十一篇。由是乘、檮杌之事遂闇,而《左氏》《國語》獨章……孝武之世,太史令司馬遷採《左氏》《國語》,刪《世本》……夫百家之書猶可法也,若《左氏》《國語》《世本》《戰國策》《楚漢春秋》《太史公書》,今之所以知古,後之所由觀前,聖人之耳目也。"晉袁宏《後漢紀》卷一三亦載班彪此文。班彪本段文字中談到了三個方面:一、《國語》的作者及其篇數;二、《國語》爲司馬遷的史料來源之一;三、《國語》等書和諸子之書不同,可藉以探究歷史演變的。班彪的這一思想爲韋昭《國語解敘》所繼承。後班固《漢書·藝文志》"春秋"類云:"《國語》二十一篇,左丘明著。"此傳世文獻中第一次正式文本中規範《國語》篇數以及著者名稱。又《漢書·司馬遷傳贊》云:"及孔子因魯史記而作《春秋》,而左丘明論輯其本事以爲之傳,又纂異同爲《國語》,又有《世》録黄帝以來至春秋時帝王、公侯、卿大夫祖世所出。春秋之後,七國並爭,秦兼諸侯,有《戰國策》。漢興,伐秦定天下,有《楚漢春秋》。故司馬遷據《左氏》《國語》,采《世本》《戰國策》,述《楚漢春秋》,接其後事,訖於大漢,其言秦漢詳矣。"或亦本於其父之説。劉熙《釋名·釋典藝第二十》云:"《國語》,記諸國君臣相與言語謀議之得失也,又曰《外傳》。《春秋》以魯爲内,以諸國爲外,外國所傳之事也。"(任繼昉:《釋名匯校》,濟南:齊魯書社 2005 年版,頁 241。《釋名疏證補》云:"畢沅曰:《説文》引《國語》文,輒稱《春秋國語》,以《國語》爲《春秋》外傳故也。王啓原曰:《説文》及《風俗通》並稱《春秋國語》,至《釋名》則言'又曰《外傳》',蓋漢時二名並稱。《隋志》:《春秋外傳國語》二十卷,賈逵注。是《外傳》之名已舊,不得以《漢志》無《外傳》之名而疑之。惟其爲《春秋外傳》,故《蜀志·陳震傳》震即以《國語》爲《春秋》也。蘇輿曰:《漢書·律曆志》引《國語》少昊之衰、九黎亂德等語稱《春秋外傳》,此舊以《國語》爲《外傳》之證。又《論衡》云:《國語》,左氏之《外傳》也。《内傳》詞語有詳亦有略,故復選録《國語》之辭以補之。"又曰:"畢沅曰:公羊成十五年《傳》:春秋内其國而外諸夏。案:以此言《春秋》可也,《外傳》亦有《魯語》,則此語爲不可通。韋昭云:其文不主於經,故謂之《外傳》。斯言得之。")根據陳建初《〈釋名〉考論》所論述,則劉熙生活時代爲東漢靈、獻之世,早於韋昭百年左右。劉熙《釋名》爲傳世文獻中稱《國語》爲"外傳"之始。後韋昭《國語解敘》云:"其文不主於經,故號曰外傳。"或即昉自《釋名》,因韋昭亦著有《辨釋名》,對《釋名》當比較熟悉。《釋名》釋《國語》之名爲"記諸國君臣相與言語謀議之得失"則頗爲得義,釋"外傳"則未能合。蓋《國語》亦有魯語,是不得以"《春秋》以魯爲内,以諸國爲外"爲《國語》又名"外傳"之證據,董增齡即謂:"考書中明有《魯語》,而以爲外國所傳,且《周語》可以稱外乎? 其説非也。"故韋昭"其文不主於經"之説似比《釋名》所論更合《國語》之稱爲《外傳》之理。王充《論衡》亦有論及,《案書篇》云:"《國語》,左氏之外傳也。左氏傳經,辭語尚略,故復選録《國語》之辭以實。然則左氏《國語》,世儒之實書也。"《論衡》主要從《國語》一書與《左傳》内容詳略的角度去立論《國語》的價值,即"實"《左傳》者。而且《論衡》注意到了《國語》的"語"的特點,這是難能可貴的。上古即有"左史記言,右史記事"之說,《左傳》傳經記事,《國語》尚辭而記言,這是二者的區別所在。此爲韋昭以前傳世文獻中對《國語》的相關記載與論述,涉及《國語》名稱、篇數、作者、内容、性質以及與《左傳》的關係等。韋昭之後的《國語》性質及相關認識,可參見朱彝尊《經義考》以及張心澂《僞書通考》,詳見本書首所録朱彝尊《經義考》以及書後所録張心澂《僞書通考》著録《國語》部分。此外,也可參照張居三博士和劉偉博士的相關研究成果。

昔孔子發憤於舊史,垂法於素王。【輯證】○千葉玄之曰:舊史,指魯春秋舊來史官所記之書,故云舊史。杜預《左傳序》曰:"修春秋,立素王。"孔疏云:"《孔子家語》稱齊大史子餘嘆美。孔子言云:天其素王之乎? 素,空也。言無位而空王之也。"○董增齡曰:此推《國語》與《左傳》同源於《春秋》而溯其宗於孔子也。杜預《春秋序》:"《春秋》者,魯史記之名也。"《周禮》:有外史掌邦國四方之事、達四方之志。侯亦各有國史,韓宣子適魯,見易象與《魯春秋》曰:"周禮盡在魯矣。吾乃今知周之德與周之所以王。"韓宣子所見,蓋周之舊典《禮經》也。周德既衰,官失其守,上之人不使春秋昭明,赴告策書,諸所記注,多違舊章。仲尼因魯史策書成文考其真僞而志其典禮。上以遵周公之遺制,下以明將來之法。其教之所存、文之所害,則刊而正之,以示勸戒。其餘則即用舊史。史有文質,辭有詳略,不必改也。憤,《説文》:"懣也。"《周語》"陽癉憤盈"、孔子憤昭定以降臣子道喪也。周禮之法制自周公。隱七年"書名例"云:"謂之禮。"《經·十一年》"不告例"云:"不書於策,明書於策,必有常禮。"孔穎達謂:"五十發凡正是周公舊制。"天災無牲,卒哭作主。諸侯薨於朝,會加一等;夫人薨不於寢則不致。豈孔子始造此言乎? 又公女嫁之送人尊卑、哭諸侯之親疏等殺、二分二至之書雲物,皆《經》無其事、《傳》亦發凡者。若左氏以意作《傳》,主説孔子之經何須發傳。定四年《傳》:"備物典策以賜伯禽。"典策則史官記事之法也。董仲舒《對策》:"孔子作《春秋》,先正王而繫之以萬事。是素王之文焉。"賈逵《春秋序》云:"孔子覽史記,就是非之説,立素王之法。"鄭康成《六藝論》:"孔子既西狩獲麟,自號素王,爲後世受命之君制明王之法。"《孔子家語》稱齊太史子餘曰:"天其素王之乎?"孔穎達謂:"素,空也。無位而空王之也。子餘美孔子而深原天意,非孔子自號爲素王也。"此宏嗣謂孔子秉周公五十發凡之義而著萬世之軌也。○闕脩齡曰:按有王者之德而無其位曰素王。素,空也。○萬青案:此句中,凡"法"字,許宗魯本都寫作"灋",《説文》正字作"灋",謂"法"爲今文,許宗魯本字作"灋"正膺其好古體之實。又童本"於"作"于"。經綸堂本"垂"作"乖",亦"垂"之別體。另外的各本之別在於字形之異,共有兩個字,分別爲:(1)"昔"字;(2)"發"。其他則無異。董氏用孔穎達《正義》文,定公四年《左傳》正文云:"備物典册,官司彝器,命以伯禽。"左丘明因聖言以攄意,【輯證】○萬青案:董增齡本"丘"作"北",崇文本、吳曾祺本、《四部備要》本闕筆作"𠀉"。"丘""北"異體字。託王義以流藻,【輯證】○千葉玄之曰:左丘明,孔子之門人。其爲人也沈默而豐標雅麗,而作《左傳》。攄,舒也。孔安國《尚書傳》曰:藻,水草之有文者。以喻文焉。○秦鼎曰:《略説》:聖言,春秋也。因依聖人之言以作傳,依託王者之義以布文藻也。其淵源深大,【輯證】○陳樹華曰:宋本、許本"原"字不加偏旁,餘本多誤。(案:"深"當作"㴱"爲正,但唐石經已用此體,故仍之。凡字體之譌俗,爲《五經文字》《九經字樣》之所斥者,概行勘正。)○萬青案:陳氏《考正》抄本"原"誤作"遠",墨筆塗掉,旁書"原"字。顧廣圻跋李克家本"淵源"旁也書"原"字,集賢殿校本、黃刊明道本及其覆刻本、嚴可均《全上古三代秦漢六朝文》"源"作"原"。徐元誥本脫"深"字,點校本補之。沉懿雅麗,【輯證】○萬青案:叢刊本、徐元誥本"沉"作"沈"。"沉""沈"同字。可謂命世之材、博物善作者已。【輯證1】○陳樹華曰:嘉靖以下本"材"作"才","已"作"也"。○千葉玄之曰:"作者也""之也",盧之頤本作"以",屬下句。○萬青案:道春點本、高木本、寶善堂本、叢刊本"材"作"才","已"作"也"。盧之頤本、二乙堂本、閔齊伋本"已"誤作"以"。又集賢殿校本、《國語評苑》"博"作"愽"。千葉玄之謂如作"以"字,則"以"字屬下句,亦當。若在"作者"之後,實以字作"也"爲勝,《國語》多本並作"也"。若作"已"字,則或當通作"矣"。【輯證2】○傅玄曰:《國語》非丘明所作,凡有共說一事而二文不同,必《國語》虛而《左傳》實,其言相反,不可強合也。○孔穎達曰:劉炫以爲《國語》非丘明所作,爲有此類,往往與《左傳》不同故也。○趙翼《陔餘叢考》卷二《〈國語〉非左邱明撰》曰:《國語》二十一卷。《漢書·藝文志》不載撰人姓氏,其時說經者皆謂之"春秋外傳",惟司馬遷有云:"左丘失明,厥有《國語》。"班固作遷贊,因曰:"孔子作《春秋》,左丘明爲之傳,又纂異同爲《國語》。"韋昭亦以爲左邱明采穆王以來下訖魯悼,其文不主於經,號曰外傳。顔師古本此衆說,故注《藝文志》,直以《國語》爲左邱明撰。宋庠因之,亦謂出自邱明,今以其書考之,乃是左氏采以作傳之底本耳。古者,列國皆有史官記載時事,左氏作《春秋傳》時必博取各國之史以備考核,其於春秋事相涉者,既采以作傳矣,其不相涉及雖相涉而采取不盡且本書自成片段者,則不忍竟棄,因刪節而並存之,故其書與《左傳》多有不畫一者,如襄王伐鄭一事,《左傳》以《常棣》詩爲召穆公所作,而《國語》則以爲周文公所作;晉文公返國一事,《左傳》記是年九月晉惠公卒,明年正月秦伯納公子重耳,而《國語》則十月晉惠公卒,十二月秦伯納公子;鄢陵之戰,《左傳》苗賁皇在晉侯之側曰:"楚之良在中軍王族而已。"而《晉語》作苗棼皇,《楚語》則云:"雖子謂欒書曰:'楚師可料也,在中軍王族而已。'"如果左氏一手所撰,何不改從畫一,而彼此各異若是乎?可知《國語》本列國史書原文,左氏特料簡而存之,非手撰也。魏晉之人以其多與《左傳》相通,遂以爲左氏所作耳。又如長勺之戰,《魯語》曹劌與莊公論戰數百言,《左傳》但以"小惠未徧,小信未孚"數句括之;鄢陵之役,范文子不欲戰,《晉語》述其詞累幅不盡,至分作三四章,《左傳》但以"外寧必有内憂,盍釋楚以爲外懼"數語括之。正可見左氏以此爲底本,而別出鑪錘,筆奪天巧,豈其示巧於此,而復作《外傳》以示拙也?竊嘗論之,左氏之采《國語》,仙人之脱胎換骨也。《史記》於秦漢以後,自出機杼,横絶千古,而秦漢以前,采取《國語》《左傳》則夭吴紫鳳,顛倒裋褐也。《漢書》之整齊,《史記》則屈騏驥以就衡軛也。觀於諸書因襲轉换之間,可以悟作文之旨矣。(王充《論衡》云:左氏傳經,詞語尚略,故復選録《國語》之詞以實之,啖助謂《國語》非一人所爲,蓋左氏集諸國史以釋《春秋》,後人便傳著丘明也,是亦不以《國語》爲邱明所作。)○董增齡曰:此又明丘明爲素臣,受經於聖人,而作傳以闡彰其義也。嚴彭祖謂孔子將修《春秋》,與丘明乘,如周,觀書於周史,歸而修《春秋》之經,丘明爲之傳。劉歆謂左丘明親見夫子好惡與聖人同。班固謂仲尼與丘明觀魯史記,有所褒貶,口授弟子,退而異言。丘明恐弟子各安其意以失其真,故論本事而作傳。荀崧謂孔子作《春秋》,丘明子夏造膝親受。劉知幾謂丘明躬爲魯史,受經於仲尼。權德輿謂仲尼因周公之志而修經,丘明受孔子之經而爲傳。攄,舒也。班固《答賓戲》:"猶攄意乎宇宙。"服虔曰:"孔子作《春秋》,於春每月書王,以統三王之正。《經》與《傳》並託始於此。"班固《東都賦》"鋪鴻藻"、陸機《文賦》"述先士之盛藻"注、《尚書》孔傳"藻,水草之有文者",以喻文焉。○千葉玄之曰:《孟子·公孫丑下篇》:"五百年必有王者興,其間必有命世者。"趙岐注:"命,名也。其賢人有名於世也。"○關脩齡曰:命,名也。○萬青案:關於《國語》的作者與編者問題,研究者較多,明代以前之說可見朱彝尊編《經義考》,清及近代可見張心澂《僞書通考》。現代研究《國語》作者、編者問題的有陳香、徐仁甫、徐寶成、施之勉、王樹民、王文才、譚家健、邵毅平、沈長雲、張濤、吉本道雅等。譚家健《先秦散文藝術新探》(增訂本)有《〈國語〉作者諸説商兑》一篇(濟南:齊魯書社2007年版,頁241～247),可參。劉偉《史之思——〈國語〉的思想視界》有總結,概括爲六個方面:(1)懷疑、否定而不提出新作者;(2)左丘;(3)左史倚相(或即左丘明);(4)左人郢及其後人;(5)漢人(劉歆)僞作;(6)三晉人(或三晉史官)。(氏著《史之思——〈國語〉的思想視界》,濟南:山東人民出版社2013年版,頁13～18)張鶴則認爲《國語》的作者應是一個系統,這其中包含有《國語》的作者、編者和傳誦者。張鶴認爲:"《國語》的成書大致是這樣一個過程:《國語》中的文章首先由作者寫作、記錄,在其流傳過程中瞽矇等傳誦者對其進行講誦、增飾,最後由編者對這些文章進行選擇、編輯,遂成今本《國語》一書。《國語》的作者和編者應該是西周春秋時期不同時代不同國家的史官,《國語》的傳誦者則是由瞽矇擔任的講史。"(氏著《國語研究》,北京:學苑出版社2013年版,頁1～35)亦可參。又董增齡《正義》引班固《答賓戲》"猶",《漢書》卷一〇〇、蕭統《文選》卷四五"猶"皆作"獨",二字形近,董本字誤。其明識高遠,雅思未盡,【輯證】〇萬青案:秦鼎云:"閔遇五本'其明'上有'以'字。"今審二乙堂本、閔齊伋本"其明"上皆有"以"字。《集解》脱"遠""雅"二字,點校本補之。故復采録前世穆王以來,【輯證】〇陳樹華曰:許本"穆"作"穆",魏石經已從隸省,今仍之。"巳"字,諸本作"以"(許本"目"),今參定(凡舊刻唐人集,"巳上""巳來"字皆不從"以",經傳尤不應用此體也)。〇萬青案:陳樹華本"穆"作"穆","以"作"巳","以""目"同字。下訖魯悼知伯之誅,【輯證】〇陳樹華曰:"知"字從弘治本,許本校□。衆本多作"智",非。〇秦鼎曰:雅,素也。智伯誅在魯悼十三年。○萬青案：金李本、集賢殿校本、張一鯤本、《國語評苑》、緑蔭堂本、道春點本、千葉玄之本、黃刊明道本及其覆刻本、董增齡本、秦鼎本、高木本、《集解》"知"作"智"。又許本"訖"作"迄"，"辵""辶"一字，故"訖""迄"一字，薈要本等字即作"迄"。"訖""迄"義同。又高木本"魯"作"魯"，"魯"字爲"魯"別體。邦國成敗、嘉言善語、陰陽律吕、天時人事、逆順之數，以爲《國語》。【輯證】○董增齡曰：上既言作《内傳》，此言《内傳》所未著，復作《國語》以經緯之也。采者，擇也。《秦始皇本紀》："采上古帝位號，號曰皇帝。"班固《西都賦》："奚斯魯頌，同見於孔氏。"錄者，記也。隱十年《公羊傳》："《春秋》錄内而署外。"言左氏擇而記之以爲《國語》。《周本紀》："昭王南巡守，不返，立昭王子滿，是爲穆王。穆王即位，春秋已五十矣。"《汲郡古文》："穆王十二年，王北巡守，遂征犬戎。"《國語》託始於此年，上包穆、共、懿、孝、夷、厲、宣、幽八王，至平王乃入春秋，春秋後二十七年爲魯悼公十四年。智伯帥韓康子、魏桓子圍趙襄子於晉陽，韓、魏反與趙氏謀殺智伯於晉陽之下。事具見《晉語》及《戰國策》。○秦鼎曰：第二段説作《國語》之由。其文不主於經，故號曰《外傳》，所以包羅天地、探測禍福、【輯證】○萬青案：許本"測"作"瀏"。發起幽微、章表善惡者，昭然【輯證】○萬青案：明德堂本"昭"誤作"照"。甚明，【輯證】○吴景熹曰：《國語》一書，始西周之末，迄戰國之初，實穆王以後數百年之史也。麟經爲經，《左傳》爲傳，皆不可爲史。即曰編年紀月，已開百代之史法，而詳内而略外，先魯而後列國，此特一國之史，而非天下之史。獨《國語》首冠以周，尊王也，史家先本紀祖此。次魯，次齊，次晉，次鄭，重中國諸侯也，史家繼以世家祖此。厥後乃及楚，及吴，及越，外夷也，史家終以列傳祖此。故《國語》雖稱外傳，而實穆王以後數百年之史也。○董增齡曰：《史記・太史公自序》："左丘失明，厥有《國語》。"班固《司馬遷傳贊》:"左丘明論輯其本事以爲之傳,又纂異同爲《國語》。"《漢書·藝文志》:"《國語》二十一篇,左丘明作。"然上包八王,下迄三家分晉,與經文不相鈐鍵,中復有與《内傳》傳聞異辭者,猶《説苑》《新序》同出劉向而時復牴牾,蓋古人著書,各據所見舊文,疑以傳疑,不似後人輕改也。《漢書·律曆志》稱曰《春秋外傳》,王充《論衡》云:"《國語》,左氏之外傳也。《内傳》詞語有詳亦有畧,故復選録《國語》之辭以補之。"劉熙《釋名》云:"《國語》亦曰《外傳》。"漢人所説最爲近古,劉熙又謂:"《春秋》以魯爲内,以諸侯爲外,外國所傳之事。"考書中明有《魯語》,而以爲外國所傳,且《周語》可以稱外乎?其説非也。包羅天地者,如伶州鳩論三位五所、伯陽父論三川之震之等;探測禍福者,如内史過論夷吾、内史過論重耳之等;發起幽微者,如敬姜方績之等;章表善惡者,如驪姬伏辜、王孫圉稱觀射父、左史倚相之等。皆足補《内傳》之未詳也。○洪頤煊《讀書叢録》曰:《國語》稱"春秋外傳",宋庠謂始於韋昭,非也。《隋書·經籍志》"《春秋外傳國語》二十卷,賈逵注",《漢書·韋玄成傳》引《春秋外傳》曰:"日祭、月祀、時享、歲貢、終王。"皆在韋昭前。實與經蓺並陳,【輯證】○王懋竑曰:實爲,"爲"當作"與"。○陳樹華曰:嘉靖本"與"字始誤"爲"字,宋本凡"蓺"字皆作"藝",許本凡"蓺"字皆作"埶",今從衆本作"蓺",用適古今之宜。○千葉玄之曰:"實爲"之"爲",盧之頤本作"與",是也。○秦鼎曰:實與,舊作"實爲",明道本、閔本、盧本皆作"與"。今從之。○馬敘倫曰:王所據爲劣刊也。王白田之學長於性理,校勘疏證,均其所疏。○萬青案:明德堂本、張一鯤本、李克家本、道春點本、千葉玄之本、嚴可均《全上古三代秦漢三國六朝文》、董增齡本、綠蔭堂本、書業堂本"蓺"作"蓺",許本作"埶",閔齊伋本作"蓺",明德堂本、許本字皆是。遞修本、金李本、叢刊本等"蓺"字實爲"蓻"字之誤。又集賢殿校本、二乙堂本、詩禮堂本、薈要本、文淵閣本、文津閣本、黄刊明道本及其覆刻本、《隋書經籍志考證》、朱彝尊《經義考》、秦鼎本、高木本,《集解》字作"藝",亦是。金李本、張一鯤本、《國語評苑》、道春點本、千葉玄之本"實與"作"實爲"。從語境而言,"爲"未如"與"字更合,故千葉玄之以字作"與"爲是,可從。非特諸子之倫也。【輯證】○董增齡曰:《禮》有《經解篇》,始有經名。《離騷》王逸注:"經,徑也。"劉熙《釋名》:"如徑路無不通,可常行也。"王延壽《魯靈光殿賦》"觀藝於魯"注:"六經也。"《漢書·藝文志》:"凡六藝一百三家,三千一百二十三篇。"《樂》以和神,《詩》以正言,《禮》以明體,《書》以廣聽,《春秋》以斷事。五者,蓋五常之道相須而備,而《易》爲之源。《國語》源出於《春秋》,故漢《藝文志》列之公羊之次。諸子之在宏嗣以前者,儒、道、陰陽、法、墨、縱橫、雜、農、小說、賦、歌、詩、兵、天文、五行、蓍龜、雜占、形家、醫家、經方、房中、神仙、方技,共四百八十五家。《曲禮》:"儗人必於其倫。""倫"訓"類"也,言其超於子而晉於經者也。○秦鼎曰:漢儒以經爲藝,若六經爲六藝是也。**遭秦之世,**【輯證】○陳樹華曰:補修元本、弘治本、許本"亂"作"世"。○萬青案:陳氏抄本"世"作"亂"。集賢殿校本、金李本、張一鯤本、詩禮堂本、薈要本、文淵閣本、文津閣本、黃刊明道本及其覆刻本、綠蔭堂本、董增齡本、秦鼎本、《經義考》、嚴可均《全文》、姚振宗《隋書經籍志考證》、徐元誥本"世"作"亂"。謂語動詞既用"遭"字,則作"亂"字似更合。然宋刻本字作"世",說明早期刻本字本作"世"。作"亂"或後來改成。當然,這和"遭"字的情感色彩演化也是有關係的。**幽而復光,賈生、史遷頗綜述焉。**【輯證】○董增齡曰:此序列漢以來傳《國語》之人也。《秦始皇本紀》:"三十四年,李斯請史官,非秦紀,皆燒之。非博士官所職,天下敢有藏《詩》、《書》、百家語者,悉詣守尉雜燒之。令下三十日不燒,黥爲城旦。"《漢書·藝文志》:"漢興,改秦之敗,大收篇籍,廣開獻書之路。賈誼,洛陽人,年十八,以能誦《詩》、《書》、蜀文,稱於郡中。河南守吳公聞其秀材,召置門下。文帝初立,聞河南守吳公治平爲天下第一，徵以爲廷尉。乃言誼年少頗能通諸家之書，文帝乃召以爲博士。"《太史公自序》："遷生龍門，年十歲則誦古文。"《索隱》曰："遷及事伏生。"是學誦《古文尚書》。劉氏以爲《左傳》《國語》《系本》等書，是亦名之古文也。《五帝本紀》："予觀《春秋國語》，其發明五帝德、帝系姓彰矣。"是賈生及遷皆能綜而述之。綜，推而往，引而來也。《漢書·宣帝紀》："綜核名實。"述，《說文》："循也。"《〈儀禮·士喪禮〉注》："既受命而申言曰述。"○千葉玄之曰：綜述焉，綜機縷也。喻諸攝理機上之縷而使不紊，故云綜述焉。○秦鼎曰：第三段説諸注家互有異同。及劉光禄於漢成世始更考校，【輯證】○董增齡曰：《漢書·楚元王傳》："劉向，字子政，本名更生，宣帝循武帝故事，招選名儒俊材置左右，更生以通達能屬文，與王褒、張子僑等並進對，獻賦頌凡數十篇。成帝即位，更名向，數奏封事，遷光禄大夫，詔向領校中五經秘書。"《藝文志》："成帝使謁者陳農求遺書於天下，詔光禄大夫劉向校經傳諸子詩賦、步兵校尉任宏校兵書、太史令尹咸校數術、侍醫李柱國校方技，每一書已，向輒條具篇目，撮其指意，録而奏之。"○千葉玄之曰："考校"之"校"，友節字義穿鑿甚哉，何其擔板也？玄之按：經史校、挍互用，義亦相通。《正字通》説可從。《正字通》曰：明末避熹宗諱，"校"省作"挍"。《佩觿集》謂"校尉"之"校"不當用"不挍"之"挍"。説泥。見《字典》。○秦鼎曰：漢成帝詔光禄大夫劉向校定衆書。是，通"諟"。諟，審也。是正疑謬。【輯證】○陳樹華曰：嘉靖本"謬"作"繆"。○萬青案：金李本、張一鯤本、《國語評苑》、道春點本、千葉玄之本、秦鼎本、高木本"謬"作"繆"。"繆""謬"音同可通，古書中多有"繆"通借作"謬"者。至于章帝，【輯證】○陳樹華曰："于"字從弘治本、許本，餘本作"於"。○萬青案：明德堂本、李克家本、童本、二乙堂本作"于"，與遞修本同。許"於"作"亏"，"亏"亦"于"字之變體，實亦與遞修本同。叢刊本、徐元誥本字作"於"。鄭大司農爲之訓解,【輯證】○陳樹華曰:宋本凡"農"字皆作"農"。弘治本、許本"注"作"解",補修元本及嘉靖本已下"注"皆作"注",非。○千葉玄之曰:"訓注"之"注",盧之頤"注"作"解"。○萬青案:金李本、張一鯤本、《國語評苑》、道春點本、千葉玄之本、秦鼎本、高木本"解"作"注",薈要本、文淵閣本、文津閣本、黄刊明道本及其覆刻本、徐元誥本等"注"作"注"。解疑釋滯,昭晳可觀,【輯證】○陳樹華曰:晳,依《説文》當作"晳",楷承隸變。宋本作"晰"。○秦鼎曰:昭,察也。至於細碎,有所缺略。【輯證】○萬青案:缺,金李本作"闕"。集賢殿校本、明德堂本、《國語評苑》、閔齊伋本、文淵閣本"略"作"畧"。侍中賈君敷而衍之,其所發明,大義略舉,爲已憭矣,【輯證】○王懋竑曰:"憭"與"瞭"同。○千葉玄之曰:憭音了,《廣韻》曰:昭察也。○陳樹華曰:宋本"憭"下、"矣"上闕一字。○汪中曰:憭下缺一字。○《札記》曰:别本"憭"下不空。丕烈案:此本間附《舊音》,疑此亦是音,印本模糊,影寫遂闕,後準此。别本者,重刻宋公序本。○秦鼎曰:憭,快也。一説與瞭通。○萬青案:許本"憭"作"瞭"。黄刊明道本及其覆刻本"憭""矣"之間有空格。賈逵(30—101)是漢代的經學大師,《後漢書》本傳記載其父親賈徽從劉歆受學《左氏春秋》《國語》,"逵悉傳父業","尤明《左氏傳》《國語》,爲之解詁五十一篇","逵所著經傳義詁及論難百餘萬言,又作詩、頌、誄、書、連珠、酒令凡九篇,學者宗之,後世稱爲通儒"。則其研究對於推動漢代經學以及漢代古籍闡釋有重要的價值與意義,對於漢語詞彙史的深入研究也具有重要意義。許慎即出自其門下,《説文解字》引《國語》爲證者30餘條。且訓釋亦多本師説,如《玄應音義》卷一三引賈逵注云:"勍力,併力也。"許慎《説文》注同。賈逵《國語》注輯佚本的單行本臺灣和香港都曾經出過零種。綜合各家,汰其重複,則賈逵注大約600條。大體可以分爲釋普通語詞、釋國族、釋人物、釋典制、釋器具等，其中又以釋普通語詞條目最多，普通語詞的訓釋涉及語詞的語源義、常用義、語境義等。采用的方法主要爲義訓、聲訓等。目前所見研究《國語》賈逵注的論文有 2 篇，一篇爲邱居里《賈逵與史學》（《史學史研究》2006 年第 4 期），一篇爲高橋康浩《〈國語〉舊注考——賈逵、唐固、韋昭の比較》（《人文科學》第 16 期，2011 年 3 月），前者爲討論賈逵之史者，後者則進行《國語》舊注的綜合比較。對於賈逵注的研究還有待進一步深入。然於文間時有遺忘。【輯證】○董增齡曰：《後漢書·鄭興傳》："子衆，字仲師，從父受《左氏春秋》，精力於學，明《三統曆》，作《春秋難記條例》。建初六年，代鄧彪爲大司農。其後受詔作《春秋删》十九篇。"訓，釋也。《漢書·楊雄傳》顔師古注："訓者，釋所言之理也。"郭璞《爾雅序》："爾雅者，所以通訓詁之指歸。"注，《玉篇》："疏也，解也。"《儀禮·士冠禮》注："言注者，注義於經下，若水之注物。"《毛詩序》疏："注者，著也，言爲之解釋使義著明也。"鄭司農之訓注《國語傳》，不言在於何歲。兩漢以《國語》隸《春秋》，衆承父興之學，故《國語》得兼通之。《後漢·賈逵傳》："逵，字景伯，九世祖誼，文帝時爲梁王太傅。父徽，從劉歆受《左氏春秋》，兼習《國語》《周官》，作《左傳條例》二十一篇。逵悉傳父業，弱冠能誦《左氏傳》及五經本文，以大夏侯《尚書》教授，雖爲古學，兼通五家《穀梁》之説，尤明《左氏傳》《國語》，爲之解詁五十一篇。永平中上疏獻之。顯宗重其書，寫藏秘館。"章懷太子注："《左氏》三十篇，《國語》二十一篇也。"建安、黄武之間，故侍御史【輯證】○萬青案：童思泉本脱"史"字。會稽虞君、尚書僕射丹楊唐君，【輯證】○陳樹華曰："楊"字偏旁從"木"，依弘治本。此外刻本多作"陽"。○萬青案：許本"射"皆作"躲"，"躲""射"異體字。集賢殿校本、金李本、許本、張一鯤本、《國語評苑》、二乙堂本、閔齊伋本、薈要本、文淵閣本、文津閣本、道春點本、千葉玄之本、黄刊明道本及其覆刻本、董增齡本、秦鼎本、高木本、《集解》等"楊"作"陽"。明刊黑口本亦作"楊",檢《三國志》唐固本傳即作"丹楊"。拙著《〈國語〉勘校考異——以明本四種勘校條目爲對象》云:"王昶《金石萃編》卷二六云:'丹陽,古雲陽縣。唐天寶初號丹陽,非晉漢之比。漢丹楊郡治秣陵,以山多赤柳得名,故古本丹楊皆從木也。'《三國志》本傳即云闞澤爲會稽山陰人,又謂唐固爲闞澤州里先輩,又韋昭傳載韋昭爲吳郡雲陽人。唐固之'丹楊'非韋昭之'雲陽'可知。則韋昭言唐固當言'丹楊'而非'丹陽'。則字固當作'楊'。"(新北:花木蘭文化出版社 2015 年版,頁 26)亦可參。皆英材碩儒、【輯證】○陳樹華曰:嘉靖本此"材"字作"才"。○萬青案:陳樹華所謂"嘉靖本"或指金李本。雖然許宗魯本和金李本都刊刻於嘉靖年間,但是陳樹華《春秋外傳考正》稱許宗魯本爲"許本",則其所指嘉靖本即金李本。許本、明刊黑口本作"材",與遞修本同。洽聞之士也,【輯證】○董增齡曰:建安,漢獻帝年號。黃武,吳大帝年號。《吳志》:"虞翻字仲翔,會稽餘姚人,出爲富春長,舉茂才。漢召爲侍御史。曹公爲司空,辟皆不就。大帝時,爲騎都尉。翻徙交州,雖處罪放,而講學不倦,門徒常數百人。又爲《老子》《論語》《國語》訓注,皆傳於世。"唐固,字子正,《闞澤傳》:"澤州先輩丹陽唐固,亦修身積學,稱爲儒者,著《國語》《公羊》《穀梁》傳注,講授常數十人。黃武四年,爲尚書僕射,卒。"○千葉玄之曰:建安、黃武,共三國時年號。○秦鼎曰:建安,後漢獻帝年號。黃武,吳大帝年號。韋昭,吳臣,故用之。○萬青案:根據《隋書·經籍志》記載,韋昭以前的《國語》研究者爲鄭衆、賈逵、服虔、唐固、虞翻、楊終六家。楊終的注無見引者,韋注中多引鄭、賈、唐、虞之説。韋注之外,則《史記》集解頗好徵引唐固之説,而《文選》李善注、《一切經音義》等書則多引賈逵注,故今所見《國語》舊注輯佚條目中以賈注爲最多。清人輯佚學大興,《國語》舊注輯佚亦頗有幾家,如汪遠孫、蔣曰豫、黃奭、王謨、勞格、曾國藩、馬國翰等,其中勞格、曾國藩最少,祇是讀書所及,補葺遺失者,各得一二條而已,汪、蔣、黃、王、馬纔是專門進行《國語》舊注輯佚的大家,黃、王、馬把各家的注分開單獨章卷,而汪、蔣則以《國語》篇次爲序,順次輯佚。汪遠孫《國語三君注輯存》雖號稱"三君",實連三君之外的鄭、服、孔等也進行了輯佚,又時加案語以爲斷定。之所以能夠做到這一點,和他對《國語》從事過系統研究具有莫大的關係。晚近則有王仁俊(1866—1913)據《玉篇殘卷》又輯106條。這是中國近代學者利用新材料解決舊問題這一時代特徵在《國語》舊注輯佚上的具體體現。王仁俊的輯佚也是按照《國語》卷次編排的。日本學者新美寬、鈴木隆一則據《玉燭寶典》等材料復輯佚賈逵、唐固、孔晁之注較多,其所據材料大多爲中土所無,如《玉燭寶典》《玉篇殘卷》等材料皆爲近代中國學者從日本引入者,故新美寬與鈴木隆一所輯佚可以補清代學者輯佚之未足。其書總名爲《本邦殘存典籍による 輯佚資料集成》,京都大學人文科學研究所1968年發行。書前有森鹿三作的序,於其徵引分爲中國撰述與本邦撰述,且撰有凡例。輯佚時《國語》正文用公序本,間或直接用羣書引用原文,時以明道本進行校勘。凡能繫在《國語》各處者皆歸入《國語》各卷,賈逵、唐固、孔晁注各自獨立,凡有無法繫入原文之處全部置於該卷卷尾,處理還是很審慎的。但也存在一條釋文繫在《國語》好幾處的情況。後張以仁爲《國語舊注輯校序言》(《"中央研究院"歷史語言研究所集刊》第41本第3分,1969年9月)、《國語舊注輯校(1)》(《孔孟學報》第21期,1971年4月)、《國語舊注輯校(2)》(《孔孟學報》第22期,1971年9月)、《國語舊注輯校(3)》(《孔孟學報》第23期,1972年4月)、《國語舊注輯校(4)》(《孔孟學報》第24期,1972年9月)、《國語舊注輯校(5)》(《孔孟學報》第25期,1973年4月)、《國語舊注輯校(6)——吳語》(《孔孟學報》第26期,1973年9月)、《國語舊注範圍的界定及其佚失情形》(《屈萬里先生七十榮慶論文集》,臺北:聯經出版事業公司1978年10月)、《國語舊注輯佚的工作及其產生的問題》

(《"中央研究院"國際漢學會議論文集》,1981年)等相關論文,對《國語》舊注以及輯佚標準等做了界定並且輯校《國語》舊注。其《國語舊注輯校》最後成爲一帙,與其相關《國語》研究成果總題爲《張以仁先秦史論集》,於其逝世後由上海古籍出版社於2010年出版。張以仁彙集舊注輯佚成果,實爲創作《國語集證》做準備,他在《序言》中較爲全面總結了清代以及近代《國語》舊注輯佚的成就,並且指出《國語》舊注輯佚中存在的問題,有八個方面:一、有非賈注而以爲賈注者;二、有以他書之文爲《國語》注者;三、有本無其注而杜撰者;四、有錯認材料而誤屬者;五、有數訓繫於一語者;六、有選擇資料標準不一者;七、材料歸屬,諸書亦多歧異;八、有傳無注。張氏在吸取前此《國語》舊注輯佚成果和經驗的基礎上,別立凡例,並爲《國語舊注輯校》一編。《輯校》是《國語》舊注輯佚方面的總結之作,於可研討之處酌加案語,比較異同,斟酌去取,頗有益於研讀,且所出《國語》正文以世界書局影印黃丕烈讀未見書齋本爲底本,每條正文後皆標注頁碼,亦便檢尋。唯不足之處在於張氏時未能見王仁俊或新美寬等人的輯佚成果,故有所缺略,這實在是一件憾事。由於條目眾多,前人出現的問題在《輯校》中也有出現。如《楚語上》"析公奔晉,晉人用之,實讒敗楚"韋注云:"析公曰:楚師輕窕,易震蕩也。"張以仁案云:"《舊音》出'注輕挑'云:'賈作佻。'汪氏因據以謂'韋解蓋與賈同'。乃截取《韋解》中此十一字,視爲賈注。姑從之。馬氏則自《韋解》'傳曰'起至末'在魯成六年'正皆錄之。"(張以仁:《國語舊注輯校》,氏著《張以仁先秦史論集》,頁315)這是仍舊貫的一個條目。此語實出《左傳·襄公二十六年》,李富孫謂《集韻》引作"輕姚",以之爲賈逵注,恐未當。筆者又別撰《張以仁〈國語舊注輯校〉補箋》一文,於其中可商條目或排印等相關問題予以揭出。討論或有未當,或可補《輯校》於萬一。其後陳鴻森爲《汪遠孫三君注輯存摭遺》2篇,發表於1996年的《大陸雜志》第5、6期。爲對汪遠孫《三君注輯存》的補遺之作,其所撽遺的材料爲《玉篇殘卷》等,没有超出前人的範圍。並且根據王利器先生的《跋敦煌寫本〈國語賈逵注〉殘卷》,把敦煌殘卷注文也録入。已經亡佚而自羣書中輯佚而得的《國語》注稱作"《國語》舊注",是從張以仁開始的。張以仁在《〈國語〉舊注範圍的界定及其佚失情形》對於《國語》舊注範圍進行了界定。我們這裏採用他的説法,仍然稱之爲"舊注"。實際上傳統一般稱"佚注"或"逸注"。《國語》舊注的輯佚材料到新美寬就已經搜羅已盡了,雖然後來王利器先生把敦煌殘卷本《國語·周語下》注文也看作賈逵注,而且陳鴻森直接採用王的説法,但證據不足,還是不能算入。拙稿《甘肅藏敦煌寫本殘卷〈國語·周語下〉校記》曾詳爲比勘,可以參看。韋昭以前《國語》注雖多爲韋昭所棄,而羣書徵引,賴以得見其鱗爪。張以仁云:"然鄭、賈諸賢,固當世名儒碩學。《韋解》雖稱採其精善,所揚棄者未必盡皆糟粕。即韋氏目爲糟粕,未必盡人皆以爲糟粕也。且孔晁之注,韋所未及,豈無信善以資採擷?"(張以仁:《〈國語舊注輯校〉序言》,氏著《張以仁先秦史論集》,頁154)其説可謂通達。采撽所見,因賈爲主而損益之。觀其辭義,【輯證】○王懋竑曰:亂義,"亂"當作"辭"。○萬青案:張一鯤本、緑蔭堂本、緑蔭堂《國語國策合注》本"辭"誤作"亂"。信多善者,然所理釋,【輯證】○秦鼎曰:理,舊作"注",今從明本。○萬青案:二乙堂本、閔齊伋本、文淵閣本、文津閣本、道春點本、千葉玄之本、李克家本"理"作"注",薈要本作"注釋"。《經義考》作"解釋"。猶有異同。昭以末學,【輯證】○萬青案:許本"以"作"曰"。淺聞寡聞,階數君之成訓,思事義之是非,愚心頗有所覺。今諸家並行,是非相貿,雖聰明疏達識機之士知所去就,然民間初學猶或未能祛過。【輯證】○陳樹華曰:補修元本、弘治本、許本"淺聞"作"民聞"。○萬青案:集賢殿校本、金李本、明德堂本、童思泉本、張一鯤本、《國語評苑》、二乙堂本、閔齊伋本、道春點本、千葉玄之本、薈要本、文淵閣本、文津閣本、黃刊明道本及其覆刻本、董增齡本、秦鼎本、高木本、《集解》等"民間"作"淺聞"。以作"淺聞"爲勝。不自料，【輯證】○陳樹華曰：補修元本及嘉靖本"已"下、"不"上有"切"字，蓋"竊"俗書作"窃"，後遂譌爲"切"耳。案弘治本、許本無"切"字（又案"袪過"二字不應連文，"袪"字屬上爲句，"過不自料"自爲句，"切"字似不必有。從弘治本爲得）。○萬青案：明德堂本、許宗魯本、明刊黑口本皆無"切"字，與遞修本同。所參他本皆有"切"字，道光間刊本《史通削繁》卷一引《國語解敍》有"切"字。從語境語氣上而言，有"切"字是。"切"通作"竊"，《經義考》引即作"竊"，王懋竑亦謂："切，當作'竊'。"復爲之解，【輯證】○董增齡曰：《吳志·韋曜傳》："曜字宏嗣，吳郡雲陽人。"裴松之注："曜，本名昭，《晉史》改之。"《傳》又言："少好學，能屬文，從丞相掾，除西安令，還爲尚書郎，遷太子中庶子。太子和廢後爲黃門侍郎。孫亮即位，曜爲太史令，撰《吳書》。孫休踐阼，爲中書郎、博士祭酒，命昭依劉向故事，校定衆書。孫皓即位，封爲陵亭侯，遷中書僕射職省，爲侍中常領左國史。皓欲爲父和作紀，昭執以和不登帝位，宜名爲傳。積前後嫌，忿收獄，是歲鳳皇二年也。華覆救之，不聽，卒誅昭。"○秦鼎曰：第四段説已作解之由。貿，亂也。《略説》："貿，易也。彼此各有是非，故得失相易也。"袪、去同。過謂先儒過謬之説。按竊俗作窃。切，窃壞字。"切"上添是以二字觀。○高木熊三郎曰：切，竊也。因賈君之精實，【輯證】○陳樹華曰：鄭、賈二字從許本校。弘治本誤"賈韋"。此外衆本作"賈君"。弘治本、許本"精"作"情"，非。○萬青案：明德堂本、明刊黑口本"君"誤作"韋"。又許本"賈君"作"鄭賈"，亦屬臆改。采虞、唐之言善，【輯證】○陳樹華曰：嘉靖本"采"始譌"採"。補修元本及嘉靖已下本並誤作"唐虞"，弘治本、許本與宋本合。"信"作"言"，非。○秦鼎曰：又按信善，即上文所謂"信多善者"也。與韋獄中上辭曰"見劉熙所作《釋名》，信多佳者"同。○章鈺曰：陸仍明本與黃本異者：敍"採唐虞之信善"，黃本作"虞唐"。○耿文光《萬卷精華樓藏書記》曰：鄭衆、賈逵、虞翻、唐固四家之注俱佚，惟韋注獨存。唐固見《吳志闞澤傳》後，著《國語》《公羊》《穀梁傳》注，講授嘗數十人。何義門得南監宋槧舊本。《補音》有"吳尚書僕射唐固字子正，注《春秋外傳國語》二十一卷"一行，列敍於虞、韋之間，麻紗新本無此行。○萬青案：集賢殿校本、金李本、童本、張一鯤本、《國語評苑》、二乙堂本、閔齊伋本、薈要本、文淵閣本、文津閣本、道春點本、千葉玄之本、綠蔭堂本、黃刊明道本及其覆刻本、董增齡本、秦鼎本、高木本"言"作"信"，集賢殿校本、薈要本、文淵閣本、文津閣本、黃刊明道本及其覆刻本亦作"虞唐"。又集賢殿校本、金李本、童本、張一鯤本、《國語評苑》、二乙堂本、閔齊伋本、薈要本、文淵閣本、文津閣本、道春點本、千葉玄之本、綠蔭堂本、黃刊明道本及其覆刻本等"采"作"採"。亦以所覺，增潤補綴，【輯證】○王懋竑曰：亦所以覺，"所""以"二字乙。○陳樹華曰：補修元本及嘉靖本已下"以所"並誤"所以"，弘治本、許本與宋本合。○秦鼎曰：以所，舊作所以，誤倒也。今從明本。○章鈺曰：陸仍明本與黃本異者："亦所以覺"，黃本作"以所"。○萬青案：金李本、張一鯤本、《國語評苑》、道春點本、千葉玄之本、綠蔭堂本"以所"作"所以"。參之以《五經》，檢之以《內傳》，以《世本》考其流，以《爾雅》齊其訓，【輯證】○董增齡曰：此宏嗣論諸家之注，因自明其作解之由也。"檢之以《內傳》"者，《漢書·司馬遷傳贊》："孔子因魯史記而作《春秋》，丘明論輯其本事以爲之傳，又纂異同爲《國語》。"宏嗣就兩書同異而互爲鈎核，故云"檢"也。"以《世本》考其流"者，班固又言："《世本》錄黃帝以來至春秋時帝王公侯卿大夫祖世所出。司馬遷據《左氏》《國語》，采《世本》《戰國策》，述《楚漢春秋》，接其後事，迄於天漢。"蓋遷本《左傳》《國語》《世本》之等以成史。宏嗣祖遷意,據《內傳》《世本》以作《國語解》也。"以《爾雅》齊其訓"者,鄭康成《駁五經異義》:"《爾雅》,孔子門人所作,以釋六藝之言。"劉熙《釋名·爾雅》:"爾,昵也;昵,近也。雅,義也;義,正也。"張晏《漢書注》亦云:"爾,近也;雅,正也。"王充《論衡·是應篇》:"《爾雅》之書,五經之訓。"劉勰《宗經篇》:"《書》實紀言而訓詁茫昧,通乎《爾雅》則文義曉然。"齊,同也。《爾雅》誠九流之津涉,故必折衷於同也。〇千葉玄之曰:《世本》,《史記》索隱曰:劉向云:《世本》,古史官明於古事者之所記也。録黃帝已來帝王諸侯及卿大夫系諡名號凡十五篇也。又見《漢書·藝文志》,文小異。《爾雅釋文》曰:所以訓釋五經、辯章異同,實五經之通路云。爾,近也。雅,正也。言可近而取正也。《釋詁》一篇,蓋周公所作。《釋言》以下,或云仲尼所增,子夏所足,叔孫通所益,梁文所補云。〇萬青案:張居三認爲韋昭可能參考到了孫炎的《國語》注解。孫炎受學於鄭玄,世傳其《爾雅注》。孫炎的《國語注》雖然沒有見到有典籍進行徵引,但是在當時應該是有流傳的。而且韋昭《國語解》有很多訓詁是直接承襲鄭玄的,説明韋昭對鄭玄的學説很熟悉。去非要,存事實,凡所發正,三百七事。又諸家紛錯,載述爲煩,是以時有所見,庶幾頗近事情,【輯證】〇千葉玄之曰:《廣韻》:事也。《說文》:使爲之也。〇秦鼎曰:"庶幾"上添"今余解"三字觀。〇高木引《略説》:諸注家紛亂錯雜之説,欲具陳載述之煩而可厭,今欲省煩,故時或示一端而已。謂若出賈、唐等之説是也。見,示也。裁有補益。【輯證】〇秦鼎曰:裁、纔通,僅、始也。猶恐人之多言,【輯證】〇秦鼎曰:按諸家紛錯,言諸家載述異説甚煩,故今欲折中之,時有所辨。亦唯庶幾義近事情,補益學者耳。然亦恐世人以余爲立異致疑也。未詳其故,欲世覽者察之也。【輯證1】〇陳樹華曰:弘治本、許本無"必"字。宋本"敘"後有"《國語》卷第一"五字,元明諸本並有"國語解敘"四字(許本無），此皆後人所加，殊爲贅複。○千葉玄之曰：盧之頤本無"之"。○萬青案：許宗魯本下有"韋昭序"三字，李克家本、閔齊伋本、二乙堂本下有"韋昭撰"三字，薈要本、文津閣本下有"吳韋昭撰"四字。張一鯤本系列雖末尾無署名，然篇首之下署"韋昭"二字，是已明之矣。唯遞修本、文淵閣本、董增齡本、黃刊明道本及其覆刻本等首尾俱無韋昭字樣。又《四庫全書考證》卷四七云："又'欲世覽者必察之也'，刊本脫'必'字、'也'字，並據宋本《國語序》改增。"是王太岳謂《經義考》引脫"必"字。然審遞修本、明刊黑口本、閔齊伋本、二乙堂本皆無"必"字，又明刊黑口本、李克家本、閔齊伋本、二乙堂本無"也"字，盧之頤本無"之"字。又"也"字，《集解》作"焉"，點校本改爲"也"。【輯證2】○董增齡曰：謹按《四庫全書總目》："昭自序稱，兼采鄭衆、賈逵、虞翻、唐固之注。今考所引鄭説、虞説寥寥數條，唯賈、唐二家，援據駁正爲多。序又稱，凡所發正三百七事，今考注文之中，昭自立義者，《周語》凡服數一條、國子一條、虢文公一條、常棣一條、鄭武莊一條、仲任一條、叔妘一條、鄭伯南也一條、請隧一條、黷姓一條、楚子入陳一條、晉成公一條、共工一條、大錢一條、無射一條，《魯語》朝聘一條、刻桷一條、命祀一條、郊禘一條、祖文宗武一條、官寮一條，《齊語》凡二十一鄉一條、士鄉十五一條、良人一條、使海以有蔽一條、八百乘一條、反胙一條、大路龍旂一條，《晉語》凡伯氏一條、不懼不得一條、聚居異情一條、貞之無報一條、轅田一條、二十五宗一條、少典一條、十月一條、嬴氏一條、觀狀一條、三德一條、上軍一條、蒲城伯一條、三軍一條、鐏于一條、呂錡佐上軍一條、新軍一條、韓無忌一條、女樂一條、張老一條，《鄭語》凡十數一條、億事一條、秦景襄一條，《楚語》聲子一條、懿戒一條、武丁作書一條、屏攝一條，《吳語》官師一條、鐏于一條、自到一條、王總百執事一條、兄弟之國一條、來告一條、向檐一條，《越語》乘車一條、宰一條、德虐一條、解骨一條、重禄一條，不過六十七事。合於所正譌字、衍文、錯簡，亦不足三百七事之數。其傳爲有誤，以六十爲三百與？"嗣有晉五經博士孔晁注《春秋國語外傳》二十卷，《唐志》二十一卷，今未見單行之本，而《左傳正義》及各經《正義》援引者，大畧與韋解相同。宋庠摭唐人《舊音》作《補音》三卷，其書全仿陸德明《經典釋文》之例。此書踵宏嗣之後而引申其緒者也。○千葉玄之引晁以道曰：凡傳分内外者，亦載於策書，而主於經者曰内傳，若後世所謂本紀、本傳是也。漏於國史出行，言傳聞而不主於經者曰外傳。後猶復世遺事逸史是也。又《藝文志》有《公羊外傳》《穀梁外傳》之目，蓋《國語》之類，雖《内傳》行於世。惜哉，今不傳也。○千葉玄之引《史記索隱》曰：仲尼作《春秋經》，魯史左丘明作《傳》，合三十篇，故曰《左氏傳》。《國語》亦丘明所撰，上起於周之穆王，其諸侯之事起魯莊公，迄春秋末，二十一篇。○千葉玄之引晁氏曰：陸淳謂與《左傳》文體不倫，定非一人所爲。蓋未必然。范寧曰：左氏富而艷。韓愈云：左氏之夸。今此書信乎其富且浮夸矣。非左氏而誰？○千葉玄之引《困學紀聞》曰：劉炫謂《國語》非左丘明作。《傳》言鄢陵之敗苗賁皇之爲，《楚語》云雍子之爲，與《傳》不同。傅玄云：《國語》非丘明作。有一事而二文不同。葉少蘊云：古有左氏、左丘氏。大史公稱"左丘失明，厥有《國語》"，今《春秋傳》作左氏，而《國語》爲左丘氏，則不得爲一家。文體亦自不同，其非一家書明甚。左氏，王荆公以爲六國時人，蓋左史之後，以官氏者。朱文公謂左氏乃左史倚相之後，故其書説楚事爲詳。鄭漁仲曰：左氏世爲楚史，司馬氏謂左氏欲傳《春秋》，先作《國語》。《國語》之文不及《傳》之精也。○萬青案：金李本、叢刊本敍末有"國語解敘畢"五字。又金李本有"嘉靖戊子吳郡後學金李校刻于澤遠堂"等字（傅增湘《藏園羣書經眼錄》、羅振常《善本書所見錄》已經指出），叢刊本則爲墨筆書寫，蓋《四部叢刊》所用之本無此一段話，爲求與金李原本一致，故用墨筆添加，叢刊本後又題識云："光緒癸巳見一本於廠肆，具有刻書姓名，此剜去，贋宋者也。三月一日伯羲記。"《張元濟古籍書目序跋彙編中》即收有此本,謂:"段氏後跋指此爲明嘉靖時金李刊本,惟以韋氏敘後無澤遠堂牌記爲疑。按書中多避宋諱,韋敘末葉適損角,必牌記爲人割去。半葉十行,行二十字。"(張人鳳編:《張元濟古籍書目序跋彙編(中)》,北京:商務印書館2003年版,頁492)張氏所著録者爲顧抱沖校本,即金李本,亦即《四部叢刊》本的底本。

附:《三國志·吴志·韋昭傳》

【輯證】○萬青案:傳世《國語》諸本,到了秦鼎《春秋外傳國語定本》,始加《韋昭略傳》,置於《國語解敘》之前。審其文字,實據《三國志·吴志》而略有省減,並在一些地方加有批注。另外,秦鼎於韋昭傳上還附有宋庠小傳,今徑依《宋史》本傳移至《國語補音敘録》下。

韋曜字弘嗣,吴郡雲陽人也。【輯證】○裴松之曰:曜本名昭,史爲晉諱改之。○萬青案:韋昭改名爲曜,説法多種。詳見上文。少好學,能屬文。從丞相掾除西安令,還爲尚書郎,遷太子中庶子。時蔡穎亦在東宫,性好博弈。太子和以爲無益,命曜論之。其辭曰:

蓋聞君子恥當年而功不立,疾没世而名不稱。故曰:學如不及,猶恐失之。是以古之志士,悼年齒之流邁,而懼名稱之不立也。故勉精厲操,晨興夜寐,不遑寧息。經之以歲月,累之以日力,若甯越之勤,董生之篤,漸漬德義之淵,棲遲道藝之域。且以西伯之聖,姬公之才,猶有日昃待旦之勞,故能隆興周道,垂名億載,况在臣庶,而可以已乎?歷觀古今立功名之士,皆有累積殊異之迹,勞身苦體,契闊勤思,平居不墜其業,窮困不易其素,是以卜式立志於耕牧,而黄霸受道於圄圇,終有榮顯之福,以成不朽之名。故山甫勤於夙夜，而吳漢不離公門，豈有游惰哉？今世之人多不務經術，好翫博弈，廢事棄業，忘寢與食，窮日盡明，繼以脂燭。當其臨局交爭，雌雄未決，專精銳意，心勞體倦，人事曠而不脩，賓旅闕而不接，雖有太牢之饌，韶夏之樂，不暇存也。至或賭及衣物，徙棊易行，廉恥之意弛而忿戾之色發，然其所志不出一枰之上，所務不過方罫之間，勝敵無封爵之賞，獲地無兼土之實，技非六藝，用非經國，立身者不階其術，徵選者不由其道，求之於戰陳則非孫吳之倫也，考之於道藝則非孔氏之門也。以變詐爲務，則非忠信之事也。以劫殺爲名，則非仁者之意也。而空妨日廢業，終無補益，是何異設木而擊之，置石而投之哉？且君子之居室也，勤身以致養；其在朝也，竭命以納忠臨事，且猶旰食，而何博弈之足耽夫然？故孝友之行，立貞純之名，彰也。方今大吳受命，海內未平，聖朝乾乾，務在得人。勇略之士則受熊虎之任，儒雅之徒則處龍鳳之署，百行兼苞，文武並騖，博選良才，旌簡髦俊，設程試之科，垂金爵之賞，誠千載之嘉會，百世之良遇也。當世之士宜勉思至道，愛功惜力，以佐明時，使名書史籍，勳在盟府，乃君子之上務，當今之先急也。夫一枰之枰，孰與方國之封？枯棊三百，孰與萬人之將，袞龍之服？金石之樂，足以兼棊局而貿博弈矣。假令世士移博弈之力，而用之於《詩》《書》，是有顏、閔之志也；用之於智計，是有良平之思也；用之於資貨，是有猗頓之富也；用之於射御，是有將帥之備也。如此，則功名立而鄙賤遠矣。

和廢,後爲黃門侍郎。孫亮即位,諸葛恪輔政,表曜爲太史令。撰《吳書》,華覈、薛瑩等皆與參同。孫休踐阼,爲中書郎,博士祭酒。命曜依劉向故事,校定衆書。又欲延曜侍講,而左將軍張布近習寵幸,事行多玷,憚曜侍講儒士,又性精確,懼以古今警戒休意,固爭不可。休深恨布語,在休傳。然曜竟止不入。孫皓即位,封高陵亭侯,遷中書僕射職省,爲侍中,常領左國史。【輯證】○秦鼎曰:此時華覈領右國史。時所在承指數言瑞應。皓以問曜,曜答曰:"此人家筐篋中物耳。"又皓欲爲父和作紀,曜執以和不登帝位、宜名爲傳。如是者非一,漸見責怒,曜益憂懼。自陳衰老,求去侍、史二官,乞欲成所造書,以從業別有所付,皓終不聽。時有疾病,醫藥監護,持之愈急。皓每饗宴,無不竟日。坐席無能否,率以七升爲限,雖不悉入口,皆澆灌取盡。曜素飲酒不過二升,初見禮異時,常爲裁減,或密賜茶荈以當酒。至於寵衰,更見偪彊,輒以爲罪。又於酒後,使侍臣難折公卿,以嘲弄侵克,發摘私短以爲歡。時有愆過,或誤犯皓諱,輒見收縛,至於誅戮。曜以爲外相毁傷,內長尤恨,使不濟濟,非佳事也。故但示難問經義言論而已。皓以爲不承用詔命,意不忠盡,遂積前後嫌忿,收曜付獄。是歲,鳳皇二年也。曜因獄吏上辭曰:

囚【輯證】○秦鼎曰:囚者,昭自道也。荷恩見哀,無與爲比。曾無芒氂,有以上報,孤辱恩寵,自陷極罪,念當灰滅,長棄黃泉。愚情惓惓,竊有所懷,貪令上聞。

囚昔【輯證】○萬青案:秦鼎《定本》不取"囚昔"之前文字,今補之。並將秦鼎注"囚"字之文移於"囚荷恩"之"囚"下。見世間有《古曆注》,其所紀載既多虛無,在書籍者亦復錯謬。囚尋按傳記，考合異同，采摭耳目所及，以作《洞紀》。起自庖犧，至于秦漢，凡爲三卷。當起黃武以來，別作一卷，事尚未成。又見劉熙所作《釋名》，信多佳者，然物類衆多，難得詳究，故時有得失，而爵位之事又有非是。愚以官爵，今之所急，不宜乖誤，囚自忘至微，又作《官職訓》及《辯釋名》各一卷，欲表上之。

【輯證】○秦鼎曰：本傳不載韋作《國語解》。新寫始畢，會以無狀，幽囚待命，泯沒之日，恨不上聞。謹以先死列狀，乞上言秘府，於外料取，呈內以聞，追懼淺蔽，不合天聽，抱怖雀息，乞垂哀省。

曜冀以此求免，而晧更怪其書之垢，故又以詰曜。曜對曰：

囚撰此書，實欲表上，懼有誤謬，數數省讀，不覺點污。被問寒戰，形氣呐吃。謹追辭叩頭五百下，兩手自搏。

而華覈連上疏救曜曰：

曜運值千載，特蒙哀識，以其儒學，得與史官。貂蟬內侍，承合天問。聖朝仁篤，慎終追遠，迎神之際，垂涕敕曜。曜愚惑不達，不能敷宣陛下大舜之美，而拘繫史官，使聖趣不敘，至行不彰，實曜愚蔽，當死之罪。然臣悽悽見曜，自少勤學，雖老不倦。探綜墳典，溫故知新，及意所經識，古今行事，外吏之中少過曜者。昔李陵爲漢將，軍敗不還而降匈奴。司馬遷不加疾惡，爲陵遊說。漢武帝以遷有良史之才，欲使畢成所撰，忍不加誅。書卒成立，垂之無窮。今曜在吳，亦漢之史遷也。伏見前後符瑞彰著，神指天應，繼出累見，一統之期庶不復久。事平之後,當觀時設制,三王不相因禮,五帝不相沿樂,質文殊塗,損益異體,宜得曜輩依準古義,有所改立。漢氏承秦,則有叔孫通定一代之儀,曜之才學亦漢通之次也。又《吳書》雖已有頭角,敍贊未述。昔班固作《漢書》,文辭典雅。後劉珍、劉毅等作《漢記》,遠不及固,敍傳尤劣。今《吳書》當垂千載,編次諸史。後之才士論次善惡,非得良才如曜者,實不可使闕不朽之書。如臣頑蔽,誠非其人。曜年已七十,餘數無幾,乞赦其一等之罪,爲終身徒,使成書業,永足傳示,垂之百世。謹通進表,叩頭百下。【輯證】○秦鼎曰:此時昭亦叩頭五百下,兩手自搏。

皓不許,遂誅曜,徙其家零陵。子隆,亦有文學也。

《非國語》序

(唐)柳宗元

【輯證】○萬青案：文見《非國語》卷首，亦見《柳宗元集》。《經義考》亦收錄之，見上文。

左氏《國語》，其文深閎傑異，固世之所耽嗜而不已也。而其說多誣淫，不概於聖。余懼世之學者溺其文采而淪於是非，是不得由中庸以入堯舜之道，本諸理，作《非國語》。【輯證】○萬青案：柳宗元《非國語》是唐代唯一的一部《國語》研究之作。柳宗元對《國語》頗多評議，認爲《國語》"其文勝而言厖，好詭以反倫，其道舛逆"。柳氏最終撰成《非國語》六十七篇，分爲上下二卷。柳氏於每篇先引述《國語》原文，下加評議。其引文本身也可以作爲一種文獻參照藉以考校《國語》本文。《非國語》收入《柳河東集》之中，後世注釋者亦參《國語》爲之注，並時加引述。根據《與呂道州溫論〈非國語〉書》注"溫字和叔，亦字化光。溫卒，公嘗爲之誄，云：由道州陟爲衡州，卒時元和六年八月。則此書當在六年前也。"給吳武陵、呂溫寫信的時候《非國語》已經完成。《非國語序》注認爲《非國語》作於元和三、四年間，即柳宗元被貶謫永州之時。六十七篇之中，其中《晉語》39篇，《周語》15篇，《魯語》6篇，《楚語》3篇，《鄭語》2篇，《齊語》、《吳語》各1篇。則所擷取《國語》中篇章皆柳氏認爲"說多誣淫，不概於聖"者。宋元之時多有不滿於柳宗元作《非國語》者，如蘇軾《與江惇禮秀才五首》之二即云："向示《非國語論》，鄙意素不然之，但未暇爲書爾。乃示其善。柳子之學大率以禮樂爲虛器，以天人爲不相知云云，雖多，皆此類耳。此所謂小人無忌憚者，君正之，大善。至於時令、斷刑、貞符、四維之類，皆非是。前書論之稍詳，今冗迫，粗陳其略，須見乃盡言。然迂學違世，不敢自是，因君意合，偶復云爾。"則謂江氏反其道而行之。又《學林》卷七"柳宗元非國語"論《非國語》8條。宋人頗多非柳氏《非國語》者，如《困學紀聞》卷六即云："江端禮嘗病柳子厚作《非國語》，乃作《非〈非國語〉》。東坡見曰：久有意爲此書，不謂君先之也。然子厚非《國語》而其文多以《國語》爲法。"（宋王應麟撰，清翁廣圻等注，欒保群等點校：《困學紀聞》，上海古籍出版社2008年版，頁878）晁説之《江子和墓志銘》亦言江氏有是書。吳泳《劉靖文文集序》言劉氏亦有《非〈非國語〉》。又元人虞槃即作《非〈非國語〉》，《柳集點勘》卷二云："元虞槃幼時讀柳子《非國語》，以爲《國語》誠可非，而柳子之説亦非也，作《非〈非國語〉》，時人歎其有識。"則作《非〈非國語〉》者，宋有二人，元有一人。又《宋史·藝文志》載有葉真《是國語》七卷，劉克莊《後村文集》卷一一一《顧貢士文英詩傳演説柳氏〈國語〉辨非後敘》載顧文英撰《國語辨非》二十卷。又明胡直《衡廬精舍藏稿》續稿卷八《亡友月塘曾君墓志銘》云曾于乾亦有《非〈非國語〉》一卷。根據王煦《國語釋文·國語是非攷附》載，尚有劉章、曾于乾亦作《非〈非國語〉》，則是作《非〈非國語〉》者計爲五人，皆有感於柳宗元《非國語》而發者。清人黃虞稷《千頃堂書目》卷二尚著録虞槃《非〈非國語〉》，朱彝尊《經義考》卷一〇九則謂上述三家《非〈非國語〉》皆亡佚，又《經義考》尚著録戴氏仔《非國語辨》一篇。但是這些學者反對柳宗元《非國語》的著作似乎都没有流傳下來。説明雖然對於《非國語》有不同見解，但没有被後來者接受，故而亡佚。黃震《黃氏日鈔》卷六十則謂柳氏《非國語》"非獨駁難多造理，文亦奇峭"，並節録22條以爲辨。明黃瑜《雙槐歲鈔》卷六《非〈非國語〉》云："宋劉章嘗魁天下，有文名。病王充作《刺孟》，柳子厚作《非國語》,乃作《刺〈刺孟〉》《非〈非國語〉》。江端禮亦作《非〈非國語〉》,東坡見之,曰:'久有意爲此書,不謂君先之也。'元虞槃亦有《非〈非國語〉》。是《非〈非國語〉》有三書也。同邪?異邪?豈紹述而勦取之邪?求其書,不可得,蓋亦罕傳矣。今以子厚之書攷之,大率闢庸蔽怪誣之說耳。雖肆情亂道,時或有之,然不無可取者焉。其非滅密也,曰:康公之母誠賢耶?則宜以淫荒失度命其子焉,用懼之以數,且以德大而後堪,則納三女之奔者,德果何如?若曰勿受之則可矣。教子而媚王以女,非正也。斯乃正論,其可以盡非耶?至其非三川震曰:山川者,特天地之物也。陰與陽者,氣而遊乎其間者也。自動自休,自峙自流,是惡乎與我謀?自鬬自竭自崩自缺,是惡乎爲我設?此則肆情亂道甚矣。是天變不足畏之所從出也。餘類此者,不容枚舉。此所以來三子者之喙與?"又明胡應麟《少室山房筆叢‧乙部史書佔一》云:"柳宗元愛《國語》,愛其文也;非《國語》,非其義也。義詭僻則非,文傑異則愛,弗相掩也。好而知惡,宗元於《國語》有焉。論者以柳操戈入室,弗察者又群然和之,然則文之工者傷理倍道,皆弗論乎(虞槃作《非〈非國語〉》,余欲作《非〈非國語〉》爲柳解嘲,第未見本書)?"又明郎瑛《七修續稿‧辯證類》云:"柳子厚有《非國語》,劉章作《非〈非國語〉》,此皆反而正之之意。實難也!……柳以正理而矯淫誣之辭,劉何能勝之耶?"這幾家說法從不同的側面說明柳氏《非國語》自有其價值與意義。當然也有贊同柳宗元《非國語》者,如宋員興宗《九華集》卷十有《柳宗元〈非國語〉策》一篇,云:"自見其可以言而言,五經之言也;未可以言,而或列之言諸子之言也。可言而不言,與不可言而言,衆人之言也。五經之言,千一而過乎?曰:五經烏免哉!《詩》云:周餘黎民,靡有孑遺。《詩》言過也。《易》曰:見豕負塗,載鬼一車。《易》言過也。《書》曰:前徒倒戈,血流漂杵。《書》言過也。《禮》云:大言受大祿,小言受小祿。《禮》言過也。下斯觀之賢言之失可知也。荀卿曰:禮以起僞也,性以起信也。禮性之辯,卿烏知之？韓愈曰：墨子不異孔子也，孔子不異墨子也，孔、墨之辯愈烏知之？夫以聖言聖，以賢言賢，其失如是之甚也。而況《國語》乎？《國語》，丘明所著之書也。丘明之書，上不至聖，而下愈於賢，抑在聖賢之間乎？雖然，丘明之文其事則覈，其文則濫，濫則多淫，多淫則多失，是固當也。後之士不伺其失而攻之，柳宗元獨識之，誠得間矣。今而觀其事，如周王滅密之説曰：小醜備物，宜獻之王。子厚曰：雖獻之王，王而受之，不可謂德。鉏麑觸槐之説曰：見其假寐，不忍殺也。子厚曰：如其不寐，則殺之矣。不可謂義。虢公禋神之説曰：聽國於神，不亡何待？子厚曰：聽而亡，不可謂信。晉侯得塊之説曰：舅犯進塊，晉侯以興。子厚曰：楚人進塊，楚何以亡？不可謂訓。子厚之於《國語》，連揹抾之如此，子厚非固誕之也。後之讀子厚之辭，宜勿易此矣。或曰：司馬遷採《國語》以著書，董仲舒採《國語》以命文，劉向摭《國語》以益《説苑》。《國語》何負於學者？學者顧憎之，子厚何淺也？曰：是固子厚之所忽也。子厚之論貞符，自司馬遷、董仲舒、劉向未有能貫其説也。則《國語》之病，子厚其能默然已乎？噫！使天不生子厚於貞元之間，則唐之士美而言之，其罪皆可髠鉗矣。"又金代王若虚（1174—1243）《滹南遺老集》卷三〇《議論辨惑》云："柳子厚《非國語》雖不盡佳，亦大有是處。而温公、東坡深罪之，未爲篤論也。"亦爲公允之論。又清人鄒伯奇（1819—1869）《鄒徵君遺書》有《讀非國語》一篇，云："柳子厚作《非國語》，其宗旨具於時令、論斷刑、論天説諸篇，以爲天人不相知，而後儒羣然噅之，此皆拘於虛理而不證於實事，習於成説而不求於心得者矣。夫所謂則天因地者，如天之生物，春生、秋成、夏發、冬斂，故敬授民時以爲耕稼之準，非天有成心而聖人法之也。《國語》作於周末，子厚所非類皆祝巫瞽史之説，在當時公卿熒惑而左氏述之，流及後世，如董仲舒之《春秋繁露》、劉向之《洪範》《五行》緣飾經義，侈談機祥，乃詁經撰史者竟視爲通天地人之學，而不知於聖人務民之義無當也。子厚有見於此而非之，其識卓矣。"是爲柳宗元辯護者，言持之有據。至於明代，《國語》評點較多，鄭以厚光裕堂所刻《國語評苑》，以劉懷恕本爲底本，集合穆文熙本人以及孫應鰲、劉懷恕、石星、程子以及柳宗元評語於書眉上，其中穆文熙評語149條，劉懷恕5條，程子、石星各1條，柳宗元50條，即柳宗元《非國語》在明代更多地爲評點家引用而非專門研究。二十世紀六七十年代，由於柳宗元在特定的歷史階段被認定爲法家人物，對柳宗元的研究比較多見，《非國語》的研究主要體現在新注新譯的出現，如孫望《柳宗元〈非國語〉譯注（選刊）》(《南京師大學報》1974年第1期）、湖南省法家著作研究班柳宗元《非國語》評注組《柳宗元〈非國語〉評注》（長沙：湖南人民出版社1976年版）和吉林師範大學歷史系與長春市第一光學儀器廠工人理論組合注《柳宗元〈非國語〉譯注（選）》（北京：人民出版社1976年版）等，孫望論文選譯《非國語》3篇，吉林師大注本選錄20篇，湖南本則爲全部譯注。後兩種都是專門出版物，在前言中對於《非國語》思想内容以及價值的評價，這兩本書前言對於《國語》和《非國語》的評價雖然不免帶有時代的印痕，但其注釋和譯文還是下了很大的功夫，到目前爲爲止仍是《非國語》的較好的注本和譯本。自1974年至2012年，《非國語》研究論文9篇，包括碩士論文1篇，其中黄敬欽《柳宗元生平及其〈非國語〉之研究》（華梵大學東方人文思想研究所1957年碩士論文）爲綜合研究之外，其他8篇中有5篇論文分别通過《非國語》研究柳宗元的思想精神，爲秦佩珩《柳宗元的革新精神在〈非國語〉中的體現》(《鄭州大學學報》1974年第1期）、張漢綱《淺談柳宗元的無神論思想——讀〈非國語〉劄記》(《廣西民族學院學報》1983年第2期）、賈名黨與周翔《從〈非國語〉看柳宗元的經學思想》(《焦作大學學報》2008年第1期）、李伏清《柳宗元〈非國語〉中的疑古思想》(《湖南科技學院學報》2010年第1期）和《柳宗元〈非國語〉中的"大中之道"思想》(《湖南科技學院學報》2010年第3期）、王洪臣《論柳宗元〈非國語〉的明道意識》(《湖南科技學院學報》2011年第3期),另外3篇分別爲松本肇《柳宗元の「非國語」について》(《日本中國學會報》第41卷,1989年)、秦松鶴《從〈國語〉到〈非國語〉的思想變革——柳宗元的"輔時及物"之文》(《北京師範大學學報》1990年第3期)、史繼東《殊途同歸,非之何急——評柳宗元〈非國語〉對國語之非難》(《理論月刊》2010年第8期)等。

《國語補音》敘錄

(宋)宋庠

【輯證】○萬青案:許宗魯本作"國語補音序",文淵閣本《補音》作"國語補音原序",二乙堂本誤作"國語敘"。文淵閣本《補音》先"《國語補音》原目",後"國語補音原序"。《國語》明道本系統中自沈鎔《國語詳注》開始錄宋庠《國語補音敘錄》於《國語解敘》之後,徐元誥《國語集解》從之。

【輯證】○千葉玄之曰:宋姓,名庠,字公序,宋天聖間人也。○秦鼎、高木熊三郎曰:宋庠字公序,雍丘人。天聖初舉進士第一,累官翰林學士、參知政事,與呂夷簡不合,出知揚州。皇祐中,拜中書平章,數言國家當慎固根本。封鄭國,卒贈大尉,謚元獻。爲人儉約,好學不倦,所著有校定《國語》《補音》《通譜》《叢志》諸書。○萬青案:張一鯤本、吳勉學本、綠蔭堂本、道春點本、千葉玄之本、秦鼎本、高木本、《詳注》、《集解》無"撰"字,許宗魯本、二乙堂本"宋庠撰"三字在全篇之末。《宋史》卷二八四有宋庠傳,記載庠事較爲詳盡,傳末云:"庠自應舉時,與祁俱以文學名擅天下,儉約不好聲色,讀書至老不倦。善正訛謬,嘗校定《國語》,撰《補音》三卷。又輯《紀年通譜》,區別正閏,爲十二卷。《掖垣叢志》三卷,《尊號錄》一卷,《別集》四十卷。"《宋會要輯稿·崇儒四·勘書》云:"景祐四年十月十七日,翰林學士李淑言:'切見近日發解進士多取別書、小説、古人文集,或移合經注以爲題目,競務新奧,朝廷從學取士,本欲興崇風教,返使後進習尚異端,非所謂化成之義也。況孝較進士,但觀詞藝優劣,不必嫌避正書,其經典子書之內有《國語》《荀子》《文中子》,儒學所崇,與六經通貫,先朝以來,嘗於此出題,衹是國序未有印本,欲望取上件三書,差官校勘、刻板,撰定音義,付國子監施行。'詔可。"(清徐松:《宋會要輯稿》,上海:大東書局1935年影印本,第55册,崇儒四之八)根據汝企和研究,北宋政府一共進行過十三次史書的校勘,《國語》的校勘在第十次,與《荀子》《文中子》同時進行。從後來宋庠既校訂《國語》又別撰《國語補音》三卷的行爲來看,則頗合於景祐四年(1034)李淑建言"差官校勘、刻板,撰定音義"(氏著《中國傳統文化探幽》,北京:商務印書館2008年版,頁119)。景祐四年(1034)之時,宋庠38歲。天聖二年(1024),宋庠始登科名。根據《宋史》本傳:"庠天聖初舉進士,開封試禮部皆第一,擢大理評事,同判襄州。召試,遷太子中允直史館,歷三司戶部判官,同修起居注。再遷左正言。郭皇后廢,庠與御史伏閣爭論,坐罰金。久之,知制誥。時親策賢良茂才等科而命與武舉人雜視,庠言非所以待天下士,宜如本朝故事,命有司設次具飲膳,斥武舉人令別試。詔從之,兼史館修撰,知審刑院。"則宋庠校訂《國語》當在景祐四年(1034)之後。《國語補音》初刻於治平元年(1064),現存版本衆多,拙著《〈國語補音〉異文研究》中有所梳理,今比較易見者即爲北京國家圖書館藏宋刻宋元遞修本、《文淵閣四庫全書》本和《湖北先正遺書》本。《補音》之宋刊多有著録。如陸心源《宋槧〈國語補音〉跋》曰:"《國語補音》三卷,題曰宋庠撰,宋刊十行本,與《國語》韋昭注同時所刊。前有《叙録》:《國語》有《舊音》一卷,不著撰人名氏,文憲據'犬戎樹惇'句解有'鄯州羌'語,考唐以前無鄯州之名,改善鄯國爲鄯州,實始於唐,定爲唐人所箸,惟音釋簡陋,不足名書,因而廣之,凡成三卷,故曰'補音'。目録末云:《補音》三卷,庠自撰,附於末。附於末者,附於《國語》韋昭注之後,非散附各條之末也。宋初刊書,注疏、音義皆別行,今單刊單疏音義猶有存者,如《尚書》單疏、《儀禮》單疏、《穀梁》單疏、《爾雅》單疏、《經典釋文》、《漢書音義》、《晉書音義》是也,至南宋而有附陸氏音義於諸經各條之後者。此本別行,固宋代撰音義者之通例也。"潘祖蔭《滂喜齋藏書記》卷一《宋刻國語補音三卷(一函三册)》曰:"《國語》宋公序《補音》,明人刻本散見各條之下,非原書面目矣。此本三卷,尚是公序舊第。後有治平元年中書省劄一道云:'《國語》並《補音》共一十三册,國子監開板印造',末有一行云:'右從政郎嚴州司理參軍薛銳校勘。'遇宋諱玄懸殷匡恒徵敬竟樹項桓完皆缺筆,項神宗名,桓欽宗名,皆在治平後,當是南宋時嚴州覆刻。犬戎樹惇惇字犯孝宗諱不缺,是孝宗以前本也。每半葉十行,行二十字,字畫方勁,與北宋槧無異。"沈穎宗《潘祖蔭及其藏書研究》對潘氏藏本記載較詳,云:"(宋)宋庠編撰,南宋紹興年間浙刊明弘治間遞修本。框高21.6厘米×14.9厘米,版心白口,單魚尾,左右雙欄,每半葉十行,行二十字,小注夾行,行亦二十字。書中鈐有'適安'、'相臺岳氏'、'經遠堂藏書'、'周情孔思'、'汲古閣'、'己丑父印'、'臨頓書樓'、'吳門王獻臣藏書印'、'王氏子子孫孫永寶藏'、'虞性堂書畫印'、'潘祖蔭藏書記'、'研易樓'、'山陰沈仲濤珍藏秘籍'等印,今藏於(臺北)'國立故宮博物院'。是書中縫魚尾下標'國語補音幾',次載葉次,下方署刻工姓名:江孫、江全、王介、王珍、卓宥、方通、通、方迁、方、楊明、明、楊思、李杲、李棠、棠、駱昇等。避宋諱:'玄'、'眩'、'懸'、'鮌'、'炫'、'縣'、'畜'、'朗'、'敬'、'驚'、'儆'、'弘'、'殷'、'匡'、'竟'、'境'、'胤'、'耿'、'徵'、'懲'、'樹'、'讓'、'襄'、'項'、'桓'、'完'、'媾'、'購'、'遘'等字缺末筆。首冠宋庠撰〈國語補音敘錄〉,卷一首行大題'補音卷第一',次行頂格題篇名,其下有注三行,四行之後篇題連屬正文,卷末尾題視卷首大題同。是本紙幅寬大,結體方整,爲浙本傑作,惜多蟲傷,沈仲濤先生捐贈(臺北)'國立故宮博物院'後,已加修補裱襯,稍復舊觀。"(氏著《潘祖蔭及其藏書研究》,臺北大學中國古典文獻學研究所2009年碩士學位論文,頁110)沈氏復云:"潘氏《滂喜齋藏書記》以爲是本爲南宋時嚴州刻本,蓋因薛銳校勘題銜也。今(臺北)'國立故宫博物院'考是帙刻工率爲南宋早期浙江地區名匠,又'惇'字犯孝宗諱,且孝宗以下諸帝諱均不缺筆,宜乎爲孝宗以前紹興浙刻本也,而全書字體端正,撫墨清爽,紙幅寬大,疑爲南宋監本。"(同上)從沈穎宗和潘祖蔭所記述來看,潘氏藏本當即今北京國家圖書館所藏宋刻宋元遞修本,但是臺北"故宫博物院"藏潘祖蔭藏本仍根據潘氏所推斷著録爲"宋孝宗時嚴州刊本"。潘祖蔭題記所提到的劄子,沈穎宗文中全部録下,爲治平元年二月二十五日中書省劄子,文云:"景靈宫使武寧軍節度使檢校太師同中書門下平章事宋庠劄子奏,臣在河北準中書劄子節文,奉聖旨,令寫録新校《國語》一本,並所撰音義文字進呈,今已寫録畢工,然祇是私家獨立校對,深恐尚有譌謬,蒙宣取,又不敢隱藏其書,謹具進呈。所有臣私撰到《補音》三册,止因讀頌之時,深記音切,其首篇略敘校讎本末,元非奏御文字,故辭語平簡,無公式之□,不敢一例進呈,已別繳納中書訖,奏聞事,又據宋庠狀,其《國語》十册已具進呈訖,其《補音》三册,止是私家校讎時粗具音讀,元非奏御文字,不敢一例進呈,別繳納中書申聞事。右奉聖旨,《國語》并《補音》,共一十三册,宜令國子監開板印造,仍令張公庫與書庫監官,專切管勾劄附國子監,準此。"宋刻宋元遞修本是《國語補音》目前存世的較早刻本。目前所見《國語補音》有三卷本、二卷本和一卷本。三卷本爲常見者,如宋紹興刻本、宋刻宋元遞修本、宋刻元明遞修本、宋刻明修補本、元大德本、明弘治間刻本、明刊黑口本、清《四庫全書》本、清《微波榭叢書》本、尊經書院本、《湖北先正遺書》本、日本江户間鈔本、日本嘉永二年鈔本等;二卷本爲明正德十二年明德堂本,又萬曆間修纂《開封府志·藝文志》著録宋庠有《國語補音》二卷;一卷本爲楊守敬《日本訪書記》卷五所著録,云:"《國語補音》一卷。宋元憲作《國語補音》,取官私所藏十五六本參校,得多失少。自明人附刊入韋注中,而單行本遂微。自黄蕘圃刻明道本,顧千里爲《札記》,汪小米爲《考異》,宋氏之書遂多疵議。

傳世舊本唯見孔氏《微波榭叢書》中。近日,盱眙吳氏又從孔本翻刻於成都,末附錢保塘《札記》,稱以明修舊刻本校孔本,知孔本實從明本出,又以舊刻校正孔本數處。今以照此本,則與錢君所稱舊本多合,而錢君不言是明嘉靖正學書院刊本。豈錢君所據本佚趙仲一序耶？此本澁江道純舊藏,余從森立之得之。"然葉德輝(1864—1927)《書林清話》卷五云:"正學書院刻《國語補音》三卷(見楊志)。"和楊守敬所著録爲一卷不同。又趙萬里(1905—1980)《王國維先生手校書目》亦謂王國維(1877—1927)以嘉靖丙戌正學書院刊本《國語補音》校微波榭本,也没有説明卷數。正學書院刻本《國語補音》實三卷,《國語補音》根本不存在一卷本的形制。又明朱睦㮮(1518—1587)《萬卷堂書目》著録有《國語補音》九卷,世無傳本,未得其詳,或如閔齊伋裁注《國語》九卷之例歟?

　　按班固《蓺文志》【輯證】○萬青案:許宗魯本"蓺"作"埶",二乙堂本、緑蔭堂本、秦鼎本、高木本、《詳注》、《集解》"蓺"作"藝",明德堂本《補音》"蓺"誤作"蓻"。種别六經。【輯證】○千葉玄之曰:《前漢書·藝文志》曰:序六藝爲九種。六藝者,六經也,《易》《書》《詩》《禮記》《樂經》《春秋》是也。六經之外,《論語》、《孝經》、小學家謂之九種。其春秋家有《國語》二十一篇,【輯證】○萬青案:二乙堂本"一"誤作"二"。注:"左丘明箸。"【輯證】○萬青案:張一鯤本、吳勉學本、《國語評苑》、二乙堂本、文淵閣本《補音》、緑蔭堂本、道春點本、千葉玄之本、秦鼎本、高木本"箸"作"著"。至漢司馬子長撰《史記》,遂據《國語》《世本》《戰國策》以成其書。【輯證】○千葉玄之曰:《戰國策》,記春秋後凡三十三篇,漢劉向撰爲三十篇。或曰短長書,或曰國事。高誘曰:"六國時縱横之説也。"當漢世,【輯證】○王懋竑曰:當漢出,"出"當作"世",或作"初"。○千葉玄之曰:太宰德夫曰:"當漢出"之"出"字可疑,或恐"世"字之誤。○秦鼎曰:出,疑"初"訛。或云

"世"訛。漢武世,五經各置博士,唯左氏不得立於學官,藏於秘府,平帝時始立之。○萬青案:明德堂本《補音》、張一鯤本、吳勉學本、《國語評苑》、綠蔭堂本、道春點本、千葉玄之本、秦鼎本、高木本"世"作"出"。《左傳》秘而未行,又不立於學官,故此書亦弗顯。【輯證】○千葉玄之曰:武帝天漢之後,有巫蠱之難,故《左傳》藏於秘府,未行於世。其後,雖置五經博士,左氏不得立於學官。後漢平帝時,王莽輔政,方始立之。惟上賢達識之士好而尊之,【輯證】○萬青案:許宗魯本、張一鯤本、吳勉學本、《國語評苑》、二乙堂本、綠蔭堂本、道春點本、千葉玄之本、秦鼎本、高木本、尊經書院本《補音》"惟"作"唯"。俗儒弗識也。逮東漢,《左傳》漸布,名儒始悟向來《公》《穀》膚近之説而多歸左氏。【輯證】○千葉玄之曰:名儒者,鄭司農、賈逵、馬融、延篤之輩。《公羊傳》十一卷,公羊子,齊人。師古注:"名高。"《穀梁傳》十一卷,穀梁子,魯人。師古注:"名喜。"並見《前漢書・藝文志》。膚近,謂膚淺薄近之説。○秦鼎曰:名儒指鄭衆、賈逵、馬融、延篤等。及杜元凱研精訓詁,木鐸天下,【輯證】○千葉玄之曰:金口木舌謂之木鐸,見《論語・八佾篇》。古今真謬之學,【輯證】○萬青案:尊經書院本《補音》"謬"作"繆"。一旦冰釋,【輯證】○千葉玄之曰:《左傳》杜預序曰:"涣然冰釋。"○萬青案:集賢殿校本、張一鯤本、吳勉學本、《國語評苑》、文淵閣本《補音》、綠蔭堂本、千葉玄之本、秦鼎本、高木本"冰"作"氷"。雖《國語》亦從而大行。蓋其書並出丘明,【輯證】○萬青案:集賢殿校本"蓋"作"盖"。自魏晉以後書録所題,皆曰《春秋外傳國語》,是則《左傳》爲内、《國語》爲外,二書相副,【輯證】○萬青案:文淵閣本《補音》"副"作"輔"。以成大業。凡事詳於内者略於外,備於外者簡於内。先儒孔晁亦以爲然。【輯證】○秦鼎曰:《内傳》疏引孔晁云：左丘明集典雅令辭與經相發明者，以爲《左傳》。其高論善言，別爲《國語》。凡事同而辭異者，以其詳於《左傳》而略於《國語》，詳於《國語》而略於《左傳》。自鄭衆、賈逵、王肅、虞翻、唐固、韋昭之徒並治其章句，申之注釋，爲六經流亞，非復諸子之倫。自餘名儒碩士好是學者，【輯證】〇萬青案：集賢殿校本、許宗魯本、尊經書院本《補音》、遺書本《補音》"士"作"生"。不可勝紀。歷世離亂，【輯證】〇秦鼎曰：離亂，猶亂離也。一說：離，罹也。經籍亡逸，今此書惟韋氏所解傳於世，【輯證】〇萬青案：集賢殿校本、許宗魯本、張一鯤本、吳勉學本、《國語評苑》、二乙堂本、綠蔭堂本、道春點本、千葉玄之本、秦鼎本、高木本、尊經書院本《補音》、遺書本《補音》"惟"作"唯"。諸家章句遂無存者。然觀韋氏所敘，以鄭衆、賈逵、虞翻、唐固爲主而增損之，故其注備而有體，可謂一家之名學。惟唐文人柳子厚作《非國語》二篇，【輯證】〇千葉玄之曰：《非國語》，唐元和間柳子厚作之。〇萬青案：集賢殿校本、許宗魯本、張一鯤本、吳勉學本、《國語評苑》、二乙堂本、綠蔭堂本、道春點本、秦鼎本、高木本、尊經書院本《補音》、遺書本《補音》"惟"作"唯"。攟摭左氏意外微細，【輯證】〇千葉玄之曰：攟摭，猶拾取也。攟音均，摭音釋。見《字典》。以爲詆訾，然未足掩其洪美。【輯證】〇萬青案：明德堂本《補音》、張一鯤本、吳勉學本、《國語評苑》、二乙堂本、文淵閣本《補音》、綠蔭堂本、道春點本、千葉玄之本、秦鼎本、高木本"洪"作"鴻"。

　　左篇今完然與經籍並行無損也，【輯證】〇秦鼎引《略說》："左篇"恐"此篇"譌，或此二字衍。〇萬青案：許宗魯本"左"作"此"。庸何傷於道？【輯證】〇萬青案：二乙堂本"也庸"處空格無字，或係漏刻。因略記前世名儒傳學姓氏列之左方。【輯證】○許宗魯曰：按宋氏《補音》三卷音釋最詳，意義頗繁，附出則篇章不屬，別籍則考閱亦艱，均匪良圖，姑爾省刻，獨存其序，志有此書云。樊川許宗魯志。○萬青案：集賢殿校本無"左方"二字，明德堂本《補音》、許宗魯本、張一鯤本、吳勉學本、《國語評苑》、二乙堂本、文淵閣本《補音》、綠蔭堂本、道春點本、千葉玄之本、秦鼎本、高木本"列之左方"作"別之"，尊經書院本《補音》、遺書本《補音》作"列之後"。許宗魯本"別之"下有"宋庠撰"三字，《補音敍錄》後面的文字如歷代《國語》注家則別題爲"國語注解諸家名氏"另起一篇。

後漢大司農鄭衆，【輯證】○萬青案：遺書本《補音》"後"字處塗黑。字仲師，作《國語章句》，亡其篇數。【輯證】○汪遠孫《借閑隨筆·韋昭注〈國語〉引鄭司農多康成說》曰：鄭仲師注《國語》，韋宏嗣謂其"解疑釋滯，昭晰可觀"，然韋注所引鄭司農皆康成說。《周語中》周公之詩曰："兄弟鬩於牆，外禦其侮。""鄭、唐二君以爲《常棣》穆公所作"本《〈詩·常棣·序〉箋》。"鄭伯南也"，"鄭司農云：南謂子男。鄭，今新鄭。新鄭之於王城，在畿內。畿內之諸侯雖爵有侯伯，周之舊法皆食子男之地"本《鄭志·答趙商問》。《周語下》其詩曰："昊天有成命，二后受之。成王不敢康。""言昊天有所成之命，文、武則能受之。謂脩己自勤以成其王功，非謂周成王身也。賈、鄭、唐說皆然。""熙，廣也"鄭司農云："廣當爲光。"並本《詩箋》。"景王二十一年，將鑄大錢"鄭司農說《周禮》云"錢始蓋一品，周景王鑄大錢而有二品"云云，本《周官·外府》注。《魯語下》"夫先樂金奏肆夏樊遏渠，天子所以饗元侯也"，"鄭司農云：九夏皆篇名，頌之類也"云云，本《周官·鐘師》注。"懷和爲每懷"鄭司農云"和當爲私"本《〈詩·皇皇者華〉箋》。"昔正考父校商之名頌十二篇於周太師"鄭司農云"自考父至孔子又亡其七篇，故餘五耳"本《〈詩·那·序〉箋》。《晉語六》"郤至以韎韋之跗注"："鄭後司農說：以爲韎茅蒐染也。韎，聲也（'韎聲'上當有'茅蒐'二字)"本《〈詩·瞻彼洛矣〉箋》。《晉語八》"夫舅犯見利而不顧其君,其仁不足稱也"鄭後司農以爲"詐請要君以利也",本《禮記·檀弓》注。《鄭語》"計億事,材兆物"鄭後司農云:"十萬曰億,億萬曰兆。"本《〈詩·伐檀、楚茨、假樂〉箋》、《禮記·内則》注,或加"後",或不加"後",傳寫不一耳。《楚語上》"若易中下,楚必敗之"鄭司農以爲:"易行,中軍與上下軍易卒伍也,中軍之卒良,故易之。"是仲師注,見孔沖遠《正義》。《吴語》"擁鐸拱稽"鄭司農以爲:"稽,計兵名籍也。"《周禮》"聽師田以簡稽",亦是囊括仲師注《小宰》注。余輯《外傳古注》,皆不采入,恐閲者疑其漏,故詳述之。○萬青案:汪遠孫説可采,但是也不完全正確。

漢侍中賈逵,字景伯,作《左氏春秋》及《國語》解詁五十一篇,《左傳》三十篇、《國語》二十一篇。【輯證】○萬青案:許宗魯本"三十"下衍"一"字。《隋志》云"二十卷",唐已亡。【輯證】○萬青案:賈逵注《國語》目前存留條目較多,且前人頗多輯佚。我在《小學要籍引〈國語〉研究》引言中曾經統計過各家輯佚賈逵注以及其他各家注條目之多寡,專門列有圖表,兹不詳陳。此外,張以仁《〈國語〉舊注的輯佚工作及其產生的問題》(見載於《張以仁語文學論集》,上海古籍出版社 2012 年版,頁 203～227)一文,也有論説,可參。今録張先生對各家《國語》舊注輯佚條目的統計如下:馬國翰《玉函山房輯佚書》輯鄭衆 5 條,賈逵 267 條,虞氏 36 條,唐氏 94 條,孔氏 45 條;王謨《漢魏遺書鈔》輯賈逵 200 條,唐固 45 條;黄奭《黄氏逸書考》輯鄭衆 17 條,又附録 12 條,賈逵 200 條,唐固 87 條,附録 18 條,王肅 8 條,孔晁 47 條,附録 9 條,虞翻 31 條;蔣曰豫《蔣侑石遺書》輯賈逵 236 條,鄭衆 20 條,虞翻 23 條,唐固 65 條,孔晁 17 條;汪遠孫《國語三君注輯存》輯鄭衆 5 條,賈逵 322 條,王肅 11 條,虞翻 29 條,唐固 77 條,三君注 12 條,服虔 11 條,孔晁 47 條,注 75 條,説 13 條,或曰 1 條,吕叔玉曰 1

條。此爲張先生統計各家《國語》舊注輯佚條目。在具體數據上，和我的統計不盡一致。就賈逵注而言，雖然張以仁先生的統計數字最多，爲 480 條，恐怕還不是全部。還應該把王仁俊以及新美寬和鈴木隆一的統計條目和張輯一一比對，然後纔能求得一個總數，大體在六百三十條左右。賈逵《國語注》輯本有單行本行世，如臺北藝文印書館 1972 年刊行《四部分類叢書集成三編》收賈逵《國語注》，爲黃氏《黃氏逸書考·子史鈎沉》輯本；臺北藝文印書館 1970 年刊行《四部分類叢書集成續編》、香港聚文書局 2008 年刊行《經籍叢刊》中所收賈逵的《國語注》，爲王謨《漢魏遺書鈔》輯本。當然，各家輯本中以張以仁《國語舊注輯校》最爲精審。

  魏中領軍王肅，字子雍，【輯證】○萬青案：許宗魯本"雍"作"雝"。作《春秋外傳國語章句》一卷。【輯證】○高木熊三郎曰：一本脱"二十"字，非也。○萬青案：秦鼎本、高木本"一"上有"二十"。《隋志》云："梁有二十二卷。"《唐志》亦云"二十二卷"。【輯證】○萬青案：王肅（195—256）爲三國時期魏國人。《三國志·魏書》本傳云："初，肅善賈、馬之學而不好鄭氏，采會同異，爲《尚書》、《詩》、《論語》、三《禮》、《左氏》解及撰定父朗所作《易》傳，皆列於學官。其所論駁朝廷典制、郊祀宗廟、喪紀輕重凡百餘篇。時樂安孫叔然授學鄭玄之門，人稱東州大儒，徵爲秘書監，不就。肅集聖證論以譏短玄，叔然駁而釋之。及作《周易》、《春秋例》、《毛詩》、《禮記》、《春秋》三傳、《國語》、《爾雅》諸注，又注《書》十餘篇。"是其本傳並未言王肅注《國語》，卻言孫炎著《國語》。新、舊《唐書》藝文志皆錄有王肅《春秋外傳國語章句》二十二卷。宋庠《國語補音敘錄》亦錄。黃奭輯王肅注 8 條，汪遠孫輯 1 條，張以仁亦輯 1 條。《家語》中有多篇與《國語》內容相同，如《家語·辨物篇》與《魯語下》兩篇故事內容相同，又《家語·正論解》4 篇分別與《魯語下》、《晉語八》等部分篇章的內容相同，故而《家語》中與《國語》相同內容篇章的王肅注對研究王肅《國語》注具有參證作用。拙稿《王肅〈家語〉注與韋昭〈國語〉注比較》通過比較發現,王肅注比較清通簡潔,而韋昭注則引經證傳,所釋較詳。從《家語》、《國語》相同內容篇目的王注、韋注比較來看,王注比韋注更爲簡略,主要在疏通文義,其中典章制度、名物故實少有涉及,而韋注則於典制制度、名物故實言之較詳,且引《左傳》《周禮》《聘禮》等以明之。其注有採鄭箋、鄭注者,汪遠孫已言之。關於《家語》的真僞問題目前尚有不同看法。無論真僞,《家語》注和王肅的其他注總有一個撰述先後的問題,就《家語》注如此簡略而言,《家語》注或當在王肅注三《禮》、《左傳》等書之後。

吳侍御史虞翻,字仲翔,注《春秋外傳國語》二十一卷。【輯證】○萬青案:虞翻(164—233)是三國時期吳人。《三國志》本傳謂虞翻"又爲《老子》《論語》《國語》訓注,皆傳於世"。黃奭輯虞翻注31條,馬國翰輯36條,王仁俊輯1條,汪遠孫輯37條,張以仁輯25條,三君注12條。三君注中,韋昭引述賈逵最多,唐固次之,虞翻注更次之。審《輯校》中,除了三君注外,標明虞注者在《國語》中各卷數目爲:周語下、晉語五、晉語六各1條,魯語上、晉語一、晉語二、吳語各2條,晉語四3條,越語下5條,鄭語9條。審所輯佚虞翻注,主要串講爲主。所釋主要爲釋時間、釋典制、釋地制、釋計數等,釋語詞較少見。

吳尚書僕射唐固,【輯證】○萬青案:許宗魯本"射"皆作"躲"。字子正,注《春秋外傳國語》二十一卷。【輯證】○萬青案:唐固爲三國吳人。《三國志·吳書·闞澤傳》附云:"澤州里先輩丹楊唐固,亦修身積學,稱爲儒者。著《國語》《公羊》《穀梁傳》注,講授常數十人。權爲吳王,拜固議郎,自陸遜、張溫、駱統等,皆拜之。黃武四年,爲尚書僕射,卒。"就目前所看到的各家輯佚材料,唐固注輯佚最多的爲黃奭,黃氏輯有105條,張以仁《輯校》祇收 73 條,大約出於謹慎之故。韋注中直接稱引"唐尚書"者 34 條,"賈""唐"同引者 16 條,"虞""唐"並引者 3 條,"三君"並引者 11 條。可見唐固《國語》注還有繼續探討的空間。唐固注釋内容大體分爲:釋故事、釋人物、釋典制、釋節令、釋祭祀、釋語詞等。今將"三君云""賈唐"云皆計在内,張以仁《輯校》各卷條目依次爲周上 9、周中 8、周下 3、魯上 6、魯下 4、齊語 5、晉一 3、晉二 2、晉三 3、晉四 7、晉五 2、晉六 1、晉七 2、晉八 1、鄭語 5、楚上 4、楚下 1、吳語 7、越上 1、越下 3。唐固注與賈逵注注釋點不同,釋義也多有不同,即便同條注釋,釋義也多有不同。

　　吳中書僕射、侍中、高陵亭侯韋昭,字弘嗣,【輯證】○萬青案:許宗魯本"嗣"作"罨"。注《春秋外傳國語》二十一卷。《隋志》云"二十二卷",《唐志》二十一卷,與今見行篇次同。【輯證】○千葉玄之曰:《文獻通考》曰:《崇文總目》:《國語》,左丘明撰。吳侍中領左國史高陵侯韋昭解。昭參引鄭衆、賈逵、虞翻、唐固,合凡五家爲注。自所發正者三百十事。○趙翼《陔餘叢考》卷三曰:韋昭注《國語》,合賈逵、虞翻、唐固諸本,參考是正,最號詳核,然亦有舛謬者。"晉文公請隧"賈逵云:"王之葬禮。闕地通路曰隧。"昭則以爲天子之六鄉六隧地也。按襄王之詞曰:"若班先王之大物以賞私德。"又曰:"叔父若能更姓改物以取備物。"又曰:"余敢以私勞變前之大章乎?"又《晉語》文公請隧,弗許。曰:"王章也。"大物、備物、大章、王章皆謂禮之大者,非郊遂地可知。況是時,王正勞之以地,豈又辭所賜之地而别請所不賜之地乎?"魯武公以其子括與戲見宣王,王立戲"韋昭注:"括,武公之長子伯御。戲,括弟懿公也。"按《史記·魯世家》,懿公九年,兄括之子伯御弑公而自立。則伯御乃括之子也。《漢書·古今人表》亦同。而昭以伯御爲括,亦誤。《左傳》自幕至於瞽瞍,則幕在瞽瞍之先。昭注《國語》"虞幕能聽協風"乃云:"幕,舜後虞思也。"則以舜之遠祖爲舜之遠孫矣。又東漢明帝諱莊,故凡前史所有莊字悉改爲嚴。昭三國吳人,尚復何所忌諱而不爲改正,仍以魯莊公爲嚴公,曲沃莊伯爲嚴伯,亦不免疏於檢點。顧寧人乃以爲作史者意存忠厚不遽改前代之諱,此亦曲爲之説矣。○萬青案:通過對黄刊明道本《國語》韋注的統計,得韋注5629條。根據筆者前所統計《國語》本文70399字計算,《國語》本文平均12.51個字就有一條韋注,可見其注釋之細密與詳備。這是目前所見《國語》注解中條目最多、注釋最爲詳備的。韋注的這些條目涉及《國語》的普通語詞、名物典制、地理風物等相關方面,其中有一些音注材料可能是後來闌入,並非韋注原本所有。關於韋昭《國語解》的内容評介,苗文利、劉聿鑫《韋昭〈國語解〉的内容、體例和特點》(山東大學古籍整理研究所編《古籍整理研究論叢》第二輯,濟南:山東文藝出版社1993年版)一文介紹較爲詳盡。此外,徐流等主編《史籍導讀與史料運用》也有專門評介,也較詳細。徐流等概括韋昭《國語解》注釋特點爲:(一)完備的注釋體例。包括:1.訓注文字,疏解文意;2.增補史事,考訂史實;3.詮釋名物典制職官;4.注釋人物地理,核定史事年代。(二)引經據典,兼采衆長,比較參證的史注方法。(三)簡潔精賅的語言風格。徐流等認爲韋昭《國語解》的學術價值爲:(一)提供了漢魏史注之概貌;(二)在史注發展中承上啓下的作用;(三)爲文字學、訓詁學研究提供了重要資料。(徐流等主編:《史籍導讀與史料運用》,重慶:西南師大出版社1997年版,頁151~159)先秦兩漢的傳世文獻,在漢代訓詁學、經學昌明的大背景下,多有名注傳世。所謂名注,即該部典籍研究無法繞過去的研究者和著作,也可以看作該部典籍研究的豐碑。如同漢字學上的許慎《説文》,方言學上的揚雄《方言》,語源學上的劉熙《釋名》,訓詁學上的《爾雅》一樣,《詩經》的毛傳、鄭箋,《尚書》孔傳,《三禮》鄭注,《左傳》杜注等也是該部典籍的里程碑式的研究著作。正是這種具有開拓性和集大成的研究著作的存在,後世的研究很大程度上是圍繞著該研究著作展開的。《國語》的研究同樣如此,後來的研究者没有人能夠撇開韋昭注,祇能是在認真研讀《國語》本文與韋注基礎上的局部修補和匡正。也正由於韋注在《國語》研究中的一枝獨秀的地位,故而《國語》韋昭注研究是《國語》本體研究之外一個重要的研究方面。南宋黄震《黄氏日鈔》卷五二《讀雜史》云:"《國語》之文出一手,《戰國策》多脱誤不可曉。韋昭注《國語》簡明,高誘注《戰國策》不全,而存者亦未必盡然。"這大約是傳世文獻中較早的對韋昭《國語解》的整體評價了,也確實道出了韋注的特點。中國本土對韋注的評價大都是正面的。池田秀三云:"吾人於閱讀《國語》時,韋昭之注乃不可缺欠之一事,實無須贅言。若説去除韋昭注以讀《國語》,幾爲不可能之事,此亦非言過其實。然韋昭注並非完璧之作,此事在此亦無須重申。因爲世界上或恐亦無所謂完美之注釋作品的存在。"(日本池田秀三撰,金培懿譯:《韋昭之經學——尤以禮學爲中心》,《中國文哲研究通訊》第 15 卷第 3 期)其言可謂理性。然無論韋昭注存在這樣那樣的缺憾,"微疵不足掩其洪美"。其問世之初即得到了杜預(222—285)的肯定。杜預爲西晉大將軍,公元 280 年率兵滅掉東吴,故當有機緣見到韋昭《國語解》。檢杜預《春秋經傳集解》注文多有與《國語》韋注相合者,清人洪亮吉《春秋左傳詁》第一次集中關注韋注與杜注的淵源關係,每於杜注下引韋注,總共徵引 151 條,並出"杜同此""杜本此"等相關術語以揭示。後樊善標又作《從〈左傳〉〈國語〉重出文字看杜預、韋昭的訓詁》(2002 年"第一届中國語言文字國際學術研討會"論文)、李僅又作《杜預〈左傳〉注、韋昭〈國語〉注比較》(《儒家典籍與思想研究》第 2 輯,北京大學出版社 2010 年版),進一步揭示韋昭注與杜預注的關係。南朝宋裴駰《史記》集解亦多用韋昭注,《史記》三家注共引韋昭注 579 條,佔到明道本韋注總數的 10.29%。南北朝時著作如《水經注》等亦引韋注爲釋。唐代注釋著作中亦多有引用之者,如《一切經音義》、《文選》李善注、《後漢書》李賢注等,這些引注可以和今傳《國語》韋注相勘校,藉以清理韋注。今所見《説文解字》"嵩"字注引韋昭《國語》注云:"今通用崇字。"(漢許慎撰,宋徐鉉校訂:《説文解字》,北京:中華書局 1963 年影陳昌治覆刻平津館本,頁 191 下)切記這是宋人徐鉉(916—991)校訂《説文》時添上去的,絶非生在韋昭之前的許慎所爲。韋昭《國語解》的研究是《國語》本體研究之外數量最多的,涉及語言、文獻、經學等多個方面,拙著《唐代類書引〈國語〉研究》有較爲詳盡的梳理,可參。

晉五經博士孔晁,注《春秋外傳國語》二十卷。《唐志》二十一卷。【輯證】○萬青案:孫炎、韋昭之後爲《國語》作注的爲西晉五經博士孔晁。孔晁的基本情況,樊善標《孔晁〈國語注〉與韋昭〈國語解〉》(《大陸雜志》第一○三卷第三期)一文已經梳理得比較清楚,兹不贅述。陸德明《經典釋文》引孔晁注兩處,其中一處明標爲孔晁《國語》注。孔晁的注保存條目最多的爲孔穎達《〈左傳〉正義》,有 30 餘條。其次則爲《玉燭寶典》《〈毛詩〉正義》《〈國語〉舊音》等,亦各有幾條。孔穎達《〈左傳〉正義》採孔晁條目比較多,當亦代表著孔穎達對孔晁學術思想的一種認同。今檢孔疏於《國語》各家多有採擇,吴國三家中韋昭 9 條,虞翻 1 條,唐固 0 條,賈逵條目爲孔疏引述衆多。孔晁注留下來的相對較多,各家所輯中,黄奭輯録最多,爲 55 條,張以仁則祇收 46 條,樊善標則謂:"孔《注》佚文今存五十三條。"(同上文,頁 102)比黄奭所輯少兩條,不知何據。當然,孔晁《國語》注的輯佚工作也還有必要進一步重新蒐輯一下,恐怕還會有收穫。

右按:【輯證】○萬青案:尊經書院本《補音》"按"皆作"桉"。古今卷第多不同。【輯證】○萬青案:明德堂本《補音》、張一鯤本、吴勉學本、《國語評苑》、二乙堂本、緑蔭堂本、道春點本、千葉玄之本、秦鼎本、高木本"第"下有"亦"字。尊經書院本《補音》"第"皆作"弟"。或云"二十一篇",或"二十二",【輯證】○萬青案:

明德堂本《補音》、張一鯤本、吳勉學本、《國語評苑》、二乙堂本、綠蔭堂本、道春點本、千葉玄之本、秦鼎本、高木本"二十二"下有"卷"字。或"二十卷"。然據《班志》最先出,賈逵次之,皆云二十一篇。此實舊書之定數,【輯證】○萬青案:明德堂本《補音》、張一鯤本、吳勉學本、《國語評苑》、綠蔭堂本、道春點本、千葉玄之本、秦鼎本、高木本"定數"下有"也"字。其後或互有損益,蓋諸儒章句煩簡不同,析簡併篇,【輯證】○萬青案:張一鯤本、吳勉學本、綠蔭堂本、道春點本、秦鼎本、高木本"析"誤作"拆"。秦鼎云:"拆,疑'析'譌。析,分也。"又《國語評苑》、二乙堂本"析"誤作"折"。自名其學,蓋不足疑也。要之,《藝文志》爲審矣。【輯證】○萬青案:集賢殿校本、二乙堂本、綠蔭堂本、秦鼎本、高木本"蓺"作"藝",張一鯤本、吳勉學本、《國語評苑》、道春點本誤作"蓺"。又按:先儒未有爲《國語》音者。蓋外內《傳》文多相涉、字音亦通故邪?然近世傳《舊音》一篇,不箸撰人名氏。【輯證】○王懋竑曰:箸當作"著"。○千葉玄之曰:"箸"字誤,當作"著"。○萬青案:集賢殿校本、二乙堂本、文淵閣本《補音》、秦鼎本、高木本"箸"作"著"。由於《補音》是在《舊音》的基礎上增補而成,故而《國語舊音》沒有單行本。清馬國翰《玉函山房輯佚書》輯有《國語音》一卷,收在"補經編·春秋類"中,前撰有序云:"《國語音》一卷,撰人姓名闕。宋庠《國語補音序》云:'近世傳《舊音》一篇,不著撰人名氏。尋其說,乃唐人也。何以證之?據解犬戎樹惇引鄯州羌爲說。夫改善鄯國爲州,自唐始耳。'此編唐志及各家書目皆不著錄,世無行本,惟庠《補音》謂因舊本而廣之。今撿庠書全載《舊音》,其自爲廣續者必加'補音'或'今按'以別之,就中錄出,仍完故帙。其體例與陸德明《經典釋文》不殊。雖涉簡略,而賈逵、唐固、孔晁諸家說猶及引徵,可與韋注互考,又間引《字苑》《韻集》《珠叢》《纂文》等書,皆散佚僅見者。唐時諸書尚存,故作音者得以援據。庠多空言,排斥似未爲允論也。歷城馬國翰竹吾甫。"(氏著《玉函山房輯佚書》,上海古籍出版社1989年版,頁2972上)《續修四庫全書提要》也對之進行了著錄,多有參考馬序之處,云:"《國語音》一卷(玉函山房叢書本),清馬國翰輯,撰人姓名不傳。按宋庠《國語補音》三卷,前編已著錄。其書自序云:'近世傳《舊音》一篇,不著撰人名氏。尋其說,乃唐人也。何以證之?據解犬戎樹惇引鄯州羌爲說。夫改善鄯國爲州,自唐始耳。'庠所論是矣,而《國語音》不見於《唐志》及各家書目。庠以其簡略,乃采《經典釋文》及《說文》《集韻》等書補成三卷。唐人《舊音》,世無傳本。庠書初附韋昭集解,宋刻尚有單行。《四庫》所收乃清乾隆時衍聖公孔昭煥家藏本,唐編宋補賴此僅存。國翰既爲魯人,此輯蓋得自孔氏。《舊音》所引者,有李斯《倉頡篇》、服虔《通俗文》、呂忱《字林》、呂靜《韻集》、何承天《纂文》、諸葛穎《桂苑珠叢》,並後世不傳之笈。考隋、唐志,曹侯彦、謝康樂、葛洪、馮幹四家皆名《字苑》,此書所引不知何氏。要之,葛洪近是。國翰廣輯佚書,取此以備一家,固非不當。而考求《國語》音注者,亦何必舍庠書之全而刻舟求劍哉?"(《續修四庫全書總目·史部雜史類存目》)筆者在《〈國語補音〉異文研究》一書中也是根據宋庠《補音》撰例區分了《舊音》與《補音》並且在此基礎上對相關問題進行了辨析,也根據《舊音》所載賈、唐、虞、孔注文與韋昭注進行了比較判定(見拙著《〈國語補音〉異文研究》,頁132~476)。尋其説,乃唐人也。何以證之?據解"犬戎樹惇"引"鄯州羌"爲説。【輯證】〇千葉玄之曰:犬戎樹惇,見《周語上》"穆王將征犬戎"條。〇萬青案:集賢殿校本"犬"誤作"大"。夫改善鄯國爲州,自唐始耳。【輯證】〇王懋竑曰:善鄯,二字乙。〇千葉玄之曰:《漢書·西域傳》曰:鄯善國本名樓蘭王,去長安六千一百里。元鳳四年傅介子誅,其王更名其國爲鄯善。又唐張守珪遷鄯州刺史。〇秦鼎曰:"善鄯"當作"鄯善",蓋誤倒也。鄯善本名樓蘭，漢元鳳中更名，唐改爲鄯州。張守珪爲鄯州刺史是也。此因改國爲州立說也。○錢保塘曰：《漢書·西域傳》有鄯善國，此誤倒。按：魏、隋書《地志》均有鄯州，《廣韻》：鄯州，本漢破羌縣，地屬金城郡。魏孝昌二年置鄯州。《太平寰宇記》同。又云：後周爲樂都郡。隋初，郡廢，置鄯州。煬帝初，州廢，置西平郡。唐武德二年，又置鄯州。天寶元年，改爲西平郡。乾元元年，復爲鄯州。上元二年，爲吐蕃所陷，遂廢，入河州。是唐之鄯州即魏隋之鄯州，爲今甘肅西寧府地，若漢之鄯善國，本名樓蘭，近白龍堆，在今噶順沙磧南，遠在西甯府西，尚千餘里，非鄯州地也。宋氏誤合爲一。○萬青案：如果按照錢保塘的這個說法，則"鄯州"並非唐時纔有，《國語音》是否唐人著作也還不能確定。但可以肯定的是，《國語音》當在魏以後則沒有疑問。張以仁沒有看到錢保塘的《札記》，故而從宋庠之說，確定《舊音》爲唐人的舊注，而且還從《舊音》中又找到三條證據來輔成宋庠的說法。則錢保塘的說法祇是在於說明宋庠把鄯善國和鄯州搞混了，還不足以推翻宋庠以《舊音》爲唐人所作的結論。然其音簡陋，不足名書，但其間時出異聞，義均雞肋。【輯證】○秦鼎曰：雞肋，喻難棄也。○萬青案：通過筆者本人對《〈國語〉舊音》的考查，發現《〈國語〉舊音》也並不完全像宋庠說的"簡陋不足名書，但其間時出異聞，義均雞肋"，實際上《舊音》還是有很大的學術價值的。首先，《舊音》保留了很多音切，不論是唐人的音切還是唐代以前，都能爲漢語語音史的研究提供一定的資料參照。目前，在這一方面已經有張以仁《國語舊音考校》和李紅《國語補音舊音反切考》兩篇文章，當然這一方面的研究也還可以繼續深入下去。其次，《舊音》引錄或者比較了賈逵、唐固、孔晁和韋昭注本文字的不同，爲我們提供了今傳韋昭注本之外的其他各家注本的一些資料，爲進一步研究《國語》的流傳脈絡提供了材料，拙稿《〈舊音〉〈補音〉所據〈國語〉考實》(拙稿《〈舊音〉〈補音〉所據〈國語〉考實》，見載於《東亞文獻研究》第11輯。繁本見拙著《〈國語補音〉異文研究》下編,拙著《〈國語補音〉異文研究》,頁390~476)就應用到了《舊音》所提供的《國語》其他注本和韋注本的材料。再次,《舊音》指出了韋注的一些問題,爲後來的進一步研究提供了維度。如對"犬戎樹惇"的解釋,一直到清代,還有一些學者在這個基礎上進行進一步探討。此外,也提供了一些歷史背景材料,爲漢語史研究或史學研究提供了資料。如云"梁主以佛有悖音,乃改悖爲背",宋庠以爲難以斷定。而且,《舊音》還對涉及的注文進行了疏證解說,如"嚻之亂,公卿相與共和而修政事。按《汲冢書》,'共'音'恭',共伯名和"即是對韋注"共和"的疏解等。關於《舊音》的内容和價值,拙稿《〈國語舊音〉與〈國語補音〉》亦曾予以梳理(拙稿《〈國語舊音〉與〈國語補音〉》,見於拙著《〈國語〉動詞管窺》,成都:四川大學出版社2008年版,頁312~318),也可以參看。庠因暇輒記其所闕,不覺盈篇。今因舊本而廣之,凡成三卷。其字音反切,除存本說外,悉以陸德明經傳《釋文》爲主,【輯證】○秦鼎曰:"經傳"當作"經典"。○萬青案:林慶彰等主編《經義考新校》亦已指出。《經典釋文》書名並無異議,而《補音》各本皆作"經傳釋文",恐當標作"經傳《釋文》"最可解決問題。亦將稽舊學、除臆說也。唯陸音不載者,【輯證】○萬青案:文淵閣本《補音》"唯"作"惟"。則以《說文》《字書》《集韻》等附益之,號曰《國語補音》。【輯證】○秦鼎曰:《集韻》十卷蓋古書,宋時丁度等脩。○萬青案:《國語補音》實際上是仿《經典釋文》之作,注音、釋義、解字、校勘等體例以及方法都因襲《經典釋文》。關於《國語補音》的價值,拙撰《〈國語補音〉異文研究》言其五點:(1)音韻學及音韻學史價值。(2)文字學價值。(3)訓詁學價值。(4)《國語》版本價值。(5)《國語》本體研究價值。除了這五點以外,實際上《國語補音》還有他書異文的文獻校勘價值。關於《國語補音》釋義、用字等相關問題,拙著《〈國語補音〉異文研究》有詳述,可參。《補音》所謂《字書》不知何指。《集韻》非古書,實宋人爲配合《類篇》而修纂者。其間闕疑,請俟鴻博,【輯證】○高木引中井履軒曰:鴻儒不得若汝閑暇。○萬青案:中井履軒之言頗有失忠厚。非敢傳之達識,姑以示兒曹云。【輯證】○徐元誥曰:世稱《國語》以宋公序本爲最精,即藉《補音》本而傳。《補音》本以微波榭刊者爲佳,近沔陽盧氏慎始基齋景印入於《湖北先正遺書》中,若單行本殊不易得也。《敘錄》於《國語》本末及學者家數並多闡發,後學不可不知也,因著錄之。○萬青案:從《國語》之集賢殿校本開始,散《補音》入本文,而《敘錄》得以附於《國語解敘》之後以傳。然自明至清,少有言及《敘錄》者。徐元誥之言雖略,然首揭之功,固不可沒。集賢殿校本、吳勉學本、二乙堂本、秦鼎本、高木本、《集解》無"目錄"以下文。二乙堂本"兒曹云"下有"宋庠撰"三字,文淵閣本《補音》"兒曹云"下有"宋庠序"三字。

　　目錄【輯證】○徐元誥曰:本書不箸卷第,其目錄次序胥依《補音》本,唯於《晉語》諸篇每加數字別之,便於檢閱,非其舊也。元誥識。
　　周語上第一
　　周語中第二
　　周語下第三
　　魯語上第四
　　魯語下第五
　　齊語第六
　　晉語第七【輯證】○宋庠曰:或於《國語》次行別題"晉語一",下復曰"武公"。按:此卷唯載武公一節,其餘盡記獻公、麗姬事,則後人妄加明矣。○萬青案:張一鯤本、《國語評苑》、緑蔭堂本、道春點本"於"誤作"云"、"題"作"起"。又文淵閣本《補音》"按"皆作"案"。又張一鯤本、緑蔭堂本、道春點本、文淵閣本《補音》"麗"作"驪"。

晉語第八【輯證】○宋庠曰：此亦於卷外題"晉語二"，下復標曰"獻公"，諸本不一。

晉語第九【輯證】○宋庠曰：卷外並題曰"晉語三"，自此以下至第十五皆如此。

晉語第十

晉語第十一【輯證】○宋庠曰：此卷題曰"襄公"。

晉語第十二【輯證】○宋庠曰：此卷題曰"厲公"。

晉語第十三【輯證】○宋庠曰：此卷題曰"悼公"。

晉語第十四

晉語第十五【輯證】○宋庠曰：此卷題曰"昭公"。

鄭語第十六【輯證】○宋庠曰：或題曰"鄭桓第十六"。

楚語上第十七

楚語下第十八

吳語第十九

越語上第二十

越語下第二十一

補音三卷【輯證】○宋庠曰：庠自撰，附於末。○萬青案：緑蔭堂本無"補音三卷（庠自撰，附於末）"十字。

按諸本題卷次敘各異。【輯證】○萬青案：道春點本、千葉玄之本無"按"字以下文字。張一鯤本、《國語評苑》、緑蔭堂本"敘"作"序"。或有先題國語卷第幾作一行，次又別題曰某語，次下又別題曰某公，疑皆後人以意妄自標目。然不能得其定本,未知孰是。庠家舊藏此書,亦參差不一。天聖初,有宗人同年生絨假庠此書,最有條例。因取官私所藏凡十五六本,校絨之書,其間雖或魯魚,【輯證】○萬青案:大野峻《國語》(日本《新釋漢文大系》第66冊,日本東京明治書院1979版)書前刊有静嘉堂文庫藏宋刊本《國語補音敘録》一面,正此處内容,此處以"静嘉本"簡稱之。這個本子在傅增湘的《藏園羣書經眼録》中有著録,云:"《國語解》二十一卷,吳韋昭撰;《補音》三卷,宋宋庠撰。宋刊元明遞修本,半葉十行,每行二十字,注雙行同,版心記字數及刊工姓名。按:此本有明修之葉甚多,與余所藏印本相同,蓋入南監後所印,陸氏謂爲元修者非也。(日本静嘉堂文庫藏書,己巳十一月十三日閲)"(氏著《藏園羣書經眼録》,北京:中華書局2009年版,頁234)宋刊元明間遞修本,日前北京大學收購日本大倉文庫中即有一部,謂爲"宋紹興間(1131—1162)杭州刻元大德間西湖書院修明弘治十七年南京國子監續修本",不知和大野峻所用静嘉本是否是同一本。檢静嘉本字作"間"不作"閒"。而絨本大體爲詳。【輯證】○錢保塘曰:黄丕烈影刊本宋本《國語》卷末云:"天聖七年開印,明道二年得真本刊正增減。"顧廣圻代作《札記》,頗訾宋氏以古字改今字之失,以爲明道二年本未經其手。今按:如《敘録》所云,則《補音》大抵依據絨本。絨本既得之天聖初,是其本尚在七年前。安知明道二年本不即在宋氏所校官私十五六本中乎?宋氏校勘既多,定爲此本,當分别觀之。有仍其俗字者,如"巾羃""欲壅"之類是也;有仍其誤文者,如"九黎之王""貿買物"之類是也;有仍其異文者,如"畾""㝮""汙"、"遌"之類是也;有改其字者,如"罝麗""王孫雄"之類是也;有云不必改者,如"袀服"是也;有云當作某而不改字者,如"施舍""縣罄"之類是也。是其多出古字未必盡由宋氏臆改。今略舉是書體例於此,其與明道本異同得失之處,凡已見顧廣圻《札記》、汪遠孫《考異》者,不復列焉。〇萬青案:錢保塘(1833—1897)後於顧廣圻(1770—1839),就已經直接説出"顧廣圻代作《札記》"的話,説明在錢氏看來,所謂"黄丕烈撰"實際上是顧廣圻代作,其説雖未經考證而必有根據,比神田喜一郎、李慶等人的研究結論早了一百多年。此外錢氏的"緘本既得之天聖初,是其本尚在七年前。安知明道二年本不即在宋氏所校官私十五六本中乎?宋氏校勘既多,定爲此本,當分別觀之"看法也頗爲通達。又題號諸篇較若畫一,並不箸卷字,【輯證】〇萬青案:張一鯤本、《國語評苑》、緑蔭堂本、文淵閣本《補音》"箸"作"著"。但曰某語第幾,其閒唯一國有三篇【輯證】〇萬青案:静嘉本、張一鯤本、《國語評苑》、文淵閣本《補音》、緑蔭堂本"三"作"一",尊經書院本《補音》、遺書本《補音》"三"作"二"。或二篇【輯證】〇萬青案:張一鯤本、《國語評苑》、文淵閣本《補音》、緑蔭堂本"二"下有"三"字,尊經書院本《補音》、遺書本《補音》"二"作"三"。者,則加上、中、下以爲別。然不知此目興自何世及何人論次,【輯證】〇萬青案:尊經書院本《補音》、遺書本《補音》"世"作"時"。"時""世"二字於此皆合語境。決非丘明所自造。【輯證】〇萬青案:張一鯤本、《國語評苑》、緑蔭堂本"自"作"目",王懋竑云:"目造,'目'當作'自'。"王懋竑所述是。蓋歷世儒者各有章句,並擅爲部第,莫可知已。唯此本題卷不與諸家類,今輒據以爲正云。【輯證】〇萬青案:張一鯤本"正"誤作"止"。王懋竑云:"爲止,'止'當作'正'。宋氏《補音》原自爲一卷,今本附各條下。據今本凡例,亦有删補,非宋氏之舊矣。當更考宋本正之。"其説可從。

答劉壯輿論《國語》書

（宋）晁補之

【輯證】○萬青案：晁補之（1053—1110），北宋巨野人，著有《雞肋集》等。本篇即出自《雞肋集》卷五二。《古今圖書集成·理學彙編·經籍典·國語部》亦錄入晁氏本文。劉義仲（？1059—1120），字壯輿，劉恕（1032—1078）之子，與蘇軾、晁補之等人俱有交往。宋王象之《輿地紀勝》卷二五云："劉義仲，字壯輿，渙之孫、道原之子也，於書無所不讀。東坡見而嘆曰：'家範也。'政和間，欲編《遺史》，蔡京薦之，詔入爲編修。至京師，自宰相以下並不造謁。未幾，乞致仕，歸廬山。"有《三劉家集》《資治通鑒外紀》《通鑒問疑》等著述傳世。

  補之再拜。辱書以《國語》二事相切磋甚厚，所援據通洽而議近正，又以知別後學問之益，殊欣喜也。然齊桓、晉文同功一體，皆仲尼之徒所不道。【輯證】○萬青案：此見《孟子》。雖晉文入異，【輯證】○萬青案：言晉文公還國，與齊桓公不同。此但一事，未可言優於桓也，亦不當稱周之盛德，以類其跡之近似者，以大重耳、子犯之謀而疑後世。凡聖人所以與霸者，非與其假仁義也，與其假仁義以成功而民賴焉。方其走狄避患，區區竊仁義之跡以圖濟其私，未足稱於大君子之前也。亡人從者，其文義可觀，而士溺焉。若進疑於岐山、盟津，退不失爲季札，則僭且不類甚矣。岐山、盟津，來書所謂擬人必於其倫者，此甚不可。若退爲季札，則非重耳之本心也。岐山去國而成國，無豳、岐之異，夫何所待盟津？以國爲天下，退修德以待之，非諸侯公子失國、反國之比。又重耳以讒出逃父之誅，不與奚齊、卓子爭立足矣。國人自殺奚齊、卓子，國無君而已義嗣，入可也，胡爲乎委幼且不肖之夷吾以敝晉？而流禍如此，其酷哉！若曰桓討子糾，則高梁之事與生實奚辨？壯輿其未之思耶？凡補之爲此論者，以櫽夫假仁義之微情，使當其分而止，不欲使夫譎甚而疑聖也。豈善冀芮之謀，以子犯爲誠不及者哉？以謂夷吾亦晉嗣，苟可以入而存國，雖走梁而援秦，奚不可者？卒其不與夷吾，則入晉而不能善晉也。苟善晉，《春秋》亦將與之，使桓、文徒竊仁義之名以濟其私，而其成功，民無所賴，則《春秋》猶不與。《公羊》論享國長短，美見未見，固非是。要之，《春秋》隨事褒貶，無始終善者也。其曰實與而文不與，迥補之猶反是。聖人於齊、晉，皆文與而實不與。實不與者，以其假仁義；文與者，無王不得已也。孟子謂彼善於此，爲至論。壯輿疑於王跡，則假者之情，後終不得而誅矣。又荀息事，始意壯輿許息之死，再得來問，乃與補之論其悖者無異。荀息，世未有知其非者也，獨吾兩人非之耳。凡小人之事主也，生則阿其欲以蒙利，死則擇利而背之。荀息阿獻公之生，罪也，死則曰雖無益也，將焉避之，是豈小人之所能哉？故後世惑焉，以其復言亂信義之實。而《左氏》述其忠正，《公羊》類夫仇孔。非壯輿卓然自信，幾何不脅而靡也。召忽死子糾，天下不稱其是，亦不誅其非，始無善而終無惡也。荀息死奚齊，論者至今謂夫疑於信義也，否則荀息何足議哉？雖然，荀息愚不幸，既許其君以死矣，至於不濟。壯輿以謂寧死而不貳之爲良，抑貳而不死之爲是,將死與不死,於荀息無輕重,皆不可也。天下固無皆不可之義,壯輿必能處之矣。惟其要終之義,不足以救初之惡,與其苟免如犬彘,則死爲可進。故補之以謂進荀息以甚苟免之禍,知宗元爲學《春秋》而通者。不然,則可以死如召忽,可以無死如管仲,要其終,義所在何如耳?張禹、李勣蒙喪邦之舊事,與荀息類,而禹、勣皆不死,爲愧於荀息。若曰漢唐事,禹、勣不得預其禍,則"狐掘之,必狐埋之",己首禍而身不預,則何如?餘非面不盡。【輯證】○萬青案:晁補之主要討論《國語》中齊桓、晉文以及荀息之事。此有關於王霸以及忠義,皆屬於倫理範疇者。

正《國語》説

（宋）張耒

【輯證】〇萬青案：此出陳亮（1143—1194）所編《蘇門六學士文粹·宛丘文粹一》，又見《柯山集拾遺》卷十。張耒（1054—1114），北宋文人，有《張右丞史文集》傳世。

學者多言左丘明説傳《春秋》，必求信其書於後世，安肯更爲一書，生異端哉？蓋《國語》者，丘明傳《春秋》所取諸國之書也。丘明採擇綴緝於其間，故《國語》之言繁而丘明之文約。計丘明所取諸國之語不止于此，其徒所得者止此耳。正其説曰：《左氏》出《國語》。《國語》者，諸國之史。【輯證】〇萬青案：張耒認爲《國語》是左丘明撰作《左傳》的材料來源，今傳《國語》是諸多史料的一部分。後世亦多有與張説同者。

題《國語》

(宋)陳造

【輯證】○萬青案:本篇出陳造《江湖長翁集》卷三十一。陳造(1133—1203),字唐卿,高郵人,有《江湖長翁集》傳世。

左丘明傳紀諸國事既備矣,復爲《國語》。二書之事,大同小異者多,或疑之。蓋傳在先秦古書,六經之亞也,紀史以釋經,文婉而麗。《國語》要是傳體,而其文壯,其辭奇,畢萃于此。學者表表讀之,乃可。吾家藏是書,乃監本也,句而音之。【輯證】○萬青案:陳造所述監本"句而音之"當是有圈點且有音注的本子。"句"不知是藏者所加還是原刻所有。在今《國語》宋刻的幾種遞修本中都無。審尤袤(1127—1194)《遂初堂書目》"經總類"下即收有"舊監本國語"一部,恐即與陳造家藏本同。是書字尤大,紙不惡,尤可寶惜。而制置袁公自成都致房州見贈焉,蓊山絶壑,凡四千里。噫!公之意厚,所遺物在此不在彼,吾敢忘諸!

讀《國語》二首

（元）陳基

【輯證】出自陳基(1314—1370)《夷白齋稿》卷二。陳基，字敬初，元代臺州臨海人。有《夷白齋稿》傳世。

成周昔重幣，欲以母權子。用此實王府，爲計無乃鄙。塞川以爲潢，川竭潢亦毀。至哉單穆公，論列一何偉。當世不見用，後王宜鑒此。【輯證】〇萬青案：這首詩陳述《周語下》單穆公諫鑄大錢之事。

厲王怒聞謗，乃使衞巫監。欲逞一己欲，冀彼萬口箝。防民甚防川，川壅宜叀決。民言苟不宣，禍至無乃烈。先王置謗木，政恐有闕遺。瞽史與矇瞍，賦誦左右規。百工及庶人，人賤言不廢。聖亦擇蒭蕘，賢當受耆艾。
【輯證】〇萬青案：這首詩陳述《周語上》"召公諫厲王弭謗"故事。

讀《國語》

（元）戴表元

【輯證】出戴表元(1244—1310)《剡源集》卷二十三。戴表元，字帥初，一字曾伯，號剡源先生，慶元奉化人。有《剡源集》傳世。

《國語》有二十一篇，用周公本及《補音》點校。【輯證】〇萬青案：周公本不知所謂。自有此書來最善本也。【輯證】〇萬青案：蓋謂宋庠校訂本爲最善本。當宋公時，【輯證】〇萬青案：宋公，即宋庠。韋氏注已始行，蓋古注如賈、唐諸君之善者，韋氏悉擇而收之矣。宋公又博洽大儒，所定本信無憾。余讀之久，時時見韋氏千百中有十一過當，而注家緣名拆義，於文人瀾趨阜折之勢導之，多不得暢。故此書所爲，與《内傳》相出入者亦或病之，以爲難讀。竊不自勝悾悾之愚，遇有所疑，標識卷顔。【輯證】〇萬青案：可見戴表元是有《國語》札記的，惜乎未見流傳。其可通者，悉斷爲句。【輯證】〇萬青案：目前可見，較早的《國語》圈點本爲明代刻本。但從戴表元的敘述來看，他當年已經給《國語》做了圈點了。豈獨私諸家塾，共學之士參其如彼，決其如此，亦將有以教我者焉。此書不專載事，遂稱《國語》。【輯證】〇萬青案：此句言《國語》所以稱"語"之由。先儒奇太史公變編年爲雜體，有作古之材。以余觀之，殆放於《國語》而爲之也。【輯證】〇萬青案：《史記》的體例仿自《國語》之説，非自戴氏，然戴氏之説，亦可資參考。

《春秋傳類編》序

(明)朱右

【輯證】○萬青案:朱右(1314—1376),字伯賢,一字序賢,自號鄒陽子,浙江臨海章安人。曾任元慶元路慈溪縣儒學教諭、蕭山主簿、浙江省左右司都事、員外郎等,入明後曾任翰林院編修、晉府右長史。曾參修《元史》《洪武正韻》,編有《春秋類編》《新編六先生文集》《秦漢文衡》《元朝文穎》等。著有《白雲稿》《元史補遺》《書集傳發揮》《綱領始末》《三史鉤玄》等。本篇錄自明初刻本《白雲稿》(十二卷)卷四。

愚讀《春秋三傳》《國語》,愛其文煥然有倫,理該而事核,秦漢以下無加焉。因采摭其尤粹者,得若干卷,題曰《春秋傳類編》。而爲之序曰:《圖》《書》出而人文宣,光嶽分而人材降。是人材者,人文之所寄也。孔子曰:"天之未喪斯文也,匡人其如予何?"其亦謂是也。夫自周轍既東,聖賢道否,孔孟之教不行於天下。春秋戰國之際,功利日興,權謀是尚,固不足以上窺天人之奧而布其致民澤民之心矣。幸而天理不泯,斯文未墜。經生學士,器識卓絕,不無人焉。求其能輔翼聖經、垂刑世統者,愚於《左氏》《公羊》《穀梁》而深有望也。雖然,三《傳》《國語》之文不能無辨。《左氏》則無間然矣。《國語》之書,前輩亦未定爲何人,詳其詞氣,要非左氏之筆,蓋亦倣《左氏》而自爲一家者。世以爲《春秋外傳》,得無意乎?《公羊》《穀梁》爲經而作,典禮詳實,詞旨簡嚴,有非他能言之士可及也。愚試評之,譬之良工之繪水與木也,藝有專精,則所就有深淺。然自心巧發之,則各得其一端之妙。《左氏》之文:煥然有章,小大成文,猶水之波瀾也;蘗蒴敷腴,英華暢發,猶木之滋榮也。《公》《穀》之文:源委有自,派別分明,猶水淵之泉也;根據得實,柯條森挺,猶木之支幹也。要之,繪者意匠所得不同,然其心術之微、神巧之妙,變化無窮,皆工之良而無跡之可指也。若《國語》,則未免有跡矣。既未足以翼《春秋》之經,不過戰國間能言之士。太史公頗采其說,因附于編,俾學者知作文立言之有法也。《語》云:"文勝質則史。"是編也,亦史氏之宗匠,文章家之筌蹏歟?

朝鮮集賢殿校本《國語》識語

【輯證】○萬青案：本段文字見於《李朝實錄·世宗實錄》第八十九卷，亦見於朝鮮集賢殿校本《國語》書首。

經筵所藏《國語》與《音義》一本，【輯證】○萬青案：此處音義，當就明道本系統注文中的二十多處音注而言，恐非別有《音義》一本單行者。或者，"音義"二字是朝鮮集賢殿對《補音》的別稱。但從下文"補音"來看。則恐前者推測更是。頗有脫落。求之中國，得別本，闕逸尚多，注解亦略。購求日本，又得詳略二本，兼《補音》三卷以來，亦且不完。正統庚申夏，【輯證】○萬青案：朝鮮用中國明代時期年號。命集賢殿以經筵所藏舊本爲主，參考諸本，正其訛謬，補其脫落。仍將《音義》《補音》芟夷煩亂，分入逐節之下。其不完者，韻書補之。於是爲書遂全云。【輯證】○萬青案：筆者在《〈國語〉考校——以明本四種校勘條目爲對象》中曾經對朝鮮集賢殿校本有過簡單考述，云："該本爲日本國立國會圖書館所藏，爲朝鮮集賢殿校本，刊刻年代不詳。全書總共 6 册，第一册爲周語上、中，第二册爲周語下與魯語，第三册爲齊語至晉語三，第四册爲晉語四至晉語六，第五册爲晉語七至楚語上，第六册爲楚語下至越語下。全書內容順次爲韋昭《國語解敍》、宋序《國語補音敍錄》、《國語》目錄、《國語》正文。半頁 10 行，行 17 字，注文小字雙行。第六册最後有"圓光寺常住"墨筆題記，每一册終卷之後皆有'圓光禪寺藏書'章。在

《敘録》之後、目録之前單起一頁有題記一篇,交代本書刊刻原始,共8行,行14字,共計112字。如下……從該段文字知道該書始校於正統庚申(1440),既以經筵所藏爲底本,則説明該本的基本面貌還是朝鮮經筵舊藏,則時代更古。或可以見出明道本在明代早期甚至更早時期的流傳。但是這個集賢殿校本是以經筵所藏本爲底本、参校中國'別本'和'日本詳、畧二本兼《補音》三卷'的基礎上刻成的。雖然是明道本的早期版本,實際上已不純正,運用它來考訂明道本《國語》的問題時需要謹慎。"(拙著《〈國語〉考校——以明本四種校勘條目爲對象》,新北:花木蘭文化出版社2015年3月版,頁8)這段識語中尚提到《音義》,《經義考》記有宋人魯有開有《國語音義》一卷、無名氏《國語音略》一卷,二書皆佚。當然從識語所記"音義"二字上看,魯有開的著作更爲接近,但由於魯著亡佚,無法考求了,或爲明道本系統中正文中之音注。就《周語》部分集賢殿校本的比對來看,所謂"音義"似乎和《補音》差別不大。則識語中之"音義"即《國語》正文中的音注。尤其經筵識語特別提出,所得《國語》之本注解有詳略之別,祇是不知道詳略的程度如何。就公序本和黄刊明道本的比對而言,注解詳略差別並不太大。或有某一條韋注,黄刊明道本繁於公序本。另外,明道本句末多著"也"字。這或許是經筵識語區別詳略之所在。如果從這個角度而言,則明道本注解較詳而公序本注解較略。

《釋〈國語〉》序

(明)張邦奇

【輯證】○萬青案:張邦奇(1484—1544),字秀卿,又字常甫,號甬川,鄞縣人。弘治十八年(1505)進士。有《張邦奇集》傳世。其《釋國語》收在《張邦奇集·養心亭集》卷七。

予年十四五讀《通鑑》,至昭王滅密事,以爲康王之母言雖有徵,然其所言卒亦婦人女子之見,無足取也。後讀子厚《非〈國語〉》,則知前人固言之矣。《非〈國語〉》凡六十七篇,如辨滅密以後數十事,有可取者。然左氏之説多不槩於聖,特其小者耳,而子厚非之,乃或有甚於左氏者。予又惜夫左氏之無以自白也,作《釋〈國語〉》。

《釋〈國語〉》跋

（明）張邦奇

　　夫知道者，可與有言，道或未明，徒以其意見而取辨焉。是使求道者佷佷焉，眩是非而莫之辨。此讀前言者之所當慎也。子厚作《非〈國語〉》，以左氏背理去道而非之耳。《國語》誠有可非也，而柳子之説亦非也。虞仲常盖非之矣，然予未見其書。【輯證】○萬青案：虞槃（1274—1324），字仲常，著有《非〈非國語〉》，已佚。詳見前文。兹因讀柳子之文，姑以其管見著于篇，俟考正焉。

　　予少業舉子，日有課程，歲惟清明、端陽、重陽及除日自假一日，以節其勞。會試下第歸，用課程不改。《柳柳州集》素所誦習，獨以其非《國語》者爲無益舉業也，弗觀。弘治壬戌十二月丁卯歲除當假，始取《非〈國語〉》讀之，謂其多畔於道，爲之辨説十五條。盖頃刻而成，未始加點竄也。當其時，予年十有九，而志見若此。【輯證】○萬青案：弘治壬戌爲公元1502年。迄今三十有四年，年且踰不惑矣，【輯證】○萬青案：張邦奇三十四歲著此跋文，審此年爲公元1517年，爲明正德十二年。而識不加進，德不加修，何哉？偶檢舊稿，爲之憮然。

古本《國語》

(明)都穆

【輯證】○萬青案:都穆(1458—1525),字玄敬,郡人稱"南濠先生""虎邱先生"。弘治十二年(1499)進士,授工部主事,仕至禮部尚書。著有《南濠詩話》《南濠居士文錄》等。本篇出自《南濠居士文錄》卷一。

《國語》惟南京國子監有板,惜乎歲久,字多漫滅。雖時或刊補,而猶非完書也。此蓋藏于宋武穆之孫珂,近予友御史王君得之,出以相示。【輯證】○萬青案:都穆此處提到的御史王君不知道是否即王陽明。王守仁與都穆友善,且於正德十一年(1516)升任左僉都御史。若確實是王守仁,則都穆跋文至少寫於正德十一年之後。觀其刻畫端勁,楮墨精美,真古書也。余嘗訪御史君,每一披誦,則心目爲之開明。竊因是而有所感。古書自五經外,若《左氏傳》《戰國策》等以及是書,皆學者所當究心,而往往奪于舉子之業。好古之士雖未嘗無,坊肆所市率皆時文小説,求如此書,豈可得哉?嗚呼!宜乎今人之不如古也。【輯證】○萬青案:此恐宋刻元明遞修本。明修在明弘治十七年(1504)者,見下戴鏞識語。

《國語》戴鏞識語

(明)戴鏞

【輯證】○萬青案:戴鏞,戴復古(1167—1248)十世孫。戴鏞字允大,明弘治時期太平人(據瞿冕良編著《中國古籍版刻辭典》,清《六安州志》則謂戴鏞爲浙江天台人。今《溫嶺文史資料》即收錄有戴鏞的相關事跡),曾任六安學正、南京國子監監丞等,刻印過《石屏詩集》等。本識語見於孔廣栻校錄《國語補音訂誤》書末所附。

右《國語》二十一卷,《補音》三卷。刻自元大德間。歲久缺壞,不便觀覽。大司成蘭溪章公與少司成泰和羅公謀補完之,命鏞召匠重刻七十五板,修刻六十八板,遂成全書。【輯證】○陳樹華曰:其重刻者,板心有"弘治十七年補刊"字樣,不致牽混,使後來有所稽。弘、嘉已前人與萬曆已後人用心迥別,即刻書可見。○萬青案:今北京大學圖書館入藏大倉文庫本即是宋刻元大德修、明弘治十七年補修本。從戴鏞的記載可知,明版重刻七十五,又修六十八,總一百四十三。《國語》全書加上《國語補音》板片恐怕還不到五百片。根據黃佐的記述,此本存三百八十四,破者六,則共三百四十片。明新刻七十五板,恐也有這三百四十片中的。假設全部爲新刻,則共四百一十五片。這樣計算下來的話,弘治年間的這次修補占到全書板片的27%還要多一些。二公之心可謂公且仁矣。繼二公者,皆以二公心爲心,庶是書可永賴云。

弘治十七年七月既望,南京國子監監丞赤城戴鏞識。

《國語》二十一卷《補音》三卷

（明）黃佐

【輯證】〇萬青案：文出明黃佐（1490—1566）《南廱志·經籍志》。黃佐，字才伯，號泰泉，石岐（今廣東香山）人。正德五年中解元，嘉靖元年中進士，選庶吉士，授翰林院編修。歷任江西按察僉事、廣西督學、翰林院編修兼左春坊左司諫、國子監祭酒、少詹事等。著有《詩經通解》二十一卷、《禮典》四十卷、《樂典》三十六卷、《鄉禮》七卷、《續春秋明經》十二卷、《小學古訓》一卷、《姆訓》一卷、《兩都賦》二卷、《泰泉集》六十卷，此外，尚纂有志書多種，《南雍志》即其所纂多種方志之一。

謹按《藝文志》，左氏以《春秋傳》雅思未盡，故復採錄前世穆王以下，訖於魯悼智伯之誅，邦國成敗，嘉言善語，陰陽律呂，天時人事逆順之數，以爲《國語》，凡二十一篇。【輯證】〇萬青案：這段話實出韋昭《國語解敘》。按：班固《藝文志》種別六經，其春秋家有此書。至漢，司馬遷遂據《國語》《世本》《戰國策》以成其書。【輯證】〇萬青案：其以司馬遷據《國語》等而成《史記》者，實亦韋昭《國語解敘》"賈生、史遷頗綜述焉"之遺意。西漢《左傳》未行，此書亦弗顯。東漢《左傳》漸布，名儒多歸《左氏》。及杜預集解之後，《左傳》始盛，雖《國語》亦從而顯行。【輯證】〇萬青案：此本宋庠《國語補音敘錄》。自是以後，皆題曰"春秋外傳國語"，蓋《左傳》爲內，

《國語》爲外。鄭衆、賈逵、王肅、虞翻、唐固治其章句,皆有注釋,爲六經流亞,非復諸子之倫。然世遠亡逸,今惟韋昭所解傳於世。刻自元大德間,歲久缺損。弘治十七年七月,祭酒章懋司業羅欽、順命監丞戴鏞,【輯證】○萬青案:此處羅欽,當即上文戴鏞文中之"少司成泰和羅公"。召匠重刻七十五板,修刻六十八板,遂成全書。

重刊《國語》序

(明)李士實

【輯證】○萬青案:據《中國書法大辭典》載,李士實,明江西豐城人,或作新建人。今檢曹安《讕言長語》卷上云:"天順六年,予校文江西。新建縣乏舉,予以落卷中取一可者。其卷不批倒,隨取之,乃李士實也。李登進士,筮仕刑部主事,陞郎中,今爲提學副憲,有文名。"可見李士實當爲新建人。又陳洪謨(1476—1569)《繼世紀聞》卷五云:"刑部侍郎李士實,字若虛,南昌人,素有詩名。及善書,與李東陽交厚。及致仕,避宸濠之害,居別郡。"又焦竑(1541—1620)《國朝獻徵錄》卷四十六有李士實傳,可參。成化丙戌(1466)進士,正德中爲右都御史。以附宸濠伏法。有《世史積疑》等著。李士實本序原載弘治十五年(1502)刻本《國語》書首,傅增湘(1872—1950)《藏園群書經眼錄》對弘治十五年本《國語》有著錄,謂爲七卷。陳樹華《國語補音訂誤》見錄李氏序文,今即從《訂誤》錄出。這篇序文亦見於許相卿(1478—1557)正德十二年(1517)刊本《重刊國語》七卷書前,與陳氏所錄文字有不同,今持以爲校。

《國語》,周、魯、齊、晉、鄭、楚、吳、越也,【輯證】○萬青案:明德堂本無"也"字。八國語也。古者,列國皆有史官紀載時事,疑即此書。是書也,事各具一切,其【輯證】○萬青案:切其,《"中央圖書館"善本序跋集錄》作"初终",似是。文則不相聯屬,意者【輯證】○萬青案:明德堂本"意"下有"記"字。刪其繁蕪而撮其機言【輯證】○萬青案:明德堂本"機言"作"樞要"。若此哉!然不知出何人手,宋氏謂爲左氏書,【輯證】○萬青案:宋庠説見其《國語補音敘錄》。而吾朱子則謂爲後人所爲也。【輯證】○萬青案:朱子即朱熹。夫古今家國一也,未始不由君子而治,亦未始不由小人而亂。君子之道行,則國家蒙其利而臣主同其休。乃或噤不得施,則時之不幸也。於君子何損哉?夫前事之不忘,後事之師也。安知前言往行之中,不有後世可行之策耶?言而可行,又何必已出哉?是以魏相欲以仲舒之策施之孝宣之朝,子瞻欲以陸贄之議以爲哲宗之治。然則《國語》之所載,豈無今日之可行者哉?大名郡守韓君福得許節推讚舊本,【輯證】○萬青案:檢許宗魯有"大名本"之謂,或即指此。屬清豐令陸君崑士【輯證】○萬青案:《"中央圖書館"善本序跋集錄》"崑""士"之間有"重梓以行,不可謂無補也。傅君字如崑,歸安人,起家進"諸序,陳氏脱漏。其尹【輯證】○萬青案:尹,《"中央圖書館"善本序跋集錄》作"守"。邑也,甚宜其民,蓋予觀學兩浙時佳士也。書成,予故得而序之。

弘治十五年,歲在壬戌夏四月中旬,賜進士通議大夫刑部右侍郎前都察院右副都御史豫章李士實撰。

【輯證】○陳樹華曰:序作行書,字形頗難辨,紙亦有破損處,每葉十二行,每行字數少則八字,多至十一字,參差不一。已上二本,俱有專刻《補音》三卷在後。○萬青案:今檢安徽圖書館所藏明德堂本《重刊國語》李士實序,半頁八行,行十四字,字亦作行書。從陳氏的著錄看,陳氏所見弘治十五年本與今明德堂七卷本《重刊國語》李序行款不同。但二本《國語》皆爲七卷,從此亦可見明正德堂本和弘治十五年本的淵源關係。

刻《國語》序

（明）許宗魯

【輯證】○萬青案：此據美國柏克萊大學圖書館藏本，原中央圖書館藏本、今北京國家圖書館藏本之一，中國科學院圖書館藏本，臺北"故宮博物院"藏本俱無序，其文集亦未見收。根據《許宗魯家世生平考釋》對國家圖書館藏許宗魯本二種的考查，其一和柏克萊藏本同，另一種則祇有《國語》目錄和《國語》正文，和筆者在南京圖書館看到的膠卷本同，顯見許宗魯本刊刻亦非僅嘉靖四年一次而已。許宗魯（1490—1560），字東侯。別署少華山人，西安府咸寧人。明過庭訓（？—1628）《本朝分省人物考》卷一百四載其事頗詳，云許宗魯爲陝西咸寧人，正德年間進士，曾任雲南道御史、湖廣提學、太僕少卿等職。並謂："所著《少華集》《續集》與《遼海》《歸田》諸集數十卷，其詩足繼唐音，文復精典，有漢魏風。而作字又精詣古法。諸行草、大小楷書，雜置法帖中，人莫能辨。至老，猶能作小楷字。當其得意時，一揮輒數十紙不倦。得其詩翰者，咸珍玩藏之，謂當代二絕云。"其宜靜書堂用篆書直接楷化字刻印《國語》二十一卷。又臺北"國家圖書館"藏有許氏樊川別業藍格鈔本《國語》。

《國語》舊有監本、閩本、大名本。監本久而脫，閩本惡而俗，【輯證】○萬青案：美國柏克萊大學圖書館藏本，故序文字有脫落，因未能參據他本補齊，下同。許氏所謂監本，不知何指。蓋宋代有監本，明代也有監本。南宋監本多即指紹興年間刊本，但無完本存世，今所見者即宋刻宋元遞修本和宋刻元明遞修本，明南監修補者見著録者多種,可參傅增湘《藏園羣書經眼録》。許氏生活時代距離弘治年間不足百年,弘治年間南監本恐非"久而脱"。就許氏的表述順序看,其所稱監本當即指南宋監本。閩本、大名本不知何指。頗疑大名本即上文李士實序文中所云大名郡守韓君福所得許節贊推舊本而刻者。大名本侈而訛,齊之弗即也,覽者病焉。魯視學於楚,參校累旨,頗若完正。【輯證】○萬青案:喬世寧《督察院右副都御史許公宗魯墓志銘》曰:"癸未陞僉事湖廣提學。"癸未即嘉靖二年(1523)。嘉靖三年(1524)三月,許宗魯入楚。乃命學正王□□復校董刻。【輯證】○萬青案:學正王□□即王鎣。王鎣,閩人,爲許宗魯宜静書堂刻本《國語》出《古文音釋》一卷,識云:"子許子刻《國語》成,授鎣復校。三豕既去,六書惟故,學士采焉。然童子授讀,尚迷心目。因校,隨筆以備遺忘,校終,得字凡五百有奇,命曰《國語古文音釋》,附於首卷,以便初學。凡直注者,本文也;凡稱'同'者,通用也;凡稱'音'者,音同義異也;凡稱'異'者,文各見而義亦異也。閩中王鎣謹識。"王氏爲許宗魯校刻典籍多種。審袁萍《許宗魯年譜》所録許氏序,信然。又晁瑮(1507—1560)《晁氏寶文堂書目》著録有《國語》云爲"楚刻、武功縣刻",不知何本。刻凡三月,工乃告緒。列次如古,而□□宋氏《補音》,懼繁也。書成以授諸生,或問曰:"□□□□《國語》者,何也?"許子曰:"存故也。夫存故□□□□遠者易亡,邇者易章。易亡者亡之則□□□□,易章者章之則其説芬矣。跡泯則途□□□□□惑,故君子閔焉。"曰:"夫若是,則宜存□□□□□於兹。"曰:"謂其可以翼經而裨訓也。□□□□□義也。先其趣,若有俟焉;究其歸,若□□;□支,若有備焉;約其原,若有萃焉。故□□□人之藴藏洩矣。稱典而聖賢之謨烈□□,原基而邦國之治亂見矣,昭分而倫理之□□辨矣,述制而争尅之糾紛熄矣,顯賢而才□□用舍慎矣。故讀祭公犬戎之諫，知王度□可荒也；讀厲王謗言之監，知民口之不可防也；讀子晉穀洛之議，知造化之不可干也；讀襄王辭隧之詞，知章憲之不可僭也；讀管子內政之作，知霸業所繇肇也；讀戲括廢立之因，知典□所以失也；讀叔孫之行，知魯人之教惇；讀敬□□訓，知后妃之化遠；讀驪姬之譖，知荒惑之□□；讀狐趙之輔，知圖大之謀審；讀六卿之戒，□□人之責當重；讀倚相射父之善，知楚人之□□□矣。若夫員亡而吳從，蠡用而越伯，則尤□□□□焉。故曰可以翼經而裨訓也。"是弗可□□□□□。諸生唯唯受業而退，充然若有得。

嘉靖四年十月朔，咸寧許宗魯伯誠父謹序。

【輯證】○萬青案：《國語補音序》末有識語："按宋氏《補音》三卷，音釋最詳，音義頗繁。附出則篇章不屬，別籍則考閱亦艱，均匪良圖，女古爾省刻，獨存其序，志有此書雲。樊川許宗魯志。"可看作許宗魯本之所以不附《國語補音》的緣由。許宗魯宜靜書堂嘉靖四年刻本《國語》已入國家珍貴古籍名錄。藏者頗多，流傳也很廣。曾在搜藝搜藝術拍賣網上見一許宗魯刻本，商家描述鈐印有：德均審定、甲子丙寅韓德均錢潤文夫婦兩度攜書避難記、顧廣圻印、松江讀有用書齋金山守山閣兩後人韓德均錢潤文夫婦之印、曹嶽私印、何焯私印、應陛手記印、藝芳書屋林笙、價藩、韓繩文印、古婁韓氏應陛載陽父子珍藏善本書籍印記、汪士鐘印、爲靈、光萬、宋學璟印、韓繩文印、繼卿。又卷末有有蛾術老人林笙、韓應陛（1800—1860）跋。韓跋云："咸豐戊午五月蘇州金順甫處見宋抄《太元經》，字文絕似此。有跋以爲宋元間物，當不誣也。此書去年在金處見之，至是遂攜歸。七月二十三日記。"林氏跋語云："嘗謂宋元本之可寶者，不但其文義字句間與後世不同,足以攷正譌謬,即書寫結體亦自典雅可愛。然亦有坊肆刊本,其字畫每多僞體。淺者但賞其古樸以云,考校學問則未也。此《國語》十册,字體悉從《説文》,必非坊肆僞工所爲。觀其紙板,應是宋元間物,誠善本也。"二説亦未盡允當。拙稿《宜静書堂本〈國語〉考略》(《國學週刊》2013 年 11 月 28 日 B 版)有説,可參看。

《國語·國語補音敘錄》後案

(明)許宗魯

按：宋氏《補音》三卷，音釋最詳，意義頗繁，附出則篇章不屬，別集則考閱亦艱，均匪良圖。姑爾省刻，獨存其序，志有此書云。樊川許宗魯志。【輯證】〇萬青案：職是之故，後世目錄有謂許宗魯本不倫者。

《國語·諸國世系説》後案

(明)許宗魯

　　按:《補音》所載諸國世系凡例不一,若無統紀。今祖《春秋世系圖》類,書于首,以便觀者。許宗魯志。

《國語古文音釋》識語

(明)王鎣

【輯證】○萬青案：王鎣，閩人。《國語古文音釋》專爲許宗魯刻本《國語》所作，置於許宗魯本《國語》書前。

子許子刻《國語》成，授鎣復校。三豕既去，六書惟故，學士采焉。然童子授讀，尚迷心目。因校隨筆，以備遺忘。校終，得字凡五百有奇，命曰《國語古文音釋》，附於首卷，以便初學。凡直注者，本文也；凡稱"同"者，通用也；凡稱"音"者，音同義異也；凡稱"異"者，文各見而義亦異也。

閩中王鎣謹識。

【輯證】○萬青案：今審《音釋》共525條，以《國語》卷次爲序，其中大量的是許氏刻本古字與通行字的對照。標注"音×"者23條，標注"異"者4條，標注"同"者4條，將這31條臚列如下：

周語上	耤(籍[異])	鬱(鬱異)	盬(音咨)	胄(胄異)
周語中	章(郭異)			
周語下	亯(烹同)	孰(熟同)	柬(第同)	
魯語下	閳(音洧)	稷(音宗)		
齊語	襏(音鉢)	襫(音釋)	刜(音拂)	
	弢(音滔)	繆(音衫)	羇(音寄)	
晉語一	第(音宰)	裵(音篤)	埶(勢同)	
晉語八	抈(音月)	潎(音渴)		
鄭語	猱(音柔)	芣(音浮)	䰟(音隗)	

　　　　　飂(音留)　　芈(音弭)
楚語下　䫻(音闅)
吳　語　侈(音侈)　　釦(音口)　　䥯(音鴉)　　簦(音登)

　注音用直音法,標注"異"者多爲異體字,標注"同"者爲古今字。就整體上而言,王氏《古文音釋》專爲許氏所刻《國語》而作,並無獨立性,也很難談到學術價值。

許宗魯本《國語》蛾術老人跋

蛾術老人

【輯證】○萬青案：此見卓克藝術網《國語》許宗魯本圖版所載。又鄒百耐(1893—?)所纂《雲間韓氏藏書題識彙錄·史類·國語二十一卷》云："明許宗魯刊本。每半葉十行，行大小二十字，單邊，白口。每葉板心上刊有'國語第幾'，上魚尾下刊有'某語幾'，下刊有'宜静書屋'四字。所刻皆用古體。首有《國語注解諸家名氏》及《諸國世系説》。卷首標題次行上題'某語幾'，下題'韋昭解'。卷末有蛾術老人跋語。藏章有'□靈'朱文方印、'宋印學璟'白文方印、'光萬'朱文方印、'曹岳起印'朱文方印、'何焯之印'朱文方印、'顧印廣圻'白文方印、'藝芸書屋'白文方印、'汪印士鐘'白文方印。某氏手跋曰：'嘗謂宋元本之可寶者，不但其文義字句間與後世刊本不同，足以考正譌謬，即書寫結體亦自典雅可愛。然亦有坊肆刊本，其字畫每多俗體。識者但賞其古樸，以云考校學問則未也。此《國語》十册，字體悉從《説文》，必非坊肆傭工所爲。辨其紙板，應是宋元間物，誠善本也。蛾術老人跋。'下鈐'□笙'朱文長方印。韓氏手跋曰：'咸豐戊午五月，蘇州金順甫處見宋抄《太玄經》，字文絶似此。右跋以爲宋元間物，當不誣也。此書去年在金處見之，至是遂攜歸。七月二十三日記。'"(石菲整理，上海古籍出版社2013年版，頁24)亦載此跋，與該藏本上所題文字稍有不同。

嘗謂宋元本之可寶者，不但其文義字句間與後世不同，足以致正譌謬，即書寫結體亦自典雅可愛。然亦有坊肆刊本，其字畫每多僞體。淺者但賞其古樸以云，考校學問則未也。此《國語》十册，字體悉從《説文》，必非坊肆僞工所爲。觀其紙板，應是宋元間物，【輯證】〇萬青案：蛾術老人的判定是錯誤的。説見前。誠善本也。

《國語》序

(明)唐龍

【輯證】○萬青案:唐龍(1477—1546),字虞佐,號漁石,蘭溪人。正德三年(1508)進士,仕至吏部尚書、兵部尚書、刑部尚書等。有《漁石集》傳世。過庭訓《本朝分省人物考》有詳傳。傅增湘《藏園羣書經眼錄》卷四云:"《國語解》二十一卷(吳韋昭撰,缺卷五至九),《補音》三卷(宋宋庠撰)。明嘉靖五年陝西刊本,九行二十字,白口,左右雙闌。前有嘉靖五年唐龍序,言侍御史雨山郭公自微以是書布之學官。序後有'華州學正吳嘉祥、韓城縣教諭魏琦同校'二行。是知爲秦中刻本也。(邢贊亭藏書,甲戌)"(北京:中華書局2009年版,頁235)此本即正學書院刻本。正學書院本實以明德堂本爲底本,又是張一鯤本的底本。嘉靖五年(1526)十一月,唐龍由陝西按察使司副使晉遷山西按察使,撰寫此序當即在陝西任上。唐龍序見於其所著《漁石集》卷二。"檄華州吳學正嘉祥、韓城縣魏教諭琦枕,於正學書院黜聰罩力,逾三月而始校成"之語實在趙伸後序中。

六經而後,《國語》猶近古焉。何也?《詩》有《國風》,以言乎列國之風也。匪徒言也,蓋善惡著則美刺興,美刺興則勸懲得。宣理以導民,設教以訓俗,紀政以表方。被之者油油然忘其入矣。夫《國語》所語者,皆八國當時行事,上儕於《國風》,世有升有降,道有醇有疵,義有大有小,文有盛有衰,莫之乎同也。至諸本善惡以成美刺,因美刺以昭勸懲者，其極則一而已。是故大者莫如《周語》。宣王，周之賢君也。王不藉千畝，虢文公諫之，弗聽，乃喪南國之師。伐魯，立孝公，仲山甫諫之，弗聽，諸侯從是而不睦。苟不因《雲漢》之變，側身修行，則中興之績或愍焉。其次莫如《齊語》。桓公，中主而已。親逆管仲于郊而與之坐，問焉，于是乎定民、興國、修法、寄政，外攘諸夷，內屏周室，赫焉霸矣。是故咈諫者，雖賢者猶僨事也。任賢者雖中主，猶強國也。斯可以訓矣。他語猶夫是也。尚謂不足竊附於《國風》乎？蓋風以風之，默乎語也，感人深矣。語以道之，暢乎風也，亦庶幾乎感人也。故曰：六經而後《國語》猶近古焉。石以爲錯，不曰非玉不用也；藥以攻疾，不曰非五穀不食也。是故君子取之矣。侍御史雨山郭子自微觀風於秦，克慎彝典，遜修古訓，乃推其緒於是書，而布諸學官，弟子員毋亦有風之之道哉？或曰：闡藝文，明史法。斯又不但已也。

【輯證】○萬青案：明雷禮（1505—1581）《國朝列卿紀》卷一百二十四云："郭登庸，字自微，山西大同府山陰縣人。正德甲戌進士，授行人，接喪守制。十六年，起補原職。嘉靖元年，擢陝西道監察御史。十年，陞湖廣提學副使。十二年，陞應天府丞。十四年，改順天府丞。十五年，陞都察院右僉都御史撫宣府。十八年改撫陝西，未任，卒。"檢文獻中有載郭登庸爲浙江山陰人者，恐未確。今檢中國人民政治協商會議山西省山陰縣政協文史資料研究委員會編《山陰文史資料》第4輯載山陰古代人物中郭登庸傳略，謂："郭登庸，明成化二十二年（1486丙午）生於山陰縣沙家寺村，正德五年考取秀才入山陰城儒學，正德八年癸酉鄉試科舉得榜，以年未過三九錄爲優貢（山西取四舉人爲優貢）入國子監。正德九年仍參加甲戌科會試得皇榜,殿試封爲三甲第八十五名進士。以嗜學、書法好入翰林院爲檢討(從七品官)。以在翰林院數年,操行清慎徙御史,巡按數省。後爲宣化巡撫(從二品官),數年後以疾歸鄉。嘉靖二十四年四月初七日帝下詔書,詔陝西道監察御史郭登庸爲陝西省巡撫(正二品官)。登庸以病未能赴任,於嘉靖二十五年十月十一日病卒,享年五十八歲。"(見該刊頁 208~209)其事載在《明史》。唐龍《杜子祠記》云:"京兆弟子員弔孤遠之躅,興仰止之心,乃列牘請於巡撫中丞大夫王藎、行部侍御史郭登庸。吉棠、王鼎、段汝礪願即其里祠而祀之。諸君子是其議也,檄諸西安守趙伸度址相材,經畫規緒,官畀百金,以考厥工,是用績於成。"(《漁石集》卷一)又清葉昌熾(1847—1917)《緣督廬日記抄·戊子十二月》云:"廿九日……前在廠肆得明刻《國語》,再同有二本,出以對勘。再同一本前有嘉靖五年孟冬初吉蘭溪漁石子唐龍序,云:'侍御史郭公自微觀風於秦,推其緒於是書,而布諸學官。'後有嘉靖丙戌冬十二月束萊趙伸序。又一本無序跋,似明初本,行款與嘉靖本同,疑即爲嘉靖本所自出。兩本皆附宋公序釋音,別刻在後。余本則釋音附入當條之下,且有刪節,非其舊矣。"亦可爲證。

《國語》後序

(明)趙伸

【輯證】○萬青案：趙伸後序與唐龍序皆刊於正學書院本《國語》，唐龍序在書首，趙伸序在書末。雍正年間《陝西通志》卷二十二、乾隆年間《西安府志》卷二十四俱謂趙伸爲山東德州衛人，是其自謂"東萊"之所本。又嘉靖間《山東通志》卷十七載甲戌科趙伸"德州人，仕至知府"，可相互説明。道光年間《濟南府志》卷四十載趙伸爲正德癸酉科舉人。趙伸撰寫此序時爲西安府知府，嘗刻唐龍《易經大旨》四卷。又據《傳是樓書目》，趙伸著有《籌邊録》一卷。

嗚呼！文至六經極矣。爰及八國風聲，士習傷于時變，而謀偉偉而論議種種，是故褒貶微而是非著，義利顯而誠僞分。夫誠僞分則近道，是非著則尊周。春秋上下，曰經，曰傳，曰記，並行于世。然皆出于史氏之紀載，輯而成編。是故《國語》之有以也。夫周之末季，王室寢弱，諸侯強僭。當時君臣上下裂于封土，賢士大夫鍾乎其間，繫于名者淪于去，狃于勢者諱于親。蓋有所謂角其智力而名位繫焉，博其詞章而應對見焉，數其往來而情文露焉，又有所謂道其常變而利害肆焉，一人一時之事邈乎其□此不相及也。嗚呼！文至《春秋》，六經之文也。《國語》，非傚之《春秋》已乎？海內梓行，無慮數十餘種。然字苦，音腴，簡脱，句斷，學者讀之恒病焉。侍郎郭公雨山風紀于斯，究心邃古。一日，諭之予曰："八國之語裨翼六經，一時爭相崇尚，盍其刻之以傳？"乃出諸善本式焉。予遂請之提學漁石唐公，曰："吾方有事于斯，不可也已。"于是檄華州吳學正嘉祥、韓城縣魏教諭琦枕于正學書院，黜聰覃力，逾三月而始校成。然則學之者果以時而盡病其文爲哉？夫文以時病，則功利齊矣，詭隨晉矣，淫濫鄭矣，而吳、越諸國又皆不與中國之盟，而可乎哉？

嘉靖丙戌冬十二月東萊趙伸序。

刊《國語》序

(明)唐樞

【輯證】○萬青案:唐樞(1497—1574),字惟中,一字惟鎮,號一庵,明代歸安人。初師湛若水,後服膺王陽明"致良知"之學,力圖將二家學説合一。嘉靖五年(1526)進士,曾任刑部主事等職。修纂有《湖州府志》《烏程縣志》《孝豐縣志》等,著有《禮玄剩語》《真談》《景行館論》《一庵語録》等。本序原載於葉邦榮嘉靖十五年(1536)刊本《國語》書首韋昭敘之後,今從《"中央圖書館"善本序跋集録·史部》中録出。

《國語》,史家者流,世稱《春秋外傳》,出左氏,與《左氏》事辭多異,同類否之,或謂《左氏》先集之草,或謂繼作之書,皆莫得而辨。夫史以存古,先王立注著以脩其典,聖人加筆削以章其義,達士陳睹記以周其識。王跡熄,聖訓不昭,達士言有枝葉。然則《國語》,其睹記所及者耶?夫存古以存是非,其誣淫不可爲軌,其繁絮不可爲幹,其囿善不可爲振,其雜駁不可爲則,而世能傳之,豈將即古以考於經也乎?是故野史、竹書、小説,先王不欲深廢,蓋資博極以自見於聖人,其要在是非不淪於心。傷周卑霸,懷王悼俗淰然,言意之表何不爲也?古之爲學,本之經以正其基,推之史以通其用,參之百家以盡其變,至於能盡其變而學成。錯綜辭苑,雌黄是非,溥本以肇末,程意而不徵於編,則《國語》當不終棄。如獵其摛藻,如資其夸艷,如尚其奇峻,如攻其小節,又焉用之？葉君守安吉,【輯證】○萬青案:葉邦榮字仁甫,明閩縣人,嘉靖元年(1522)舉人,曾任安吉知州,卒年七十八歲。刻印過《國語》二十一卷、《楚辭集注》八卷、《夷堅志》五十卷,並於萬曆年間刊刻過自撰《樸齋先生集》十二卷。所刻《國語》,半頁十行,行二十字。能飾儒術於治,欲爲盡變之學而廣焉,於是是刊舉。

嘉靖丙申歲一陽月望日,歸安唐樞撰。

《左國腴詞》敘

(明)淩迪知

【輯證】○萬青案:淩迪知(1529—1600),字稚哲,明代浙江湖州人,淩濛初(1580—1644)之父。著有《萬姓統譜》一百五十卷、《歷代帝王姓系統譜》六卷、《姓氏博考》十四卷、《史漢評林》一百三十卷、《增定荆川史纂》十四卷、《大學衍義補英華》十八卷、《左國腴詞》八卷、《太史華句》八卷、《楚騷綺語》六卷、《兩漢雋言》十六卷、《文選錦字》二十一卷、《名世類苑》四十六卷、《名公瀚藻》五十卷、《學海清瀾》一千卷等。《左國腴詞》八卷,摘取《左傳》《國語》語詞或短語,下注原文出處以及韋昭解、杜預注或其他釋義文字,按照類别輯纂而成,每類之下所輯按照原書次序引述。前五卷爲《左傳腴詞》,後三卷爲《國語腴詞》,可以算作一部專書類典。周中孚《鄭堂讀書記》對此書有著録(見下文),趙含坤編著《中國類書》也有較爲詳細的介紹,皆可參考。《四庫全書總目》認爲該書"所摘皆僅存一二語,既不具其始末,又不標爲何人之言。且注與正文,混淆不辨。非惟不足以資考證,並不可以供搗捃"。但是其書摘編以大字出之,小字往往先引正文,次及注釋,相對較爲清晰。南炳文、湯綱《明史》(下)謂《左國腴詞》"質量不高,但專門摘編一書字句,對後人檢索仍有一定用處"(上海人民出版社1991年版,頁1571),評價則較爲中肯。該書有明萬曆四年(1576)桂芝館刻《文林綺繡》本、日本寶曆十一年(1761)赤松鴻補輯本、光緒辛巳(1881)會稽徐氏八杉齋《融經館叢書》本等。

嘗聞先輩論文有二:有山林草野之文,有廟廊臺閣之

《左國腴詞》敘

文。枯槁憔悴者,山林草野之文也;浸潤豐縟、雄偉妍麗者,廟廊臺閣之文也。夫言出成文,悉自肺腑。顧岐而二之者,何哉?居使然也。山林之士,偃蹇困厄,其志屈,故其言雖放而若拘;廟廊之士,遭時操柄,其志伸,故其言奮揚而豪宕。此其大較然也。《左》《國》之文,嗣續六經,驅馳屈、宋,未暇遡其疇昔之遇,跡其摛詞之葩藻,所謂廟廊臺閣者是已。昔人乃謂《左氏》富而艷、其失也夸,豈其然哉!宣尼父論鄭國之爲命,迺以潤色終之,似無嫌於富艷爲也。至於以言繫易,又自名曰:文惟斯美,美斯盡傳而行,於是乎遠富艷也。烏乎,詫余讀《左》《國》,嗜其詞之腴也,迺摘而錄之,彙編存塾。好事者請梓,遂梓之。噫!良工不示人,以樸學文者,其可寂寥於筆楮間乎?敢敘諸首以質同志。

萬曆丙子冬十一月長至日,吳興淩迪知書於聽雪山齋。

合集《國風》《國語》《國策》三書

(明)沈懋孝

【輯證】○萬青案:沈懋孝(1537—1612),字幼真,號晴峰。平湖人,擁書萬卷,藏書處稱"滴漏軒",人稱之爲"長水先生"。隆慶二年(1568)進士,官至南京國子監司業。著有《長水先生文鈔》《淇林雅詠》等。本篇即出自其《長水先生文鈔·三餘編》。

他日覽古今之變,欲知風俗人心所繫,離合盛衰,以達乎天下所以治亂存亡之故,上世之事邈矣,及周而甚詳。故本之《國風》,暢之《國語》,參之以《國策》,而周一代之始終可論也。當文、武、成、康盛時,周公所爲斟酌剸裁,立大範圍於宇内,户絃誦、家詩書,千八百國之君長,小大輻輳,如繁星之拱斗樞,百芳之邛太陽。自黄、虞來,天下元氣發育流布,未有若斯之盛者,故自千載一時矣。姬轍之東,熄跡亡詩,二伯挾主名,爲列侯雄長,亦頓之乎二伯?其間名卿才大夫,各輔其主,周旋乎會盟壇坫之上,未始不以我周先王法典界防爲之矩蠖,即小有權術之談,亦微見其指而已。彼此面結約,一談而退耳。即如今公卿世家尚有一二老成人,猶以先訓舊章相枝持,不若戰國之甚也。及乎縱横諸人出,而秦以威力詐譎,操其勝權,泲談者得奮唇頰,列國之君長朝莫不自持,摇蕩乎開闔、短長、傾危、反覆之中,折而歸於秦,秦以力持之,卒不能長有天下。嗟夫！前日之禮樂教化、漸涵數百年之久者,既遭厄,會棄捐燉蕩,隔截後來宇宙,令人有慨思不可復之歎。乃秦之季季,天下人心風颷濤湧,無一法可維持之者,併其所謂權謀智力,皆無足賴,雖秦亦且悔之無及。嗚呼！一代之變如此,其流極可哀也。漢唐及宋來,天下道術半純半離,紀綱人心半今半古,一時治象半合半離,所謂道德、仁義、禮樂者,猶然尊尚施設,然終不能盡奪其權謀、功利、法禁、威力之積習,大都亦如周之一代。其始也,政教統於一尊,旁行乎天下;迨乎中葉,尚守先人遺法,聊用維持一時;至其季也,上不能,守亦不能。今日以淩遲而入於亂,宦官內蝕,藩鎮外叛,夷狄交侵,其根原敗壞總出,朝廷紀綱日弛,人心日渙,皆始於微、戲於玩、終於不可如何,將非吾士大夫之責而誰責乎？余之意以爲唐虞、成周,人心如昨,天地如新,士大夫當此局內者,守一代成法,精明固結,亦自不減成周,四方百道風氣習俗,各具一撃。順之則服,擾之則攜,此是古今常事,何必紛更？獨士風學術,名爲純王,而中心窟宅,深入乎功利詐譎、傾危反覆之中,牢不可拔。天下萬端並起於心術,惜時無大人先生如孔子、孟軻者,施其救藥。當此之時,浸浸入於機巧慘刻場中,大不逮嘉隆之始,雖欲不爲戰國人,風尚其可乎？《詩》曰:"汎汎柏舟,亦汎其流。"言一往不復回也。悲夫！

《檀弓國語評林》序

(明)陳文燭

【輯證】○萬青案：陳文燭(1542—1609)，字玉齋，號五嶽山人。湖北沔陽人。著有《二酉園文集》《二酉園續集》等。本文出《二酉園續集》卷一。

楊用修蓋有《檀弓叢訓》，不佞梓於蜀大都。【輯證】○萬青案：楊慎《檀弓叢訓》二卷，較早的刊本有明嘉靖三十五年(1556)姚安府刻本，今藏南京圖書館。陳文燭謀刻楊慎文集較早，但是直到萬曆十年(1582)纔最終完成了《楊升庵全集》的刊刻。孔門之事皆《家語》《魯論》所不載。而紀述有體，其文工巧，説者等於《考工記》。友人周國雍曾謀刻二注，未果。【輯證】○萬青案：周國雍，即周光鎬(1536—1616)，"國雍"是其字，潮陽人。著有《明農山堂彙草》，與張一鯤、郭子章等一起校訂《國語》。乃《左傳》，尊聖人之經者，而《國語》羽翼之。《春秋》素王，丘明素臣，千古不易之論也。范武子謂左氏艷而富，其失也巫。夫古之聞人恥巧言令色者，而肯巫耶？柳子厚文章簡古有法，至爲論六十七篇，而命曰《非國語》，病其文勝而不純於道，斯持論之過也。後之伏膺呻吟者真比之六經云。門人馬子叔華好古工文，【輯證】○萬青案：今檢明喻政主修《福州府志·人文志》有"馬焱，字叔華，大司徒森子"，又明葉向高《馬叔華墓誌銘》云："叔華諱焱，大司徒恭敏公叔子,故人稱馬叔子,十五補郡諸生,以博學能文章,名重縉紳間。"所言馬焱,當即陳文燭此處所言之"馬子叔華"。讀三書而纂述之,題曰"評林",請余引其端。高言妙句,寓目愜心,而不敢寫一字以褒貶之。益信古人立言之難也。

《國語》童思泉識語

（明）童思泉

【輯證】〇萬青案：童思泉，書坊名涵春樓。瞿冕良《中國古籍版刻辭典》云："明萬曆年間吳興人童文舉的書坊名。文舉字思泉。刻印過《墨子》六卷，《國語解》二十一卷，晉王叔和《脈訣》十卷。"（濟南：齊魯書社 1999 年版，頁 562）所刻《國語》爲萬曆六年（1578）刊本。

是編梓行久矣。但番刻者衆，差謬愈多，讀者患焉。本坊懇求博洽君子重加考訂，與舊刻不同，買者辨之。萬曆戊寅仲春月，思泉童氏謹白。

【輯證】〇萬青案：此實爲童氏自售之辭，不可據信。其刻本實錯訛較多，拙著《〈國語〉考校——以明本四種校勘條目爲對象》有詳説，可參。

刻《國語》序

（明）張一鯤

【輯證】〇萬青案：張一鯤（1523—1611），字伯大，一字鵬化，號翼海，又自號九洞居士，四川定遠（今武勝縣）人。隆慶五年（1571）進士，曾任臨潼令、南京江西道監察御史等。萬曆九年（1581）刻《戰國策》，《國語》也刻在此時前後，當在隆慶五年（1571）與萬曆十二年（1584）之間。拙著《〈國語補音〉異文研究》及《張一鯤刻本〈國語〉及其系統考述》有辨，可參。

世傳左氏書二：一《春秋傳》，一《八國語》。《語》中記其國中事，董董什一耳。而上徹於七律、六閒、斗柄、天黿之遠，下逮乎三綱五際、忠文仁讓之教，鉅包乎千品、萬官、億醜、九畡之衆，微及於鯤鮞、麑麌、鷇卵、蚳蟓之細，幽闢乎回禄、夷羊、檮杌、鷺鷟之怪，明著於首領、股肱、手拇、毛髮之顯。幽章咸記，鴻纖並載，故猶曰"春秋外傳"也。語名"外傳"，則傳《內傳》也。劉成國曰："《春秋》以魯爲內，以諸國爲外。《國語》，記諸君臣相與言語謀議之得失，傳外國事也。"營朝室者，内而宮堂廟闈、大扃小扃嚴矣，而門阿五雉，宮隅七雉，城隅九雉，垣墉言言，籬柵詵詵，而後稱完室。夫堂皇之内與城圍之外，均之不可，兩敝之居也。猶之魯之傳與諸國之語，均之不可，兩亡之書也。外者，所以翼其内而固之也。巫之者曰"富而艷"，非之者曰"詞多淫誣，不概於聖"，賤賤乎井蛙、東海若之譏，而毛嬙、西子不幸见之鸟鳞也，骇而遁矣。至言忤於耳而倒於心，非明智莫之能信，於左氏曷與焉？古今難史，史郵難於亂世。夫子曰："吾猶及史之闕文也。"閔亂世也。當周之盛，內史掌王之八枋，掌敘事策命；外史掌書外令，掌四方之志，掌三皇五帝之書。官司書，書記事，故文、武、成、康、穆、昭之世事班班如指掌。迨其標季，主自爲國，國自爲乘。今所憑者，春秋傳語與七國策數書，而猶亚且非，則必其出於汲冢、石函者始足憑耶？太史公之收採，劉中壘之讎校，王恭懿之章句，【輯證】○萬青案：在明清時期，有一批張一鯤本的翻刻本裂去韋注"恐人之多言，未"以後內容與張一鯤序"章句，與夫"前內容，合爲一序，僭稱南宋鮑彪校本以欺世。如文盛堂、綠蔭堂等書坊刻本皆是，而這一類本子由於流通廣，頗易得，也成爲學者案頭常有之書。今傳《國語》研究者中，董增齡《國語正義》即以此類刻本爲底本。與夫鄭、虞、韋、唐諸君之注疏，夫豈不義而甘爲之忠臣與？先是，同年李惟中刻《內傳》於督學署中，不佞與郭相奎取《外傳》，各分四國訂之，注仍韋氏，益以宋氏《補音》，條注其下。字畫剞劂，壹放《內傳》，庶幾稱左氏完書云。後學巴郡張一鯤撰。【輯證】○耿文光曰：郭子章、周光鎬校刊。此本譌字最多。明人刻書最好改亂次第，而公序原著遂不可知。前有韋昭序、宋庠《補音敘錄》、校補凡例七條。公序因唐人《舊音》簡略不足名書，因廣爲三卷，各自爲書。今本散於各句之下，其音以陸氏《釋文》爲主，唯陸音不載者，則以《說文》《集韻》等書附益之，其敘錄一篇，先敘注釋家，次列鄭衆、賈逵、王肅、虞翻、唐固、韋昭、孔晁凡七人，各具時代官字並所著，是爲傳學姓氏次案語，先考卷數，後敘撰音次，《周語》至《越語》目錄次敘題卷，並所據之本，其十五六本，皆不知爲何本，唯以天聖初假諸宗人同年生鍼者，爲最有條理，題號畫一。宋序凡五節，最爲分明。唯原本難見，明人翻刻之書不知傳自何人，所據何本，於宋音多所增刪。韋序結尾數句亦與黃本不同。又《補音》有辯證《舊音》者，亦概從刪削，其本不足貴也。又有吳勉學校本，有正文，無音注。凡《國語》多與《戰國策》合刻。余所藏諸本皆然。○萬青案：顧頡剛《讀書筆記》卷七載黃永年論《國語》版本曰："承賜《國語》明嘉靖時張一鯤刻本，已收到。今《國語》舊本傳世有三：（一）士禮居覆刻天聖明道本，未經宋庠補音者；（二）明嘉靖時吳門金李翻宋刻，經宋庠校定者；（三）即此張一鯤本，乃本諸宋庠本之宋刻（書中'桓'字仍缺筆作'桓'可證），復加刪補者，雖非舊式，視作張氏之補注本觀可耳。三本中前二者有覆刻及影印，得之不難，惟張本僅清代有一覆刻（嘗在西安見到，字體已改易爲方板宋字），亦流傳無多，則此原刻寧不可珍！吾師此賜有逾百朋，拜受之餘，銘感何如！清儒治此學者有龔麗正、董增齡，惟均未見。近人徐元誥有《國語集解》，中華版，惟似未盡完善，不采《左氏》及《史記》作互證，即一大遺憾。竊謂《國語》所記古代典章制度最富，往往借端發揮鋪敘，非《左氏》可及。苟（一）用諸刻校讎文字，（二）集韋昭以來諸家注釋，旁及賈、服、杜諸家之釋《左氏》、三家之釋《史記》之文，（三）采《左氏》《史記》及先秦諸子、三《禮》之有關者爲集證，亦盛業也。"黃氏的認識可能形成於倉促之時，不及檢核，故有此論。實張一鯤本及其覆刻本頗多，拙稿《〈國語〉金李本、張一鯤本、穆文熙本、秦鼎本之關係》（《長江學術》2012年第2期）已約略言之。黃氏所言三點，誠爲《國語》彙校集解之基本思路與方法。此外，清人言公序本每多稱之爲"補音本"，大約就因爲張一鯤本的關係。如果在《國語》流傳史上鎖定幾個人物的話，第一個是韋昭，第二個是宋庠，第三個是張一鯤，第四個是黃丕烈。就影響廣度而言，恐怕張一鯤本的影響更大一些，因爲不論是同時還是後世，翻刻張一鯤本的相當多（詳見拙著《〈國語補音〉異文研究》，頁139~142），在此基礎上衍生出許多子版本（詳參拙稿《張一鯤刻本〈國語〉及其系統考述》，《海岱學刊》2016年第2期,頁243~263)。可以説,張一鯤本是公序本系統中最大的子系統,張一鯤本之後,其中有翻刻者,如吴汝紀本、新建李克家本、朝鮮哲宗十年(1859)活字本等;有影印覆刻者,如《王覺斯批校國語讀本》;有割裂序文者,如文盛堂本、書業堂本、綠蔭堂本等,這一類刻本有些錯誤是一直沿襲的,比如《晉語九》"鼓子之臣曰夙沙釐"之"夙",這類本子誤作"處",王懋竑《國語存校》、董增齡《國語正義》所依據的《國語》底本就是這一類;有加評者,如《國語評苑》、劉懷恕刻《國語》。而且劉懷恕校刻《國語》東流日本之後又産生了子版本如道春點本,道春點本是日本刻公序本《國語》的最早版本,此後千葉玄之校本即是以道春點本爲底本重校刊成,後來秦鼎的《春秋外傳國語定本》又以千葉玄之本爲底本參考公序本多本以及上善堂覆刻黄刊明道本刊成,秦鼎《定本》是日本刻公序本《國語》系統中打破版本壁壘吸納明道本成分入公序本的最早踐行者,此後高木熊三郎的《標注國語定本》又以秦鼎《定本》爲底本。可見張一鯤本的影響之深廣。

校補《國語》凡例

（明）張一鯤

凡標題諸本，俱先題"某語第幾"，下復題"國語"二字，似於綱目先後不倫。今據宋庠所藏舊本先題"國語第幾"，【輯證】○萬青案："據宋庠所藏書"云云，恐怕是張一鯤自售之詞，所據當爲宋庠《補音敘錄》所載。別一行題"某語"以爲正云。

凡八國下，舊無世繫。今悉加之，用杜氏《世族譜》，亦從其注《內傳》例也。【輯證】○萬青案：八國下用《世族譜》，實自《補音》始，後朝鮮集賢殿校本散《補音》入正文，八國釋文亦分別置於八語之下。許宗魯輯爲《八國世系》表置於宜靜書堂刻《國語》書前，張一鯤本既散《補音》入《國語》，並八國世系亦用《補音》之文，非采自杜預《世族譜》。

凡《國語》諸本俱無音釋，僅有《舊音》，俚不可觀。【輯證】○萬青案："俚不可觀"的觀點，當本自宋庠"鄙陋不足名書"之說。惟宋氏祖《舊音》而爲《補音》，用心勤矣。但自爲一卷，難於討尋。今取音切，附諸各條各句之下，庶幾便覽。【輯證】○萬青案：便於觀覽討尋，是張一鯤本流播頗廣的重要原因。此後《國語評苑》、劉懷恕刻本又輯各家評語，仍然取便檢尋，故流通也頗廣泛。

凡《補音》既多繁蕪，又有疏漏。或初學易識者並加音切，至典籍不常經見者，顧獨失音，今並刪補。【輯證】○萬青案：刪者，如《補音》注文無關緊要者，《舊音》《補音》皆有音注而張一鯤本取其一；補者似不多見，凡《補音》音注非見於首出字者，張一鯤本大多移於首出字之下。又《舊音》《補音》反切上下字，張一鯤本有改換者。

凡音切條釋字下，或一篇之中有重出者，則前云"後並同"，餘不復釋。

凡《補音》有辯證，間有指摘《國語》注者，附於注末。餘辯《舊音》之非者悉不錄。

凡《舊音》則直音某字，《補音》則悉加反切，彼此似太重複。今按直音之未當者乃用反切，其當者則仍舊直音，示畫一也。

跋《國語》後

（明）吴汝紀

【輯證】○萬青案：吴汝紀，字肅卿，新都（今安徽歙縣）人。除了刻有張一鯤本《國語》之外，吴氏還刊刻過《韋蘇州集》《陶淵明集》等。劉尚恒《徽州刻書與藏書》"明代徽州刻書"一章中詳論吴姓刻書人，提及吴汝紀，云："吴汝紀（字肅卿，新都人），嘉靖間刻唐韋應物《韋蘇州集》8卷，萬曆十三年（1585）刻《國語》21卷《補音》3卷，萬曆末署年刻晉陶潛《陶淵明集》10卷。"（揚州：廣陵書社2003年版，頁73）根據《美國國會圖書館藏中文善本書續錄》"古今韻括"下云："明吴汝紀纂輯。明萬曆間刻本，四册一函。半葉八行二十字，小字雙行同。四周單邊，白口，單黑魚尾。匡高20.7厘米、寬12.3厘米。正文卷端題'古今韻括卷之一'，下署'新都吴汝紀肅卿甫纂輯，上元李世澤嘉紹甫校閱'。吴汝紀，安徽歙縣人，曾官福建布政使司正理問，另撰有《老子疏略》二卷。正文前有萬曆丙申（二十四年，1596）仲冬吉月上元友人如真老生李登《古今韻括序》，萬曆丁酉（二十五年，1597）孟春賜進士出身奉議大夫南京吏部驗封清吏部司郎中剡城周汝登《古今韻括序》《刻古今韻括凡例》，還淳居士《七音三十六母反切圖》附識語，目錄。周序云：'吴肅卿氏，崛起新都，僑居白下。雅嗜古籍，以韻學爲文字之祖。遂慨然下帷，留心考訂，總諸家而括之，以集其成。'"（范邦瑾編，上海古籍出版社2011年版，頁20）皆可參。

昔人以書秘枕中，蔡中郎得王充《論衡》爲至寶，不傳於世。然則今左氏《國語》之贗本漫刻，不爲斯人幸耶！第左氏《春秋傳》托麟經顯於世,而兒《國語》奚忝雁行,顧托之無若麟經,而贗本漫刻,又適爲瑤璞滋垢焉,良工將過而弗視,茲其顯於世不《春秋傳》若可嘻已。不佞從弱冠僻嗜墳籍,而於《國語》無佳本,每深惜之。既而張、李、郭、周四先生宧南都,出一校本,遂爲學士龜鏡。時不佞受業郭先生之門□,獲數帙爲珍藏。無何,張先生歸蜀,本遂入蜀,東南之士□看多成觖望。即不佞所藏,浸爲知者索去,間餘一帙。因規規然直嗟曰:"是碩果也夫!"竊志梓之,未逮也。爰今讀《禮》山中,既暇得以掄工董厥事,精審詳訂,累易朔而事竣。其注釋剞劂,一遵四先生之舊。凡魚豕之譌,更蒐剔殆盡。且以廣蜀本之所未廣,抑俾並美《春秋傳》云。時萬曆乙酉秋七月朔,南都後學吳汝紀肅卿甫謹跋。

《國語鈔評》序

(明)劉鳳

【輯證】〇萬青案:劉氏此序見於萬曆十二年(1584)傅光宅刻《國語鈔評》、萬曆十八年(1590)朱朝聘刻《四史鴻裁·國語鈔評》以及萬曆年間金陵胡東塘刻本《國語鈔評》書首。傅光宅(1544—1601),山東聊城人,字伯俊,號金沙居士,萬曆五年(1577)進士,曾任靈寶縣、吳縣知縣、監察御史、工部郎、重慶府知府、四川提刑按察副使等職,著有《緒言》,刻有《國語評鈔》等多種。朱朝聘,字希尹,號任庵,祖籍南直隸歙縣,移籍山東臨清,隆慶四年(1570)舉人,萬曆八年(1580)三甲第一百零四名進士,曾任河南推官、户科給事中、陝西布政司參政、陝西按察使等職,著有《夢易軒集》等。胡東塘爲明萬曆年間金陵書坊主人,生平不詳。除了刻有《國語鈔評》之外,還刻有《六子全書》《史通》等。關於《國語鈔評》以及穆文熙等事,可參拙稿《張一鯤刻〈國語〉及其系統考述》(《海岱學刊》2016年第2期)。審劉昉原著、陳履端重輯之《幼幼新書》有劉鳳序,署爲"賜進士河南按察司僉事晉階朝列大夫前監察御史沛國劉鳳撰"(嚴世芸:《中國醫籍通考》,上海中醫學院出版社1992年版,頁4048)。胡道靜(1913—2003)推測"劉鳳的祖籍可能是淮北"(《影印〈海録碎事〉序》,《古籍整理出版情況簡報》總第217期),故云"沛國",劉氏實爲長洲人。過庭訓《本朝分省人物考》卷二十四云:"劉鳳,字子威,蘇州人也。所著有《劉子威集》,又有《太霞草》等集,蓋洋洋乎大觀矣。内鄉李太史于田評云:劉子威掘奇索隱,抗心無前。凡所注筆,動依古矱,其睨當世流輩蔑如矣。故其詞賦奇字瑰語多不可句,將毋謂智者過耶?嘗觀自古文士,雖分黹揚鑣,而究其指歸,無逾兩途:倣《左》《語》也遠,則體裁古而意不融冾;取宋人也近,則意流放而體不老蒼。舉斯二者,未有能兼焉者也。即子威之所自負,固大人與稽矣。然能兼擅于此哉!其昵好季朗,借詠于鱗,咸可以論子威矣。子威以進士官侍御,有能聲。"丁丙《善本書室藏書志》收有劉鳳撰《吳郡考》二卷,《劉子威別集》五十二卷,萬曆年間刻本,今收入《四庫全書存目叢書》中。據劉氏《風太孺人母吳述》載,其母弘治丙午(1496)十二月二十日己亥生,十八歲嫁於劉父,二十歲寡居,則劉氏生當其母十九歲,為正德九年(1514),或為劉鳳之生年。

今之為文者必司馬子長,顧子長實有所取裁也。《世本》《國語》《左氏》《國策》,太史皆載其事,兼取其詞,微有損益而已。何者?雖以太史公雄才,必有所藉以發其感憤鬱積之氣,而況後之慕學焉者,又安得不悉取其書讀之哉?而世以選造重,必宋儒經義。邇者,海內學士大夫始益好古力學,質有其文。穆考功自其未為郎時,積已於數書,猒飫之,乃擇其腥膾而涒其膏華,吸其沉氣而引其清沸,若有所瑕瑜焉。指玉之玷而乎尹益彰徹,有所澄汰焉。吐珠於澤,握其夜光而掩其微纇,雖孕未剖者昭然若發蒙矣。是非命世之才,其能爾乎?予獨覽其《國語評鈔》,嘉樂之,蓋其酌取十去四五焉。而並著其得失、美惡、長短、少多之數,於其支經肯綮膚腴榮膝,既雋永而深嗜之。又為疏其義,曲而暢之,使煥乎藻繢之施,為袞冕之華,為經國通遠、考中度衷之典。豈徒以文為哉?何者?古之為鼎者,既治則鑢,鑢乃平也。是其金乎?為玉,既攻則磨,磨乃瑩也。是其石乎?語云:"石猶愈疾,而況文乎?"且有周一代之制雖衰微，王室猶秉之，未至湮盡。禮樂征伐，所自見也。列國相與，以辭命應對自免焉。及其賢者紏慝矯邪，匡危去佚，謀猷論議，推見至隱，是猶將百世憲乎？迺今以文辭焉視之，抑又非漢以下書可擬也。聞之考功大夫，方以宰事銓敍百職，適省臣有所上事，幾不測衆虜，虜乃力爲拯援無少避。此其爲亮烈義伉氣固蓋一時哉，夫亦自書所得深也。且語本《左》《史》所記，納誨朝夕，志之鑒戒與夫象魏所爲法。歲終，太史奉諱而君齋戒，受質者也。今我柱下縣道大夫爲梓之傳焉，固謂正色立於朝，以論議抑揚上下，迪造功業，於此有所藉手乎？若抒發爲文辭而宏奇逸縱，莫古焉。脂潤足以馥毫翰，精醬足以壯筋節，一染指而遂充其量，舍此則不雅馴，又足好乎？余敬受簡，爲引其端。

萬曆甲申夏六月，沛國劉鳳撰。

【輯證】○萬青案：王世懋（1536—1588）《王奉常集》卷三十六《寄穆敬甫》云："伏讀來教，以不佞能兩謝文柄爲難者。不佞非敢噉名釣奇，以退爲進也。少而多病，長懷止足之情，因病思玄，借懶成澹，而或者便謂足點綴弓旌，拱辰中丞，又以義故從臾之幾，令席不得暖。足下抱匡世之才，振驚衆之節，而不幸挂時網，至今猶閼不得宣，海內賢豪徒爲扼掔而莫能措手。足下能於此賦詩著論，怡然自適，故爲難耳。若不佞伎倆，不足當足下厮養，而冒得完名，每恐造物見忌，何敢復希繁弱之用，博穿楊之巧耶？承諭《國語抄評》，不惟未見此書，亦且未知見委。想家兄近辭筆硯之任，欲以不佞代庖而偶忘相示耳。請俟書刻成一見，後當抛糞佛頭，不至復孤盛意也。扇頭四詩，具見斲輪老手。令郎翩翩，亦復奇進，第書法朱見日上，想甫脫周郎骨法，未有着落耳。同是家食，何當朱提之惠，第遠意不敢言，卻謹以小巵佐乃公淺酌法帖，助阿敬揮灑，不足云萬一酬也。齒疾潦倒，捉筆強報不既。"這是明人文集中爲數不多的談及《國語鈔評》的文字。可見穆文熙(1528—1591)《國語鈔評》是節選《國語》之文加以個人評點,也間引前人評點。後來劉懷恕刻《國語》,纔用張一鯤本爲底本,鄭以厚刻《國語評苑》,則用劉懷恕本作底本。彙集了各家評點、音注的《國語》本子更爲實用,故日本道春點本以劉懷恕本爲底本,而千葉玄之本則以道春點本作底本。

孫司馬《左國選評》題辭

(明)李維楨

【輯證】○萬青案:李維楨(1547—1626),字本寧,號翼軒,自稱角陵里人,明京山(今屬湖北)人。隆慶二年(1568)進士,累官至禮部尚書。著有《大泌山房集》《史通評釋》等。本篇出其《大泌山房集》卷一二七。李氏所言孫司馬即孫鑛。孫鑛(1543—1613),字文融,號月峰,浙江餘姚人,萬曆二年(1574)會試第一,任南京兵部尚書加太子少保參贊軍機,著有《姚江孫月峰全集》等。呂胤昌《大司馬月峰孫公行狀》載孫鑛著有《名世述》三卷、《人傑編》三卷、《後越絕》十卷、《書畫跋跋》四卷、《居業初編》《次編》《餘編》十二卷、《會心案》《晶盤雪》《里居樂事》三卷,奏議二十卷,編纂有《馬班同異》《太公直筆》《周人輿》《古文四體》《廣古文短篇》《今文選》《唐詩品》《排律辯體》《坡翁食飲錄》等書。今常見者有《餘姚孫月峰先生全集》十二卷。孫鑛所評點過的書遍及四部,《孫月峰先生批評禮記》卷首所載《孫月峰先生評書》有四十三種,其中即包括《書經》《詩經》《禮記》《周禮》《左傳》《國語》等經部著作。侯美珍《晚明〈詩經〉評點之學研究》對孫鑛生平著述以及學術成就有較詳盡評述(侯美珍:《晚明〈詩經〉評點之學研究》,永和:花木蘭文化出版社2009年版)。此外,王孫榮《孫月峰年譜》(大衆文藝出版社2009年版)對孫氏一生行止考辨頗詳,亦可參。孫鑛《與余君房論文書》謂:"四十四家居,乃盡屏諸書……又二年始讀《國語》,又進之《十三經》,乃大有悟。"可見,《國語》或其四十六歲之後著意之事。王孫榮根據文泉清《書林碎玉三則》著錄孫鑛《評國語》云:"明季甬江萬氏校刊,寫刻本,四册,卷數不詳。有後人跋語云:'孫月峰評書十餘種,世重其書,惟其《國語》評本傳本絕罕,此明季甬江萬氏校刊本,合穆、孫二家評語於一編,璧合珠聯,殊足珍也。'"(《孫月峰年譜》,頁287)今檢明祁承煠《澹生堂藏書目》收錄有《孫文融批評國語》四卷,當即文泉清、王孫榮所著錄之萬氏校刊之《評國語》。又檢《首都師範大學圖書館藏古籍目錄》中有孫鑛評點《國語國策全集》,清萬經校輯,康熙二十四年刊本十五冊,其中《國語》部分當與祁、文等言萬氏校刊本同。孫氏《左國選評》未見著錄。

袁宏《後漢紀》載班彪之言曰:唐虞三代世有史官以司典籍,至於諸侯國自有史。故孟子曰:"楚有《檮杌》,晉之《乘》,魯之《春秋》,一也。"定、哀之間,魯君子左丘明論集其文,作《左傳》三十篇,又撰異同,號曰《國語》二十篇。由是《乘》《檮杌》之事遂闇而《左氏》《國語》獨彰。【輯證】〇萬青案:李氏引文與《後漢紀》所載班彪之言稍有出入。余嘗輯《左氏内外傳同異》,【輯證】〇萬青案:李維楨《大泌山房集》有《左氏内外傳異同序》一篇,見下文。以爲一人手筆,蓋本此。孫文融司馬有《左芟》,【輯證】〇萬青案:《左芟》一卷,明末刻本。范鳳翼《范勛卿詩文集》文集卷二《左抄序》云:"《左氏》爲千古必讀之書,而千古讀《左氏》之法,則人或異矣。杜氏有《釋例》,孔氏有《正義》,蘇氏有《集解》,其餘注疏訓詁,自漢迄明,指不勝屈。近代汪伯玉氏有《節文》,劉介夫氏有《列傳》,李本寧氏有《讀法》,孫文融氏有《左芟》,相與擘畫,丹鉛各存,所見皆以《左氏》之文也。"獨語畢載,而其去取甚精嚴。謝生愛之,都爲一集,惜不見當時芟《内傳》全本耳。語評則朱元介臧用父有序,【輯證】〇萬青案:朱之蕃(1564—?),字元介、元升,號蘭嵎、定覺主人,著名書畫家,祖居山東茌平,後遷居南京。萬曆二十三年(1595)狀元,官至吏部侍郎,著有《奉使稿》四卷、《南還雜著》一卷、《紀勝詩》一卷、《落花詩》一卷、《蘭嵎詩文集》、《金陵圖詠》、《玉堂鼇正字義韻律海篇心鏡》、《篆法探源》等,還編有《江南春詞》《盛明百家詩選》《晚唐十二名家詩集》等。余亦爲越鄭生序。【輯證】○萬青案:今檢李維楨《大泌山房集》卷七有《左芰序》。《左芰》粗具大義,今第述内外《傳》同異之故,其説傳自兩漢久矣。其文並行乎天地間,何可偏廢也。《齊語》多取《管子》。《管子·大匡篇》所謂:諸侯無專立妾爲妻,無專殺大臣,無國勞,無專予禄,士庶人無棄妻,無曲妻,無貯粟,無禁林,"諸侯許諾,受而行之"。【輯證】○萬青案:《管子·大匡》本文"無"皆作"毋"。此即孟子之五禁。【輯證】○萬青案:見《孟子·告子下》。桓公、管仲最善之政,而傳不之載,亦其疏處。吕成公則謂桓公身犯五禁隱而不書,【輯證】○萬青案:吕成公,即吕祖謙。或不其然。吴、越事,傳頗載之,其語則似本吴、越國所作,而兩國手筆復相似。左氏喜其文,並存之耳。昔王筠"受《左氏春秋》,吟諷常爲口實,廣略去取,凡三過五抄"。【輯證】○萬青案:王筠(481—549),字元禮,瑯琊臨沂人,有《王詹事集》。事見《梁書》卷三三、《南史》卷二二。《梁書》本傳謂其"幼年讀《五經》,皆七八十遍。愛《左氏春秋》,吟諷常爲口實,廣略去取,凡三過五抄。餘經及《周官》《儀禮》《國語》《爾雅》《山海經》《本草》並再抄,子史諸集皆一遍,未嘗倩人假手,並躬自抄録,大小百餘卷。"李維楨引述王筠傳文中語。余拾司馬牙後慧,無所去取,掩卷業已茫然。悔少年未用功如筠生也,勖哉!

《左氏内外傳異同》序

(明)李維楨

【輯證】○萬青案:本篇出《大泌山房集》卷七。

古左史記事,右史記言,天子諸侯同之。《左氏春秋》傳事十六七,《國語》言十八九,蓋筆削列國史記所記言、事以成一家言耳。薛士龍謂:天子外史掌四方之志,職領于周太史,隱公時始更魯歷爲魯史,晉乘始殤叔,秦史始文公。王室微,諸侯力政。諸侯有史,周之衰也。【輯證】○萬青案:薛季宣(1134—1173),字士龍,號艮齋,宋永嘉人,著有《書古文訓義》《浪語集》《詩性情説》《春秋經解指要》《大學説》等。李維楨引文出薛季宣《春秋經解指要自序》,文字與原序文不盡相同。朱子謂:禮生子則閭史書之,閭尚有史,況一國乎?【輯證】○萬青案:引朱熹之言出《朱子語類》卷八三。王應麟《困學紀聞》卷六並引薛季宣與朱熹之言。《書·酒誥》矧太史友、内史友,諸侯有史明矣。晉史蘇、史黯、史趙、史龜、史墨,楚史狪、史皇,衛史鰌、史狗、史朝,齊史嚚。齊太史氏,子餘後。晉青史氏、侯史氏,皆董狐後。衛祝史氏,揮後。齊南史氏、楚左史氏,或受其姓,或世其官,豈皆由周衰耶?傳語所載,自周事外,列國辭命、盟書得自會聘者不勝數,若魯羽父與虞叔引周諺,季文子引周禮誓命,南宮叔命出御書,子服景伯命出禮書,季桓子命藏象魏,趙簡子觀書于魯太史,孔子、穆叔稱志，季文子、惠伯，晉荀偃、叔向，秦子桑、公子鍼引史佚之言與志，宋子臧引前志，晉汝叔侯稱魯朝貢與晉史部絕書，郭偃引商銘，士彌牟求諸故府，子餘引禮志，叔游引鄭書，狠□廚人濮引軍志，史駢引前志，欒武子引楚箴，孫伯黶司典籍爲籍氏，楚子與孫叔引軍志，范無宇引志，申胥曰："此志也，遽忘于諸侯之耳。"倚相道訓典，衛彪傒引飫歌，荀林父名藏諸侯之策，齊姜引西方之書、瞽史之記，晉董因亦引之。志與書，何國蔑有？否則，孔子何據作《春秋》，左氏何以有《傳》與《語》也？劉子玄謂："丘明既爲《春秋内傳》，又稽其遺文，纂别說八國事，爲《外傳國語》。"司馬公謂：欲作《春秋》，先作《國語》，兩書先後未可知。論齊事者，劉炫、傅玄以事異同，疑《國語》非丘明作；論其理者，柳子厚《非國語》，江鄰幾非柳，蘇子瞻是之；論其文者，司馬以語不及傳之精，韓退之謂浮夸，朱子謂委靡繁碎。要以列國記言之史，或春容大篇，或寂寥短章，就而成之，惟《齊語》多取《管子》，其他國則與《內傳》問自一手筆也。《内傳》十二公事，隱、桓、莊略，僖、文以下漸詳，當是年久，近篇籍全佚不同之故，而文則無異矣。孔晁云："左丘明集典雅命辭，與經相發明者，爲《春秋傳》；其高論善言别爲《國語》。凡事同辭異者詳于《傳》而略于《語》，詳于《語》而略于《傳》。"此論得之。《史記》云："左丘失明，厥有《國語》。"而不及《傳》。是時《傳》未立學官，至劉向父子始行，而朱子疑左氏楚人倚相後，說楚事爲詳。然晉事詳不在楚下。《國語》晉最多，將又晉人耶？或謂《春秋傳》爲左氏，《國語》爲左丘氏，人非一姓，書非一家，亦臆度無確據。或謂《左傳》出漢人者，春秋之文、戰國之文、西漢之文，殊不難辨。春秋時文，舍《語》，誰爲《傳》敵？漢人能之乎？漢史莫如子長。子長稍近《戰國策》，與二《傳》自異也。或謂《傳》與《語》終智伯，疑非左氏。智伯滅在獲麟二十七年後，《左氏》後獲麟又十四年，相去十六年，或其門人輩續此事，猶《左氏》續十四年也。或謂以列國史彼此流傳不一，左氏並收，故《傳》《語》有異同，猶《春秋》書陳侯甲戌、己丑之卒，從兩赴也。余因《史通》題《左氏內外傳》而載其異同凡八十篇，傚前人《班馬異同》云。夫素王有素臣，亦有亂臣若常秩、倚閣者，紛紜之議，復何怪焉。

《國語抄評》序

（明）葉明元

【輯證】〇萬青案：葉明元，字可明，號星洲，福建同安人。隆慶丁卯（1567）、戊辰（1568）聯登進士。民國《同安縣志·藝文志》載葉氏著有《國語詳注》《左國列傳》《檀弓注》等書。《國語抄評》十二卷，共收《國語》一百四十二篇。該書卷一首頁前半面署"溫陵葉明元可鳴甫輯，嘉禾張汝正中甫、吳熟陳堯仁汝元甫閱，溫陵鄭道興在熙甫、大庚孫希夔子樂甫校"。上下雙欄，下欄爲《國語》正文以及注釋，半頁九行，行十六字。上欄爲評點，小字，行六字，共有評點三百三十三條，少數條目僅寥寥數字，大體包括音注、段落評點、人物評點等相關內容。本序在《國語抄評》書首。

不概於聖，【輯證】〇萬青案：此據日本公文書館藏本，前當有闕文。余繹其編，若周内史魯叔孫、晉史蘇、郭偃、楚藍尹、葉公之流，類決人禍福，於容止言動之間，而隨事證驗，迂迂不越其紀數。茲疑柳氏所謂誣者，要之事有先兆，誠可前知古今同符，非欺我也。即語稍涉於附會，亦欲明天人徵應之機，以眎鑑戒，豈爲背聖人之意哉？《洪範》敘九疇而終之，庶徵福極，詩人頌禱，稱百禄萬壽，與子孫之千億，不一而足。必若柳氏之見，亦將以爲誣妄不經耶？夫孔子作《春秋》以正大法，譚者目爲素王，左氏即所記爲傳，以鋪張其事而翼聖經，所謂素臣也。《國語》又復闡《左傳》之所未詳，異詞同義，論諸臣列，則亦分獻宣力于外而贊王化者也。有經不可無傳,有《左傳》不可不參之《國語》,譬之王人外臣疎暱,遐邇不同。摠之,爲天子任職,司民協成化理均不可勘矣。是烏用摘求其疵,而倡爲異論以疑學者。不佞備員留曹時,嘗手錄是書,以一題冠其一事而細加删注批評,積久成卷,置之笥中。近偶僚友張君仰山、陳君笠澤、鄭君鰲峯暨孝廉孫君印池【輯證】○萬青案:孫希虁,字子樂,號印池,隆慶四年(1570)庚午江西鄉試榜首,歷任陽春、唐縣知縣、儋州知府。江西省大余縣梅關鄉新建村白石嶺發現孫氏墓碑三塊,分別爲《明代江西解元儋州守印池孫公墓表》《孫公印池墓志銘碑》《孫公印池家族銘文碑》,皆立於萬曆辛丑(1601),今藏該縣博物館。孫氏敘見下文。索觀之,固欲付諸梓。余辭不獲,因授孫君,更爲校正,而僭次其說如此,亦竊效爲左氏忠臣云。

時萬曆戊子春仲,書于南安之君子堂。

刻《國語抄評》序

(明)鄭道興

【輯證】○萬青案：本序在葉明元序文之後。鄭道興，字在熙，惠安人，嘉靖三十七年(1558)舉人，曾任建寧教諭、南安推官、銅仁知府等職，著有《纂元草》《條議草》等。

《國語》一書，漢《藝文志》載二十一篇，今傳于世是已。其事則列國諸史興廢、存亡、媺惡、訓戒具在；其文則華藻富艷，膾炙人口。信非左氏不能作。唐柳子厚作《非國語》排之，彼豈不以其間或誇且誣乎？嗟夫，士患理不明耳。苟知至而識融，則雖異端雜說，皆足為吾儒助。矧是書，世所稱《外傳》，與《內傳》共翼乎《春秋》者，猥因非之，而盡非之非也。蓋今寓內操觚之士爭傳誦之矣。果且謂才鋒所權，雲蒸霞變，令群采靡靡失哉？亡亦以語本訥誨昕居居今鏡古，迪迪不朽，於此亦有所藉手也。往鄭眾、賈逵、虞翻、唐固諸君子，各有注釋，傳于世者，唯韋氏解。顧大義雖明，疑繆錯出，學者不無病焉。寅長星洲葉公，博極群書。未為郎時，業已究心于是。乃擇其腥臊而沰膏液，汲其沉齊而引清沸，辯釋疑義，洞若觀火。蓋酌于諸家者什之一，于韋氏者什之五六，而評之以新得語，具公自敘中，雖然，公翱翔文史乎，廼不獨以文重也。迨其展采勤施，甚籍籍而有聲。則公之于是編也，儻所謂遡流獲源非耶？不佞與以梓里同官,誼重兄弟,眡出是編相示,得卒業焉。蓋不佞曩所焚膏繼晷而未得者,今皆渙然、怡然,遂謀剞劂,而僭敘之。竊自附于一臠窺鼎矣。業是編者,務緣筌以竟津,毋還珠而買櫝,是爲得之。若屑屑獵殊采馥,即令足逸驚飇,鏃柝纖芒,左氏在伯仲間,亦與耳食等耳。豈公嘉惠意哉!

　　萬曆戊子夏五月既望,南安司理、閩錦田鄭道興頓首拜書。

叙《國語抄評》後

(明)孫希夔

【輯證】○萬青案：本篇在《國語抄評》全書最後。孫希夔，字子樂，號印池，江西大余人(據《大余文史資料》第1輯，孫氏之家在大余縣南安鎮水城，其址後改爲大余縣食品廠)，隆慶四年(1570)庚午江西鄉試解元，曾任陽春、唐縣知縣以及儋州知府等職，善治《易》，有著作若干卷。

春秋後，左氏内、外二傳稱素臣，傳翼經，《國語》翼《傳》，昔人叕之詳矣。鄭、虞、唐、韋諸家遞相注譯，大都爲左氏袒，以不畔經、傳明其意，它曹好靡，常雌黄互見。昌黎、柳州甲此乙彼，瑕指瑜疵于左氏，無當也。夫譯左氏者，既不能有所標删，昭揭指歸，不者非之，語幾晦矣。閩星洲葉公博學宏覽，深沈好古，諸先秦兩京百家言，政暇，輒蒐羅評騭。而闡明《國語》則自留都爲郎時，凡若十卷，屬校讐于不佞，不佞卒業之，蓋灑然有慨於衷也。左氏《傳》《語》事同文異，雖繁約逕庭，揔於曉暢大旨。諸不盡孔氏書者闕弗傳，存《國語》中。其奉臣節，唯謹讀者，顧弗旨於味，析所屬事，或瑣焉而蔓，鉤所隱衷，或訐焉而鑿，甚則羅織，求非嚴文見摘爲妄而已，鑿與妄敝，甚焉滋厚。公靡援傳獨冠，題以括義，鈔注以明詞，融酌諸家，評斷已見。間或斷章命意，無戾全辭，即有創異前聞，是非不謬，要以彰左氏嫩詞，發鄭、虞、唐、韋諸家未發，析者必附，其可鉤者必當於義，昌黎、柳州不攻自破。儻云旨於味非耶？讀《國語》者反覆是編，將挈裘得領，窮河見委，奚第暘左氏旨《春秋》大義什而九矣。公有功左氏而嘉惠來學，蓋宏且鉅哉！鍥既成，不佞僭書簡末，傳諸同好，知公政學蓋相須云！

萬曆戊子季春之穀，大庾後學孫希夔頓首謹書。

鐫《左氏春秋内外傳類選》序

(明)樊王家

【輯證】○萬青案：樊王家，生卒不詳。原名士銘，字孟泰，號珠城，萬曆三十一年(1603)舉人，三十五年(1607)進士，曾任江西廣昌知縣、江西南昌知縣、工部主事、工部員外郎、鎮江知府、潮州知府、四川參政等職，著有《西泠集》。所編纂《左氏春秋内外傳類選》八卷，分爲君道、臣道、政治、人才、禮節、刑讞、軍旅、財賦、祭祀、閨壺、胤族、教學、身體、飲食、衣服、宮室、器用、詩樂(隱語附)、夢卜、喪葬、天道、地利(城守附)、鳥獸等二十三類。其中所選《國語》篇章主要在君道(七篇)、臣道(十三篇)、政治(二十五篇)、人才(十三篇)、刑讞(四篇)、軍旅(十一篇)、財賦(九篇)、祭祀(七篇)、閨壺(十二篇)、胤族(十五篇)、教學(五篇)、身體(二篇)、飲食(一篇)、宮室(四篇)、衣服(三篇)、詩樂(七篇)、器用(一篇)、夢卜(一篇)、喪葬(三篇)、地利(四篇)、鳥獸(四篇)等二十一類中，共收錄《國語》一百五十一篇，當然，其中極少數篇章有重複。每篇標明題目，注明出處，行間有少量批注。其卷一前半面署"明進士楚潛樊王家選注，甬海後學李玉華、王世仁、邵輔明校"。今檢《東莞文人年表》謂樊王家爲石龍西湖(今廣東東莞)人，而《湖北通志》以樊王家爲江陵人。有學者認爲二說未確，樊王家實當爲楚潛江人。《四庫全書總目》對該書有著錄，謂："《春秋内外傳類選》八卷(江蘇巡撫採進本)，舊本題明進士楚潛樊王家撰。其始末無考。太學進士題名碑萬曆癸未有三甲進士樊王家，湖廣潛江人。當即其人也。其書以《左傳》《國語》各標題目，分編二十三門，以備時文之用，間旁注音訓一二字，亦皆淺陋，與經學毫無所關，而又非《文章正宗》選錄《左傳》之例,無類可附,姑從其本志,入之類書類焉。"對該書評價較低。

　　左氏影響藝文尚矣,《內傳》翼經,而班附錄《外傳》,補語而籑變辭,二書庸詎簪筆名家,爲《國策》《史》《漢》鼻祖。其文章自六經外,冠絕古今,非諸子望頡頏也。後世學文,不元本左氏不文已。余蚤歲願學,往迂逡巡事類之躓,駁咶言、易慮意,惘如也,毋乃洪鐘之叩爲說鈴乎？間嘗竊取類門以俟知者。歲丙午,調令甬海,甬海士好工古文辭,而闖閫《左》《國》,斯可以烝髦士商訂之,爲類凡二十有三,分卷凡八,命之《左氏內外傳類選》云。夫史家繇《尚書》紀傳,宣聖編年,此史經也；紀傳議論,編年敍事,此史法也；左氏兼諸《內傳》主於編年,《外傳》主於紀傳,此左體也；編年敍事而議論生,紀傳議論而敍事核,此左用也。是鐫主於學文,次類而不以年,併類而不以國。然類於一國有篇次,而編年固在也；類於二《傳》,合國次而紀傳自存也。其選類也,則視其事爲何類之從而別之；其分國也,則視其辭爲何國之人而隸之。首王朝而次列服,殊尊卑也；先諸姬而後異姓,明親疏也。二《傳》或一篇而異辭,則不嫌於分類,或同事而互見,則不憚於複收。大要取以辭勝,事勝次之。故刪其椎魯,掇其菁英,時做臆見,節比而更定焉。無字句不出左氏,亦無斤斤株守左氏,蘄於文章經世用垂不朽,是《類選》所繇輯乎？是二三弟子請鐫,以公四方同志,誘進學文,庶有鳩哉！敢曰簪筆嚆矢耶！其注疏則折衷諸大家,旁標便覽,若夫評騭章句,已有行於世者！

　　萬曆歲戊申夏六月吉,楚潛樊王家書於廣瑞軒。

《國語髓析》序

(明)董光宏

【輯證】〇萬青案:董光宏字君謨,明代鄞縣人,曾任刑部主事。清人全祖望(1705—1755)《甬上地望表》卷下"西城董氏"一則中有"右都御史光宏"一句,袁元龍注云:"董光宏,字君謨,爲御史鑰之曾孫。少嗜學,九歲能操觚。九歲從其父宦遊南安,父卒於署,奉喪還,囊中餘貲耗盡。回家後,其嫂以庶淩之,至不相容。乃奉母僦居於外,益自激勵,常愉色以慰母心,爲文日益上。中萬曆二十九年(1601)進士,以刑部郎恤福建,多平反。歷遷兵部侍郎,致仕。著有《秋水閣墨副》《疏草》等。"(袁元龍點注,寧波出版社2008年版,頁118)董氏本篇見於《國語髓析》卷首。《國語髓析》,東蒙公鼐、古燕呂邦燿同批評,崑山葛錫璠、勾甬董光宏同校正,開封府推官唐暉校刻。拙著《〈國語〉彙校集解輯評(〈周語〉卷)》有詳說,可參。

今世學士大夫,蓋無不艷稱《左》《國》矣。顧《左》之行廣,學者往往能默存之,亦能精言之。而《國語》僅摽其郛以去深於國者,未數數見也。世傳《左》《國》實出一手,而人於二書淺深異者,何故?《左傳》序事而裁之以意,成一家言,其詞奇宕可喜,令人讀之,不覺入于吻而投于咽。《國語》則因事以見國,因語以見事。凡列國之制度文爲,與夫應對酬和之語,盡舉而登之尺幅。驟讀焉,曲折而繁瑣。顧其條理井井,竅會耆若,能莊、能諧、能夷、能夏、能以數語而摹興衰,能以數百言而肖王會。酣讀之,不自知其身之不在周列國也。然以浮心淺目讀之,未有不難其曲折而繁瑣者也。夫聞人能以爲《國》之手爲《左》,使人讀《左》者幾不知有《國》,而今之人乃不能以讀《左》之口讀《國》,至難《國》于《左》哉!則其求之者未精也。予同年呂玄韜與其舅公孝與,于書無所不窺,于古人之法度無所不蒐獼而爬剔。所讀《國語》節有評、句有剖。凡一切開闔、剝換、照應、串插之妙,肌分理析,黎然目中,壹似聞人搦管時,若爲之貿其神而相其筆者。壬子之冬,玄韜與予有入汴之役,行篋中偶出以示予。予戲謂玄韜:"《國語》以子甥舅,身無完肌,亦家無賸寶矣。抑《國語》不靳以其秘公之子,而子乃以靳公之天下耶?"乃固請梓之。因請名之曰《國語髓析》。昔柳子厚生平酷摹《國語》而晚有非《國》之論,昔人以爲文士逢蒙。然予謂子厚僅能爲柳氏《國語》耳,豈遂能爲《國語》哉?又惜夫子厚之不見孝與、玄韜,試相與抵掌而爲《國語》一吐氣也。故千百世而下,孝與、玄韜氏殆《國語》知己夫!寧直知己哉?即謂之功臣可也。

勾甬年弟董光宏題。

《國語髓析》後序

（明）唐暉

【輯證】○萬青案：《國語髓析》刊本兩種，其一爲明懷慶府刊藍印本，書首有董光宏序，"國語髓析卷之一"下一行署"東蒙公鼐、古燕吕邦燿同批評"，又一行署"安邑曹于汴、東岱宋㷼同校正"，半葉九行，行十八字。另外一種爲唐暉校刊本，書首有董光宏序，書後有唐暉跋。《"中央圖書館"善本序跋集録·史部》所録唐跋即從唐暉校刊本録出。

古燕吕公以觀察持節風教中州，既用經學程百校士，士習還淳，文體歸雅。已乃刻其平日與今宮諭公先生手所丹鉛七國之語於署，而屬暉跋，暉受而卒業，竊有三幸云。周秦之後，六經而外，惟《左》與《國》實王天下。然《國》有《國語》、有《國策》，子長祖《左》禰《國》，則《語》與《策》並裕焉。《左》竟附經，列於學官，注者不下二十餘家，標榜評騭者稱是。《策》亦駸駸埒《左》而出，而《語》顧寥焉抱其空質以傳今數千載。兩先生者，一代偉人，爲之鑒識箋詁，洞髓無餘。《語》之遭遇如此，暉之一幸者是。功令既懸，古今岐術帖括之技，強半口珠，經且無辨，安用《傳》爲？《語》又外傳，文字奧衍，欲入無門，庋閣置之萬一，讀者掠取長句，飾陋售欺，得失鏡誡，迃矣勿譚。兩先生讀《晉語》，則於中立調停，是傷是慨；讀《楚語》，則於信果辯智，且信且且疑。盲史卮言，萬年炯鑒，作者不冤，讀者有益，將使後世涉獵曠覽之士,一見了然,功不在小,曠之再幸者是。引經據傳,援古證今,國老鴻業大率由此。是故漢之子孟,宋之萊公,固立膚功,猶恨不學。然則列國同異,頗著得失,研心覃思,明習曉暢,語則談叢,用則熟路,畦步尺轅,將致千里,于此一書足窺兩先生之究心理亂,合轍經綸,他日廟堂資爲宰割,何所不辨?暉之三幸者是。善乎董公之言曰,"聞人能以爲《國》之手爲《左》","今人不能以讀《左》之口讀《國》"。夫《左》也,其於麟史,猶之乎閈也,《國》與《左》則表裏而已矣,麟史豈爲文字設哉!自今而往,善讀兩先生之《國語髓析》者,乃可以讀《麟經》《左傳》。

　　賜進士出身、開封府推官屬下吏唐暉頓首拜撰。

《國語髓析》序

(明)李若訥

【輯證】〇萬青案：根據《臨邑縣志·人物傳》，李若訥(1572—1640)，字季重，萬曆十六年(1588)舉人，萬曆三十二年(1604)甲辰榜三甲第四十九名進士，曾任夏邑知縣、四川右參政等。李氏有小萬卷樓，藏書較富，著有《四品稿》《四品續稿》《五品稿》《楊花詩二百首》《訓兒義》等。本篇錄自《四品稿》卷五。

左氏爲《春秋傳》，而《國語》又別見。説者謂《國語》稍龐雜，而《春秋傳》復取其粹者，裁之以附經。然則《國語》馘割也，《春秋傳》殽蒸也。乃公、呂兩先生爲《國語髓析》，則攬裁割而殽蒸之，所涵咀其間者，爲趣且倍。余得而詳論之焉。左氏史而經者，陂其飫於諸國之掌故，而犁然有概於一時之是非，所撰二書，俱稱富艷，而其融通澤嫺之妙，即計然、夷光不過也。得《春秋》之髓，而爲時近，致精猶易。公、呂兩先生，皆爲史官而具史才者，舉左氏《國語》，抉其要旨，標其奧義，校錙銖而汰脂粉。人所略，獨所悉；人所浮，獨所深。得左氏之髓而爲時遠，致精難矣。然古易而今難者，古每深於經，今每淺於經也。古人非屑屑以傳合經，第記其事實文華，已與聖義相契，而且散溢以爲語，素王、素臣，所表韞也。今人屑屑摹古人詞，烏知其義，而稍勝者，瞻舉其事耳。《髓析》一書，往往披經理，爲雋永,如所稱視遠、言遠,各引義以聚之。至於斥弗忌之爲誣,證周宣之未美,則又脗合乎錯經合義者。余讀周、魯二帙而已,心折也。兩先生又可稱素臣之二,故髓析之精難矣哉!夫髓之爲言,余又以禪證之,禪髓不立文義者也,胡髓而有析?乃《國語》《左傳》,其爲《春秋》之髓也。《傳》則肇後世編年體,而《語》則胎後世紀傳體,皆不免析矣。《傳》則諸國錯舉於《經》下,《語》則分區剖域,廣輪灼然,有《傳》不可無《語》。乃宜析者,兩先生之因文以析,因見以析,絲絲縷縷,或巾或席,而更以析暢者。夫《春秋》如來,左氏文殊,而兩先生豈慚慧可耶?此析之精者也。《國語》賈、韋諸家注説,不乏而非之者,非非之者,柳、宋諸公,遂剔蹶焉,《國語》幾以腐矣。兩先生之爲《國語》也,謂爲注則不屑瑣,謂爲論則不屑詭。左氏九原且未首肯,故髓析有味乎其精言之。況近日學士厭薄古義,爭覓方言小説,以爲侯鯖雞肋。蓋人人語髓,而《國語》一書不惟不能致精,方且不知摭粗也。兩先生顧沉浸焕發如此,余不但以爲髓析,抑題以大雄醍醐矣。因爲序其所得,以見洙泗素臣之徒,似雪山開士之嗣乎?

《國語裁注》按語

(明)閔齊伋

【輯證】○萬青案:閔齊伋(1575—1657),字寓五,烏程(今湖州)人。版刻有多色套印本。著有《六書通》。其萬曆四十七年(1619)所刊印《國語》,晉語分兩卷,共九卷,有朱墨套印本,又有三色套印本、五色套印本。閔氏按語在《國語裁注》目錄之後。

按:《漢志》及隋、唐《經籍志》或爲二十卷,或爲二十一卷。雖多割裂,於義無取也。春秋獨晉主盟爲久,事文繁多。今定自武公至懷公爲晉上卷,自文公至晉末爲晉下卷,而周及列國每爲一卷。又舊本取語中各章首句錄爲細目,尤爲無謂,今不復贅也。【輯證】○萬青案:"取語中各章首句錄爲細目"之舊本,今所見者僅爲陳仁錫《奇賞齋古文彙編》、二乙堂本《國語》,《國語秋型》《國語抄評》《國語鈔評》《國語評苑》等本細目已經是概括篇章內容,非僅取各章首句而成者。盧之頤校本照錄閔氏本篇文字。

《國語裁注》跋

(明)閔齊伋

　　注《國語》者,漢有鄭衆、賈逵,魏有王肅,吳有虞翻、唐固、韋昭,晉有孔晁,歷世久,多所散佚。其以全書傳者,獨韋昭韋氏解耳。弘嗣因鄭、賈之精確,採虞、唐之博贍,【輯證】○萬青案:此二句本韋昭《國語解敘》"因鄭賈之精實,採虞唐之信善"。輯而成書,患不在寡,若之汰之,【輯證】○萬青案:閔齊伋此處"若"字爲動詞,《說文》:"若,擇菜也。"或者有所未盡與? 夫眩精䚹以了義,當不厭詳;期指點而會心,宜挈其要。竊不自量,輒爲裁注如右。

　　皇明萬曆己未長至日,烏程閔齊伋遇五父識。

《國語》敘

(明)鍾人傑

【輯證】○萬青案:據瞿冕良《中國古籍版刻辭典》(修訂本),鍾人傑爲明末錢塘人,字瑞先。刻印過自編《性理大全會通》七十卷、《續編》四十二卷,自輯《唐宋叢書》一百零三種(經翼七種,別史十四種,子餘二十一種,載籍六十一種)一百六十九卷,唐賈公彥《儀禮注疏》十七卷,宋邢昺《爾雅注疏》十卷,宋薛據《孔子集語》三卷,唐房玄齡等《晉書》一百三十卷,謝陛《季漢書》六十卷《正論》一卷《答問》一卷,《荀子》二十卷,《國語》二十一卷,《戰國策》十二卷,《史記》一百三十卷,自輯《漢書批評》一百卷,王世貞《通鑒箋注》七十二卷,徐渭《徐文氏文集》三十卷,又《四聲猿》一卷,《虞初志》八卷《續志》四卷,《李卓吾合選陶王集》四卷,蜀趙崇祚《花間集》十卷,《草堂詩餘》四卷。(蘇州大學出版社2009年版,頁632)今檢鍾人傑刻《國語》爲天啓六年(1626)刻本。檢其刻本恐亦從張一鯤本出,唯刪削注釋,且時別自爲解。眉端多引陶望齡之說。恐盧之頤本《國語》所引述的陶望齡之說即本鍾人傑本。

文字立而六經出,皆盡精微,井井爾、鼎鼎爾相假易,猶五方之殊位,時時異候也。左氏起綜經之精敷,華弦、洞越,一唱三歎之爲雅音也。惟東漢諸儒以《公》《穀》爲膚近,而沉心切劘於是書,斯深知左氏之精者矣。且文莫尚於漢,而首推者莫如太史遷、賈長沙誼也,一資之以成《史記》,一藉之以做《離騷》。則是書之有禪於博士者何如哉!

余最嗜《左》《國》,徧閱諸本,莫韋氏若,蓋取劉、【輯證】○萬青案:鍾氏云"劉"或係誤指,未聞《國語》研究者中有劉姓者。或以劉向有《新國語》五十四篇而指劉向歟?鄭、賈、虞諸家義而增潤之,其取裁有獨善也。故急梓以行,期與《左傳》爲六經羽翼云。

丙寅秋日,錢塘鍾人傑書。

《國策》《國語》選評序

(明)陳仁錫

【輯證】○萬青案:陳仁錫(1581—1636),字明卿,號芝臺,長洲人,天啓二年(1626)進士,《明史》有傳。著述頗多,邵忠、李瑾編著《吳中名賢傳贊》載有陳氏著作《無夢園集》四十卷、補集四卷、遺集十卷,《繫辭十篇書》十卷,《易經頌》十二卷,《周禮句解》六卷,《大學續衍義》,《考工記句解》一卷,《四書析義》十卷,《四書考》二十八卷《考異》一卷,《六經圖考》三十六卷,《皇明世法錄》九十二卷,《壬午書》二卷,《漕政考》二卷,《籌邊圖説》,《國史日錄》四十卷,《潛確類書》一百二十卷,《古文奇賞正編》二十二卷《續編》三十四卷《三續》三十六卷《四續》五十三卷,《古文彙編》二百三十六卷,《續補文選纂注》十二卷,《性理綜要》二十二卷,《性量標題彙要》二十二卷,《吳中水利全書》二十四卷,可謂豐碩。沈陽《陳仁錫刻書、著作考》(北京師範大學2011屆碩士學位論文)也可以參考。本篇不見載於陳氏文集。陳氏《選評》原書未見,本篇採自《古今圖書集成·經籍典·國語部》。

按:仁錫自序嘗謂:《策》以見智,《語》以載事,故《國策》《國語》之文雖非六經之比,然亦當時智謀之略、事類之故所必稽焉。其該博,其識遠,雖以太史公之雄才,猶必有所藉焉以攄藴,而況後之學者乎?故二書並傳,至於今不廢。但其是非錯雜,縱橫奧衍。《策》雖奇而工,其失也或駁；《語》雖艷而富，其失也近誣。爲先民之所病者多矣。不有所選，則無以會其要；不有所評，則無以審其是。余因史館之暇，悉採諸儒之所評訂者，考而正之，間亦附以鄙見，標出以示學者。庶幾知所趨向，不至於謬戾云。長洲明卿陳仁錫書。

《國語》序

(明)陳仁錫

【輯證】○萬青案：本序刊於二乙堂刊本《國語》書首。今自《"中央圖書館"善本序跋集錄·史部》錄出。

粵古能言之士叢矣，而闡聖緒、明王道，莫長於《左氏》。余三復《傳》文，懌其義體，莊正淑雅，燦然多所發明，深過失誣之指。及讀《國語》，更有進焉。《傳》彰事類指，《語》啜辭露文；《傳》經以察時幾，《語》緯以知國俗；《傳》善稽人謀，《語》垂明天道。曩之攬者，因其條貫不附於經，徒謂左氏餘雅彌連，未罄厥蘊，迺編摩《外傳》，以疏文采，非其質矣。夫《春秋》之作，以賡風詩，非僅如史記之文，取探引故實而已。其在當年，澤教淩微，恥尚失所，聽采之寄無聞焉。有若良雅諸公卿，救佚扶衰，審微慮遠之義，多彬彬質有其文，未可盡闕，別而著之，用考興潰，猶子志也。且經文言變異而不言事應，當世淺聞莫究所本末，是書數顯道，廣類義，福響禍影，如或告之，使天下援顯跡微，以相澄悟，於其經文，亦庶無人懷異端以失其真，斯其於衰世之意、來者之思，可謂慎哉！先儒有言，對古人書，以能益心氣為上，才氣次之，情氣抑次之。夫能益情氣者，縱橫滑稽之文也，其法使人易喜而亦易厭，戰國諸雄近之；其益才氣者，雄渾軼宕之文也，其法使人剛彊疾力而無懈志，子長、孟堅庶幾有焉。至讀是編者，其效使人瑩然而禮義明，燄然而驕矜釋，凝然而思慮遠，倘所謂能益心氣者非耶？煌乎於三墳四經宜等列矣。

　　南京國子監祭酒、前經筵講官、左諭德兼翰林院加俸一級陳仁錫書於白松堂。

讀《國語》

(明)羅明祖

【輯證】〇萬青案:羅明祖(1599?—1643?),字宣明,福建永安人。崇禎四年(1631)進士。有《羅紋山先生全集》十八卷傳世。本篇出自《羅紋山先生全集》卷四。

大凡周秦之文,雖繁簡詳畧不馴,要有一段渾渾生成的。意間或脱悮,政如斷琴、古鏡,以不漆不拭爲老。乃章句之儒必削去以附己,又以是天下,何其迂而汰也!京中苦無《外傳》,趣良賈重價購之,獲此本,索然遂記。【輯證】〇萬青案:既云京中,當是崇禎四年(1631)羅氏進京趕考之時。此時,《國語》張一鯤本等大行。從羅氏"乃章句之儒必削去以附己"的表述來看,其所讀當是《國語》的評點本,穆文熙《國語鈔評》或陳仁錫、鐘惺評本之類。

又云:《國語》一書溫柔渾厚,《周》《魯》最近,《晉》《楚》便有奇杰之氣,《吳》《越》亦成《國策》子書矣。

《春秋外傳國語地名録》序

(明)劉城

【輯證】○萬青案：劉城(1598—1650)，字伯宗，號嶧峒，安徽貴池人。明末諸生，入清不仕。著有《春秋左傳地名録》《春秋左傳人名録》《春秋外傳國語地名録》《春秋外傳國語人名録》《讀書略記》《古今事異同》《嶧桐集》等。

予既詮次《内傳》地名，置之篋中，蓋數歲矣。後此讀《春秋》，輒觀大義，不復比類求之。近偶一巡覽焉，亦自謂粗有考索也。旋以《國語》參定其間，同者什之七，異者什之三。又周、晉采地，多散見卿士姓號中，如召、樊、范、單、趙、樂、羊舌之類。予鈔《内傳》時，皆棄而弗取，今併裒採，補其闕遺，試以合諸前録，庶幾備《春秋》之版籍云爾。雖甚寥寥，爲猶賢乎雞肋也。

崇禎丁丑夏五月戊辰，貴池劉城識。

《春秋外傳國語人名録》序

(明)劉城

【輯證】○萬青案:此文見《春秋外傳國語人名録》卷首。

予録地名,《外傳》別出,故人名亦如之。世稱《國語》亦左氏手,以采摭博富,繹經不盡,乃別用義類,成書而外之,以別乎《内傳》云爾。按《春秋》之義,内中國禮義之人,外亂賊之人,斷斷然也。我觀後世,有一系之人而祖父内、子孫外者矣,有一姓之人而伯叔内、仲季外者矣,有一人之身而少壯内、末路外者矣,有不得已之人而魂魄内、衣冠外者矣。之數人者,律以春秋之法,當何等乎?嗟乎在三代之世,其傳外也。外傳之人,則皆内逮乎今日。其氏族内也,而人則皆外,吾烏乎傳之,悲哉!

二乙堂本《國語》凡例

（明）二乙堂主人

【輯證】○萬青案：二乙堂主人爲夏璋，陳仁錫門生（見安平秋《史記版本述要》，《古籍整理與研究》1987年第一期），二乙堂本《國語》爲崇禎間刻本，此後又經翻刻。該文雖云"凡例"，實亦議論多而類例寡。

文章熾興，正在今日。而細弱之過，每動有識之感。二書體局高妙，能文之士，家置一本，纖靡麗弱，庶一變乎？【輯證】○萬青案：二乙堂《國語》《國策》合刊，故稱"二書"。

太史公熟讀《戰國策》，繞有一部《史記》。柳宗元與昌黎相鴈行，原本《國語》。讀書人須有此訣法，有此成就，不愧二書。

先輩名家，其場屋中得力多在《國策》一書，不可指數。眉山兄弟，其最著者也。

柳子厚作《非〈國語〉》者何？入之深，故欲奪其印綬也。然亦未當。

竟陵評語在於簡端，而陳太史評置之行間。【輯證】○萬青案：竟陵指鐘惺，陳太史即陳仁錫。讀者方知二先生各具手眼。

陳太史舊評刪十之二三，重評增十之二三。

竟陵圈點，或取經濟，或取詞理精確，或以爲奇句，或低徊其人，各有會意，不濫不浮。

陳太史評有隱而不發之語，有旁見側出之語，有嬉笑怒罵之語，而不爲尋行數墨、讀書妙訣。

《國語》一書與麟經相表裏，其爲勸戒，固不必言。《國策》所載，穢褻陋惡，爲道學家所議。此是不善讀書之故。嵇康晚讀《老》《莊》，益增其放。明卿先生曰："其不善讀書如此。"讀《國策》者當知此言。《易》首六經，所係豈盡謙卦六吉之詞？風雅三百，所載豈盡《關雎》純正之篇？七國之事，其弊有繇，其禍不爽，是亦立教首也。

《國策》訛謬，不可輕改。今仍其舊。所謂可解解之，不可解置之。明眼人當作是觀。

宋、衛、中山各爲一卷，具一國之史也。

二乙堂識。

【輯證】○萬青案：周中孚（1768—1831）《鄭堂讀書記》卷三十五云："《國語合評》二十一卷，《國策合評》十二卷，原刊本。明陳仁錫、鍾惺合評（仁錫，字明卿，長洲人。天啓壬戌，賜進士第三，官至國子監祭酒，追諡文蔣。惺字伯敬，竟陵人萬縣，戊戌進士，官至福建提舉僉事）。是編蓋明人取《國語》《國策》二書而合刻之，並取明卿評語置之行間，伯敬評語列于簡端，蓋各據兩家評本采入，而圈點悉依伯敬之舊。所有注釋，《國語》用韋昭注、宋庠《補音》，《國策》用鮑彪注，參以吳師道補正。均略有取刪補，非其原文。蓋明人凡刻古書例皆如是，謂必如是，然後見其有所改定，非徒翻刻舊文也。但兩書正文絶不刪節，尚可以供童蒙之誦習云。前有凡例，題曰二乙堂識。真坊本也。並于《國語》前載宋庠序，《國策》前載劉歆、耿延禧、姚宏、曾鞏、鮑彪、吳師道、陳祖仁七序。"（上海：商務印書館 1937 年輯印《萬有文庫》本，頁 652）檢臺北"國家圖書館"即藏有二乙堂本《國語》一部，陳仁錫、鍾惺合評，書前有陳仁錫序、韋昭序、宋庠敘録，標注爲明末刊本。又二乙堂爲明末清初書坊，除了《國語》外，還刻印過《五經纂注》等書。

《國語公穀合編》序

(明)沈明掄

【輯證】○萬青案：據乾隆間《長洲縣志》，沈明掄，字伯敘，少爲諸生，精於《春秋》內外傳。崇禎癸酉(1633)中北闈乙榜，曾講於錢謙益家。著有《春秋辨旨》《松窗暇錄》《鼓缶集》等。

蓋聞丘明至賢，親受孔子，作《左傳》曰《內傳》，《國語》曰《外傳》，高也淑也，本於子夏。齊、魯分學，爰傳《公》《穀》。按其始作，《左氏》獨先。《公羊》盛于武帝，《穀梁》盛于宣帝，《左氏》則興于建武永平。揆其得立學官，《左氏》最後。自東漢名儒，多歸《左氏》。及杜元凱研精訓詁，古今真謬之學，一旦冰釋，《國語》亦從而大行。或曰："《春秋》以魯爲內，以諸國爲外。"然《魯語》篇次亞于《晉》，十倍于《鄭》《越》。或曰："《周禮》內史掌王之八枋，掌敘事策命，外史掌書外令，掌四方之志，掌三皇五帝之書。斯亦左史姑業也。"然孔子使子夏等求百二十國寶書，太史公亦據《國語》《世本》《國策》撰《史記》，而國止于八，則語亦僅矣。且存晉、楚、吳、越，十五國之餘風也。列周于七國，降《黍離》、序《豳》詩之本旨也。巫之者稱其富艷，非之者病其淫衺，抉瑕摘釁，掩其弘美，誠可憤歎。《公羊》五世相傳，至孝景時，公羊壽與胡母子都著于竹帛，與董仲舒皆見圖識。其後嬴公眭、嚴彭祖、顏安樂等，各號專家，

《國語公穀合編》序

獨何邵公精學十五年，作《墨守》以拒敵。然新周故宋王魯，元年五始，益師三辭，則亦何氏之《公羊》也。至如《説題辭》《援神契》《考異郵》諸文，裂錦碎璧，聲味不聯，入其注中，令人猶見刪餘之書，不可謂非其功矣。《穀梁》始于庚園，大于石渠，其一傳爲孫卿，孫卿傳申公，申公傳江翁，後魯人榮廣善《穀梁》，與《公羊》師睢孟辨論大義，睢孟數至窮屈。孝宣好之，繇是千秋之道起，劉向之義立矣。魏晉以來，習之者有尹更始、唐固、糜信、孔演、江熙等近十家，而范武子則表章家學，博示異同，芟其膚淺，援證六籍，又別爲略例百餘條，斯博雅之誌林歟？其尤善者，杜征西以獲麟而作《春秋》，范氏以作《春秋》然後麟至。脩母致子之義，比于南首。端門之命、解紩之誕，蓋不辨而知其矯誣也。掄自丱歲受讀，竊嘗著論，獨尊《内傳》，以爲《國語》備其事詞，《公》《穀》詳其義例。夫鄒氏、夾氏口説無文，師既不傳，道亦尋廢。如羲《易》之有田，何漫瀌相類。若夫《外傳》之幽章咸紀，鴻纖並載，而獨巫且非之，不列經菀，指爲閭家，心竊憫焉。徐子質可，性夷肇悦，勇于是古。閉户抄撮，不減虞卿。其于《春秋》，亦既書滿家、言滿堂矣。兹合編一書，丹黄煒煒，屢削乃成。余材鈍下，十駕不及。潛玩久之，而知與余向者之言大旨符契也。蓋其意義有三：一在翼經。《春秋》不言事應，而具存事應，哲者怵之，愚者懵焉。《語》獨采録前往，下逮麟餘，前自穆王、厲、宣，後記智伯、魯悼，誌喪敗之所繇，章天表之不忒，固與二《傳》並陳不悖；一在翼《傳》。短《公》《穀》則美《左氏》，攻《左氏》則尊《公》《穀》，相非相勝也。乃詳于《傳》者略于《語》，備于《語》者簡于《傳》，相副以成大業，故《語》變編年爲傳記，質可復變傳記爲編年，總攝條貫。三書之和協于莖韶，而《內傳》亦安然孤踞其上而莫與爭矣；一在翼《公》《穀》。夫三長五短之說，大官賣餅之譏，傳經者往往而有，且方言佻辭，時涵斷例。而《語》則有七律六間、億醜九賅、麚麌蚔蝝、夷羊鷔鷔之屬，莫不淵源《典》《墳》，博綜《爾雅》。今散處兩《傳》之間，真如禁臠之間，以珧蛀鼓聲之佐夫笙鏞，疇不食指動而八風和哉！是書也成，豈獨何宵之功臣，亦賈、鄭、韋、宋之流亞也。學《春秋》者，從是而學焉，庶幾入室內繇戶云爾。

　　同社盟弟沈明掄伯敘題于禾之點易亭。

《春秋國語公穀合編》雜輯

(明)徐肇森

【輯證】○萬青案:徐肇森(?—1646),字質可,秀水人。崇禎三年(1630)鄉試副榜,爲復社成員,黃道周弟子。著有《焚餘草》一卷,編纂有《春秋國語公穀合編》。

柳宗元與昌黎雁行,原本《國語》,乃作《非國語》二篇。

國有語,紀一國之事,一國之中,以一人一事爲始終,變編年爲傳記之萌也。

《國語》列周,蓋以列國待周也。三《頌》列魯,蓋以天子待魯也。

宣王中興之主,《國語》載四事,譏者三焉,曰不藉千畝,曰立戲,曰料民。若曰宣王之世已如此,此周衰所以不可爲也。《春秋》始隱公,《語》自隱而上探本之言其感深。

厲王悦榮夷公,榮夷公好利,諸侯不享,故芮良夫有"貪人敗類"之詩。【輯證】○萬青案:"貪人敗類",語出《詩·大雅·桑柔》,《桑柔》作者即芮良夫。

爵、姓具者四十九國,【輯證】○萬青案:今檢李鼎祚《周易集解》"四十九"作"四十六"。有姓無爵者一十八國,爵、姓皆亡者三十三國。武王得天下十二世,至平王東遷,平王至敬王十三世,不數洩父、悼王。平王末年,當魯隱元年,故周八百六十七年,四百年在春秋前,二百四十二年在春秋中,二百二十五年在春秋後。

孔子在庶,德無所施,功無所就,志在《春秋》,行在《孝經》。又曰:丘以匹夫,徒步以制正法,以《春秋》屬商,以《孝經》屬參。【輯證】○萬青案:語出緯書《孝經鉤命訣》。三皇三正,伏羲建寅,神農建丑,黄帝建子。至禹建寅,宗伏羲;商建丑,宗神農;周建子,宗黄帝,所謂正朔三而改也。【輯證】○萬青案:語出《禮稽命徵》。

質法天,文法地,【輯證】○萬青案:二句當出《禮三正記》,《白虎通》引之。周文法地而爲天正、殷質法天而爲地正者,正朔文質不相須,各自爲義也。【輯證】○萬青案:語當出邢昺《論語注疏》。

孔子曰:伏羲作八卦,丘合而演其文,瀆而出其神作《春秋》以改亂制。【輯證】○萬青案:語出《春秋緯説題辭》。

魯哀公時,政彌亂,絕不日食,政亂之類當致日食之變而不應者譴之何益告之不悟,故哀公之篇絕無日食之異。【輯證】○萬青案:語出《春秋感精符》。

鳳,火之精也;麟,木之精也。蒼之滅也,麟不榮也。【輯證】○萬青案:語出《春秋演孔圖》。

元者端也,氣泉王不上奉天文以立號則道術無原故先陳春後言王天不深正其元則不能成其化,故先起元,然後陳春。【輯證】○萬青案:語出《春秋元命包》。

公羊高,齊人,受經于子夏。高子平,平子地,地子敢,敢子壽,相傳至漢景帝時,傳胡毋生等。《六藝論》云:治《公羊》者,胡毋生、董仲舒。仲舒弟子嬴公,嬴公弟子眭孟,眭孟弟子嚴彭祖及顔安樂,安樂弟子陰豐、劉向、王彦,其道盛于漢武帝。

　　穀梁淑,字元始,魯人,一名赤,受經于子夏,傳孫卿、申公、江翁,其後魯人榮廣善《穀梁》,又傳蔡千秋。漢宣帝好《穀梁》,擢千秋爲郎,其道大行。

　　《晉書》:范甯字武子,父名汪,長子泰,中子雍,小子凱,從弟邵,又有故吏江陳直屬並攻其業。

　　《孔叢子》云:孔子讀書至《小雅》,廢卷而歎,感《詩》,修《春秋》也。

　　天子不風,諸侯不雅,故云:"列《黍離》於國風,齊王德于邦君。"【輯證】○萬青案:語出范寧《穀梁傳注疏序》。杜預亦云:後仲尼删定,故不同也。

　　劉向好《穀梁》,劉歆善《左氏》,故曰父子異同。

　　賈誼、劉歆、服虔、鄭衆皆説《左氏》之美,不論二傳之得。

　　劉歆欲專立左氏,移書太常,陳元上疏論二傳之短,亦被譴罵。

　　左丘明身爲國史,躬覽載籍,屬辭比事,有可依據。楊子以爲品藻,范氏以爲富艷。

　　左史所書,《春秋》是也;右史所書,《尚書》是也。

　　孔子至聖,卻觀無窮,知秦無道,將必燔書,故《春秋》之説,口授子貢,度秦至漢,乃著竹帛,故《説題辭》云:傳我書者,公羊高也。孔子本獲麟之後,端門之命,乃作《春秋》,公取十二,則天之數。

　　賈逵作《長義》四十一條,鄭衆亦作《長義》十九條十七事,尚論《公羊》之短,《左氏》之長。何休、邵公專以《公羊》爲己業,先作《墨守》以距敵《長義》,以强義爲《廢疾》,

以難《穀梁》，造《膏肓》以短《左氏》，蓋在注《傳》之前，猶康成先作《六藝論》訖，然後注《書》也。

閔因云：孔子受端門之命，制《春秋》之義，使子夏等十四人求周史記，得百二十國寶書，【輯證】○萬青案："二十"上原脫"百"字，根據徐彥《春秋公羊注疏》引閔因序補。九月經立《感精符》《考異郵》《說題辭》，具有其文，不啻據魯國之史也。周爲天子，百二十國諸侯史記亦得名爲國史。故《春秋說》又云：據周史立新經。朱考亭【輯證】○萬青案：朱考亭即朱熹。朱熹本婺源人，後徙居建陽考亭，故以考亭爲朱熹別稱。亦云：百二十國寶書，《三禮》《春秋》不傳，不得深探聖人筆削之意。【輯證】○萬青案：今檢《困學紀聞》卷六云："《公羊疏》：按閔因敘云：'昔孔子制《春秋》之義，使子夏等十四人求周史記，得百二十國書。'"又云："劉原父謂何休以不修春秋百二十國書、《三禮》、《春秋》，朱文公謂'二書不傳，不得深探聖人筆削之意'。"本段前後數句與《困學紀聞》近似。

《三統曆》云：春爲陽中，萬物以生；秋爲陰中，萬物以成。故曰春秋。《春秋說》云：自獲麟之後，春作秋成，故名《春秋》，非也。《春秋》特史記舊名耳。

《公羊》以魯隱公爲受命之王，斥周爲二王後，託王于魯，故得稱元年。

《春秋說》云：孔子欲作《春秋》，卜之，得陽豫之卦。宋氏曰：夏，殷之卦名也。絕筆于春，不傳下三時者，起木絶火，王制作道，備當授漢也。

《孝經援神契》云：春秋三世以九九八十一爲限。隱元年盡僖十八年爲一世，自僖十九年盡襄十二年爲一世，自襄十三年盡哀十四年又爲一世，所以不悉八十一年者，見人命參差、不可一齊之義。何氏則以昭、定、哀爲所見之世，文、宣、成、襄爲所聞之世，隱、桓、莊、閔、僖爲所傳聞之世。

仲舒推説高廟陵災異，吕步舒以爲大愚，蓋不知師書也。公孫弘以春秋義繩臣下，張湯請博士弟子治《尚書》《春秋》，補廷尉史，是以《春秋》爲司空城旦書也。

杜預屈《經》以申《傳》，何休引《緯》以汨《經》，惟范寧之學最善。

劉炫謂《國語》非丘明作，葉少藴又謂左氏作丘明，王介甫疑左氏爲六國時人者十一事，朱文公謂左氏乃左史倚相之後，司馬氏謂左氏欲傳《春秋》先作《國語》。《國語》之文，不及《傳》之經也。

三統合于一元，故《春秋》書春王正月者九十三，王二月者二十一，王三月一十九。故漢宣詔云：《春秋》于春月書王，重三正，謹三微也。

建用寅，謂之歲；用子，謂之年。太史歲、年以敘事是也。又周用夏正，如正歲讀法，三歲大計，群吏用寅建也。如司稼視年上下之類，用子建也。

漢末有郎中郗萌，集圖、緯、讖、雜占爲五十篇，至宋均始合而集之，得三十卷，總名曰《春秋災異》而言緯者，始主春秋。

邵康節學于李挺之，先視以陸淳《春秋》，欲以表儀《五經》，既可語《五經》大旨，則授《易》終焉。此學自《春秋》始。朱子謂《春秋》乃學者最後事，此學至《春秋》而終也。

余以髫年受經于家君子，扃扉城隅，每好引據古義，家藏縹帙，繙閱殆遍。得一語有關《春秋》者，輒書之牘，浸以成帙。兹偶集一二，以當引序，不敢侈陳僻奧也。

檇李徐肇森賫可識。

《春秋內外傳》序

（明）茅元儀

【輯證】○萬青案：茅元儀（1594—1640），字止生，號石民，又號東海波臣、夢閣主人、半石址山公，歸安人，茅坤之孫。輯有《武備志》《九學十部目》，著有《督師紀略》《復遼砭語》《石民四十集》《石民未出集》《暇老齋雜記》《野航史話》《石民賞心集》《諭水集》《江村集》《橫塘集》等。

《春秋》《左傳》各爲書，合而一之者，杜元凱也。謂丘明既爲《春秋內傳》，又稽其餘文，纂別説八國事爲《外傳國語》者，劉子玄也。近世李本寧採《左》《國》之異同八十篇，爲《左氏內外傳同異》，【輯證】○萬青案：即李維楨《左氏內傳同異》，李氏序文見前。而程中寶氏遂合三書而爲《春秋內外傳》。【輯證】○萬青案：三書者，《春秋》《國語》《左傳》。自古文流轉，一變再變，至今日始成，蓋難乎其言之也。余于是而嘆作史者之難也。史闕文，聖人猶見之，丘明之謂也，今亡矣夫！丘明親受業於聖人，宜依經作傳，詳著發明，而時有經與傳異，非敢異于聖人也，異其所疑也。既編年而爲《左傳》，兵戎、盟好、婚姻、喪死、辭命、神鬼，詳哉其言矣，而又次其別聞爲《國語》，蓋非欲自異也，異其所疑也。故三書唯各行則不見其刺謬，唯著其同異，而後可以見古人之用心。乃程氏顧合之耶？程氏之言曰：不然。不異，則無以傳古之疑；不合，則無以破今之疑。析懷者貴虛，貴虛故分著，而使人自糅；綜核者貴實，貴實故並列，而使人易考。《內傳》之事先《經》，《外傳》之事先《內》，《內》《外》之終俱後于獲麟，故又以子長之編年而論序其蒙焉，皆所以合異同而待綜核也。吾以是而知程氏之意矣，蓋不在經而在史也。漢儒始以《春秋》爲經，故左氏敘事，不立學官，《公》《穀》釋經則有專門，惟以其爲經，則重在是非、予奪，故略事而考意，而穿鑿附會之說生。夫《春秋》穿鑿附會而後明，則苟無三《傳》，《春秋》爲隱語矣。于是有脫簡之疑，有爛朝報之誚，而聖人作《春秋》之意乃晦。夫六經，半史也，而《春秋》爲甚。昔夫子刪唐虞以來之事，著之爲《書》，又採其風殊俗異書不盡載者，著之爲《詩》，而遂核近世之事，因魯史之舊文，著之爲《春秋》。《春秋》者，乃夫子之所續史也，故於《書》不立衡斷，于《詩》不廢鄭、衛，于《春秋》不著發明，皆因其事而存之，因其事而勸懲見焉，諷戒因焉，是非寄焉，予奪著焉，豈必規規而言之，始所以垂範萬世哉？天何言哉？四時行焉，百物生焉，此之謂也。後世重聖人之教，推之爲經，而以後人之紀載者別之爲史。自經史分，而必欲求聖人之意于言語文字之中，故于《書》則有今古文之疑，於《詩》則有存淫風之疑，于《春秋》則有穿鑿附會之說，而聖人無言之意盡晦矣。今程氏以經領傳，猶昔人之故智，而以年領經，以特標史體新世之目於是後之學者，因史而思聖人著史之意，因菁史而知後人尊經之故，其于夫子之意思過半矣。

賦《左傳》《國語》用前韻

〔日本〕林道春

【輯證】○萬青案：道春，即林信勝(1583—1657)，字子信，又名林羅山、林忠，號道春、三郎等。是日本儒學史上很重要的學者。據載，林氏一生勤奮好學，整理中國古代典籍多種。根據倉石武四郎(1897—1975)講述《日本中國學之發展》所記，林羅山校勘過《群書治要》《十三經》，訓點《四書》《五經》《五經大全》《春秋胡氏傳》《周易傳義》《蔡氏書傳》《周禮》《儀禮》《公羊傳》《穀梁傳》《爾雅》《國語》《陶淵明集》等，主持了《二禮諺解》《論語摘語》《五經要語抄》《四書集注抄》《大學要旨》《大學要略抄》《性理字義抄》《孫子諺解》《三略諺解》等國譯抄錄本，並爲《古文真寶》《老子》等作注。本篇出自林氏文集。

元是《春秋》外内編，看來筆力壓群賢。直書雖在董狐後，實錄既居司馬前。

《國語》《戰國策》跋

〔日本〕林道春

【輯證】〇萬青案:本篇出林氏文集。

《國語》《戰國策》加倭點者,本朝自古未有之。今初口誦,使侍側者加訓點也。【輯證】〇萬青案:《國語》的訓點是由林羅山口授,其門人完成的。道春點本所用的底本是劉懷恕本,除了加有日文的訓點之外,其他和劉懷恕刻本完全一致。

《左國欣賞集》序

(清)魏裔介

【輯證】○萬青案:魏裔介(1616—1686),字石生,號貞庵,又號昆林,直隸柏鄉(今河北省柏鄉縣)人。崇禎十五年(1642)年舉人,順治三年(1646)考取進士,爲庶吉士,清初著名理學家,著有《理性大全》,還編有《聖學知統錄》《知統翼錄》《致知格物解》《兼濟堂文集》等。本篇出《兼濟堂文集》卷一。

五經之在世,譬諸日月五星也,不可以文字目之。然聖人不直謂之曰道而亦謂之文,故曰"文王旣殁,文不在兹乎"。然則五經而外,固難以言文矣。左氏之文猶得六經之意者也。彼蓋與聖人同時,故傳中多所稱述而其博物閎覽不在游夏後也。其間典制軌則聲名文物,及盟會始末、詞命往來,大者固見文、武、成、康之舊,小者尚有仁、義、禮、樂之風,誠非《老》《莊》《關》《列》《管》《商》《孫》洸漾權詐之書所可比擬。《國語》乃各國之史,丘明取而採輯之,其精者皆已入傳,或全用其詞,或但取其事而潤色,以己筆合類校觀,其詳略、繁簡燦然可覩矣。事與文不在春秋二百四十年者,則亦紀載靡遺。此在善讀者詳玩而得之間嘗取而詳訂焉,約以百篇。竊以爲六經之外,簡古藻麗,可爲文之程式儀型者,莫《左》《國》若也。豈得襲昌黎之剩語,視爲浮誇而不錄哉!

《山曉閣左國選》序

(清)孫琮

【輯證】〇萬青案：孫琮(1636—？)，字執升，一字質聲，號寒巢，寓居浙江嘉善，有藏書處名山曉閣，聚書數千卷，善評點，有《山曉閣明文選》《山曉閣明文選續集》《山曉閣選古文全集》《山曉閣唐宋八大家文選》傳世，又著有《山曉閣詩》十二卷、《山曉閣詞》一卷，早期詞作與胡殿陳等人詞作合編爲《蘭皋詩餘近選》以行。本篇選自錢肅潤(1619—1699)輯評《文澂初編》卷三。

六籍中，《易》《詩》《書》皆經聖人之手。而繼《易》《詩》《書》而作者，《春秋》也。是故有《春秋》而聖人之志明，文字之極定。蓋文章本乎教化，形乎治亂。教化發乎性情，治亂由乎理義，非徒以文而已也。藝成而下文學，抑於四科。而《春秋》既成，游夏不能措一辭。夫子曰："吾猶及史之闕文。"【輯證】〇萬青案：引孔子説出《論語·衛靈公》。又曰："董狐，古之良史也。"【輯證】〇萬青案：此處引孔子之言出《左傳·宣公二年》。乃知因魯史而有《春秋》，聖人所謂"述而不作"者。《左氏》《公》《穀》，皆以述爲作，得聖人之意者也。《春秋》之文，夫子所修，而《三傳》頗有異同，或三子各以意增損者，有之矣。漢承秦火以後，所編本經，但從《三傳》中取出而名之耳。朱子曰："孔子作《春秋》，當時亦須與門人講説。所以《左氏》《公》《穀》得個源流，只是漸漸爲僞舛。"【輯證】〇萬青案：引朱子説出《朱子語類》卷八十三。劉子駿亦曰:"丘明好惡與聖人同。"【輯證】○萬青案:引劉歆說出《漢書·劉歆傳》。親見聖人,而公、穀在七十子後,傳聞之與親見詳略不同也。是故《左氏》固非二《傳》比也。公羊高、穀梁赤皆爲子夏門人,而其後乃有魯學、齊學之別。漢興,崇經術,業《左氏》者有賈護、劉歆、鄭衆之屬,故得立學宮。自胡毋生、董仲舒之徒出而《公羊》興,申公蔡千秋之學盛而《穀梁》起。紛紛異論,各承師授。嗜《公》《穀》者,指《左氏》之疵;喜《左氏》者,譏兩家之駁,故攻其短。《左》之失誣,《公》之失亂,《穀》之失鑿,而考其實,則事莫備於《左氏》,例莫明於《公羊》,義莫精於《穀梁》。此三家之長,豈可泯哉?左氏明識高文,雅思未盡,故復成《國語》,雖不主於經,號爲外傳,所以包羅天地、探測禍福、發幽微,實與經藝表裏。夫求聖人之道者,在求聖人之心;求聖人之心者,在明聖人之法。今合三《傳》而讀之,微詞奧義,昭如日月,凡所以尊君父、討亂賊、闢邪說、正人心,聖人持世之大權大法無不畢顯。迨夫編年變而經義散,傳經意者,家家以爲商、偃;執史筆者,人人以爲遷、固。魏晉以降,無論東觀大集羣儒而著述無主,條章靡立,弘綱正典,暗而不宣,如唐、蕭、劉、韓、柳諸家所論,可爲浩歎矣。顧名臣大將,好觀《左氏傳》,貫逵且月讀一過。而漢唐以來,文章鉅公往往多所師法焉。至如柳柳州文學《國語》,又著《非國語》六十餘章,文人反攻,豈可盡信耶?東京何休墨守《公羊》,而又著《左氏膏肓》《穀梁廢疾》諸書,指釋甚詳,更多新義。倘後世史家有董狐、南史其人者,執簡以往;有朱紫陽其人者,綱依《經》、目依《左》,是非既明,經義自著,又何俟復加鍼砭,且流爲非議哉!

跋《國語》

（清）何焯

【輯證】○萬青案：何焯（1661—1722），字屺瞻，號義門，晚號茶仙，長洲（今江蘇蘇州）人。富藏書，精校勘考訂，著有《義門讀書記》《義門先生集》。本篇出《義門先生集》卷九。

虞山錢宗伯舊藏宋仁宗天聖七年所開《國語》，明道二年復經刊正者，最爲古本。【輯證】○萬青案：見下《士禮居藏書題跋記》所錄錢士興題識。《絳雲樓書目·春秋類》下收"宋刻外傳國語"，陳景雲注云："二十一卷，吳侍中韋昭注。宋庠著《國語補音》三卷，呂伯恭有《國語類編》二卷。"（錢謙益著、陳景雲注：《絳雲樓書目》，上海；商務印書館1935年《叢書集成初編》，頁9）陳氏此注宋庠以下部分應該是補充成分，和天聖明道本《國語》無關。矜慎不肯借傳，即同好亦罕得見。【輯證】○萬青案：徐珂（1869—1928）《清稗類鈔·鑒賞類》云："牧齋惜書成癖，牙籤縹軸，分別部居，珍如拱璧，世間孤本，輒秘不示人。《絳雲樓書目》所載宋、元善本，皆中乘，絕佳之品則並書目亦不存。曹秋嶽在京時，與牧齋交，時相過從，翻檢牧齋架上，得奇書，便借鈔。秋嶽請假南歸，欲假其所藏之路振《九國志》、劉恕《十國紀年》，牧齋諾。及秋嶽居蘇州，時牧齋亦南旋，談次，及前約，牧齋遽曰：'我安得有此書，曩言妄耳。'不敢詰。及絳雲樓災，談次，牧齋忽嘆曰：'我昔有惜書癖，畏有人借而輾轉失之。子前欲借《九國志》《十國紀年》，我誠有之，今已成廣陵散矣。使鈔本尚在，可轉鈔也。'"康熙甲子，余交其從孫孝修,【輯證】○萬青案:錢興祖,字孝修,號幔亭,錢謙貞(1593—1646)族孫。藏書於在茲閣。康熙甲子爲公元1684年。嘗爲道之。後見其族孫遵王所撰《敏求記》,亦甚貴其書。【輯證】○萬青案:見下文《士禮居藏書題跋記》所引錢曾題記。己丑夏,吴興書賈忽以傳本來鬻,余驚喜,以重值購焉。【輯證】○萬青案:是年爲公元1709年。此傳本未知是錢鈔的過録本還是毛鈔的過録本。此書與今世所行南宋本增損多不同,【輯證】○萬青案:何焯所謂南宋本者,當即南宋紹興刊本。其可從是正者居十之六七,亦閒有當據别本者。【輯證】○萬青案:"别本"這一術語,宋人校勘就已經在使用了,但是《國語》勘校用"别本"術語,當自何焯始。並且這裏的"别本"應該是明道本以外《國語》各本的泛稱,實即泛指公序本。顧廣圻爲黄丕烈作《校刊明道本韋氏解國語札記》也每每以"别本"籠統稱謂公序本。昔宋公序假其宗人緘所藏《國語》,取官私凡十五六本互校,乃作《補音》。此出於天聖,正與公序同時。不知其云得真本者,即公序所見與否?亦特其一耳。【輯證】○萬青案:真本,即明道二年刻本《國語》,見下文錢士興題記。宋庠生於公元996年,卒於公元1066年。天聖七年爲公元1029年,明道二年爲公元1033年。又:"景祐四年十月十七日,翰林學士李淑言:'切見近日發解進士多取别書、小說、古人文集,或移合經注以爲題目,競務新奥,朝廷從學取士,本欲興崇風教,返使後進習尚異端,非所謂化成之義也。況孝較進士,但觀詞藝優劣,不必嫌避正書,其經典子書之内有《國語》《荀子》《文中子》,儒學所崇,與六經通貫,先朝以來,嘗於此出題,祇是國序未有印本,欲望取上件三書,差官校勘、刻板,撰定音義,付國子監施行。'詔可。"(清徐松:《宋會要輯稿》,上海:大東書局1935年影印本,第55册,崇儒四之八)景祐四年爲公元1037年,事在明道本《國語》之後。從上書到真正派定專人進行校訂恐怕還有一定時間,而刊成則已在治平元年(1064)了。何焯謂明道本或許是宋庠所參衆本之一,確實有這種可能性。若盡執此廢彼,則又失之。要在求其是而已。【輯證】〇耿文光曰:黄氏《札記》頗涉《補音》并重刊公序本,亦綜其得失之凡,而知之最深,非執此而廢彼也。〇萬青案:何焯持論平允。韋弘嗣所稱丹陽唐君者,名固,見《吴志·闞澤傳》後,著《國語》《公羊》《穀梁傳》注,講授嘗數十人,孫氏黄武中卒。公序記前世名儒傳學姓氏,獨不及固,因附詳之。長洲何焯書。

  是年冬,余從雍熙寺西泠攤得南監宋槧舊本《補音》,則有"吴尚書僕射唐固字子正注《春秋外傳國語》二十一卷"一行列敘於虞、韋之間。向者葢誤於麻沙新本爾。【輯證】〇萬青案:何焯所謂麻沙新本不知何本,或即謂嘉靖十五年閩中葉邦榮刊本。以斯知寡見不可以輕題識也。焯又書。

跋《國語》

（清）劉青藜

【輯證】〇萬青案：劉青藜（1664—1709），字太乙，號臥廬，許州襄城（今河南平頂山市襄城縣）人。四十二歲中進士，爲翰林院庶吉士。著有《高陽山人文集》十二卷，《高陽山人詩集》二十卷，《金石續録》四卷等。本篇出劉氏《高陽山人文集》卷十。

《國語》二十一卷，明新安吴勉學刊本也。前有宋元憲宋庠《國語補音敘録》，而篇中顧無音釋。【輯證】〇萬青案：這一點，倒和許宗魯本相同。許宗魯本也冠《國語補音敘録》於書首，而書内並不引録《補音》。當然，關於這種編排方式，許宗魯是有説明的。然雕刻工緻，印摹亦佳，遠出近刻之上。是書及《國策》皆談子君佐所藏。余年十五時，于其家見之，乃以醫書易之。【輯證】〇萬青案：吴勉學刻本《國語》爲白文本，是明後期《國語》刻本之佳者。

《國語選》序

(清)徐銘硯

【輯證】○萬青案：今見雍正戊申受祉堂刻本《國語選》，首爲徐銘硯序、次爲《國語選》名録、次爲吴景熹序、次爲《國語選》正文。儲欣(1631—1706)，字同人，宜興人。室名在陸草堂。康熙二十九年中舉，應試禮部不第，遂以著述教授終老。著有《在陸草堂集》《春秋指掌》，選録《唐宋十大家全集録》《國語選》《左傳選》《公穀選》《史記選》等。徐銘硯、吴景熹爲儲欣門人，二人都參與了儲欣《國語選》《左傳選》《公穀選》的校訂工作。徐銘硯曾任建寧知府。《長汀縣志·職官》載徐銘硯爲新城拔貢，乾隆三十二年任長汀知縣(長汀縣印刷廠印刷，本卷頁37)。

《内傳》不可刪，《外傳》不可不刪。蓋自"左邱失明，厥有《國語》"，是書最爲晚成，其一生之全力俱注於《左氏春秋》一書，而此特以餘力游衍者也。又自矜淹博，故其言哤；好語災祥，故其言鑿。以致韓昌黎目爲浮誇，柳河東摘其疵謬，不虚也。所貴好學深思之士精於決擇，作初學津梁。譬如玉焉，攻其片瑕，則全瑜見矣；譬如醴焉，漉其糟粕，則精華出矣。此在陸先生之於《國語》，是以有去有取，而寧約毋濫也。若夫去取之意，先生嘗自言之。其言曰：《國語》文字有全用《内傳》者，可置；有繁冗駁雜不及《内傳》者，可删；有勝於《内傳》者，可録。以《外傳》輔《内傳》，此讀《國語》法也。其《内傳》缺而特見於此者，則又際乎其文。嗚呼，觀先生所自言已盡之矣，予不贅。戊申長至後三日，門下後學徐銘硯謹識。

《國語選》序

（清）吳景熹

【輯證】〇萬青案：該篇見載於靜遠堂光緒九年（1883）重刊《國語選》書首。儲欣《國語選》，始由受祉堂刻於雍正戊申（1728），此後乾隆乙丑（1745）、乾隆丙戌（1766）、乾隆甲辰（1784）等又重刊。又咸豐壬戌（1862）新刊本。又靜遠堂嘉慶癸酉（1813）重刊本、光緒九年（1883）重刊本等。又有蔚文堂藏版用受祉堂原本，中山圖書館尚有二南堂刊八卷本一部一册、同治元年（1862）四卷本一部二册。吳氏書序，雍正、乾隆、咸豐年間爲行書，靜遠堂本改爲楷書。

《國語》一書，始西周之末，迄戰國之初。實穆王以後數百年之史也。麟經爲經，《左傳》爲傳，皆不可爲史。即曰編年紀月，已開百代之史法矣。而詳內而略外，先魯而後列國。此特一國之史，二非天下之史。獨《國語》首冠以周，尊王也。史家先本紀，祖此。次魯、次齊、次晉、次鄭，重中國諸侯也。史家繼以世家，祖此。厥後，乃及楚、及吳、及越，外夷也。史家終以列傳，祖此。故《國語》雖稱外傳，而實穆王以後數百年之史也。學者讀史，不可以不窺其全，無以識其變。學者讀史，亦不可不纂其要，不纂其要，無以得其精。况《國語》，班固《藝文志》止云二十一篇，其後鄭衆、賈逵、王肅、虞翻、唐固、韋昭、孔晁、宋庠之徒爲之解詁、音釋，其多至二十卷，更二十一卷，更二十二卷，各有不同,何歟?即《藝文志》二十一篇中分而析之歟?抑或憑其胸臆有所竄入以僞而亂真歟?則是今所傳《國語》可信者半,可疑者亦半也。必讀者半,不必讀者半也。弘覽之士雖專務博綜而揣摩之家要歸於簡練,夫亦各從所好也。云爾學者,誠欲由博而反約,或守約而後博,則在陸先生所選具在,未必非纂要取精之一助也。試伏而誦之,不特《國語》之精華畢萃於是,而即穆王以後數百年間所謂觀法之原、得失之林亦可略見一斑矣。必全豹乎哉?予家與先生誼系世好,故先生所選古今文讀本並珍之什襲而《國語》尤重而習之,不輕以示人者。今謹出之,以公諸世。

雍正戊申臘月望前一日,門下後學吳景熹謹識。

跋韋昭《國語解》

(清)汪由敦

【輯證】○萬青案:汪由敦(1692—1758),初名汪良金,字師茗,號謹堂,又號松泉居士,安徽休寧人。雍正二年(1724)進士,改庶吉士。著有《松泉集》,本篇出《松泉集》卷十五。

年來覓韋昭《國語解》於京師書肆,迄不可得。今年秋,衍聖公廣棨入覲,餉以家刻《國語》。發而讀之,韋氏之名沒矣,而注則全襲成。適有知武舉之命,乃攜之棘闈,以公餘爲之句讀。其譌字及篇段之不當屬而屬者,舛誤不少,惜不得善本是正,率以意改之,浹日而卒業,喜天之假以日而愜所願也。書諸末簡以志幸。

【輯證】○萬青案:孔廣棨(1713—1743),字京立,號石門。孔傳鐸之孫,孔繼濩之子,孔昭焕之父。雍正九年(1731)襲封衍聖公。可見孔廣棨送給汪由敦的家刻本《國語》絕非後來孔繼涵於乾隆丙戌(1766)年刊刻而成的,而是孔傳鐸兄弟三人校刻成的《國語》。前者,筆者撰《〈書目答問〉史部"國語類"補證:以現行三種匯補著作爲主》(《圖書資訊學刊》2014年第2期),祇是根據版本推斷孔氏最早刊刻《國語》當在康熙年間,還沒有看到汪由敦的這篇題跋。現在可以由汪由敦的題跋和孔廣棨的卒年進一步得到證明。尤其孔氏康熙間刻本確實如汪由敦所說,沒有韋昭的名字,而乾隆丙戌刊本則增"韋昭注"字樣。

《古文眉詮》鈔例

(清)浦起龍

【輯證】○萬青案:《古文眉詮》,七十九卷,清人浦起龍輯,程鍾等人彙參,有清乾隆九年(1744)三吴書院本。書前有《古文眉詮鈔例》一卷,論所鈔各書體例要旨。

國語鈔第四

馬、班二史亟稱《國語》,皆定撰人爲左丘明,後人或疑其非是,是與非是可且勿論,而號其書又曰"外傳"者,吴侍中亭陵侯韋昭敘云也。宋《崇文總目》稱韋氏參引鄭衆、賈逵、虞翻、唐固諸注,爲之解,多所發正,世與《内傳》分行。夫文不循經,語可翼傳,而是鈔乃以綴《公》《穀》後者,劉都尉歆《六藝略》載《春秋》三十三家,第其先後如此。柳州嘗作《非國語》,仍曰"參之《國語》,以博其趣",斯善用《國語》者也。鈔内篇次一依原本分國,其齊、鄭、吴並通一卷爲一篇,越分上、下篇,四國文間有節句,實全錄之,直曰"齊語"、"鄭語"、"吴語"、"越上下語",更不別置題目,與他國循事分條者不同耳。

《春秋左國公穀分國紀事本末》序

(清)汪廷璵

【輯證】○萬青案:汪廷璵,初名璿。字衡玉,號持齋,江蘇太倉人,乾隆六年(1741)進士,曾任河南、湖南等地鄉試主考以及福建、江西等地學政,後任少詹事、內閣學士兼禮部侍郎、工部左侍郎等。著有《賜書堂全集》。《春秋左國公穀分國紀事本末》,榕城李東峰編輯,松風堂藏版,乾隆十四年(1749)刊本,書分二十四卷,每卷前先目錄,次正文。汪序即刊於該書書首。

史紀既作,嗣有《類函》《玉海》諸書,雖體例漸變,門目漸繁,而嗜古篤學之士每資之。昔人編摩四庫,列入乙部,良以分類考核,有功史學,不可少也。曩余校讐經籍,竊見傳注六經之家,至國朝不下數千種。其中解趣小異,義迄大同。譬諸繪天者,量盈縮於龍角鳥咮;賦海者,驗南北于陰火陽冰。據著以識微,即近而覘遠,章之志今古同揆矣。

三山東峰先生,以麟經舉於鄉,起家名魁出宰劇邑循卓之聲,載于青濟。迨解組歸,日手《春秋三傳》,鼇班按部,沿波討源,或原始於隱、桓以上,或博致諸漢、魏之編,閱五載而書成,名之曰《春秋左國公穀紀事本末》。予既受而讀之,見其纂輯經傳,犁如炳如,章分而指備,事晰而義該,初終殫洽,巨細不遺。昔草廬吳氏曰:"載事則《左氏》詳於《公》《穀》,解經則《公》《穀》精於《左氏》。漢儒專門守殘護闕,不合不公,誰復貫穿異同而有所去取?"【輯證】○

萬青案：吳澄（1249—1333），字幼清，晚字伯清，撫州崇仁人。舉進士不第，構草廬講學著述，也稱草廬先生。修《英宗實錄》，著有《吳文正集》百卷。汪氏引句出吳澄《四經敘錄》。由吳草廬之說，則三《傳》之宜合不宜分，若導是書之先路耶？夫紀事本末，史例也。茲書援史例以釋經，不但繼踪史筆，進乎羽翼聖經，他日石渠天祿徵訪名書，固應編摩甲庫，後先傳注，諸儒之席，又非《類函》《玉海》諸書之分部採摭列門彙纂爲足，津梁史學已也。東峰先生之孫李生宗寶爲予癸酉典試八閩榜下士。繼予視學閩中，宗寶爲屬績學好古，能守其家經學，因弁數語歸之，生且以質世之讀是書者。時乾隆二十一年丙子初夏，賜進士及第、中憲大夫、日講起居注官、翰林院侍講學士、提督福建學政加一級，歙溪汪廷璵拜撰。

《春秋左國公穀分國紀事本末》序

(清)李國華

【輯證】〇萬青案:該序爲本書序文第二篇,在汪序之後。

《春秋》之本末由來舊矣。稽有明洪武十二年上,以《春秋》本諸魯史,而列國之事錯見間出,欲究其始終,難於考索,乃命東宮文學傅薄等纂錄,分列國而彙集之,附以《左氏傳》,俾事之始終,秩然有序,於以翼《春秋》筆削之所自尚已。間嘗覽其書,經事明矣,而傳多缺焉。此所謂尊經而棄傳也。又嘗覽坊刻各種事文,固合而爲一,然大概有經有傳者載之,有經無傳者刪之,或則從而附會牽合之,此所謂因傳而廢經也。二者俱未盡善。我朝聖右文,於五經子史靡不纂修鑒正,付之學宮,訓迪區宇。竊思《春秋》由夫子筆削,褒譏、予奪、是非、進退,一秉乎天命、天討之公,雖游夏不能贊一辭。而後儒以己意窺之,鮮有當也。故愚欲取去聖未遠于經有所發明者,先之以《内傳》,案編年而傳其事者也;次《外傳》,分列國而詳其驗者也;次《公》《穀》,數別解而闡其義者也。他如《管子》《晏子》《晉乘》《檮杌》《檀弓》《家語》《吳越春秋》《呂覽》《史記》《淮南》《説苑》《韓詩》諸書,又可博採旁搜,以資舊聞者也。要之,事同而文異,此略而彼詳,事可互參,理歸融貫。俾讀者詠歎淫佚,觸緒旁通,庶可以窺聖人之奥,極事類之賾,窮天地之幽,探陰陽之變,舉二百四十年之天時、人事,怳如目睹,而否泰、廢興、吉凶、悔吝之故,燎如指掌,然後知夫子所以維持世教,筆之削之,為天下萬世慮者,深且遠也,不誠洋洋乎大觀也哉!余幼習《春秋》,壯而獲雋,間嘗沉酣《左》《國》,每苦事跡錯落,翻閱維艱,計欲敘其本末,幾經寒暑,未得要領。嗣因解組退閒,扃戶課督,因取夙所究心,細加檢閱,歷五星霜,而後本末備舉。取聖經原文,合四《傳》文,分為列國,始於周紀,尊王也;《傳》首乎魯,親親也;下迄鄭、衛、晉、齊,尚功也;繼之楚、吳,内外也;諸如子男附庸,概為立傳,封建也。而終之於越,傷周室之微,而悼天下之無霸也。其間有經無傳者,又以諸書補之,但《春秋》為魯史舊文,魯事滋多,而典制攸關,災祥所係,難以缺略,又別為祀典氏族,以及興作災異以詳之,總以明經為主,而于經文不敢妄加增損焉。集成,因標其目曰《春秋分國紀事本末》。計余年七十老矣,幸得纂就是編,以資課督。早暮咿唔之下,聖經昭焉,左氏燎焉,《管》《晏》《弓》《語》以概諸子,參互而考訂焉。經史條貫,炳如煌如,俾得以鑒其得失、規其成敗,而審乎人心風俗之原、禮樂政刑之本、日月薄蝕之故、律歷卜筮之蘊,斯誠足以資化理而佐治平,豈僅供嗜學好古者之摘華擷藻已哉!客冬坊反,知余成是書,固請于余曰:"書非家絃而戶誦者,不足以行遠而垂久,是書雖布帛粟菽而全經之奧,合諸各傳而條貫詳晰,罔有遺漏,俾稽古之士咀其英而採其實,其有裨于來學者,靡淺鮮也。亟宜公之於世!"余勉從其言,因付之剞劂,後之服斯文者,將有鑒於斯言歟?是為序。

　　乾隆十有五年,歲次庚午仲春禊日,古閩榕城後學東峰李國華謹識。

《春秋分國紀事本末》例言

【輯證】〇萬青案：例言在李國華序文之後。

《春秋》一書原係魯史編年，夫子筆削之，左氏傳以紀之，但事既紛繁，本末錯見，故從前經傳各編，殊難稽覽，今照綱目紀事例，彙集條貫，綜其終始，系傳于《經》，一以尊《經》，一以補《通鑑》《紀事》從前之缺。

一、《左傳》有先《經》起義、後《經》終事者，錯出諸《傳》，甚至間數十年一見，本末迥然。今悉彙爲一，俱系《經》後，其先後則各係年月，其分章則另隔之，入目了然。如晉殺申生，《經》在僖五年，《傳》錯見于莊廿八年、閔元年、僖三四年，先後互見，今悉係于五年《經》後，餘倣此。

一、《左傳》分國各家彙集成編者，人各一手，但因有經無傳，末由收覽，掛漏者多，難免毀經之病。今悉照《經》文採集《外傳》《公》《穀》以補《內傳》之缺，庶不負昔賢翼經之意，而《春秋》之全經存焉，亦所以明慎重之意也。

一、無經有傳者，其本末宜彙爲一，故前後錯見者合之，如周鄭交惡，《傳》在隱三年，其六年鄭伯如周、八年虢公忌父實爲交惡一事，今悉爲序次合之。如曲沃滅翼之傳，亦依此例。集中錯見者悉倣此。

一、《紀年》《春秋》以周正冠于篇首，明有王也。其本末必當以周爲始而尊之爲紀,列國各分爲傳,蓋宣聖訂定二百四十餘年之事,義本尊王,炳若日星,其事實必另採出,以全周之本紀,其《外傳》穆、恭諸王附入焉。餘列國,悉照其事而備存之。

一、經爲綱,傳爲目,若以傳爲主,□遺經,勢必存傳而棄經。茲于有經無傳者,取《國語》《公》《穀》以補之,使本末燎然。四《傳》而外,有可以補事之缺略、闡經之大義者,附之經傳之後。至無傳可補者,仍存經文,照年月分類而列于目、總于經文,無敢刪棄,使讀者知全經存焉。

一、《春秋》百二十國,分之,自魯爲始,以迄鄭、衛、晉、齊諸大國,至若附庸小國,悉列諸大國之後而紀之,本末備矣詳矣。中如魯三家、晉六卿外,又有臧孫、東門、叔肸,另爲列出,而敍其興廢之由,而我夫子之世系治績,亦分傳焉。此又做《史記》之例也。然大凡家國之興,必以忠敬篤勤,爲保世滋大之本,而驕恣淫虐,卒滅亡焉。此有關于世教者靡淺。上自公卿大夫,下及氓庶,率宜兢兢致意焉,讀者審之。

一、四《傳》而外,如《管子》《晏子》《晉乘》《檮杌》《檀弓》《家語》《吳越春秋》《呂覽》《淮南》《史記》《韓詩》《說苑》等書,有事義相關者,廣爲採入以佐《傳》也,以明《經》也。

一、杜、林注極爲明晰,緣此合集,群書卷帙既繁,故注取其尤簡要者,只疏明本義爲宗,閑文不載。

一、列傳始于魯,終于吳、越,中外之分也;而越傳又以范蠡終焉,進退之審也。讀是編者,以尊周爲心,可以言仁;以陶朱爲法,可以言知。仁、知備,而《春秋》之家法舉在斯矣。

《四書左國輯要》序

（清）周龍官

【輯證】○萬青案:《四書左國輯要》,清周龍官輯,乾隆三十九年(1774)寶樹堂刻本。周龍官,字翼皇,號蓼圃,淮安山陽大河衛人,雍正元年進士,乾隆間任翰林檢討,乾隆元年出任廣東鄉試主考官,致仕後被聘往廣東任書院山長,年八十三卒。著有《四書左國輯要》,纂有《德安縣志》等。本篇即刊於《四書左國輯要》書首。

予年十一,受學於吾鄉顧持菴先生,【輯證】○萬青案:《淮安河下志》卷十有顧持庵之名,謂爲黃宗羲弟子。授以《漢》《史》諸篇,《左傳》爲纂,《四書》中人,凡十篇。先生旋赴任内邱,未竣其選而殁,時以爲摭拾故實而已,未知其文之妙也。少長他師,令讀全傳,並雜選唐宋名文,而此十篇者,寘以高閣,迄今五十餘年,不復記憶矣。竊思孔子志在《春秋》,而論説著於《魯論》,一時君卿大夫行事特彰於《左傳》,是《左傳》以傳《春秋》,即以傳《四書》,而《國語》又傳《傳》者也。微《左氏》,則《春秋》之褒誅無由詳考其實,而見之《四書》者,千百世亦無由想見其爲人,則《四書》之論説者隱而《春秋》亦幾隱矣。故《左氏》之所繫者,不徒以其文也。世之讀《左氏》者,窮年諷誦,鮮得其貫通,錯舉一人,且有稱此而遺彼者,而鈍者又苦其帙之繁,咋舌而不敢展視。雖以《四書》所熟習之人,詢其事跡,有茫然莫識其端委者矣,是止知《左傳》之翼經,而不知其與《四書》相爲發明者也。歲戊寅,【輯證】○萬青案:乾隆戊寅,爲公元1758年。與越華諸子相晨夕,見所讀多坊刻《左》選,問以《四書》中人,罕能道其詳焉。因憶昔者,吾師之訓爲要,而深中學人之病也。於是繙閱全傳,析其人而條紀之,生卒顛末,鳌米然具在,覺左氏凡寫一人,雖散出,數十年之内錯見列國之中,而性情、心術、聲音、笑貌始終如一,其前後起應脈絡貫注,如一筆書而密意相承,隱躍於行墨之表,其所以啓史、班之秘鑰者,豈其微哉?因覆按之《四書》,覽聖人所言,或該生平以爲斷,或取一節以著長,或外其行事以闡微,或錯其他端以垂訓,或特言而予奪見,或並形而優絀分。誦讀之下,其人如生,而後知《春秋》之外有《魯論》,猶《左傳》之外有《國語》,所以昭示來兹者,爲無遺也。爰廣幼所續增,得十九人,益以《國語》三篇,共三十有二篇,未知於吾師之意云何惜乎?其後無從質正矣。學者肄業及之,不獨行文之道,得而知人論世之學,可由此會焉。每輯一篇,付之梓,以省繕書之勞,非敢以問世也。幸諸子服習之下,引伸觸類,以得乎微言大義之所在,每似予之愛博荒落老而追悔少時心戚戚有餘恫也。梓成爲識其意以弁於首。時乾隆戊寅孟冬,山陽周龍官翼皇氏書。

《四書左國輯要》序

夏皋率耕氏

【輯證】○萬青案:本篇在周龍官序文之後。

國家以經義取士,首重《四書》,海內之士靡不究心其中矣。顧《四書》理無不該,其言皆信而有徵,非博通經史,不足以發其蘊奧。而經史浩繁鈍者,不能遍觀盡識,于是有備考、翼考、人物考諸書,以便夫不學之事,非無小補,然皆錯引傳記,無所折衷其事,或首尾之不全,其文或割裂而難讀,是其為書,僅可供一時抄胥之用,未能使好學之士熟讀深思,而得其故也。山陽周蓼圃先生平居最善誘人,深憫夫不學者之空疏而無據也,又憫乎抄胥者之勦說而無根也,以為孔子志在《春秋》而以微辭、奧旨親授邱明,不讀邱明之書,無由知《春秋》之義;不知《春秋》之義,無由見聖人之志。其志不見,其道不明,而欲以通四子書也難矣。乃取《左傳》《國語》二書,擇其有關于《四書》者,纂而輯之,顏曰《四書左國輯要》,付之剞劂。嘉大夫領之其中,天地之性、萬物之情、禍福之門、古今之變,內而身心,外而家國,大而兵刑禮樂,小而動作威儀所為,因其流而溯其源,見其微而知其著,罔不畢具。其事則本末之不遺,其文則條貫而可誦,且又博採舊聞,參以己見,一評一注，期無悖聖人之旨，使學者于此熟讀深思而得其故，六經諸史俱從，可會其統宗，夫何患于《四書》之難窮也哉！試以視備考諸書相去何如也。東鄉夏皋率耕氏撰。

《春秋外傳國語解刪補》序

〔日本〕渡邊操

【輯證】萬青按：渡邊操(1687—1775)，字友節，號蒙庵。有《老子愚讀》二卷、《國語解刪補》二卷、《莊子口義愚解》二卷、《左傳講述》、《蒙庵先生詩集》等著作傳世。根據其序文，知其從太宰純學《國語》，而其《國語解刪補》也是其弟子幫助完成的。

夫世之可憎者，但在老之將至與世氛薄人而已。余少壯之時，從春臺先生讀《國語》，而後稍得解文義。既而錄其舊聞，欲傳之子侄，綿綿世氛不已，年亦老矣，無如之何。今茲庚辰春，奮然將錄舊聞，且附一二愚致。稿稍成矣，以欲精寫焉，老廢而力不足，拙筆不盡意。已乎！已乎！祗堪自歎。近日門人沼津伯寓偶來，謂曰："中道而廢，惜也！我代子而成其緒。"乃命之書焉。顧尚多遺失，雖不足觀，書其大抵，以貽兒輩耳。若乃欲講學者，非枕藉左氏《國語》而能讀之，則安得鼓吹五經之遺意邪？有志古學者，不須勉焉善讀乎？夫內、外二《傳》之文古雅奇藻，讀之容易邪？若夫《內傳》，乃孔氏之疏，以廣覽博物，而考證明暢矣。操觚者誰不介之？有乎《外傳》，無孔疏，則古文之鈎棘也如之何？喻諸崖嶺險峻已。副墨之子，洛誦之孫，失路范然，馮何得饗道乎？初學憾焉。操雖剪劣，嘗與有聞先師之餘論，而得窺其門牆也。今韋氏解所引《詩》《書》，考其所出,並錄一二管見,欲以便初學者也。今視坊間所傳本率略,文字多誤,本注亦有可疑。又宋庠音注註誤甚多,恐讀者惑焉,今併書舊聞之與愚按以傳之,名曰《國語解刪補》。庶幾乎小補初學習讀爾。其闕詳考有剌戾者,後之君子宜補且正焉。

寶曆庚辰春二月初澣,遠州濱松處士渡邊操友節七十四自撰。

《國語解刪補》凡例

〔日本〕渡邊操

【輯證】萬青按:《春秋外傳國語解刪補》全書依次爲《春秋外傳國語解刪補序》《國語解刪補·國語解敘》《國語解刪補·國語補音敘錄》《國語解刪補凡例》《華本國語卷首》《春秋外傳國語解刪補》卷上、《春秋外傳國語解刪補》卷下。《國語解刪補凡例》未能置於渡邊操自序之後,反置於《國語解敘》《國語補音敘錄》之後,亦殊不倫。

一、各條加圈,欲使知某文在某條,總便覽者爾。

一、條字下書云云,文之不相接,條下而隔者。然其文之相接者,條字下直書下,而不用云云字已。

一、原注引《左傳》《周禮》等者,《内傳》則曰見某公某年,《周禮》則曰見某官之職掌,其餘亦然。且《刪補》有引他書鄭注、杜注、孔疏等,亦欲便讀原文然。

一、原注有可疑及《補音》謬誤者,師說則稱春臺先生,且以別於愚按。其餘錄區區管見,以俟時哲云。

一、視華本卷首識七八行文曰。按諸本題卷次序各異云云。今見□□本方刻本脫漏之,故《刪補》卷首記之,以供覽耳。

一、序文言官爵姓名略足徵矣。今不煩引本傳以出之,其餘如賈誼、司馬遷、劉向之等,爵里姓名顯於世者,初學亦所知也。故《刪補》弗更引傳文以言之也。

一、錢唐盧之頤字子由,刻本文字正矣。今多據之。《刪補》曰"盧本"者皆是也。

一、《補音》,宋庠所作也。庠,宋仁宗天聖年時人,而位至丞相。宋庠字公序。《舊音》不著撰人名氏,蓋唐朝人也。庠因《舊音》而廣之,然今視其書疏漏甚多。《刪補》於各條,僭竊刪訂焉。惟恐不免濫筆之咎而已。

御製讀《齊語》

(清)愛新覺羅·弘曆

【輯證】○萬青案:愛新覺羅·弘曆(1711—1799),清乾隆帝。《御製讀〈齊語〉》在《文淵閣四庫全書·國語》書首。

小白返於齊,鮑叔進夷吾。中鉤懷舊恨,宥用猶是夫。譎辭請諸魯,施伯何妨乎?一如鮑叔料,施伯果進謀。殺而授之屍,炙輠安用諸?使者復致辭,欲生得戮屠。乃使束縛予,將以返歸途。比至齊國境,三浴三釁塗。施伯謀誠高,再請悞見初。胡乃生予之,終爲魯國憂。(叶。)齊使又奚誰,智如鮑叔徒。倉卒爲詭談,生還敬仲俱。戰國尚機變,紀載強半誣。善哉子輿言,盡信不如無。

《國語》沈寶硯跋

(清)沈寶硯

【輯證】〇萬青案:沈岩,字寶硯(又作"寶研"),清常熟人,校古書多種。沈寶硯跋《國語》金李本,今藏北京國家圖書館。該跋書在韋昭《國語解敘》背面。

從小山世丈架上宋刻本校一過,後又得陸敕先、葉石君手校宋本勘定。寶研識。

《國語》校跋

（清）洪榜

【輯證】○萬青案：洪榜（1745—1779），字汝登、一字初堂，安徽歙縣人。乾隆四十一年進士，授中書舍人。江藩《漢學師承記》言其事頗詳。謂洪氏著有《周易古義録》《書經釋典》《詩經古義録》《詩經釋典》《儀禮十七篇書後》《春秋公羊傳例》《論語古義録》《初堂讀書記》《初堂隨筆》《許氏經義》等書。其《初堂遺稿序》稱"與戴東原、孔葒谷先生最相善"。今北京國家圖書館藏孔廣栻校注本《國語》即録有洪榜校跋，於此也可見一斑。

嘉靖戊子吴郡後學金李校刻於澤遠堂，與孔氏此本無異，闕誤甚多。洪榜記。

《國語》孔繼汾識

(清)孔繼汾

【輯證】○萬青案：孔繼汾（1725—1786）爲孔傳鐸（1673—1735）之子，字體儀，號止堂。乾隆丁卯（1747）舉人，官户部主事。孔繼涑（1726—1790）《户部主事孔繼汾墓志銘》載孔繼汾一生行止頗詳，孔繼汾自述生平學行，謂著有《闕里文獻考》《孔氏家儀》《助儀糾謬集》《四書補音》《三禮名物》《歷代編年》《刑考地□》等。刻有《文獻通考序》《爾雅》《文廟樂舞全譜》等。該識語見於孔傳鐸本《國語》書後。

右《國語》二十一卷，吳高陵亭侯韋昭注，先公同吳注《戰國策》重刻。汾偕從弟繼涵補校此版，魚豕字少於《國策》，蓋彼版全未及校，而此則校而未畢者也。喜其易施功，故初校自《國語》始，間有可疑處，苦無善本訂證，久而弗就。《國策》得吳注舊刻，先校完可印。此版雖補削粗完，而疑實尚闕如焉。又有注無音，欲增刻宋庠《補音》，分附於各卷之末，顧未能得其原本。現有明侍御張一鯤所刻者，既多譌字，且有所增損，非復宋氏本書，不足依據。搜刻亦尚須俟諸異日。乃歎天下事，視爲難者匪難，視爲易者大不易也。乾隆丙戌夏四月，闕里孔繼汾識。

《國語》段玉裁跋

(清)段玉裁

【輯證】○萬青案：段玉裁(1735—1815)，字若膺，號懋堂，江蘇金壇人。著有《說文解字注》《六書音韻表》《詩經小學》《經韻樓集》等書。曾校勘《國語》，有校本傳世。此段跋文見錄於《張元濟全集》，今錄出。從撰作時間上來看，段氏此跋早於《重刊明道二年〈國語〉序》。

此《國語》爲孔繼涵浦伯所贈，與嘉靖戊子澤遠堂刊本無異，於時本爲勝，而闕誤尚多。因借東原先生以明道二年刻本合宋公序補音刻本校補者正之。明道二年本，蘇州朱奐文游所藏；嘉靖本，有"嘉靖戊子吳郡後學金李校刻於澤遠堂"十六字，在韋氏敘後。書中多避宋諱字，蓋仿宋刻也。或鑱去十六字，僞爲宋刻。乾隆己丑五月五日，跋於櫻桃斜街寓齋，時將之山右，段玉裁。

《國語》孔繼涵題記(一)

(清)孔繼涵

【輯證】○萬青案:此條題記見於國家圖書館藏王筏跋本孔氏詩禮堂《晉語三》之末,孔氏題記下别有題記三段對孔氏的題記進行補充説明,恐爲王筏所述,亦附於下。

乾隆壬辰夏四月廿一日,謄完於京城太僕寺街宅;乙未十月朔,又校一過。

附:王筏補記

乾隆壬辰爲三十七年,乙未爲四十年,癸巳爲三十八年。是孔氏稿謄校時在東原先生未付宋本之先,則稿校所據非戴本,而乙未委校時,蓋戴本與段(茂)[懋]堂稱東原有明道本在乙丑,爲三十四年,是時所見,較孔見爲早也。

孔繼涵,字體生,一字誧孟,號荭谷,傳鐸子。乾隆庚辰舉人,辛卯進士,户部河南司主事,充日下舊聞纂修官。

孔廣栻,字伯誠,號一齋,繼涵子。乾隆乙亥舉人,著《周官禮聯事》二卷、《藤梧館詩鈔》。

《國語》孔繼涵題記(二)

(清)孔繼涵

【輯證】○萬青案:孔繼涵兩條題記見於國家圖書館藏王錢跋本孔氏詩禮堂《國語》正文校語之中,在校證文字的同時兼記相關信息,且署名。

洪榜案:《經典釋文》"體仁",董遇本作"體信"。此本"易曰"句原作"體信",在"思身能信"句注下,乃兄汾改補作今本者。涵記。【輯證】○萬青案:此見《周語下》"愛身能仁"上。先錄洪榜案語,並爲之説。洪榜(1745—1780),字汝登,安徽歙縣人。著有《周易古義錄》《書經釋典》《詩經古義錄》《詩經釋典》《儀禮十七篇書後》《春秋公羊傳例》《論語古義錄》《初堂讀書記》《初堂隨筆》《許氏經義》等。

《文選注》引:"不脱屨升堂謂之飫。"(從《毛詩·小雅·常棣》疏校,乙未八月十六日燈下,因居記)【輯證】○萬青案:此在《周語下》"夫禮之立成者爲飫"上。"因居"爲孔繼涵於乾隆四十三年(1778)辭官之後購買聚芳園並在其址選地建造的。

《國語補音》孔繼涵題記

（清）孔繼涵

【輯證】〇萬青案：孔繼涵（1739—1783），字休生，一字浦孟，號葒谷。與戴震是親家。著有《勾股粟米法》一卷、《釋數》一卷、《同度記》一卷、《春秋地名考》一卷。校刻《微波榭叢書》《算學十經》等。孔繼涵題記見於北京國家圖書館藏明正德十二年（1517）明德堂本《國語補音》。

乾隆乙未十二月，借陳君樹華本。每頁廿行，行廿字。付兒栻謄一過。

《國語補音》孔廣栻題記

(清)孔廣栻

【輯證】○萬青案:孔廣栻,字伯誠,號一齋,孔繼涵長子,乾隆四十四年(1779)舉人。著有《春秋地名同名録》《春秋人名同名録》各一卷,又有《藤梧館詩鈔》。孔廣彬,爲孔繼洞之子。孔廣彬,字文若,號虛谷,廩貢生,四川龍安府知府,誥授朝議大夫。子二:昭傑、昭然。根據秦國經主編《中國第一歷史檔案館藏清代官員履歷檔案全編》(22),乾隆四十六年(1781)時,孔廣彬三十二歲。則孔廣彬當爲乾隆十五年(1750)生。此題記出北京國家圖書館藏明正德十二年明德堂本《國語補音》。爲孔繼涵跋,孔廣栻校録,陳樹華校正。全書最後抄録李士實序、戴鏞序、錢士興題記、錢曾題記,並有跋語。

陳樹華,字芳林,號冶泉,蘇州元和人。乾隆元年恩蔭貢生,山西鄉寧縣知縣,著有《春秋内外傳考正》五十一卷及《國語補音訂誤》,又有詩集,計三千七百餘首。生平舉動,一一可稽,如白樂天之於《長慶》也。嘗作《遺命篇》曰:"早知窮達有命,恨不十年讀書。吾所著,惟《内外傳考正》《宋氏補音訂誤》可壽"云云。金壇段(茂)[懋]堂先生作《陳芳林墓誌》,極稱《内外傳考正》之精博,謂足補正阮氏《校勘記》之缺失。此書僅有抄本流傳。海昌蔣生沐《東湖叢記》録其自序一首、題識一首。嘉慶十六年,年七十餘卒。有子女各三人,其一適曲阜孔廣彬云。

乾隆癸卯校刻此書，校一過。秋七月六日辛卯晨起大雨，初止點於香南閣。

弘治十五年刊本，冶泉手校。

乾隆乙未二月初旬，青櫺書屋，抄《補音》凡五萬一千有奇字。

壬辰六月，假得滋蘭堂主人所藏元刻《補音》並何小山先生手校本，時適抱病。八月杪病起，互勘一過。

書《國語》後

（清）朱景英

【輯證】○萬青案：朱景英，字幼芝，湖南武陵人。清曾國荃(1824—1890)光緒間修《湖南通志》卷一九二《人物志》云："朱景英，字幼芝，乾隆庚午解元，知寧德縣。前任有點賊誣良拘繫多瘐死者，景英一訊而服。縣東湖濱海，前令議築隄，鳩民金七萬有奇，四載弗成。景英欺曰：'一綫孤隄，能與海争力乎？'力請罷之。擢鹿耳門同知，地爲臺灣門户，同知司海口商舶出入，兼管四縣舊例，凡商舶來自廈門者分配大小爲六等，轉輸廈門。已運者免運一次，前運有賣放不配運者積三十餘萬。景英令，如前帶運積壓一次，嘗以臺地遼闊，南北路兵單汛薄，請派兵防衛。當事韙其言，遷北路理番同知，署汀州邵武府。告歸，圖書外無餘蓄。景英以文學飾吏治，書工漢隸，纂修《沅江府志》，精覈爲時所稱（著述見《藝文舊志》）。"有《海東札記》《畬經堂詩文集》傳世。本篇出朱景英《畬經堂詩文集》卷六。

太史公曰："左邱失明，厥有《國語》。"《漢書·藝文志》有《國語》二十一篇，自注曰："左邱明著。"《隋·經籍志》二十二卷，《唐·藝文志》二十一卷，今篇次與《漢志》同。吳韋昭參引鄭衆、賈逵、虞翻、唐固，合五家爲注。疑之者，自唐趙氏、陸氏，謂《左傳》《國語》文體不倫，叙事多乖，定非一人所爲。然柳子厚師陸氏者，其自序《非〈國語〉》一書則云："左氏《國語》，其文深閎傑異，而其説多誣淫。"則仍以爲左氏所作矣。至若宋石林葉氏曰:"古有左氏、左邱氏,今《春秋傳》作左氏,而《國語》出左邱氏,則不得爲一家。文體亦自不同,其非一家書明甚。"直齋陳氏亦曰:"《國語》與《春秋傳》並行,號爲《外傳》。今考二書雖相出入,而事辭或多異同,文體亦不類,意必非出乎一人之手。"然昭德晁氏曰:"范寧云:《左氏》富而艷。韓愈云:《左氏》浮夸。今觀此書,信乎其富艷且浮夸矣。"非左氏而注。而巽巖李氏論之更詳,其言曰:"左邱明將傳《春秋》,乃先采集列國之史國別爲語,旋獵其英華作《春秋傳》。而先所采之語草稾具存,時人共傳習之,號曰《國語》。殆非邱明本志,故其辭多枝葉。甚者駁雜不類,如出他手。蓋由當時列國之史材有厚薄、學有淺深,故不能醇一耳。先儒或謂《春秋》先成,《國語》繼作,誤矣。"此定論也。若夫朱子又有"《國語》委靡繁絮,真衰世之文,宜乎周之不振"之説,蓋以譏其文也,究何嘗疑其人。

《天禄琳琅書目·國語》

（清）于敏中　等

【輯證】〇萬青案：《天禄琳瑯書目》爲清代官修書目，乾隆四十年（1775）由于敏中（1714—1779）等編成。《國語》在《天禄琳瑯書目》卷七。

1.《國語》二函十二册

吴韋昭解，宋宋庠補音，明張一鯤輯，二十一卷，楚李時成閲，虞部侍郎豫章郭子章、選部郎東粵周光鎬校。一鯤序稱：先是同年李惟中刻《内傳》於督學署中，不佞與郭向奎取《外傳》，各分四國訂之。注仍韋氏，益以宋氏《補音》，條注其下，字劃剞劂，一放《内傳》。庶幾稱左氏完書云云。一鯤等四人，《明史》俱無傳。朱彝尊《明詩集》載：郭子章，字相奎，泰和人，隆慶辛未進士，歷官都御史，巡撫貴州，進兵部尚書。周光鎬，字國雍，潮陽人，隆慶辛未進士，除寧波推官，升南京户部主旨，改吏部郎中，出知順慶府，屢遷僉都御史，撫寧夏，爲大理寺卿。一鯤、時成二人亦未載，考明太學進士題名碑，此四人者皆登隆慶辛未進士。序所稱李惟中者，即時成之字。其刊刻是書，蓋合四同年而互相讎校者也。碑載，張一鯤，四川重慶府合州定遠縣人；李時成，湖廣黄州府蘄水縣人。

2.《國語》一函四册

篇目同前。此書紙墨之色皆遜前部,蓋板同而後印也。

書中有震宫育德弱侯楊爵之印解山,金壇王氏書畫珍藏、二酉藏書、鐵笛道人、東樓書畫印記,香爐式印九印篆法。既不能佳其印色,亦復相等且兼以油污模糊,幾不可辨,係書賈僞造,一時所鈐,不足採録,其餘四印,亦俱無考。

其餘四印爲:玄伯父、武印光熹、半山堂家藏圖書記、訪伸。

3.《國語》一函八册

吳韋昭解,二十一卷,前昭序。

此書專載韋注,橅刻精良,其版在一鯤所刊上。"如定窩中人收"藏印記,未知誰氏。

4.《國語》二函十六册

吳韋昭解,二十一卷,前昭序、宋宋庠補音序並注解諸家名氏諸國世系説。

《諸國世系説》後有許宗魯識語,則此書當爲宗魯所刊。弟書首空載宋庠序文,而其補音並未採録,體例不符,未爲盡善也。凌迪知《萬姓統譜》載:宗魯,字伯誠,長安人,正德丁丑進士,嘉靖初任湖廣提學僉事,剛明峻潔,不爲權勢所屈。博學能詩文,所取皆知名士,擢山東副使,屢遷至僉都御史,尋免歸。

《天禄琳琅書目後編·國語》

(清)彭元瑞 等

【輯證】○萬青案:《後編》爲彭元瑞(1731—1803)所撰。《國語》在《天禄琳瑯書目後編》卷九。

《國語解》二函十二册

吴韋昭注。昭字宏嗣,雲陽人,官至中書僕射,《三國志》作"韋曜。裴松之注謂爲司馬昭諱也。書二十一卷,前有昭自序,後附《國語補音》三卷。唐人舊本,宋宋庠補。庠字公序,安陸人。天聖二年進士第一,官至檢校太尉、平章事,樞密使,封莒國公,諡文憲。宋史有傳。兩書末俱有"地泉徐氏"墨記。

按《國語》注以昭爲最古,而《補音》目録列二十一篇次第,末云"《補音》三卷",夾注"庠自附於末"。是庠本於本書後附《補音》,如《詩》《書》之序也。後人以昭注多傳本,遂鈔出别行,明人又散附各句之下,間多脱誤。得此舊刻,猶存典型矣。

《四庫全書總目·國語提要》

【輯證】○萬青案：此出自《四庫全書總目》，與四庫各本《國語》書前所附提要不盡相同。今據《總目》錄文，並以各本爲校。

臣等謹案：《國語》二十一卷，吳韋昭注。【輯證】○萬青案：文溯本"注"作"註"，下同。昭字弘嗣，雲陽人，官至中書僕射。《三國志》作"韋曜"，裴松之注謂爲司馬昭諱也。《國語》出自何人，説者不一，然終以漢人所説爲近古。所記之事，與《左傳》俱迄智伯之亡，時代亦復相合。中有與《左傳》不符者，猶《新序》《説苑》同出劉向，而時復牴牾。蓋古人著書，【輯證】○萬青案：薈要本、文津閣本"蓋"作"盖"，下同。各據所見之舊文，疑以存疑，【輯證】○萬青案：存，文溯本作"異"。不似後人輕改也。【輯證】○萬青案：薈要本"改"下有"故"字。《漢志》作二十一篇。其諸家所注，《隋志》虞翻、唐固本皆二十一卷，王肅本二十二卷，賈逵本二十卷。互有增減。蓋偶然分併，非有異同。惟昭所注本，《隋志》作二十二卷，《唐志》作二十卷。而此本首尾完具，實二十一卷。諸家所傳南北宋版無不相同。知《隋志》誤"一"字，《唐志》脱"一"字也。前有昭自序，稱兼采鄭衆、賈逵、虞翻、唐固之注。今考所引鄭説、虞説寥寥數條，惟賈、唐二家援據駁正爲多。序又稱"凡所發正三百七事"，今考注文之中昭自立義者,【輯證】○萬青案:薈要本、文津閣本無"《周語》凡"至"'重禄'一條"文字。《周語》凡"服數"一條、"國子"一條、"虢文公"一條、"常棣"一條、"鄭武莊"一條、"仲任"一條、"叔妘"一條、"鄭伯南也"一條、"請隧"一條、"瀆姓"一條、"楚子入陳"一條、"晉成公"一條、"共工"一條、"大錢"一條、"無射"一條,《魯語》"朝聘"一條、"刻桷"一條、"命祀"一條、"郊禘"一條、"祖文宗武"一條、"官寮"一條,《齊語》凡"二十一鄉"一條、"士鄉十五"一條、"良人"一條、"使海于有蔽"一條、"八百乘"一條、"反胙"一條、"大路龍旂"一條,《晉語》凡"伯氏"一條、"不懼不得"一條、"聚居異情"一條、【輯證】○萬青案:異,文溯閣本作"存"。"貞之無報"一條、"轅田"一條、"二十五宗"一條、"少典"一條、"十月"一條、"嬴氏"一條、"觀狀"一條、"三德"一條、"上軍"一條、"蒲城伯"一條、"三軍"一條、"錞于"一條、"呂錡佐上軍"一條、"新軍"一條、"韓無忌"一條、"女樂"一條、"張老"一條,《鄭語》凡"十數"一條、【輯證】○徐仁甫曰:此條,昭並未下己意。"億事"一條、"秦景襄"一條,《楚語》"聲子"一條、"懿戒"一條、"武丁作書"一條、"屏攝"一條,《吳語》"官帥"一條、"錞于"一條、【輯證】○徐仁甫曰:此條已見上《晉語》,如計一事重見者,則請隧既見《周語》,又見《晉語》。"億"既見《鄭語》,又見《楚語》,上軍既見於狐毛將上軍,又見於趙衰伐之,更見於趙衰佐新上軍,不當另增四條歟?"自剄"一條、"王總百執事"一條、"兄弟之國"一條、"來告"一條、"向檐"一條,《越語》"乘車"一條、"宰嚭"一條、"德虐"一條、"解骨"一條、"重禄"一條,不過六十七事。【輯證】○徐仁甫曰:"七"當作"五",當減《鄭語》"十數"一條、《吳語》"錞于"一條。合以所正訛字、衍文、錯簡,亦不足三百七事之數。其傳寫有誤,以"六十"爲"三百"歟?【輯證】○徐仁甫曰:以余所考,除諸臣所考六十五事之外,昭自立義者,尚有《周語上》"端委"一條、"施三"一條,《周語中》"密須由伯姞"一條、"庚積"一條,《周語下》"畎畞"一條、"成王"一條,《魯語上》"大刑用甲兵"一條、"致胙"一條、"烝躋僖公"一條、"取魚"一條,《魯語下》"有羊"一條、"飫采朝日"一條、"少采夕月"一條、"玄紞"一條、"不繹"一條、"飫退"一條、"田賦"一條,《齊語》"九妃"一條、"三革"一條,《晉語一》"不終年"一條,《晉語二》"殺君以爲廉""君廉"二條、"逃于梁"一條,《晉語三》"臭達于外"一條,《晉語四》"同姓爲兄弟"一條、"郤溱"一條,《晉語五》"賈秀之難陽子死之"一條,《晉語六》"韎"一條,《晉語七》"韓獻子老"一條,《晉語九》"魏獻子"一條,《鄭語》"九紀"一條、"應韓不在"一條,《楚語上》"王族"一條,《吳語》"力征一二兄弟之國"一條、"簦笠"一條、"遺民不祥"一條、"審物"一條,《越語》"四年"一條、"賢良"一條,共四十一條。又正譌字者,《周語下》"爽當爲喪"一條、"定當爲貞"一條(一見於"及定王,王室遂卑",再見於"及定王,劉氏亡"),《魯語上》"舜當爲譽"一條、"罝當爲罜"一條,《魯語下》"才當爲事"一條、"事當爲難"一條,《齊語》"才當作橫"一條、"或曰八當爲六"一條,《晉語一》"艾當爲外"一條,《晉語四》"濟當爲擠"一條、"勝當爲稱"一條、"河當爲沔"一條,《晉語八》"成當爲景字誤"一條、"原當作京"一條,《鄭語》"景當爲莊"一條,共十五條。正衍文者,《魯語上》"以其寶來奔或有魯字,非也"一條,《晉語四》"新上軍有新字,誤也"一條,《鄭語》"天啟之心,有心字誤"一條,《吳語》"泝江,或有淮字誤"一條,共四條。加以記異文者,《周語下》"命姓受祀,祀或爲氏"一條,《齊語》"三釁三浴,釁或爲熏"一條、"首戴茅蒲,茅或爲萌"一條,《晉語二》"主孟啗我,孟或爲盍"一條,《晉語六》"楚共王葴或作箴"一條,《晉語八》"子孫饗之,饗或爲賴"一條,《鄭語》

"化爲玄黿,黿或爲蚖"一條,共七條。記音讀者,《魯語下》"苦匏不材于人,材讀若裁",《晉語二》"暇豫之吾吾,吾讀若魚",《晉語九》"浚民,浚讀若醮",《楚語上》"懿戒,懿讀之曰抑",共四條。正錯簡者,《晉語四》"子犯卒,蒲城伯請佐"四十八字,韋昭曰"此章或在'狐毛卒'上,非也,當在下"一條。總共計之凡一百三十七事。由此可知,韋敘所云三百七事者,實百三七事也。後人嫌其少,又疑百三七之詞,未暇細考,妄乙爲三百七耳。〇孫欽善曰:細檢韋解,其援據駁正而自立義者,較此多出三十二事。如《周語》"晉侯端委"一條、"施三"一條、"庚"一條、"畎畝"一條、"大刑用甲兵"一條、"致君胙"一條、"烝將躋僖公"一條、"大采"一條、"玄紞"一條、"宗不具不繹"一條、"飫"一條、"男女之饗不及宗人"一條,《齊語》"九妃六嬪"一條、"革車八百乘"一條、"三革"一條,《晉語》"非禮不經年"一條、"殺君以爲廉"一條、"夷吾逃于梁"一條、"共世子"一條、"同姓爲兄弟"一條、"請隧"一條(重注)、"夫三德者偃之出也"一條、"賈秀之難"一條、"赫韋之跗注"一條、"韓獻子"一條、"應韓不在"一條,《楚語》"王族"一條,《吳語》"遭民之不祥"一條、"審物"一條,《越語》"四年"一條。可見,《提要》所計數字不確,讕文之說亦失去根據。至於援據駁正中不足三百零七事之數,蓋注中非援引而發者,當亦有之。〇李步嘉曰:第一,韋昭《國語解敘》所說"凡所發正三百七事","發正"一詞指韋解對舊注的發明與正誤。在今本所存的韋解"發正"各例中,有些條目是發明的專條,有些條目是正誤的專條,有些條目是發明與正誤兼有。《四庫全書總目》對韋解"發正"注例的劃分與理解有相當不準確的成分,這將妨礙我們對韋昭《國語解》注例乃至於漢魏《國語》舊注注例的深入認識。第二,四庫館臣疑韋解"發正三百七事"爲"六十七事"之誤的根據是很不充分的。這不但是因爲四庫館臣在搜檢文例的過程中存在較大疏漏,而且在計算條目方面也有自相矛盾的地方。與它書所引的《國語》舊注佚文比較,我們認爲韋昭《國語解》"發正"可能存在一種暗發的注例。如果,這一看法能夠成立,那麼,今本《國語解》中韋解明顯"發正"的條目不足"三百七事"的疑點,可以得到合理解釋。第三,韋昭《國語解》是目前惟一流傳下來並保存得較爲完整的舊注。對其注例的研究具有重要的意義。從清朝乾隆年間《四庫全書總目》成書以來,以至當代學者在論及韋解"發明"注例時,都未出清人説窠臼。○萬青案:文津閣本"歟"作"與"。《崇文總目》作"三百十事",又"七"字轉訛也。【輯證】○萬青案:文淵閣本"字"誤作"事"。薈要本無"錢曾"至"又不知何説也"之間文字,文津閣本無"錢曾"以下文字。錢曾《讀書敏求記》謂《周語》"昔我先世后稷"句天聖本"先"下有"王"字,"左右免冑而下"句天聖本"下"下有"拜"字,今本皆脱去。然所引注曰云云,與此本絶不相同。又不知何説也。此本爲衍聖公孔傳鐸所刊,如《魯語》"公父文伯飲酒"一章注中"此堵父詞"四字當在"將使鼈長"句下,【輯證】○萬青案:薈要本"父"誤作"伯"。而誤入"遂出"二字下,小小舛譌亦所不免。【輯證】○萬青案:薈要本、文溯閣本"譌"作"訛"。然較諸坊本,則頗爲精善。自鄭衆《解詁》以下諸書並亡,《國語》注存于今者,【輯證】○萬青案:薈要本"于"作"於"。惟昭爲最古。黄震《日鈔》嘗稱其簡潔,而先儒舊訓亦往往散見其中。如朱子注《論語》"無所取材",毛奇齡詆其訓"材"爲"裁"不見經傳,改從鄭康成"桴材"之説,而不知《鄭語》"計億事,材兆物"句昭注曰:"計,算也。材,裁也。"已有此訓。然則奇齡失之眉睫間矣。此亦見其多資考證也。【輯證】○萬青案:薈要本末云:"乾隆四十二年三月恭校上。"文淵閣本末云:"乾隆四十四年五月恭校上。"文溯閣本末云:"乾隆四十七年四月恭校上。"文津閣本末云:"乾隆四十九年九月恭校上。"下文案語,各本無。

　　案:《國語》二十一篇,《漢志》雖載《春秋》後,然無《春秋外傳》之名也。《漢書·律曆志》始稱"春秋外傳",王充《論衡》云:"《國語》,左氏之外傳也。左氏傳經詞語尚略,故復選錄《國語》之詞以實之。"劉熙《釋名》亦云:"《國語》亦曰外傳,《春秋》以魯爲内,以諸國爲外,外國所傳之事也者。"《國語》上包周穆王,下暨魯悼公,與《春秋》時代首尾皆不相應,其事亦多與《春秋》無關係之《春秋》殊爲不類。至書中明有《魯語》,而劉熙以爲外國所傳,尤爲舛迕。附之於經,於義未允。《史通》"六家",《國語》居一,實古左史之遺。今改隸之"雜史類"焉。【輯證】〇萬青案:案語出單行本《四庫全書總目》,各閣本、薈要本無此。

《四庫全書總目·國語補音提要》

【輯證】○萬青案：此出自《四庫全書總目》。孔昭煥(1742—1782)，孔子七十一代孫，孔繼涵之孫、孔廣榮之子。

唐人舊本，宋宋庠補葺。庠字公序，安陸人，徙居雍邱。天聖二年進士第一，歷官檢校太尉、平章事、樞密使，封莒國公，以司空致仕，諡文憲。事蹟具《宋史》本傳。自漢以來，注《國語》者凡賈逵、王肅、虞翻、唐固、韋昭、孔晁六家，然皆無音。宋時相傳有音一卷，不著名氏。庠以其中"鄧州"字推之，知出唐人，然簡略殊甚，乃采《經典釋文》及《說文》《集韻》等書補成此編。觀《目錄》前列二十一篇之名，詳注諸本標題之異同，後列補音三卷，夾注其下，曰"庠自撰"附於末，知其初本附韋昭注後，後人以昭注世多傳本，遂鈔出別行，明人刊本又散附各句之下，間多脫誤，蓋非其舊。【輯證】○胡玉縉曰：丁氏《藏書志》有明初刊本《國語》二十一卷，《補音》三卷，云："《補音》前有序，目錄後案云：'又題號諸篇，較若劃一，並不著卷字。但曰某語第幾，惟一國有一篇或二篇，則加上中下以別之。'此本悉合。每半葉十行，行二十字，當為明成、弘間所刊，出自宋公序之舊也。"又有明刊大字本，云："每葉二十行，行二十字，殆明正德翻宋刻本。"瞿氏《目錄》亦有正德刊本，云："尚存宋本之舊。"陸氏《儀顧堂題跋》有宋刊元修本云："每頁二十行，每行二十字。宋文憲據其宗人同年繊本，取官私所藏十五六本校正魯魚，附以《補音》，即此本也。公父文伯飲南宮敬叔條，'魯大夫辭而復之'，天聖明道本作'魯夫人辭而復之'，當以此本爲長。《補音提要》云：'惜其前二十一卷全佚，僅存此音。'是未得此本。《提要》所舉公父文伯條注之誤，此本及天聖本皆同，未知孔本出於何本也？"此本猶從宋本録出，其例存唐人《舊音》於前，《舊音》所遺及但用直音而闕反切者，隨字增入，皆以"補注"二字別之。其釋正文者，大書其字，夾注其音；其釋韋昭注者，亦大書其字，而冠以"注"字爲別。較陸德明《經典釋文》以朱墨分別經注，輾轉傳寫，遂至混合爲一者，頗便省覽。自記稱舊本參差不一，最後得其同年宋緘本大體爲詳，因取公私書十五六本，與參互考正，以定是編。其辨證最爲詳核，惜其前二十一卷全佚，僅存此音也。又庠此音實全收唐人舊本而附益其説，故謂之補。諸家著録，惟署庠名，殊爲失考。今仍標唐人於前以存其實焉。

讀《國語》

〔日本〕千葉玄之

【輯證】○萬青案:千葉玄之(1727—1792),字子玄,號芸閣,江戶人。仕古河藩,官世子侍讀。寬政四年十一月七日卒,年六十六。千葉玄之是江户中後期儒者,有《韋注國語》《重刻莊子南華真經》《標箋孔子家語》《官職通解》《文草小成》《唐詩選講釋》《詩學小成》《芸閣先生文集》等。其所校刻《韋注國語》,標注爲"原本兵部左侍郎石星校閱、重刻東都芸閣千葉先生再校",日本平安景古堂藏板。其書依次爲讀《國語》、重刻《國語解敘》、重刻《國語補音敘録》、重刻《國語》、重刻《國語》附注、重刻《國語》跋。其書主要内容大體爲:校勘篇章題目、補充評點内容、校證文字譌奪、補正音釋、探討語義。

孔子因《史記》而修《春秋》,詞嚴義正,爲萬世法。一降而爲左氏《國語》。而《國語》之文,《漢書·藝文志》、司馬《〈史〉索隱》、《文獻通考》及其他諸書所載,皆曰左丘明撰。又曰非左丘明作者往往有之,不知孰是孰非。數千載之後,誰其明徵乎?惟其文體,《春秋傳》富而詳,《國語》約而簡。富約雖異,考其文理脈絡似同也。然余不暇論其撰者,惟自王侯士大夫,下至庶人,專論爲脩身之規戒而已。實是經國理家之準確乎?純乎條章詳備,世世相傳,施之無窮,不亦宜哉?此書版刻年久,磨滅訛闕,故參考華本及我邦諸儒所校正之數本,次第改易,至十數過。又上方横畫絲欄,分爲二局訂校。舊評脫誤,標明中局。又參酌華人及我邦諸老成評論,拓充上局,以廣見聞,不敢臆斷。【輯證】○萬青案:千葉玄之引述評點材料頗多。包括:穆文熙曰137次(又,穆子曰13次),孫應鰲曰45次,鍾伯敬曰187次(又,鍾氏曰10次),柳宗元曰58次,孫氏曰9次,王世貞曰、劉懷恕曰各5次,孫曰4次,木君恕曰3次,蔣之翹曰、徐勿齋曰、玉山秋山子羽曰各2次,陳明卿、王子充曰、歸震川曰、王元美曰、黄二馮曰、張侗初曰、張西銘曰、錢鶴灘曰、吳匏菴曰、唐順之曰、楊用修曰、茅坤曰、程子曰、唐荆川曰、楊維斗曰、季衷一曰、孫月峰左傳批評曰、石星曰、蓬萊君恕曰、徐凡一曰、玉山秋山翁曰各1條。可謂豐富。令讀者通其意以便披閱。於是付梓人,新其版,以流于世矣。余寡學乏才,恐有類前本之失乎?若其或遺漏,以俟鉅儒之博考。冀王侯士大夫繙閱熟玩,有所矜式。則有裨於民彝世教,瞭然如指諸掌,不亦善哉!

天明六年丙午春正月,芸閣千葉玄之。

重刻《國語》跋

〔日本〕監野光迪

【輯證】○萬青案:此在千葉玄之《韋注國語》書後,有篆章二,其一爲"監野光迪",其一爲"字曰啓夼"。從跋文可知,監野光迪是千葉玄之門人。

芸閣千葉先生,知無奈世澆灕何,亭然獨立,毓德衡門,不以學問爲長,不以高名自居。韜光潛實,物無之窺。而近世輕浮學生,蔑視先匠,局量淺識,遞相駁刺,復何益矣?先生聞之,乃曰:"年少徒樹頰頷,客氣驕橫。年過五十,漸應有悔然。說貴人則不視其巍巍,然勸戒仁政,應機諷諫,其勘辨如是。居恒謂人曰:吾才拙學劣,故莫以我爲師,當以爲學友。"其謙讓如是。縣罄之室,無儋石儲,然妻子好合如鼓瑟琴。雖器奴隸,實寬恕使之。其雅潤如是。今茲先生參考讎校《國語》數本,刊正文之缺失。且鉅儒宿學之評論,有相發明互見者,悉采摘之,標於上方。三易其稿,一新其刻,宛猶琢磨拱璧,增輝光明,何其勤也!庶乎熟讀此書,自然神與意會,而知修身、齊家、治國、平天下之道。審其準程,則久而彌新,用而不竭,實永世不易之至寶也。光迪從遊先生之日久矣,以故得與知不朽一大事,不亦說乎?因述鄙言於卷末,稱歎其盛舉亦復如是。

天明六年丙午春正月日,日光防火使隊長監野光迪謹撰。

《國語鈔》序

（清）高塘

【輯證】〇萬青案：高塘，字梅亭，乾隆時期直隸順德府南和縣人。《沁源縣志·名宦傳》云："高塘，字梅亭，直隸順德府南和縣人。乾隆庚辰科舉人。三十二年委署沁邑。公兩次蒞沁，內寬外和，肇興學校，風俗爲之稍變。"（孔兆熊、郭藍田修，陰國垣纂：《沁源縣志》，臺北：成文出版社 1976 年影印民國二十二年刊本，頁261）有《歸餘鈔》《嘉懿集初鈔》《嘉懿集續鈔》《前漢書鈔》《左傳鈔》《後漢書鈔》《國語鈔》《國策鈔》《臨汾縣志》等。《國語鈔》二卷，乾隆五十三年（1788）訂，廣郡永邑培元堂楊藏板，實爲《高梅亭讀書叢鈔》中之一種。

《國語》一書，乃春秋以前迄戰國之初、列國數百年之史也。司馬遷曰："左邱失明，厥有《國語》。"班孟堅《藝文志》載左邱明著《國語》二十一篇，故前人以左氏《春秋》爲內傳、《國語》爲外傳。然時代先後不同，而篇章長短各異，似非出一人之手。且傳吳、越事特詳備，而宋、衛、秦之記闕如，是以後人疑之。蓋當時列國固多良史，如史嚚、史過、董狐、猗相、南史輩，類皆能備掌故、作訓辭，以爲一國之實録，猶晉之乘、楚之檮杌，固不獨左氏之傳《春秋》也。故曰此列國之史也。周、魯典贍肅穆，其先王之遺澤乎！晉、楚寬博雄邁，其霸國之餘風乎！夫差以侈心致敗，故《吳語》多悲壯；句踐以陰謀取勝，故《越語》多沉鷙；齊霸諸侯,備載《管子》;政令規模,鄭謀遷國。該括列姓,興廢源流。其閎深詳核,《左氏》所有者可互相發明,無者可補所未備,實足以翼《傳》而行。而數百年觀法之原、得失之林,亦於是在矣。嗣是一變,而爲戰國縱橫詭譎,而渾厚謹嚴之風遂不可復見。噫!此世道升降之會,亦文章正變之分也夫?

乾隆五十三年六月上浣,和陽高塘。

《國語略説》自序

〔日本〕關脩齡

【輯證】關脩齡(1727—1801),字君長,號松窓,初從井上蘭臺學,爲徂徠學派的重要學者。有《國學釋奠儀注》《國語略説》《戰國策高注補正》《巡海錄》《經典釋文校訂》《儀禮堂志考》《先聖孔子畫像服章考》,並校《經典釋文》、《蘭臺先生遺稿》、方苞《周官集注》、方苞《周官析疑》、《考工記析疑》、《周官辨》等書。本篇與上新井熙序文皆出自其《國語略説》書首。

太史公曰:"左丘失明,厥有《國語》。"底莫異論也。而世之論者,或不信是言,自信己所見,以爲不然。我則不能從於人之不信,惟持太史之説。然有慊於心,乃千慮窮愚,恍若有見,非將異之也,説不免焉。蓋左丘明欲成一家言,博采異聞,以備載於周穆以來列國行事,終蘭其文之典雅,與經比類,以爲《傳》矣。若夫事同文異,或冗複糅雜,則仍存於《國語》,不復刪潤修飾者,爲《傳》之餘也夫?鄙意所以爲異由是爾。先儒注《國語》數家,而韋君薙芟殆盡,其學瞭然,獨專美於古今。雖有孔晁解,所以湮晦不傳也,顧簡古難乎通解。我寡陋也,不能思而得焉。妄參酌衆説,竊述寒淺之思,猶日中見沫,芴乎芒乎,不可指象矣。況截其句而離析之,意義斷隔乎?夫錦繡之美,苟尺寸而割之,錯綴失製,則人皆悽惋,不欲觀之。古人崇尚是書,既稱"外傳",多於其爲美錦。我操刀之不能,而縱其所爲,自知不免乎無賴之誚!

寬政壬子春正月,河越關脩齡撰。

《國語略説》序

〔日本〕新井熙

【輯證】從序文可知,新井熙、富田幹皆當爲關脩齡弟子。其生平事跡未詳,唯見早稻田大學圖書館網站上公布有源定弼《遺愛集》,集子後面附有關脩齡撰《勝山源子良墓銘》和新井熙輯《弔哭詩》。富田幹則撰有《傍訓千字文》,有山崎金兵衛安永六年(1777)年跋本、瑞玉堂文化二年(1805)刊本等。

初,余之十七八時,受業於松窓先生也。毋何落魄,餬口於四方,一離一合,二十年於今矣。其學貫穿古今,尤尚精密。然自淬勵不徹,恒焚膏繼晷。邦君以下,束脩踵門,翕然稱儒宗。或謂先生曰:"丈夫七尺,當有爲於世。今先生學雖勤乎,上之不能庶幾乎聖化萬一,次之不能祖述聖賢以自見於後。童習白紛,呻其呫嗶,雖多,亦奚以爲?"先生曰:"唯唯否否。方今治教大闡,至海隅蒼生。我艸茅之臣,朝不坐焉,宴不與焉,而欲憂其憂乎?多見其不自量也。如六經,孔氏書,先儒説有成説,一按其籍。譬猶入秦府庫,寶貨俱陳也。我復俘其金玉,奪其錦綺,而自名之爲?若夫詆訾前脩,自立門户,爭衡於一世者,非吾之志也。"是以其有述作,唯子、史已。蓋謂《國語》之與《左傳》同出左丘明,丘明抱良史之材,著爲内、外《傳》,實萬世文章之祖。雖間有浮誇過實,要不失爲巨麗也。但言高則旨遠,學者所宜研究焉。因取《國語》,參考衆説,依陸氏訂其音,舊注之謬,就加是正。天文、律曆,多所發明,可謂後進之津筏矣。今夫學者生於千歲之下,欲使千歲之上如指諸掌,左提右挈,竭耳目之力,以從事於斯,未必不行於今、傳於後,而有所裨益也。丈夫七尺而豈徒哉?以余出入先生最久,命敘其由。然二十年於外矣,心勤形瘵,類支離之攘臂,焉能軒輊於此舉哉。

寬政壬子夏月,静齋新井熙、武陵富田幹書。

跋影宋本《國語》後

(清)顧廣圻

【輯證】○萬青案：顧廣圻(1766—1835)，字千里，號澗薲、思適居士，元和人。清代著名校勘學家，爲江聲(1721—1799)弟子，於學無所不窺，點勘古籍衆多。有《思適齋集》《思適齋題跋》傳世。王欣夫輯有《顧千里集》。本篇以及下面幾篇錄自王欣夫輯《顧千里集》。

明道二年所刊《國語》印本不可得見，此影寫者。時章獻明肅劉后臨政，諱其父名，故通字每缺一筆，今所寫尚然，精審可知矣。傳校本外間多有，予亦屢見之，錯誤脱落均所不免。近陳氏樹華曾著《外傳攷正》，所據亦傳校本，故終不得其要領。如《周語》"欲城周"注："欲城周者，欲城成周也。"今本正文衍"成"字，并添注爲甚蕪累之語。《魯語》"魯夫人辭而復之"，今本"夫人"作"大夫"，若是則敬姜何以爲別于男女之禮乎？又"笑吾子之大也"注謂："驕滿也。"蓋"大"即"驕泰"字爾。今本於正文加"滿"字，遂改注"謂"爲"滿"以就之，此類往往未經攷正，乃知真本誠可寶也。往者，惠松崖先生假陸敕先所校于沈寶硯，寶硯秘不肯出。今薦圃黃君乃以真本見借，所獲抑何奢歟！爰悉心讎勘，凡兩踰月始克歸之。自今而後，宋公序以後本當以覆瓿矣。

【輯證】○萬青案:臺北"國家圖書館"謂跋尾有"乾隆乙卯六月四日,澗薲顧廣圻書"一句。

宋槧《通鑑外紀》詳節魯夫人辭而復之,與明道本合。明板改"大夫",失道原之舊矣。

跋明刻本《國語》

（清）顧廣圻

　　《國語》韋昭注，宋明道二年刻本校，癸丑五月，從段懋堂先生借得傳録宋本，譌字反較此本爲多，悉仍其舊存之，異日尚當參稽他書，審定去取也。初九日燈下校畢因記。顧廣圻。【輯證】○萬青案：顧廣圻校本爲明新建李克家本，今藏北京國家圖書館，南京圖書館有膠卷本。

　　懋堂先生校語録上方爲别，又記。

　　凡筆乙去他處，皆不用宋本。十一月，圻重閲又記。

　　乙卯六月，景宋本重勘，凡補段君校所遺又如干字，多記於上方。向謂宋本多譌，乃惑於宋公序《補音》耳。二十一日記。

　　右惠松涯先生校本真跡，在周漪塘家。近黄蕘圃翻刻明道二年本，予悉取入《札記》中，足以表其微矣。嘉慶甲子重閲記。【輯證】○萬青案：顧氏這幾條識語，主要交待惠棟校本的藏家以及對惠棟校本的利用情形。周漪塘即周錫瓚（1742—1819），吳縣人，著名藏書家。段玉裁《周漪塘七十壽序》謂："乾隆、嘉慶以來，吳中之能聚書者，未有過於周子者也。"（段玉裁撰，鍾敬華點校：《經韻樓集》，上海古籍出版社2008年版，頁199）南京圖書館藏丁丙（1832—1899）舊藏黄丕烈校藏本。其中卷七至卷一四是用黄丕烈本配補，該本前六卷爲惠棟校本，前二卷全施圈點，天頭地腳寫有校語，於正文中有增字、删字、改字、倒乙以及校語等痕跡，是以所見其他校宋本以及《史記》《説苑》等文校改金李本者。

從顧廣圻"惠松涯先生校本真跡,在周漪塘家"的記載看,南圖藏本當爲黃丕烈的過錄本而有殘缺,故丁丙復取黃刊明道本配補。前六卷正文當中的增字、刪字、改字、倒乙以及校語等不計,唯天頭地腳的校語就有200多條。今檢《校刊明道本韋氏解國語札記》,引惠棟155處,很多條目實際上引自惠棟校本的改字部分,並非校語。所引惠氏尚不如丁丙藏配補本前六卷的校語多,可見顧氏"悉取入《札記》中"與事實大有出入。可能有兩點原因:其一,顧氏所漏收的惠棟校語或校文爲顧氏不贊同惠氏者;其二,《札記》本爲顧廣圻代筆之作,非個人著述,故未全錄惠氏校語。以第二種原因的可能性最大。

　　明道本未爲宋公序所亂,惜惠先生所見乃從陸敕先校本,殊未得真。至惠先生援引他書之説,陳樹華《攷證》輒捃摭略盡,今録於旁行者是也。異日當并合爲一書,庶小門生區區之意云。顧廣圻記。【輯證】○萬青案:顧廣圻從江聲(1721—1799)問學,江聲從惠棟問學,故顧氏自稱"小門生"。本條是顧廣圻對惠棟校本的認定與評價,主要包括兩點内容:一、惠棟所據爲陸貽典校本,並非明道本,故"殊未得真";二、惠氏援據,陳樹華《春秋外傳國語考正》基本上已經"捃摭略盡"。這大約是顧氏雖然説將惠棟校本"悉取入札記中",而實際上還是有所缺略的理由所在。

《士禮居藏書題跋記·國語》

（清）黄丕烈

【輯證】〇萬青案：本篇載《士禮居藏書題跋記》，今據滂喜齋刻本録出。其中所收題跋，尤其像錢曾的題記，也見於《讀書敏求記》的各種版本中。對黄丕烈校宋本《國語》題跋的整體梳理與研究，目前祇見日本小方伴子《宋明道二年刊本〈國語〉の黄丕烈重刻》（《人文學報》第 403 號）一篇。小方伴子文章的主體共兩部分，第一部分就是爲黄丕烈題跋作校勘、注釋、翻譯和補記的工作，第二部分探討黄刊明道本的底本問題。第一部分的校勘等用滂喜齋刻本、周少川點校本以及相關典籍。今並採録其識語。

吾家所藏《國語》有二，一從明道【輯證】〇管庭芬、章鈺《校證》曰：勞權云："係天聖。"〇萬青案：從下文看，勞權（1818—?）的説法是正確的。二年刻本影鈔，一是宋【輯證】〇管庭芬、章鈺《校證》曰：刊本脱"庠"字，從錢校補。阮本同脱。某校本補"庠"字。公序補音【輯證】〇管庭芬、章鈺《校證》曰：晁氏《志》云：宋庠《補音》三卷。南宋槧本。間以二本參閲明道本，《周語》云："昔我先王世后稷。"注云："后，君也。稷，官也。"則是昔我先王世君此稷之官也。考之《史記·周本紀》亦然。而公序本直云"昔我先世【輯證】〇管庭芬、章鈺《校證》曰：一本改"世"作"王"。題詞本、阮本均作"世"。后稷"，讀者習焉不察，幾訛周家之后稷矣。【輯證】〇管庭芬、章鈺《校證》曰：案毛斧季《汲古閣書目》云："《國語》五本，從絳雲樓北宋板影寫。首章有'昔我先王世后稷'云云。"知亦從明道刊本鈔。鈺案：楊守敬有明刊宋庠本，云："明道本固有勝公序處，而公序之得者十居七八。即如卷一'昔我先王世后稷'，公序本無'王'字。錢遵王、顧千里、汪小米皆以明道本有此字爲奇貨，而許宗彥云：'韋解於下先王不窋始釋王字，則此惟云先世，可知明道本未必是，公序本亦未必非也。'"○小方伴子曰：董增齡《國語正義》、大野峻《新釋漢文大系國語》などは、公序本の"昔先王世后稷"を採用する，明道本《札記》は公序本を誤りとする。戴震《周之先世不屈以上闕代系考》(《東原文集》卷一所收)に關連する記述がある。○萬青案：楊守敬沒有看到陳樹華的《春秋外傳國語考正》，實際上陳樹華也並不認爲公序本無"王"字是錯誤的。"襄王二十四年，秦師將襲鄭，過周北門，左右皆免冑而下拜"注云："言免冑，則不解甲而拜，蓋介冑之士不拜，秦師反是，所謂無禮則脫也。"公序本又失去"拜"字，與注文大相違背。微明道本，于何正之。【輯證】○管庭芬、章鈺《校證》曰：鈺案：錢大昕於遵王所擧二事外復得六事，當以明道本爲勝。詳見《養新錄》。今世所行《國語》皆從公序本翻雕，知二字之亡【輯證】○管庭芬、章鈺《校證》曰：胡校本"亡"下有"其"字。來久矣。【輯證】○耿文光曰：宋庠《補音》所據者凡十五本，惟未見明道本，故此本足證《補音》之誤。○萬青案：《敏求記》"久矣"下尚有"他不具悉也"一句，管庭芬、章鈺《校證》云："刊本缺末句。題詞本無，阮本有。勞校本嚴修能云：'嘉慶庚申蘇州黃氏讀未見書齋翻刊明道本，吾友顧千里代爲考證，附校記一卷。'"耿文光的說法不確。宋庠的時代尚未有具體版本稱謂，很難講他沒有參照到明道本。拙撰《〈國語補音〉異文研究》有辨，可參。也是翁錢遵王識。(在卷首)【輯證】○小方伴子曰：影抄明道二年本については、錢曾《述古堂藏書目》(卷一・春秋)に，"國語韋昭注二十一卷四本北宋本影

抄"という記載がある。同書の"宋公序補音南宋槧本"の方は、族曾祖錢謙益から讓り受けたきのであろうか。錢謙益《絳雲樓書目》(卷一・春秋類)に"宋刻外傳國語二十一卷吳侍中韋昭注宋庠著國語補音三卷"という記載がある。○萬青案:此見錢曾《讀書敏求記》卷一,標目作"韋昭注國語二十一卷",管庭芬、章鈺《校證》曰:"案吳校本作二十卷,《述古目》注'北宋本影鈔'五字。鈺案:均二十一卷,吳校誤。勞權云:'當作國語解。《絳雲目》宋刻外傳國語三册。'鈺案:粵雅本無'三册'字。"(錢曾撰,管庭芬、章鈺校證:《讀書敏求記校證》,北京:中華書局 1987 年影長洲章氏刊本,頁 39)

宋板《國語》二本,一摹吾家明道二年刻本,比真本不差毫髮;【輯證】○陳樹華曰:此條已刻入《讀書敏求記》中。○萬青案:從錢士興家摹寫的明道本,也即鈔本有二種,一種爲毛鈔本。毛扆(1640—1713)《汲古閣珍藏秘本書目》云:"《國語》五本一套,從絳雲樓北宋板影寫,與世本大異。即如首章'昔我先王世后稷',今時本脫'王'字。蓋言先王世爲后稷之官也。此與《史記》合。他如此類甚多。此特其一爾。六兩。"(《士禮居叢書》本,頁 4)毛扆是陸貽典(1617—1686)的女婿,陸貽典勘校所依據的影寫本是錢曾的,毛扆影鈔明道本不知道是不是受到陸貽典的影響。絳雲樓失火在順治七年(1650),又錢士興萬曆三十八年去世(1610),而有此題記,則毛鈔本當在萬曆三十八年之前鈔成。河田羆(1842—1920)編《静嘉堂秘籍志》卷五云:"《國語》毛抄本天聖明道本(吳韋昭注),抄五本。《國語》二十卷('二十'當作'二十一'),汲古閣毛氏影寫宋天聖明道本。吳韋氏解。自序。按末有'明道二年四月初五日得真本'一行,'天聖七年七月二十日開印'一行,'江陰軍鄉貢進士葛惟肖'一行,'鎮東軍權節度掌書記魏庭堅'一行。汲古本即黃氏士禮居刊本所祖也。案:《儀顧堂題跋》云:'天聖明道本《國語》二十一卷,題曰'韋氏解',毛氏汲古閣影宋抄本。每頁二十二行,每行二十一字,小字雙行,每行三十一字。前有韋昭序,末有'天聖七年七月二十日開印'、'江陰軍鄉貢進士葛惟肖再刊正'、'鎮東軍權節度掌書記魏庭堅再詳'、'明道二年四月初五日得真本凡刊正增減'四行。嘉慶中,黃蕘圃影摹板行,絲毫不爽。此則其祖本也。卷首有'毛晉'二字朱文連珠印、'宋本'二字朱文橢圓印、'甲'字朱文方印,卷三、卷七末有'毛晉'連珠印、'汲古主人'朱文方印、'毛扆之印'朱文方印、'斧季'二字朱文方印,卷四、卷八、卷十二、卷十七前均有'毛晉'連珠印,卷十一末有'汲古閣'朱文方印、'毛晉之印'朱文方印、'毛氏子晉'朱文方印、'筆研精良人生一樂'朱文方印、'毛扆之印'朱文方印、'斧季'朱文方印,卷十六末有'毛晉書印'朱文方印、'汲古得修綆'朱文長印、'毛扆之印'朱文方印、'斧季'朱文方印,卷二十一末有'毛晉私印'朱文方印、'子晉'朱文方印、'汲古主人'宋文方印。此書從絳雲樓北宋本影寫,原裝五本,見《汲古閣秘本書》。日後歸潘稼堂太史,乾嘉間爲黃蕘圃所得。黃不能守,歸於汪士鐘。亂後歸金匱蔡廷相,余以番佛百枚得之。毛氏影宋本尚有精於此者,此則以宋本久亡,世無二本,故尤爲錢竹汀、段懋堂諸公所重耳。'《提要》云:'昭字宏嗣,雲陽人。官至中書僕射。《三國志》作韋曜,裴松之注謂爲司馬昭諱也。'"(日本大正六年刻本,本卷頁9~10)從陸氏題記可知,毛鈔本也是從錢氏絳雲樓刊本影寫,後歸潘末(1646—1708),後歸黃丕烈(1763—1825),再歸汪士鐘(1786?—?),再歸蔡廷相[蔡廷楨(1803?—?)之兄],最後歸入陸心源(1834—1894)皕宋樓,1907年歸入日本静嘉堂文庫。但是文獻中没有見到據毛鈔本勘校《國語》的記載。另外一種就是錢鈔本。錢曾也是從絳雲樓藏明道刻本影鈔者,但是錢鈔應該比較晚。從下文陸敕先題記可知,錢鈔本後歸葉林宗,葉林宗之後歸入誰家,缺乏相關記載。錢鈔本的傳錄本較多,但是錢鈔本最終下落不明,文獻載籍中没有相關記載,或許可以從錢曾個人藏書的流散去考求。何焯曾見傳錄本,不知是錢鈔還是毛鈔,黃丕烈和顧廣圻也各自收存過傳錄本的殘卷,並且顧廣圻根據自己所得三卷寫刻《國語》,顧氏認爲黃丕烈所得五卷寫手不佳,故摹寫上版。至於黃、顧二氏所收鈔本殘卷究竟是錢鈔還是毛鈔的傳錄,也不清楚。可見清初期影寫本的傳錄比較複雜,可能有的直接從錢鈔傳錄,有的可能根據傳錄本傳錄,由於傳錄者文化水平、書寫水平等不一樣,故而傳錄本恐怕也不盡一致。一是宋公序補音刻本,段節分明,注解詳備。合而觀之,此書遂無遺憾。【輯證】○萬青案:錢士興認爲公序本、明道本相互參校,在此基礎上做一個定本,可見錢士興認爲二本互有優劣得失,取二本之長,《國語》纔能在文本上比較信實。可見錢氏持論相當平允。嘉靖中,吴門翻宋本,【輯證】○小方伴子曰:嘉靖中吴門翻刻宋本:明・嘉靖期には、金李本、許宗魯本など數種の重刻公序本が刊行されてをり、吴門翻刻宋本もそうした重刻公序本のひとつである。明代の重刻公序本については、《張元濟古籍書目序跋彙編》(中册、p492)が"許宗魯、金李治覆本猶未能盡公序宋刻舊本之長"と評しているが、吴門翻刻宋本も、上の記述をみると、宋刊本とはかなり異なつていたようである。○萬青案:此指金李澤遠堂嘉靖四年刊本。闕誤多矣。錢士興記。【輯證】○萬青案:錢士興是明人爲數不多的以明道本和公序本皆爲宋版本的人。清代很多校勘學家直稱校鈔本爲"宋本",實際並不準確。徐復觀(1903—1982)根據錢士興的記載,認爲錢氏所藏即爲明道本之初刻本,並且推斷錢士興或爲錢遵王(1629—1701)的父親錢嗣美。(氏著《釋"版本"的"本"及士禮居本〈國語〉辨名》,氏著《兩漢思想史第一卷》,上海:華東師範大學出版社 2001 年版,頁 242~247。)徐復觀對錢士興的推斷是錯誤的,實際上"士興"是錢謙益(1582—1664)父親錢世揚的又名。錢謙益《先父景行府君行狀》云:"先君諱世揚,字孝成,一字儷孝。"(錢謙益著,錢曾箋注,錢仲聯整理:《牧齋雜著》,上海:上海古籍出版社2007年版,頁745)不見有"士興"之名,方良《錢謙益年譜》則謂:"字孝成,又字士興、俌孝。"並謂錢世揚"生於嘉靖甲寅年九月初十日,卒於萬曆庚戌年五月十六日,享年57歲"(方良《錢謙益年譜》,北京:中國書籍出版社2013年版,頁3)。而且方良《年譜》標注即根據錢謙益《行狀》,或方氏另有所本。但是"錢士興"之名文獻罕見,檢明張世偉《自廣齋集》卷一六《存笥集紀略》云:"《弔趙太君》,太君爲錢士興先生祖母。先生延館投分,俱以春秋名家,轗軻晚歲,情倍相憐,而笥中無他文書,故存之。"審錢謙益曾祖母確爲趙氏。如果錢士興是錢謙益父親成立,則本條當置於錢遵王識語之前。小方伴子《宋明道二年刊本〈國語〉の黃丕烈重刻について》根據錢氏世系繪有錢氏世系圖表,如下:

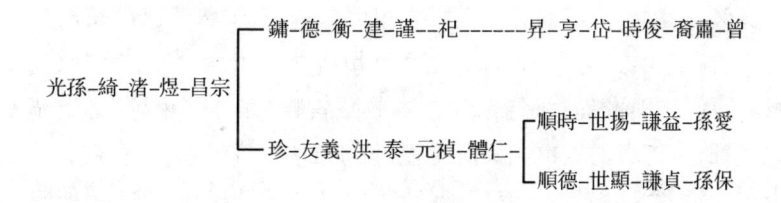

```
                    ┌鏞─德─衡─建─謹──祀──────昇─亨─岱─時俊─裔肅─曾
光孫─綺─渚─煜─昌宗                                    ┌順時─世揚─謙益─孫愛
                    └珍─友義─洪─泰─元禎─體仁
                                                      └順德─世顯─謙貞─孫保
```

也可爲證。

　　明道本《周語》單襄公曰:"鷮此其孫也。"注曰:"此周子者,晉襄公之孫也。""襄"字上應無"單"字,以公序本爲正。【輯證】〇萬青案:詳見拙著《國語彙校集解輯評(〈周語〉卷)》之"公子周事單襄公"篇。《楚語》王孫圍,明道本作"王孫圉",未審孰是。【輯證】〇萬青案:汪遠孫《國語明道本攷異》懷疑"圍"字當是"圉"字之誤。士興又書。(均在卷首敍後)

　　戴剡源先生《讀國語》【輯證】〇萬青案:《周叔弢古書經眼錄》無"語"字,或脫。曰:"先儒奇太史公變編年爲雜體,有作古之材。以余觀之,殆仿【輯證】○萬青案:《周叔弢古書經眼錄》"仿"作"放"。於《國語》而爲之也。"【輯證】○萬青案:詳見前文。《周叔弢古書經眼錄》謂此處有"歸來草堂"朱文方印。此真讀書好古之識!世無識【輯證】○萬青案:《周叔弢古書經眼錄》"識"作"戴"。書【輯證】○萬青案:《周叔弢古書經眼錄》"書"下有"之"字。人,但知蘇、歐通套評論之而已。洞庭葉石君識,時年六十有七。三月十一日。(在卷末)【輯證】○萬青案:《周叔弢古書經眼錄》謂"墨筆,在卷末",此處有"葉樹廉印"白文方、"石君"朱文方二印。葉石君即葉樹廉(1619—1685)。徐乾學(1631—1694)《憺園文集》卷三四《葉石君傳》曰:"葉石君者,隱君子也。性嗜書,世居洞庭山中,嘗游虞山,樂其山水,因家焉。所至必多聚書。嘗損衣食之需以購書,多至數千卷。會鼎革兵燹,盡亡其貲財,獨身走還洞庭。其鄉人相與勞苦,石君顰蹙曰:'貲財無足言,獨惜我書耳。'鄉人皆笑之。已復居虞山,益購書,倍多於前。石君所好書與世異,每遇宋元抄本收藏古帙,雖零缺單卷,必重購之,世所常行者勿貴也。其所得書,條別部居,精辨真膺,手識其所由來。識者皆以爲當。有三子,時誡之曰:'若等無務進取,但能守我書讀之,足矣。'年六十七,卒於家。石君既没,而鄉人益思之,以爲王君公仲長子光流亞也。其友黄儀子鴻嘗爲予言,因爲之傳。石君名樹蓮,嘗爲邑諸生,已而棄去。石君其字也。子鴻,精方輿之學,亦奇士。"(《四庫全書存目叢書·集部》第 243 册,頁 311)《周叔弢古書經眼錄》此段識語之下復録唐翰題識云:"是書舊藏同里沈氏稻香齋。咸豐癸丑,子壽八弟得之,寄至南清河。子壽篤於友愛,無他嗜好,而於余所好者必購以寄。是本爲陸敕先先生手校宋栞,後有題記并葉石君跋語,源流具在。予寶愛甚摯。甲寅旋里,攜之行篋中,寄藏於吴門桐溪吟舫陳氏。庚申之亂,賴容齋伯仲攜避東海濱,得不罹於劫。壬戌冬十一月四日,容齋自海門來訪於淮浦,舉以見歸,如逢故人,而子壽歿已兩日矣。嗚呼傷哉！每一展卷,爲之泫然。同治二年春三月朔日新豐鄉人唐翰題記於淮安公廨之唯自勉齋。('唐翰題'右朱文方印、'歷刼不磨'朱方、'宜孫'白文方)(墨筆在卷末)"(《周叔弢古書經眼録》,頁146)

　　錢遵王印寫錢宗伯家藏宋刻本,與今本大異,今歸於葉林宗。借勘一過。戊戌夏五【輯證】〇萬青案:周叔弢《周叔弢古書經眼録》著録了陸敕先校宋本,且遍録題識。可以爲校。五,《經眼録》作"六"。月六日,常熟陸貽典校畢識。【輯證】〇陳樹華曰:吳中藏書家多有校宋本,皆從錢氏所臨本,轉寫每有舛誤。陸敕先手校本未得寓目,明道刻本恐已落絳雲樓之燼。即遵王印鈔之本,不知今歸何處矣。《國語》一書,必得北宋本一二種參定,庶無遺憾。遵王之論,尚欠精審,謂"左右皆免胄而下拜"。"拜"字宋公序本失去,則是宋氏《補音》中云云,竟似全未一讀者。海内不乏善本,不知此生能遇與否? 甚矣,校讐之難,成書之不易也。冶泉記。〇萬青案:葉林宗(1605—1665),名奕,葉石君從兄。徐珂(1869—1928)《清稗類鈔·鑒賞類》云:"葉林宗,名奕。好學,多藏書,搜訪甚力。每見案頭一帙,必假歸,躬自繕寫,篝燈命筆,夜分不休。一得秘册,即與錢遵王互相傳録,雖昏夜,必扣門,兩家童子輒聞聲知之。"江標(1860—1899)《黃蕘圃先生年譜》卷上引《海虞詩苑小傳》云:"陸貽典,字敕先,號覯庵。自少篤嗜文典,師東澗而友鈍吟。又按敕先常熟人。"根據潘天楨(1919—2004)《陸貽典的生卒年》(氏著《潘天楨文集》,北京圖書館出版社、上海科學技術文獻出版社2002年版,頁274~276),陸氏生於明萬曆四十五年丁巳(1619),卒於清康熙二十五年丙寅(1686)。根據潘氏對陸貽典生卒年的考證,則此處"戊戌"當爲清順治十六年(1658)。陸貽典、毛扆、錢遵王、葉林宗、葉石君、何焯等人對明道本刻本或者抄本的記述大體勾勒了明末清初《國語》明道本的傳播方式與形態,即刻本不可得,藉助鈔本進行校鈔。此處陸貽典即用錢鈔本進行校勘。《周叔弢古書經眼錄》謂此識語下有"陸印貽典"白文方印。

六月十二日,燈下覆校畢。敕先。(在卷末)【輯證】○萬青案:《汲古閣珍藏秘本藏書目》"國語"下周叔弢(1891—1984)標注云:"余藏陸敕先校宋本。"(李國慶《弢翁標注〈汲古閣珍藏秘本書目〉》,宮曉衛主編《藏書家》第12輯,濟南:齊魯書社2007年版,頁132~141)今檢北京國家圖書館藏陸貽典校本底本爲張一鯤本。卷一首頁依次鈐有"宋本""善本""周暹""鶡安校勘秘籍""敕先""陸貽典印""重熹鑑賞"等章,其中"鶡安校勘秘籍"是唐翰題(1816—1875)的藏書印,"重熹鑑賞"爲吳重熹(1838—1918)的藏書印,"周暹"即爲周叔弢藏書印。陸貽典校本實以張一鯤刻本爲底本,"國語第一"欄外書"接序末",也就是說陸敕先所據錢鈔本韋昭《國語解序》之後就是周語上內容,今黃刊明道本及其覆刻本序後有目錄兩行"周(一二三上中下)魯(四五上下)齊(六一)晉(武七獻八惠九文十襄十一厲十二悼十三平十四昭十五)鄭(十六)楚(十七上十八下)吳(十九)越(二十上二十一下)",檢臺北"國家圖書館"藏影鈔明道二年刊本(存八卷)亦有目錄兩行,唯"二十一"之"二"脱漏。這個殘八卷本即是黃丕烈、顧廣圻二人校刻明道本《國語》的依據,但是這個鈔本到底是錢鈔還是毛鈔的臨鈔本,顧廣圻也沒有進行説明。或陸敕先看到的沒有這兩行目錄,當然也不排除陸貽典把這兩行目錄算在韋昭序中的可能性。《周叔弢古書經眼錄》謂此識語下有"敕先"朱文長方印,周氏謂此識語"朱筆在卷末",比黃氏題跋提供信息更詳細。又周氏徧錄陸氏卷中識語並標注在校本原書位置及鈐印情況等,爲黃氏題跋所失收,今依次錄如下:"原本十一行二十字,注雙行三十字,共二百三十四葉(墨筆在卷末)"、"仲春廿二日校(墨筆在卷一)"、"季夏九日重校於豐玉堂(朱筆在卷一)"、"廿四日校(墨筆卷二)"、"六月初九再校(朱筆卷二)"、"戊戌六日朔校完此册(朱筆卷三,'陸印貽典'白文方、

'敕先'朱文方)"、"初二日校(墨筆卷四)"、"六月十日敕先覆勘訖(朱筆)"、"十日雨中又校(墨筆卷五)"、"初三日校此卷(朱筆)"、"初三日校(朱筆卷六)"、"季夏十一日覆校(朱筆卷七)"、"六月初四校(墨筆卷八)"、"十一日再對(朱筆)"、"初四日校(朱筆卷九)"、"六月十二日早起校(墨筆,'陸貽典又字貽芳'白文方印)"、"葉石君爲余校此,今再校一過。改正處頗多。六月八日記(朱筆)"、"葉校續校一過(朱筆卷十一)"、"初八日再校一過(朱筆卷十二)"、"敕先覆對(朱筆十三)"、"初九再校(朱筆十四)"、"自十卷至此,葉石君校,余再校一過(六月九日、'貽典'朱文連珠)"、"(朱筆卷十五,'清款客'白文方)"、"初五(墨筆十六)"、"十二日再校(朱筆)"、"初五日校(朱筆十七)"、"十二日午再校(墨筆)"、"初五日勘(朱筆十八)"、"十二日覆對一過(墨筆)"、"初六日校(朱筆十九)"、"十二日重校(墨筆)"、"季夏十二日晡時重一校(墨筆廿)"。

　　宋本《國語》從來罕【輯證】○萬青案:《周叔弢古書經眼錄》"罕"作"希"。有,義門先生以不得購見爲恨事。此書晚出,可謂唐臨晉帖矣。末册有跋語,原尾【輯證】○萬青案:《周叔弢古書經眼錄》"尾"作"委"。可證。【輯證】○萬青案:《周叔弢古書經眼錄》謂此處有"宜孫"白文方印。又周氏此下別一行記云:"此條舊夾卷中,大類史西村手跡,石君跋尾有'明古'二字朱文印,則當時瀏覽所及,遂書於別冊,亦未可知。余近於吳市得西村姓名印並押於副而記之。戊辰七月書於抱山廎。('唐翰題'白文方印,墨筆在卷末)"(頁147)又別起一行記云:"陸氏從錢塘遵王印寫錢宗伯家藏宋槧本勘校手寫,始仲春,訖於季夏。歲在戊戌,爲順治十五年。至同治元年壬戌,閱二百有四年。嘉興新豐鄉人得寶藏之。('福地散仙'白文長方印)"(頁147)又別起一行記云:"錢唐汪遠孫《明道本攷異》所據宋公序《補音》,以明嘉靖間許魯宗、金李二本參訂異同。此本張侍御一鯤所刊,在許、金後,以所引異同證之,當與兩本無甚優劣。明道本外,以公序《補音》爲古,惜原本單行,經後人散附於各卷中,致失公序之舊耳。庚午二月十七日,重檢記。('晉昌'白文長方印,墨筆在卷首)"(頁148)又別起一行記云:"昨承命對《國語》,歸時略校一過,知其校勘精細異常,在黃氏未刻以前,洵秘籙也。黃刻從錢鈔影宋本重刊,每半頁十一行,行大字十九至廿二字,夾注卅至卅五字不等。卷末署名及增減之'減'字殘缺,並與校本相同。專此奉繳,祈即詧收。所有詩集即付去人帶下無誤。此請台安,不莊。世愚侄丁伊桑頓首。(此幼橋孝廉之子,號曰扶,平湖學埘生。信箋粘於卷首)"(頁149)又別起一行記云:"甲寅秋日,海豐吳先生出秘笈命讀,因取吾郡士禮居景宋本比勘,成校記一卷。長洲章鈺記。('章鈺之印'白文方印、'式之'朱文方印,墨筆在卷末)"(頁149)又別起一行題"陸敕先校宋本國語跋",全文云:"吾吳士禮居黃氏刊天聖明道本《國語》爲覆宋佳刻,稱重藝林。其《札記序》語謂:'用所收影鈔者開彫餉世。'蓋即指校宋本《國語》跋所謂'繼得影寫明道本也'。惟是本果否即爲錢遵王影寫絳雲樓宋刻真本,抑係傳錄之本?蕘翁並未揭明。與金壇段氏序文謂'用錢氏原鈔付梓'云云,微有不同。此本即蕘圃跋校本所謂'陸敕先校真本,推係藏於西船廠(吾蘇巷名)毛氏'者。蕘翁當日未克親見,越百餘年,爲海豐吳氏得之。敕先於此書致力最深,再三讐勘,心細於髮,如字蹟小有異同,必於第一見端摹眉上。'通'字爲宋真宗后劉氏父名,仁宗立爲皇太后,故天聖間避諱作'道'、作'诵',明道間復舊,是爲天聖刻本之真據。葉林宗題語具存。末粘'宋本《國語》'云云一侈,乃義門弟子李明古(鑑)手跡,與書之後半眉上所黏校語係出一手。唐鷦菴以名字適同,目爲明之史西村,係屬失考。前半闌下墨筆校語疑即李明古校出,由同人代爲繕正,友人或指爲義門弟子沈寶硯手書,證以蕘翁臨惠松厓校本跋語,謂'陸敕先本,寶硯秘不示人',是此本先歸沈氏，後入毛子文家。寶硯校書甚多，似當年同學商量，審定迻錄，尚屬可信。毛氏印記既備列首尾，即蕘翁跋所記浙人戴君經所臨之名，亦見於第六卷十五葉，合校勘諸尊宿彙成一書，精確可信。藏書簿錄中，鮮有過於此者。得見蕘翁所未見，可謂驚人秘笈矣。敬取士禮居刊本比勘，知敕先親見錢氏影宋眞本與蕘翁所稱影鈔本尚多異同，一一記出。約分兩類：一爲陸改明本而與黃刊本異者；一爲陸仍明本而與黃刊本異者。陸仍明本尚可謂敕先係取明本之長，故未塗改。陸改明本則敕先校例精嚴，決非專輒爲之。據此，則黃氏所稱影寫明道本係屬傳錄之本，段序謂用錢氏原鈔付梓之説亦爲同好假借之詞也。因錄校記一通，謂石蓮先生正定。另有可備參考者，亦舉出附後。至墨筆校語及黏籤校語，是爲讀明本及影宋本互勘之助，則別錄一分藏之，不復備列。後敕先校畢之二百五十七年，歲在閼逢攝提格孟冬大雪節，長洲章鈺謹記。"（頁149～153；此亦見於章鈺《四當齋集》卷二，本卷頁7～8）周氏《經眼錄》在章鈺題跋之後羅列鈐印，有"敕先（白文方）"、"陸貽典印（白文方）"、"宋本（朱文橢）"、"善本（白文方）"、"陸氏敕先收藏書籍（白文方）"、"購此書甚不易（白文方）"、"覿玄（白文長方）"、"陸貽典一名貽芳（白文方小）"、"敕先（朱文方小）"、"李鑑之印（白文方）"、"明古（白文方）"、"李氏收藏（朱文方）"、"毛印孝純（白文方）"、"子文（朱文圓）"、"遜敏齋藏（白文方）"、"錢印天樹（白文方）"、"葉氏藏書之印（白文長方）"、"東坡過眼（朱文方）"、"壬景子佳父（朱文長方）"、"壬景審定之章（白文方）"、"鶡安校勘私籍（朱文方）"、"重熹鑑賞（白文方）"、"石蓮周所藏書（白文長）"（頁153）周叔弢《經眼錄》錄存的題跋、鈐印比《文祿堂訪書記》所載更爲詳盡細緻，可相互勘校。周叔弢的記載已經對陸敕先校宋本的遞藏過程梳理得十分清晰。（在卷首。楊紹和案：此段係墨筆書，無款。以蕘翁辛亥跋語證之，當從陸校本過錄，故附於敕先諸跋之後。）【輯證】〇萬青案：從王文進《文祿堂訪書記》中徵引章鈺題記可知，這段題記爲李明古所作。李明古爲何焯弟子。

乾隆丁卯，照影宋本校，頗有俗字，不及新本之古。【輯證】〇萬青案：惠棟此處所謂"影宋本"即下文之"錢氏本"。從下文題識可知，惠棟校錢鈔本五過，又以陸敕先臨校本校二過。惠棟所據的錢氏本恐亦傳錄之本。

十月，從錢氏本再校，松崖棟記。

壬申正月上元，再閱一過。

二月七日，又閱一過。（均在卷末）【輯證】〇萬青案：國家圖書館藏惠棟校本卷一首頁右上角有"二月廿七"墨筆題識四字。

朱墨校宋本《國語》，墨筆得之友人，朱筆得之沈寶硯。云陸敕先校本也。敕先本，寶硯秘不示人，此特其臨本耳。壬申八月廿八日記。松崖。【輯證】〇萬青案：沈寶硯之名，祇見於各藏書目錄中，籍貫等並不詳，惟《士禮居藏書題跋記》卷六《丁鶴年集四卷（元本）》云："始見沈寶硯征君手錄殘本。"知沈寶硯未曾仕宦。乾隆丁卯爲1747年，壬申爲1752年。從上文可知，陸敕先校宋本真跡經由沈寶硯、吳重熹、唐翰題等人之手，最後歸於周叔弢，周氏捐贈給北京國家圖書館。是陸敕先校本有三，其一爲陸氏真跡，另一本爲沈寶硯臨本，另一本爲戴經臨本。又韋力收藏有惠棟校本，底本爲李克家本（韋力：《芷蘭齋書跋：惠棟批校〈國語〉二十一卷存卷一至卷三》，《收藏家》2012年第11期），存卷一至卷三，卷三之末有墨筆題識云："癸酉十二月朔日閱畢，松崖。"癸酉爲公元1753年。韋藏本僅有"陸沉字冰篁"（陰文）與"陸僎字樹蘭"（陽文）二篆章，而國圖藏本僅惠棟本人的印就有多處，如"紅豆山房校正善本""惠棟之印""松厓"等，另外還有"周星詒印""祥符周氏瑞瓜堂圖書""星詒之印""曼嘉"等周星詒（1833—1904）的藏書章，另有惠棟題記云："圈點朱綠筆皆妄男子所加。此書得自破書中,最後獲吾本心,無書校讎,故及之耳。松崖再記。"各種題跋都沒有收入惠棟的這段題記。韋氏認爲其所收存墨筆題識爲惠棟手澤,但是這個題識和國圖藏惠棟校本筆跡相比較而言,韋氏藏本題識似非惠氏筆跡,恐爲他人仿惠氏筆跡而書。從黄丕烈所載前後文可知,朱邦衡有惠棟校本的臨校本。根據惠棟的記述,他校《國語》即用陸敕先校本的臨校本二種,墨筆校本得之"友人",不知道是否即是朱矣。

墨筆所校,與寶硯本略同,惟未校注耳。又記。(均在卷首)

壬申九月,又從陸敕先本校對一過。【輯證】○萬青案:所謂陸敕先本,實沈寶硯臨本。

十月,從錢氏本再校。

宋公序本改從古字,頗失舊觀,當略從十之四五,餘當仍明道本刻刊也。壬申十月望後再記,松崖。【輯證】○萬青案:下文黄丕烈謂"不若惠校之從二本也",此即惠棟從二本之明證。

乾隆庚戌長至日,小門生朱邦衡臨校。【輯證】○萬青案:從目前的信息看,惠棟校本有四,一爲惠棟校本真跡,一爲朱邦衡臨校本,一爲黄丕烈臨校本,一爲顧廣圻臨校本。惠氏真跡底本爲劉懷恕校刻本。朱邦衡臨校本底本不知,恐即韋李所收之李克家本。黄丕烈臨校本底本爲金李澤遠堂本,顧廣圻臨校本底本爲李克家本。

乾隆庚戌臘月,借同郡滋蘭堂朱秋崖臨校惠松崖校本,參校一過,平江黄丕烈識。【輯證】○萬青案:洪亮吉《卷施閣集·文甲集》卷九《惠定宇先生〈後漢書訓纂〉序》云:"其門下再傳弟子朱邦衡爲之繕寫補綴彙爲一編。"蓋朱邦衡嘗問學於余蕭客(1729—1777,一云1732—1778),余蕭客嘗問學於惠棟。朱邦衡,字秋崖。滋蘭堂爲朱奐(字文游)的藏書之處,奐與惠棟相莫逆,具體生卒年不詳。根據葉昌熾《藏書紀事詩》,朱奐在輩行上是朱邦衡的侄子,年齒比朱邦衡大,從段玉裁、黃丕烈、顧廣圻等稱朱奐爲"文游丈"而黃丕烈下文徑曰"余友朱秋崖"可知。故余蕭客寓居朱奐滋蘭堂,遍觀朱奐藏書,而朱邦衡亦得從余蕭客問學。

庚戌秋,於文瑞書肆得校本《國語》六册,係明翻宋刊本,而爲陸敕先校,敕先之跋朱書燦然,大抵後人臨本,其校本之善否,猶未敢必也。【輯證】○萬青案:這個臨本不知是否是沈寶硯的臨本。適便訪余友朱秋崖,談及是書,云有臨校惠校本,取而讀之,始知敕先果有《國語》校本。校《國語》者不止敕先,余所得者特敕先校本耳。不若惠校之從二本也。爰假錄此。蕘圃烈識。【輯證】○萬青案:乾隆庚戌爲公元1790年,是年,黃丕烈二十八歲。檢國家圖書館藏陸敕先校本底本爲張一鯤本,凡影鈔本中無者統統用朱筆劃掉,影鈔本與張一鯤本不同者,則在張一鯤本上直接一朱筆改以影鈔本之字,旁書曰"X當作X",影鈔本有而張一鯤本無者則朱筆標識、墨筆添出。惠棟校本以劉懷恕校刻本爲底本,其標識方式大體與陸敕先相同,不同的是,陸敕先用朱筆劃掉的方式,而惠棟八國語首則用"「」"括去,注文中凡張一鯤本等所加之音注部分並不進行特別處理,此黃氏所謂惠棟"從二本"之所本。此外,國圖藏惠棟校本改、添文字都用墨筆。韋力收存的惠棟校本與國圖藏校本校改方式不盡相同,凡影鈔本與李克家本文字不同者,並不是直接在李克家本字上改字,而是在字旁寫出影鈔本之字,改字用朱筆。《補音》釋《周語》部分也並不括去,更符合黃丕烈所說的"從二本"。但是黃丕烈已經明確說明所用惠棟校本爲朱邦衡臨校本,恐韋力收存殘卷即爲朱邦衡臨校本。又韋力根據自己所收存的本子認爲惠棟校《國語》有三次,形成之本有三,即國圖本、南圖本和其收殘卷本。

南圖本實爲黃丕烈的臨校本,亦非惠棟原校,丁丙《善本書室藏書志》有著録,云:"《國語》二十一卷,明嘉靖刊本,黃丕烈校藏。吴韋昭注前有昭自序。此帙爲嘉靖戊子吴郡金李校刻於澤遠堂。有'士禮居''黃丕烈印''蕘圃'三印,並依宋本校譌。卷一後録錢遵王語云……"筆者已經目驗爲黃丕烈臨校惠棟本。祇國圖藏本爲惠棟校本。段玉裁《重刊明道二年本〈國語〉序》云:"乾隆己丑,予在都門,時東原師有北宋《禮記注疏》及明道二年《國語》,皆假諸蘇州滋蘭堂朱丈文游所照校者。"可見朱奐藏的所謂"明道二本"即朱邦衡臨校惠棟本,這個本子戴震曾借鈔臨校,段玉裁又從戴震臨校本臨校,黃丕烈既得陸敕先校本之臨校本,復從朱氏臨校。

是書爲山東孔氏校刊本,【輯證】○小方伴子曰:重刻公序本のひとつである詩禮堂本。版心に"詩禮堂"の文字がある。詩禮堂は孔繼汾の室名。孔繼汾は孔子六十八世の子孫孔傳鐸の息子。○萬青案:詩禮堂本爲宋真宗拜謁孔子駐蹕之所,後供孔氏祭祀齋居,並作講學之用,孔子第五十三代孫孔治(字正己)正式作堂。明弘治年間重修。其址在孔廟東路。孔尚任即在此爲康熙皇帝講學,孔繼汾亦在此爲乾隆皇帝講經。可見詩禮堂並非是孔繼汾的室名,而是孔府中舊有之物。故而纔以"詩禮堂"的名義刻印古書。包括詩禮堂本的《國語》也是疊經刊刻,傳本有好幾個。書中確有改正處,特校未盡耳。余因得敕先校本,從同年賓崵蔣君借閲一過。【輯證】○萬青案:從上文及下文可知,黃丕烈所得陸敕先校本爲臨校本,非陸氏真跡。繼又借得秋崖藏本,思傳録一册,苦無他本。【輯證】○萬青案:當即朱邦衡臨惠棟校本。乃從賓崵易得此書,喜之不勝,竭數晝夜之力而竣事。間以陸校本參互疑似,然猶未盡其同異,殘臘不及,覆校當俟諸來歲也。庚戌臘月望前,蕘翁烈又識。【輯證】○萬青案:黃丕烈不提詩禮堂,唯題孔氏刊本。檢北京國家圖書館藏黃丕烈、顧廣圻校本所用底本實爲孔傳鐸校本,和臺北"國家圖書館"藏本同,實即乾隆丙戌詩禮堂刊校樣本,拙稿《〈書目答問〉史部國語類補證:以現行三種彙補著作爲主》(《圖書資訊學刊》第12卷第2期)對闕里孔氏刊本《國語》有辨析,可參。今檢黃丕烈校本朱墨兩校,朱筆施圈點於欄中校改補,墨筆則於欄外進行補充説明,如"先王耀德","耀"字旁朱筆書"燿"字,"燿"字下墨筆書"史記"二字,又於本行頁脚書"影宋本仍作耀",蓋恐讀者誤會朱筆"燿"字爲影宋本用字,故書。從這種表述方式上看,黃丕烈、顧廣圻校本先用朱筆校,後用墨筆校,從下文黃氏識語可知。南京圖書館所藏黃丕烈臨校惠棟本是一個配補本,本用金李本爲底本,此本後歸丁丙,卷七至卷十四用黃刊明道本配補。賓嵎蔣君即蔣賓嵎,《士禮居藏書題跋記》中出現多次。

辛亥春季,校竣《説文》後,適五柳居主人陶藴輝思以《唐六典》易余所藏臨陸敕先校本《國語》。【輯證】○萬青案:時黃丕烈二十九歲。爰復以陸校覆勘一過,卷中墨筆皆從陸校參考而書之者也。彼此互校,尚多疑似,或更博考諸書以冀一得,乃云備耳。時三月下浣一日燈下,荛圃校畢書。【輯證】○萬青案:黃丕烈以詩禮堂本爲傳録本,至是,校陸敕先本二過。

此本爲浙人戴公名經所臨,乃西船廠毛氏師也。相傳陸校真本藏於其家。(均在卷末)【輯證】○萬青案:此本,當即上文黃氏所謂得自文瑞書肆之陸敕先校本也,是黃氏所得陸敕先校本亦臨校本,而非陸氏原本。是知陸敕先校本之臨本自黃丕烈歸於陶藴輝。而陸敕先校本真跡經由沈寶硯歸入西船廠毛氏,後或由毛氏而經唐翰題、吳重熹,最終歸周叔弢,由周叔弢捐贈北京國家圖書館。

此書首借朱秋崖所臨惠松崖校閲本對勘,而參以傳録

陸敕先校本,亦可自信爲善本矣。繼得影寫明道本,【輯證】
○萬青案:所得影寫明道本,恐即顧廣圻所云黃丕烈所得殘五卷,
見本書所錄顧廣圻題跋。囑余友顧澗薲正之。宋本之妙,前
賢所校實多闕遺,遂一一考訂,如下書中稱"影宋本"者,皆
盡美盡善處也。而今而後,《國語》本當以此爲最,勿以尋
常校本視之。乾隆乙卯八月,棘人黃丕烈識。(在卷首)
【輯證】○萬青案:詩禮堂本經黃丕烈與朱邦衡臨校惠棟校本與傳
錄陸敕先校本校閱之後,又得到影寫明道本,即顧廣圻題跋中提到
的殘五卷。顧廣圻在此基礎上又對黃氏多校詩禮堂本進行校正。
這個本子也就是後來黃刊明道本刊刻的重要依據。

　　乙卯夏日,用影宋本覆校一過。澗薲顧廣圻記。(在
卷末)

　　【輯證】○萬青案:清人楊紹和(1830—1875)《楹書隅錄》卷二
有《影宋本國語二十一卷四冊一函》一篇,全錄黃丕烈本篇題跋,末
尾續云:"此本爲錢、陸、惠、葉、顧、黃諸家精校覆勘精核,朱墨燦
然,致爲可寶。冊面題'校宋本國語明道二年刻影鈔,南宋槧二本
校讎''紅豆山房家藏善本',卷首末有'浦上錢世揚聽松軒''宋本
書魔''校書亦心勤''丕烈私印''蕘圃''黃蕘圃手校善本'各
印。"(氏著《楹書隅錄》,《續修四庫全書》第 926 冊,頁 616 下)顧
廣圻此段題識爲王欣夫所輯《顧千里集》收錄。

《國語考》序

〔日本〕戶崎允明

【輯證】○萬青案:戶崎淡園(1724—1806),名允明,字哲夫,通稱五郎大夫,號淡園,江戶後期儒學家,著有《國語考》四卷、《李卓吾批點世說新語補》二十卷附《釋名》一卷、《戰國策通考》、《補訂讀韓非子》、《箋注唐詩選》、《淡園文集》等。本篇出《淡園文集》卷二。序,日本公文書館藏戶崎允明《國語考》作"敘"。

　　蓋丘明因聖言而託王義,推五體以條貫經義,而有《內傳》。其明識高遠未盡,則更采錄穆王以下天時、人事,曲暢之,廣記之,竟著《外傳》。太史公曰:"左丘失明,厥有《國語》。"說者或有不信斯言者,豈其然哉?至賈、鄭之考校,賈、虞、唐三氏之注釋,其意奚不在于茲矣。於是韋氏亦復是正補綴,擅其美於千載之下,猶若元凱之於《內傳》,莫不盡美矣。間者得盧之頤、齊伋二本校讐,尚至韋解簡古而不易,【輯證】○萬青案:易,公文書館藏《國語考》作"暢",似作"暢"字更合。就其所難揣摩是究,會或有所不安,裁述愚見,以待後哲。遂命曰《國語考》,凡四卷。

　　【輯證】○萬青案:公文書館藏《國語考》篇末有"寬政十一年丁未十月/常陽埼允明誌"兩行字,寬政十一年相當於清嘉慶四年(1799)。

《國語》顧廣圻跋

(清)顧廣圻

【輯證】〇萬青案:顧廣圻所謂景宋鈔殘本是明道本的影鈔本,今藏臺北"國家圖書館"。鈐有"蔣祖詒讀書記"朱文長方印、"百耐眼福"朱文方印、"'國立中央'圖書館收藏"朱文長方印、"茮圃收藏"朱文長方印、"松江讀有用書齋金山守山閣兩後人韓德均錢潤文夫婦之印"朱文長方印等藏書印。

此茮圃所收影鈔本,即據之重雕者,余【輯證】〇萬青案:臺北"國家圖書館"藏本作"予",本篇下同。別得首三卷,較之寫手尤精,故用以上板,而仍留此,他時儻【輯證】〇萬青案:臺北"國家圖書館"藏本作"倘"。別得之本以下復出,遂可轉爲補全,竹頭木屑,正未必無用也。己未冬至前一日,澗薲書。

第六、第十、第十九、廿、廿一,共五卷,此類余以爲寫手不佳,故重摹付刊,而此遂剩,合釘爲一本存之,俾他日有攷焉。澗薲書。

《校刊明道本韋氏解〈國語〉札記》序

(清)黃丕烈

【輯證】○萬青案:黃丕烈(1763—1825),字紹武,一字承之,號蕘圃、紹圃,又號復翁、佞宋主人等,長洲人。精於考校,極富藏書,刻書多種,江標撰有《黃丕烈年譜》,可參。傳有《士禮居藏書題跋記》《蕘圃藏書題識》等,余鳴鴻、占旭東點校有《黃丕烈題跋集》(上海古籍出版社 2013 年版)。但是黃氏的這篇序文實際爲顧廣圻代作,故此序又收在顧廣圻《思適齋集》中,篇題之下明標注爲"代黃蕘圃"(見《思適齋集》卷七、王欣夫輯《顧千里集》卷八)。

《國語》自宋公序取官私十五六本校定爲《補音》,世盛行之。後來重刻,無不用以爲祖。有未經其手如此明道二年本者,乃不絕如線而已。前輩取勘公序本,皆謂爲勝。然省覽每病不盡,傳臨又屢失其真,【輯證】○萬青案:王輯本無"其"字。終未有得其要領者。丕烈深懼此本之遂亡,用所收影鈔者開雕以餉世。其中字體前後有歧,不改畫一。闕文壞字,亦均仍舊,無所添足,以懲妄也。讎字之餘,頗涉《補音》及重刻公序本,綜其得失之凡而札記之。金壇段先生玉裁嘗謂:"《國語》善本無逾此!"其知此爲最深,今載其校語。惠氏棟閱本,借之同郡周明經錫瓚家,亦載之以表微。【輯證】○萬青案:周錫瓚(1736—1819),清藏書家。字仲漣,號香巖,又號漪塘,別號香巖居士,吳縣人。與袁廷檮、黃丕烈、顧之逵並稱乾嘉之時四大藏書家。顧廣圻謂:"右惠松涯先生校本真跡,在周漪塘家。近黃蕘圃翻刻明道二年本,予悉取入《札記》中,足以表其微矣。嘉慶甲子重閱記。"(見本書所錄顧氏題跋)是顧氏認爲黃氏借閲周錫瓚所藏爲惠棟校本真跡。但是顧廣圻校跋本所迻錄校惠棟識語並不多。參管窺者,以"某案"別之。【輯證】○萬青案:《札記》中以"丕烈案"出之者共224條,僅加"案"字者2條。旁述見聞,則標姓名。【輯證】○萬青案:《札記》引惠棟164條,稱"惠云";引段玉裁85處,稱"段云";引夏文燾8條,則標爲"夏文燾曰";引錢大昕、鈕樹玉各2條,分別稱爲"錢先生曰""鈕樹玉曰"。諸注疏及類書援引,殊未可全據,故多從略。總如干條爲一卷。【輯證】○萬青案:《札記》共678條,其中勘校《國語》正文410條,勘校注文268條。至於勝公序本者,文句煩簡、偏旁增省,隨在皆是。既有此本,自當尋按而得,苟非難憭,不復悉數矣。

嘉慶四年十月二十七日,吳縣黃丕烈書。

【輯證】○萬青案:王輯本於題目下標注爲"代黃蕘圃",故在"二十七日"下省去"吳縣黃丕烈書"6字。《續修四庫全書總目》著錄《國語札記》一卷,全文引如下:

《國語札記》一卷(《士禮居叢書》本),清黃丕烈撰。丕烈字紹武,又字蕘圃,號佞宋居士,吳門人。乾隆戊申舉人,官吏部主事。乾嘉時以藏書著名海内,得宋刻本至百餘種,因以"百宋一廛"名其齋。精校勘學,輯古書之佚,正舊本之誤,刊《士禮居叢書》,推重藝林,爲清代藏書家之冠。取宋本重刻《國語》《國策》,爲之校訂,並撰《札記》附於書後。以《國語》一書自宋公序取官私十五六本校定爲《補音》,世盛行之,後來重刻,莫不祖之。有未經其手者,僅宋天聖明道二年本,深懼亡失,乃以明道本重刻餉世,其中字體前後有歧,不改畫一。闕文壞字,亦均仍舊,無所添足,以懲妄也。又綜其得失之凡,校其訛誤之由，作成《札記》一卷，其體例與《國策札記》同一。以存古闕疑爲主。至本篇條款内容，乃摘其可疑者記之，謂"金壇段玉裁嘗稱'《國語》善本無逾於此'，今載其校語。惠氏棟閱本，借之同郡周明經錫瓚家，亦載之以表微。參管窺者，以'某案'别之。旁述見聞，則標姓名。諸注疏及類書援引，殊未可全據，故多從略。總如干條爲一卷"云，足見此書源流及《札記》取材。而校勘時審慎不苟，亦於此可見。按此編撰於嘉慶四年，全書前有嘉慶五年錢大昕、段玉裁二序，而《國語》本當以明道二年爲最古。錢遵王《讀書敏求記》舉《國語》"昔我先王世后稷"及"免胄而下拜"二事，證今本之誤。錢大昕於《敏求記》之外復得四事，《周語》"瞽獻曲"注："曲，樂曲也。"今本"曲"皆作"典"；"高位實疾顛"，今本"顛"作"僨"；《鄭語》"依疇歷華"，今本"華"作"莘"；《吴語》"王孫雒"，今本"雒"作"雄"。錢氏謂古本可寶，誠然。段玉裁謂："古書之壞於不校者固多，壞於校者尤多。壞於不校者，以校治之。壞於校者，久且不可治。"可謂名言。讀此書益信。故此書之長不在校勘精審，而在壹從其舊，即審之豕亥爛脱，但於《札記》正之，不易改本文。蓋仿鄭康成注《樂記》《中庸》之例，不僅使此書成爲完本，復矯正世人輕改古書之弊也。

《續修四庫全書總目》抄録了不少《札記序》以及錢、段二序的内容。黄丕烈的《札記》和序言都是顧廣圻代作。此序原收在顧氏《思適齋集》中，今已收録在王欣夫輯録之《顧千里集》中。檢李慶《顧千里研究》之《顧千里年譜》嘉慶四年（1799）："十一月二十七日，代黄丕烈撰《校刊明道本韋氏解國語札記序》，將所撰《札記》題黄丕烈之名，並助其刊行，收入《士禮居叢書》之中。"（氏著《顧千里研究》，上海古籍出版社 1989 年版，頁 68）又李慶本處有注釋，云："關於《札記》出於顧千里之手，前人亦有論及。神田喜一郎《顧千里年譜》是條下有按語曰：'《國語札記》題爲黄丕烈撰。但讀先生《跋影宋本國語後》一文,知此書於乾隆六十年經先生手校,則《札記》自應成於先生之手。且其《序》又爲先生代作,見《思適齋集》卷七,而謂《札記》不出於先生,其誰信之?'趙詒琛《顧千里先生年譜》亦云:'先生爲蕘圃撰影宋明道二年刊《國語札記》,並代寫序文。'"(氏著《顧千里研究》,同上,頁72)後在其增訂本中又進行了進一步擴充論證,出附錄《〈國語札記〉作者考》一篇(臺灣學生書局有限出版公司2013年出版,頁439~440)。實際上,清人錢保塘早就對顧廣圻代黃丕烈作《校刊明道本韋氏解國語札記》有明確的結論了,見前文。此外,段玉裁《答顧千里書(己巳)》:"足下昔年爲《列女傳》《國語》校語,尚就正於僕。"(《經韻樓集》卷一一,道光元年刻本,本卷頁44)管庭芬、章鈺《讀書敏求記校證》引嚴元照云:"嘉慶庚申蘇州黃氏讀未見書齋翻刊明道本,吾友顧千里代爲考證,附校記一卷。"(見下文)段玉裁雖然沒有說顧氏代黃丕烈作《札記》,但是已經提到顧氏校《國語》之事,也可以作個旁證。嚴元照則已經比較明確說明《札記》爲顧廣圻代作了。劉盼遂《段玉裁年譜》謂嘉慶己未:"是年,顧千里代黃蕘圃作《國語札記》,恒就正先生。"(《劉盼遂文集》,頁417)日本二松學舍大學的小方伴子2012年3月在《人文學報》第463號上發表《顧千里撰〈校刊明道本韋氏解國語札記〉成立考》一文,辨析更爲詳審,其文末並列有《國語札記》形成過程推導圖,比較直觀,今據其原圖,撮其大要(圖示如下頁)。

可見,顧廣圻在參照了惠棟校本、段玉裁校本、盧文弨校本和陳樹華《春秋外傳考正》的基礎上,形成了自己的校本,又在參照黃丕烈校本和盧文弨、段玉裁、夏文燾、李銳、鈕樹玉等人校語的基礎上爲黃丕烈代作《國語札記》,最終形成了黃丕烈讀未見書齋重雕天聖明道本《國語》(附《札記》)。

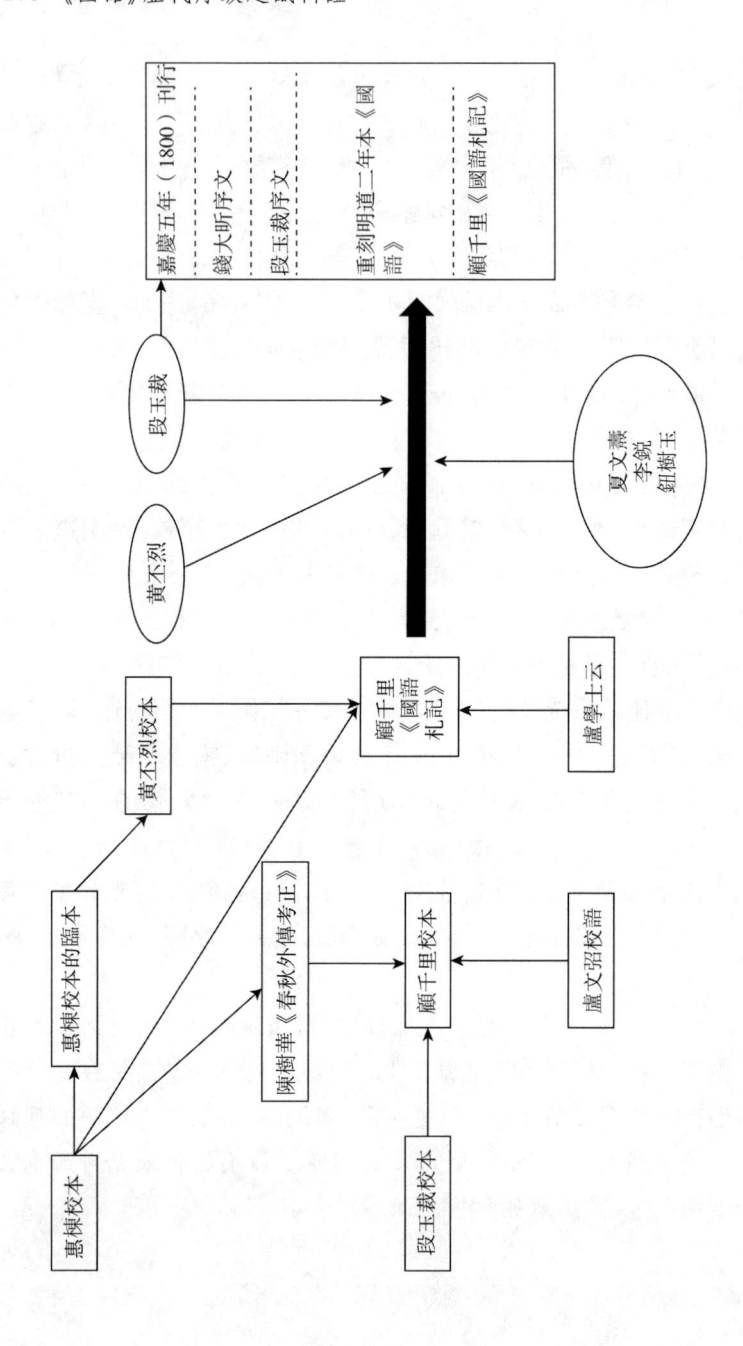

```
                    ┌─────────────────────────────────────┐
                    │ 嘉  錢  段  重  顧                    │
                    │ 慶  大  玉  刻  千                    │
                    │ 五  昕  裁  明  里                    │
                    │ 年  序  序  道  《                    │
                    │ （  文  文  二  國                    │
                    │ 1800                年  語                    │
                    │ ）                   本  札                    │
                    │ 刊                   《  記                    │
                    │ 行                   國  》                    │
                    │                      語                      │
                    │                      》                      │
                    └─────────────────────────────────────┘
                              ▲
             ╭─────╮          │          ╭─────╮
             │段玉裁│──────────┤          │夏文燾│
             ╰─────╯          │          │李樹銳│
                              │          │鈕樹玉│
             ╭─────╮          │          ╰─────╯
             │黃丕烈│──────────┘              │
             ╰─────╯                         │
                              ▲              │
                              │              ▼
    ┌──────┐                  │
    │黃丕烈│────────▶ ┌────────┐ ◀──────┐
    │校本 │         │顧千里  │        │盧學士云│
    └──────┘         │《國語  │        └────────┘
        ▲           │ 札記》│
        │           └────────┘
    ┌──────┐            ▲
    │惠棟校│            │
    │本的臨│            │
    │本    │     ┌──────────────┐
    └──────┘     │陳樹華《春秋外傳考正》│
        ▲        └──────────────┘
        │                ▲
    ┌──────┐             │        ┌──────┐
    │惠棟校├─────────────┤        │盧文弨校語│
    │本    │             │        └──────┘
    └──────┘        ┌────────┐       │
                    │顧千里  │◀──────┘
                    │校本    │
                    └────────┘
                        ▲
                    ┌──────┐
                    │段玉裁│
                    │校本  │
                    └──────┘
```

重刊明道二年《國語》序

(清)錢大昕

【輯證】○萬青案:錢大昕(1728—1804),字曉徵,一字辛楣,號竹汀,江蘇嘉定人。著有《潛研堂集》《十駕齋養新録》《恒言録》等書,今人已彙爲《錢大昕全集》。本篇見刊於黄刊明道本及其覆刻本、寶善堂本、尊經書院本以及徐元誥《國語集解》書首。徐元誥《國語集解》對於錢序有所勘校。今人劉光勝有《〈國語〉校點本漏收的底本"段玉裁、錢大昕兩〈序〉",特作校點注補正》一文,不知何時發表,唯見其手稿之二次稿。其稿中有利於理解錢序者,亦酌録入。

《國語》之存於今者,以宋明道二年槧本爲最古。【輯證】○劉光勝曰:槧本,木刻的版本。錢遵王《讀書敏求記》舉《周語》"昔我先王世后稷"及"皆免胄而下拜"二事證今本之誤,是固然矣。予於《敏求記》所記之外,復得四事:《周語》"瞽獻曲"注:"曲,樂曲也。"今本"曲"皆作"典";"高位實疾顛",今本"顛"作"僨";《鄭語》"依疇歷莘",【輯證】○徐元誥曰:明道"疇"作"繇"。今本"莘"作"莘";《吴語》"王孫雒",今本"雒"作"雄"。【輯證】○徐元誥曰:《內傳》"雒"亦作"雄"。此皆灼然信其當從古者,【輯證】○劉光勝曰:灼然,明顯透徹的樣子。今世盛行宋公序《補音》,而於此數事並同今本,則公序所採正未免失之牾疏。至如"荆嬀"之譌爲"剗嬀",《補音》初無"剗"字,是公序本未誤。然不得此本,校書家未敢決"劃"之必爲"荆"。予嘗論古本可寶,古本而善乃珍寶,於此本見之矣。【輯證】○耿文光曰:遵王所舉《補音》二事爲南宋本。竹汀所舉四事未知宋本何如。《國語補音》三卷,有南宋官刊本、明弘治刊本,亦三卷,本自別行。後來通行之本或合作一卷,刻於《國語》之後,或又分散於各句之下,或因繁蕪而刪之,或因疏漏而補之。明人刻書,任意變亂,而古書之面目遂不可識。余所藏《國語》有吳勉學校本,前有宋序《補音敘錄》,止刻正文而無音注。又見明覆宋本前有弘治十五年李士實序,每葉二十行,每行二十字,小字雙行,板心有字數及刻工姓名,"讓"字缺筆,蓋覆南宋刊本而字體粗惡,不足藏也。幼時所讀者爲明郭子章、周光鎬校本,亦不足據。今得黃氏校刊本而是書斯無憾矣。吳門黃孝廉蕘圃得是書而寶之,又欲公其寶於斯世。【輯證】○萬青按:《鈕非石日記》"七月十九日"下云:"詣黃蕘圃家,觀影抄天聖七年《國語》,末有義門跋二。"乃令善工重彫以行,別爲《札記》,志其異同。凡字畫行款,壹從其舊,即審知豕亥爛脫,但於《札記》正之,而不易本文。蓋用鄭康成注《樂記》《中庸》之例。宋世館閣校刊經史,卷末多載增損若干字,改正若干字,其所增改,未必皆當,而古字古音遂失其傳。予嘗病之,讀蕘圃斯刻,歎其先得我心,可以矯近世輕改古書之弊,其爲功又不獨在一書而已也。【輯證】○徐元誥曰:輕改古書固然不可,若明知有誤、確有可據,亦必以增改爲戒,如邢子才所謂"誤書思之,更是一適",是非存古,乃存誤也。何貴有校刊之學。此序方稱校得四事,復力戒增改者,戒輕改耳。特辨而存之。

嘉慶五年三月十二日,竹汀居士錢大昕書。【輯證】○萬青案:徐元誥《國語集解》"三"誤作"二",無"竹汀居士錢大昕書"八字。

重刊明道二年《國語》序

(清)段玉裁

【輯證】〇萬青案:段氏此序和錢大昕序初刊於黃刊明道本《國語》卷首,後世翻刻黃刊明道本者亦皆冠二序於《國語》全書之前。至上海師範學院古籍整理研究組點校《國語》,書前則不附二序。筆者曾在孔網上買到南開大學古籍整理研究所劉光勝教授撰寫的手稿,標爲《〈國語〉校點本漏收的底本'段玉裁、錢大昕兩〈序〉',特作校點注補正》,對上海師範學院古籍整理研究組點校《國語》不收段、錢兩序提出了批評,揭出二序的價值,並進行了注釋。本篇以及錢大昕序中稱引劉說徑出此稿。

乾隆己丑,【輯證】〇劉光勝曰:乾隆三十四年,公元1769年。予在都門。【輯證】〇萬青案:劉盼遂《段玉裁年譜》載段玉裁"(是年)春,入都會試。進謁東原於新安會館。東原始以師弟相稱。"(見載於《劉盼遂文集》,頁402)時東原師有北宋《〈禮記〉注疏》及明道二年《國語》,【輯證】〇劉光勝曰:東原,戴震(1773—1777),字東原,安徽休寧人。乾隆時修《四庫全書》,也召爲纂修官。他對天文、數學、歷史、地理、音韻、經學、語言學、訓詁、考據、哲學等都有研究。著有《原善》《原象》《孟子字義疏證》等。他是清代研究古籍的考據大師、著名學者、思想家。皆假諸蘇州滋蘭堂【輯證】〇劉光勝曰:清朱奂堂名。朱丈文游【輯證】〇劉光勝曰:朱奂,字文游。對藏書很有研究,祇要他看到線裝書的裝訂、題簽、根腳上的字,便知道該書屬於當時的某人、某家的藏書。

朱文游是乾隆時期的蘇州學者、藏書家。所照挍者。【輯證】○萬青案：前文引及孔繼涵《重刊趙注〈孟子〉跋》："癸巳之冬，東原徵赴京師，予謁諸寓，即出是本與宋刻《國語》及《補音》本見付。余喜劇，遂重校授梓。"（氏著《雜體文稿》，《續修四庫全書》第1460冊，頁426下）可知戴震贈予孔氏的所謂"宋刻《國語》"也當是一個抄校本，而非真宋本，從段氏本文所述也可進一步推知。予復各照挍一部，嗣奔走四方，無讀書之暇。辛丑，【輯證】○劉光勝曰：清高宗乾隆四十六年，公元1781年。乃自蜀歸金壇，又遇橫羋侵擾，不能讀書。壬子，【輯證】○劉光勝曰：清高宗乾隆五十七年，公元1792年。乃避居於蘇，【輯證】○萬青案：據劉盼遂《段玉裁年譜》，是年十月，段玉裁移家避居蘇州。頗多同志，黃君蕘圃其一也。常熟錢氏從明道二年刻本影鈔者在其家，顧君千里細意挍出。讀之，始知外閒藏書家《國語》皆自謂明道二年本，而譌踳奪扁，【輯證】○劉光勝曰：譌，錯誤；踳，雜亂；奪，脫；扁，同"漏"字。參縒乖異，【輯證】○劉光勝曰：參縒，高低長短不齊；乖異，荒謬反常。皆傳挍而失其真者也。今年，蕘圃用原鈔付梓，【輯證】○劉光勝曰：鈔，同"抄"，謄寫；梓，刻版，印刷。以公同好，此書之真面目始見。因思北宋《〈禮記〉注疏》，當年惠松厓先生【輯證】○劉光勝曰：惠棟（1697—1758），字定宇，號松崖，江蘇吳縣人。他搜集漢儒經學，編輯考訂，以詳博見長。撰《周易述》《易漢學》，專宗漢《易》。他是清代經學家。用吳企晉舍人【輯證】○劉光勝曰：吳泰來，字企晉，號竹嶼，長洲（治所今江蘇蘇州市）人，清乾隆進士，有"遂初園"，藏書萬卷，多宋、元善本。有《凈名軒集》。所藏刻本照挍流傳，今刻本聞在曲阜孔氏，【輯證】○劉光勝曰：曲阜，今山東省曲阜縣。孔氏，衍聖公孔傳鐸。安得如《國語》之不失其真也？或曰：此本瑜瑕互見，安必其勝於宋公序氏所定之本耶？余曰：凡書必有瑕也，而後以挍定自任者出焉。挍定之學識不到，則或指瑜爲瑕，而疵【輯證】○萬青案：上善堂本"疵"作"玼"。類更甚，轉不若多存其未挍定之本，使學者隨其學之淺深，以定其瑜瑕，而瑜瑕之真固在。今公序所據之本皆亡，惟此歸然獨存。其譌誤誠當爲公序所黜，而其精粹又未必爲【輯證】○上善堂本曰："必爲"不通。"必"下恐脫"不"字。公序所采，是以蕘圃附之考證，持贈同人。此存古之盛心，讀書之善法也。古書之壞於不挍者固多，壞於挍者尤多。壞於不挍者，以挍治之；壞於挍者，久且不可治。邢子才曰：【輯證】○劉光勝曰：邢邵（496—?），字子才。河間鄚（今河北省任丘縣北）人。仕北魏、北齊兩朝，任中書監、攝國子祭酒。是北朝反佛思想家、文學家。"誤書思之，更是一適。"【輯證】○劉光勝曰：引文見《北齊書》卷36《邢邵傳》。適（zhé 折），通"謫"，責備，譴責。以善思爲適，不聞以擅改爲適也。余既喜是書之出也，因舉余舊得是書之難、蕘圃今刊是書之意，用揭於篇首。嘉慶五年，【輯證】○劉光勝曰：公元1800年。歲在庚申三月，長塘湖居士段玉裁序。

《春秋外傳考正》論例

(清)陳樹華

【輯證】〇《涵芬樓燼餘錄》曰:《春秋外傳考正》二十一卷,清陳樹華撰,稿本,二冊,盧抱經校藏。元和陳樹華芳林撰。陳氏撰有《春秋經傳集解考正》,已見前。陳氏以宋庠《國語補音》宋槧絕少,明萬曆張一鯤、李時成等增刪割裂,附於韋注後,全失舊觀。嗣經翻刻,譌謬滋甚,因廣求善本並名家校本,悉心讐訂,撰爲是編。前有論例四條,綜敘纂述大意。盧抱經學士爲之校定,且多糾正。論例末陳氏自稱萬曆本增刪割裂,撰有《補音訂誤》一卷。此本不載,想遺佚矣。藏印:"盧文弨印""弓父""抱經堂寫校本"。〇萬青案:張元濟所著錄者即今北京國家圖書館藏本。陳樹華,字芳林,仁和人。段玉裁撰有《陳芳林墓志銘並序》,其序云:"乾隆辛丑,余自巫山引疾歸。南陔多暇,補理舊業,得盧召弓、金輔之、劉端臨諸君爲友。盧、金二君爲余言蘇州陳君芳林,以所著《春秋內外傳考正》五十一卷相示。余讀之,駭然以驚曰:'詳矣,精矣,內外傳乃有善本矣。'迻書其副,藏於家,用以訂阮梁伯《十三經校刊記》,顧余不識陳君。壬子冬,移居姑蘇。嘉慶辛酉,君乃自晉歸,容皃頎然,嚴毅厚重,相見恨晚。並得其《國語補音訂誤》及詩集觀之,詩集摘采於青浦王氏《湖海詩傳》矣。其全集三千七百首,生平舉動,一一可稽,如白樂天之《長慶》也。余與君居相近,然不能數見,遽於九月哭君溘逝。余歸自蜀,今三十年舊友如盧、金輩鮮有存者。吳門王禮堂、江艮庭、錢曉徵、汪明之皆樂數晨夕,亦相繼凋喪。若君則相識才數月,而旋失之,可不哀哉!辛未,君子承宗等將葬,請余志墓,余不敢辭。按狀,君諱樹華,字芳林,號冶泉,誥官兩廣都轉鹽運使。君以乾隆元年恩蔭貢生，補授湖南武岡州州同。公事註誤，回籍家居十載，閉戶著書。《內外傳考正》蓋成於此時也。已而得江西靖安縣縣丞，嗣陞湖口縣知縣，大吏保薦。"銘云："特授山西澤州府同知，旋以到任遲延，降補鄉寧縣知縣，乾隆六十年也。君莅官能聽斷，長官前侃侃辨論，無阿諂。姚巡撫棻、王藩司昶、善觀察泰皆服其才。其於民事，雖無某事某事可指，殆古所謂'日計不足，月計有餘'者與？讀君《遺命》一篇有云：'早知窮達有命，恨不十年讀書。吾所著惟《內外傳考證》《宋氏補音訂誤》可壽。'蓋君以勤學自任如此。君生雍正庚戌，享年七十有二。妻吳氏，誥封宜人，克謹婦道，卒嘉慶辛未，享年八十有四。子三：承宗，安徽試用主簿；次翊宗，啓宗。君長子也，後君之伯父拱乾爲孫。女三，適吳鋐、孔廣彬、吳雲錦。嘉慶十六年月日，葬君於某縣某鄉某原，吳宜人合窆焉。銘曰：或謂之循吏，或謂之儒林。古字古言，精熟有過於劉歆。千秋而後，過其墓者，知君於左氏之學綦深。"（《經韻樓集》卷八）根據段玉裁記載，陳樹華雍正庚戌（1730），按照"享年七十有二"計算，卒年爲嘉慶辛酉（1801）。孔廣彬爲孔繼涵之子，孔繼涵爲孔傳鐸（1673—1775）第三子。孔傳鐸有子六人，分別爲繼濩、繼溥、繼涵、繼汾、繼涑、繼澍。

一、宋鄭國公宋庠，勘定韋昭解左丘氏《國語》二十一卷，並據唐人《舊音》作《補音》三卷，流傳宇内。宋代槧本絕少，所習見者元大德本、【輯證】○陳樹華曰：弘治十七年，南京國子監丞戴鏞識云："元大德間刻本歲久缺壞，重刻七十五板，修刻六十八板。遂成全書。"云云。○萬青案：孔繼涵跋、孔廣栻錄、陳樹華校本《國語補音》二卷後錄有戴鏞識語云："右《國語》二十一卷，《補音》三卷，刻自元大德間，歲久缺壞，不便觀覽。大司成蘭溪章公與少司成泰和羅公謀補完之，命鏞召重刻七十五板，修刻六十八板,遂成全書。二公之心可謂公且仁矣。繼二公者,皆以二公心爲心,庶是書可以永賴云。弘治十七年七月既望,南京國子監丞赤城戴鏞識。"本書前文已引。陳樹華《春秋外傳考正》所云"大德本"或當是一個遞修的本子,並非完本。**明弘治十五年本**,【輯證】○陳樹華曰:前有刑部右侍郎李士實序,云:"大明郡守韓福得許節推讚舊本,屬清豐令陸崑重梓。"○傅增湘《藏園群書經眼錄·史部·雜史類》曰:《國語》七卷,明弘治刊本,十一行,行二十一字,黑口,四周雙闌。前有弘治十五年壬戌刑部右侍郎豫章李士實序,言太穀郡韓君福得許節推讚舊本,屬清豐令陸君昆書梓以行云云。後有題銜四行:"天聖七年七月二十日開印。江陰軍鄉貢進士葛惟肖再刊正。鎮東軍權節度掌書記魏庭堅再詳。明道二年四月初五日得真本,凡刊正增戍。"(庚申)○萬青案:陳樹華與傅增湘所見應該是一個本子。但是陳氏没有提及題銜四行,傅增湘所謂"題銜"並没有説是刻印還是書寫。查臺北"國家圖書館"藏有明弘治十五年本《國語》兩部,一部爲殘本,僅存卷十六至卷十八,但是是否有題銜,則不可得知。檢陸心源《皕宋樓藏書志》卷二十四云:"《國語》二十一卷,明弘治覆宋本,吴韋昭解,自序、李士實序(弘治十五年)。"又今安徽省圖書館藏有明正德十二年《重刊國語》七卷一部,這個本子實際上也是一個校宋本,滿篇都根據明道本用朱筆進行了改易,篇末也用朱筆題銜四行,或者傅增湘所見也是抄録而非刻印,則傅增湘所見弘治本或也是一個校宋本。今北京大學購入日本大倉文庫,通過《北京大學藏大倉本庫善本圖録》中的圖片可知,宋刻元明遞修本《國語》也是一個校宋本,用朱筆根據明道本進行了改易。可見,以明道本傳本對校公序本《國語》幾乎成了明末至清中後期學者的一種風尚。**二本俱别刻《補音》**。【輯證】○萬青案:别刻《補音》自北宋治平元年開始,至南宋紹興間刊本亦然。陳樹華所參元大德本亦别刻《補音》。明人刻《國語》者除了弘治十五年本外,尚有正德十二年明德堂本、嘉靖五年正學書院本等。嘉靖四年,咸寧許宗魯宜靜書堂本,【輯證】○陳樹華曰:字參篆、隸,意在復古。而譌體疊出,亥、豕未除。○丁丙《善本書室藏書志》卷八曰:右爲樊川許氏宗魯宜靜書堂刊本。前列韋昭序,次《國語補音序》。宗魯志云:按《宋志》,《補音》三卷音釋最詳,意義頗繁,附出則篇章不屬,別集則考閱亦艱,姑爾緩刻,獨存其序,志有此書。次國語注解諸家名氏,若鄭衆、賈逵、王肅、虞翻、唐固、韋昭、孔晁、宋庠,皆録其爵秩撰述。次諸國世系説,凡周、魯、齊、晉、鄭、楚、吳、越,皆祖春秋世系圖,書於首。次《國語古文音釋》,閩中王鎣識,云:"許子刻《國語》成,授鎣復校。既去六書,惟學士采焉。然童子授讀,尚迷心目,因校隨筆,以備遺忘,校終得字,凡五百有奇,命曰《國語古文音釋》,附於卷首,以便初學云。"○萬青按:《天禄琳瑯書目》已著録該本,見本書引。嘉靖戊子,吴郡金李澤遠堂本,【輯證】○陳樹華曰:雕刻甚工,前後無敘跋。○丁丙《善本書室藏書志》卷八曰:《國語》二十一卷,明嘉靖刊本(黃蕘圃校藏),韋氏解。吴韋昭注前有昭自序。此帙爲嘉靖戊子吴郡金李校刻於澤遠堂,有"士禮居""黃丕烈印""蕘圃"三印,並依宋本校譌。卷一後録錢遵王語云:"吾家所藏《國語》有二,一從明道二年刻本影鈔,一是宋公序補音南宋槧本。間以二本參閱,明道本《周語》云:'昔我先王世后稷'注云:'后,君也。稷,官。'則是昔我先王世君此稷之官,考之《史記·周木紀》亦然。而公序本云'昔我先世后稷',讀者不察,幾譌周家之后稷矣。'襄二十四年,秦師將襲鄭,過周國門,左右皆免胄而下拜'注云:'言免胄,則不釋甲而拜。蓋甲胄之士不拜,秦師反是,所謂無禮則脱也。'公序本又失去'拜'字,與注文文相違背。微明道本,於何正之?今世所行《國語》皆從公序本翻雕,知二字之亡由來久矣。"○萬青案:葉德輝以金李本爲精刻本。楊守敬云:"此爲明嘉靖戊子吴郡金李仿宋刊本。韋敍後有'金李校刻於澤遠堂記'。中間宋諱並缺筆,故知原於宋本也。按宋元憲作《國語補音》，取官私十五六本參校。今以此本校《補音》皆合，則知此即公序定本。自國朝黃蕘圃士禮居刻天聖明道本，而公序本遂微。不知明道本固有勝公序本處，而公序之得者十居六、七，即如卷一'昔我先王世后稷'，公序本無'王'字，錢遵王、顧千里、汪小米皆以明道本有此字爲奇貨，而許宗彦云：'韋解於先王不空，始釋王字，則此唯云先世，可知明道本未必是，以此本重刊，與明道本並傳，豈非合之兩美？'"（氏著《日本訪書記》，沈陽：遼寧教育出版社2003年版，頁65）羅振常云："《國語》二十一卷。吳韋昭注，明覆宋本。白口，半頁十行，行二十字，韋昭序後有"嘉靖戊子吳郡後學金李校刊於澤遠堂"小字一行。序大字，半頁七行，行十五字。宋諱字缺筆。觀其行式，爲覆宋本無疑。案《國語》宋刊，除明道本外，有紹興九年刊本，其行款字數與此同（見《邵亭書目》）。知此爲覆紹興本，特紹興原本必有字數刻工，金氏覆刻削去之耳。黃蕘圃校明道本，謂自有宋庠《補音》本後，此間更無一異本，乃明道本外又有此本，亦可謂鳳毛麟角矣。黃氏於明道本致極尊崇，紹興跋在明道之後，然於《補音》本外，獨樹一幟。試取明道《補音》兩本互勘，必有異同，若未暇耳。此本近代目錄極罕見收藏，惟孫仲容有明覆宋刊，謂宋諱皆缺筆，惟淳字不缺，此本亦然，因定爲南宋初年刊本，（見《半岩廬書目》），疑亦金李本也。丁巳冬得於海上，戊午七月理架書，再檢之，因書其端，並記歲月。"（羅振常遺著，周子美編訂：《善本書所見錄》，北京：商務印書館1959年版，頁40）羅氏所記較楊氏爲詳，楊守敬謂宋庠作《國語補音》，取官私十五六本爲校。實際上宋庠是以十五六本校宋緘家藏本，非爲作《補音》而校。《補音》是宋庠的專門著作，不是他校勘的對象，這也是要明辨的。二本不刻《補音》，今坊間偏行。萬曆年間，蜀張一鯤、楚李時成閱本，將《補音》增删割裂，附於韋注後，頓改舊觀。【輯證】〇潘景鄭《著硯齋書跋》曰：《國語》以士禮居仿宋明道本爲最善,次則明嘉靖戊子金李覆宋本譌字較少。嘉靖以下,等之自鄶,不足重矣。吾家舊藏元槧及金李刊二本,惜皆殘蠹過半,未快人意。黃刻則時置案頭,以資循覽而已。金李本自近歲涵芬樓影印流傳,益更盛行,實則黃本以外,無足資證也。此明季張一鯤刊本六冊,蓋丁丑新正得之崑山方氏者。張本《解》仍韋氏,而以宋氏《補音》條注其下,不別自爲帙,取便省覽,無復舊觀矣。開卷首行頂格,題"國語第幾";次行題"吳高陵亭侯韋昭解,宋鄭國公宋庠補音";三行題"明侍御史蜀張一鯤、楚李時戌閲,虞部郎豫章郭子章、選部郎東粵周光鎬校";前有張一鯤重刻序,次韋昭舊序及宋庠《補音》序,而目錄則銜接《補音》序後,別有校補《國語》,凡申述校補條例。每半葉九行,行二十字,版心下有刻工姓名,字體臃腫,漸失正、嘉摹古之風。全書經沈氏鎬生以三色筆校正,所據有宋元明各本,別取《史》《漢》《蕭選》比勘異同,間附前賢案語,眉端行間,硃墨殆遍,審於斯書致力之深,方之蕘翁《札記》,有過無不及矣。沈氏僅署印記,而不識里居及校勘年月,致無由核其事實耳。全書殘破殊甚,經方氏重裝,而文字校語猶多斷爛,不可卒讀,爲可憾耳。暇思羅列諸本,勘其異文,博采校語,勒爲一帙,俾與蕘翁《札記》附驥並傳。蕘翁有知,當不以續貂見嘲於地下焉。戊寅九月六日,雨窗識。○萬青案:《天祿琳琅書目》已經著録張一鯤本,見本書。明代是《國語》版刻史上最爲繁榮的時期,其中有兩個人對《國語》的廣泛傳播起著重要的作用,即張一鯤和穆文熙,張一鯤把《補音》散入《國語》相關本文之下,便於使用。穆文熙則將前此諸家評說以及個人評說蒐輯一起。二者都收到"一本在手而衆説畢具"的效果。所以明代時期張一鯤本之後,其覆刻本相當多,覆刻張一鯤本的行爲一直流播到清代。明人劉懷恕、鄭以厚更以張一鯤本爲底本,匯集柳宗元、穆文熙等人評語,分別刊刻《國語》二十一卷和《國語評苑》六卷,成爲資料性更強的本子。這個系統的本子成爲日本刻公序本《國語》系統的主要參照,從而形成道春點本、千葉玄之校本、秦鼎校本、高木熊三郎標注本這樣一個前後的淵源關係。清代校勘《國語》的學者所據版本也多是張一鯤本系列，如陸敕先所據爲張一鯤本，惠棟校本所據爲劉懷恕本，顧廣圻臨校所據爲李克家本。嗣經翻刻，譌謬更不可枚舉。崑山葛氏本猶踵其獘，【輯證】○萬青雲：檢昆山有永懷堂，爲明清時期刻書坊，萬曆年間曾刻《十三經》，崇禎六年（1633）曾刻《古文正集》。《古文正集》一編十卷，葛鼒（靖調）、葛鼐（端調）編選，共選入《國語》十數篇。但是葛氏所選《國語》看不出"踵其獘"之處，今見《清華大學圖書館藏善本書目》載有永懷堂刻《國語》二十一卷，八行二十五字，白口，左右雙欄，版心下刻"永懷堂"三字。陳氏所説的葛氏恐是下文所引張元濟跋文"葛本（穆文熙纂，葛重訂）"之"葛"。張元濟《明新建李克家校刊〈國語〉跋》云："錢遵王舉天聖本周語'昔我先王世后稷'及'左右皆免冑而下拜'二語，謂公序本脱'王'字、'拜'字爲遜。此亦爲公序本，檢二字故脱，然汪遠孫撰《明道本攷異》，謂二本亦互有優劣。明代所刻有張一鯤本，有金李本，有許宗魯本，有葛端調本，有盧之頤本，此爲新建李克家所刊，極罕見，舊藏拜經樓吳氏，兼有兔床先生手校之字，可珍也。公魯仁世兄命題，張元濟識。"（《張元濟全集》第 10 卷，北京：商務印書館 2010 年版，頁 110）葛端調本當即是陳樹華所謂"崑山葛氏本"，清華大學圖書館藏本標注爲葛鼒校正，永懷堂爲江蘇昆山葛氏刻書坊。其中，葛鼐，字端調。清人王步青撰《明孝廉葛端調先生暨太學易齋銅陵教諭繼曾三世墓表》，言葛氏先輩以及葛鼐生平大略，可參。下此無論矣。余故廣求善本並名家校本，悉心讎訂，冀稍復古書面目。

一、虞山錢氏有宋明道二年刊本，【輯證】○陳樹華曰：傳十一行，行二十字，注雙行三十字。此本頗異。錢遵王有印抄本，如陸敕先、葉石君輩，並凡藏書家均有校本。【輯證】○

萬青案："印抄本"之名，陸敕先先言之，實即"影鈔本"。孔廣栻臨陳樹華校本《國語補音》後有陳樹華識語云："吳中藏書家多有校宋本，皆從錢氏所臨本轉寫。"並錄錢士興、錢遵王識語。其間是非混殽、前後歧誤，觸目皆是。【輯證】○《文祿堂訪書記》卷二曰：《國語》二十一卷，吳韋昭注。清陸敕先、葉石君據景宋明道本校。又李明古校、張一鯤刻本。陸氏題曰："宋本半葉十行，行二十字，注雙行廿三字。共二百三十四葉。"卷末校記曰："校於豐玉堂。"書衣"遜敏齋藏本"題籤並印。鈐"宋本""善本""陸貽典又名貽芳""陸氏敕先攷藏""葉樹廉""石君""葉衍珍楚""李鑑、明古""錢天樹""覲玄""毛純孝子文""王景子佳""清歡客""歸來草堂""遜敏齋藏""唐翰題""鶡安秘籍""重熹鑑定""石蓮閣藏書"各印。陸氏手跋曰："錢遵王景寫錢宗伯家藏宋刻本與今本大異，今歸於葉林宗，借勘一過。戊戌夏六月六日，常熟陸貽典校畢識。"（"陸貽典"印）"葉石君爲余校此，今再校一過，改正處頗多。六月八日記。"（"敕先"印）葉氏手跋曰："戴剡源先生讀《國語》曰：'先儒奇太史公變編年爲雜體，有作古之材。以余觀之，殆放於《國語》而爲之也。'此真讀書好古之識。世無戴書人，但知蘇、歐通套評論之而已。洞庭葉石君識，時年六十有七。三月十一日識。"（"葉樹廉"印）附條李明古手記曰："宋本《國語》從來希有，義門先生以不得購見爲恨事。此書晚出，可謂唐臨晉帖矣。末冊有跋語，原委可證。"唐氏手跋曰："此條舊夾卷中，大似史西村手跡。石君後跋尾有'明古'二字朱文印，則當時瀏覽所及，遂書於別紙亦未可知。余近於吳市得西村姓名印，並押於副而記之。戊辰七月，書於抱山廔。"（附"史鑑"印）"陸氏從錢遵王景寫錢宗伯家藏宋刊本勘校手寫，始仲春，訖於季夏，歲在戊戌，爲順治十五年。至同治元年壬戌，閱二百有四年。嘉興新豐鄉人得寶藏之。"（"福地散仙"印）"是書舊藏同里沈氏稻香齋。咸豐癸丑。子壽八弟得之，寄至南清河。子壽篤於友愛，無他嗜好，而於予所好者，必購以寄。是本爲陸敕先先生手校宋刊,後有題記並葉石君跋語,源流具在,予寶愛甚摯。甲寅旋里,攜之行篋中,家藏於吳門相溪吟舫。陳氏庚申之亂,賴容齋伯仲攜遊東海濱,得不罹於劫。壬戌冬十一月十四日,容齋自海門來訪,於淮浦舉以見歸,如進故人,而子壽歿已兩日矣。嗚呼,傷哉!每一展卷,爲之泫然。同治二年春三月朔日,新豐鄉人唐翰題記於淮安郡丞公廳之唯自勉齋。"("唐翰題""歷劫不磨"印)"錢塘汪遠孫《明道本考異》所據宋公序《補音》,以明嘉靖間許宗魯、金李二本參訂異同。此本張侍御一鯤所刊許、金後,以所引異同證之,當與兩本無甚優劣。明道本外,以公序《補音》爲古,惜原本單行,經後人散附於卷中致失公序之舊耳。庚午二月十七日,重檢記。"("晉昌"印)丁氏手札云:"日昨承命對《國語》,歸時略校一過,知其校勘精細異常,在黃氏未刻以前,洵秘篋也。黃刻從錢鈔影宋本重刊,每半葉十一行,行大字十九至二十二字,夾注三十至三十五不等。卷末署名及增減之'減'字殘缺,並與校本相同。專此奉繳,祈即詧收。所有詩集即付去人帶下無誤。此請台安,不莊。世愚侄丁伊桑頓首。"章氏手跋曰:"吾吳士禮居黃氏刊天聖明道本《國語》爲覆宋佳刻,稱重藝林。其札記序語謂:'用所收影鈔者開雕餉世。'蓋即指校宋本《國語》跋所謂'繼得影寫明道本也'。惟是本果否即爲錢遵王影寫絳雲樓宋刻真本,抑係傳錄之本?蕘翁並未揭明。與金壇段氏序文謂'用錢氏原抄付梓'云云,微有不同。此本紀蕘圃跋校本所謂'陸敕先校真本,藏於西船廠(吾蘇巷名)毛氏者。'蕘翁當日未克親見,越百餘年,爲海豐吳氏得之。敕先於此書致力最深,再三讐勘,心細於髮,如字跡小有異同,必於第一見端摹眉上。'通'字爲宋真宗后劉氏父名,仁宗立,尊爲皇太后,故天聖間避諱作'逌''迵',明道間復舊,是爲天聖刻本之真據。葉林宗題語具存。末黏'宋本《國語》'云云一紙,乃義門弟子李明古鑑手跡,與書之後半眉上所黏校語係出一手。唐鷦庵以名字適同,目爲明之史西村,殊屬失考。前半欄下墨筆校語疑即李明古校出,由同人代爲繕正,友人或指爲義門弟子沈寶硯手書,證以蕘翁臨惠松崖校本跋語,謂'陸敕先本寶硯秘不示人',是此本先歸沈氏,後入毛子文家。寶硯校書甚多,似當年同學商量,審定迻錄,尚屬可信。毛氏印記既備列首尾,即蕘跋所記浙人。戴君經所臨之名,亦見於第六卷十五葉,合校勘諸尊宿彙成一書,精確可信。藏書簿錄中,鮮有過於此者。得見蕘翁所未見,可謂驚人秘笈矣。敬取士禮居刊本比勘,知敕先親見錢氏影宋真本與蕘翁所稱影鈔本尚多異同,一一記出。約分兩類:一爲陸改明本而與黃刊本異者;一爲陸仍明本而與黃刊本異者。陸仍明本尚可謂敕先係取明本之長,故未塗改。陸改明本則敕先校例精嚴,決非專輒爲之。據此,則黃氏所稱影寫明道本係屬傳錄之本,段序謂用錢氏原鈔付梓之說亦爲同好假借之詞也。因錄校記一通,謂石蓮先生正定。另有可備參考者,亦舉出附後。至墨筆校語及黏籤校語,是爲讀明本及影宋本互勘之助,則別錄一分藏之,不復備列。後敕先校畢之二百五十七年,歲在閼逢攝提格孟冬大雪節,長洲章鈺謹記。""甲寅秋日,海豐吳先生出秘笈命讀,因取吾郡士禮居景宋本比勘,成校記一卷。長洲章鈺記。"陸改明本與黃本異者:卷三"執厲公而殺之於匠麗也",陸改"殺"作"弑",黃本仍作"殺";"亦不可以施目也",陸改"不可"作"可不",黃本仍作"不可"。卷五"女知莫若婦男知莫若夫",二"知"字陸均改作"智",黃本均仍作"知"。卷八"抑撓志以從君",陸改"撓"作"橈",黃本仍作"撓"。卷十"進佐上軍爲升一等",陸改"爲"作"外",去"升"字,黃本"外"作"升";"直直擊",陸改上"直"字作"立",黃本仍作"直"。卷十三"荀首時將上軍",陸改"時"作"將",仍存下"將"字,黃本作"荀首將上軍";"顆之子魏頡也",陸去"也"字,黃本有"也"字。卷十六"物一無文",陸改"物"作"色",黃本仍作"物"。陸仍明本與黃本異者:敘"採唐虞之信善",黃本作"虞唐";"亦所以覺",黃本作"以所"。卷一"奕世載德",黃本作"弈";"奕亦前人也",黃本作"弈";"且猶不堪",黃本作"猶且";"以巫人有神靈",黃本無"以"字;"所以阜財用衣食者也",黃本"所"上有"其"字;"不得掌事",黃本"得"作"特";"諸侯將避遠也",黃本無"也"字;"降下也",黃本"下"上有"謂"字;"則上衡",黃本"上"作"尚";"自以子繼父之位",黃本"自"作"目";"文公三讓後就也",黃本"讓"下有"而"字;"心中則不偏也",黃本"中"作"忠"。卷二"三德仁義祥也",黃本無"德"字;"薄德而以地賂諸侯",黃本作"德薄";"其散亡乎",黃本"散"作"敬"。卷三"振救也",黃本"振"作"拔";"黎民阻饑",黃本"饑"作"飢";"周靈王之子太子晉之弟也",黃本作"周靈之太子晉止弟也",脱"王"字、"子"字;"終則復故樂也",黃本"復"作"奏";"周之分野也",黃本無"之"字;"凡神人以數合之",黃本作"人神";"而即慆淫",黃本"慆"作"恉"。卷四"以正班爵之義",黃本"班"作"斑";"薄其鳩不死",黃本"不"上有"而"字;"故請從司徒里舍也",黃本"徒"作"徙";"凡祭秋日嘗",黃本"祭"下有"祀"字。卷五"必當咨於忠信之人也",黃本"咨"作"諮";"旦至日中也",黃本"旦"作"早";"漆姓汪芒氏之姓也",黃本"氏之"作"之氏",無"姓"字。卷六"逆子糾於魯魯莊不即遣",黃本"莊"上無"魯"字;"使均平相應也",黃本作"平均";"謂四時凝釋之間也",黃本"凝"作"疑";"火旅也",黃本"旅"作"旗"。卷七"未知成不死而待君於曲沃之爲貳也",黃本"貳"作"二";"雖謂欲殺三公子也",黃本"謂"作"爲";"疆埸無主",黃本"埸"作"場"。卷九"謂異姓大夫曰舅"下無空格,黃本"舅"下空六格;"蛾析諫曰臣聞之",黃本無"諫"字。卷十"汝謂武王也",黃本無"謂"字;"故其聖敬之道",黃本無"其"字;"效郵非義也",黃本"義"作"禮";"豫三至五有坎象",黃本無"豫"字;"辰大火也",黃本無"也"字;"遽見之",黃本"見"上有"出"字;"馴傳也",黃本"馴"作"馴";"立其常官",黃本"官"作"宮";"加大夫之家田",黃本"家"作"加";"襄王周惠王之子",黃本無"周"字;"昭叔襄王弟",黃本"弟"上有"之"字;"以啟東道",

黃本"啟"作"求"。卷十一"其言匪非其實"(此葉影補),黃本"實"下有"也"字;"今陽子之情譿矣"(同上),黃本"譿"作"譓";"譿辯察也"(同上),黃本"譿"作"譓";"食采邑於賈",黃本無"采"字;"字季它"(同上),黃本"它"作"佗";"踰速也",改"踰"作"諭",黃本作"喻"。卷十二"何又加焉",黃本"何又"作"又何";"故王得免",黃本無"王"字。卷十三"魯成公十六年",黃本無"公"字;"請就死",黃本"死"作"也";"謂悼公元年",黃本"謂"下有"初"字;"不犯戮揚干",黃本"揚"作"楊"。卷十四"謂爲盟主總諸侯",黃本"主"下有"以"字;"和晉邑之大夫也",黃本"邑"上有"和"字;"歃飲血也",黃本"飲"作"歃";"夢公夢",黃本無上"夢"字;"殗放殗而殺也",黃本"放"下無"殗"字。卷十五"是余以狂疾賞也",黃本"是"作"與";卷十六"稻粱",黃本"粱"作"梁";"草萊",黃本"草"作"莩";"杞宋",黃本"杞"作"祀";"角犀豐盈",黃本"豐"作"豊";"角犀豐盈謂輔類豐盈",黃本"豐"均作"豊"。卷十七"不從其過行也",黃本無"也"字,空一格;"叔段圖篡莊公",黃本"篡"作"簒";"往都亳",黃本作"往亳都"。卷十八"義氏和氏是也",黃本"義"作"羲";"放縱則遂廢滯",黃本"廢"作"發";"民耕而食其中也",黃本"耕"上有"稱"字。卷十九"請王厲士",黃本"厲"作"勵"。卷二十"覺差壹飯之間",黃本"壹"作"一"。卷二十一"争者事之末也",黃本"争"作"事";"因人之善惡而福禍之",黃本"福禍"作"禍福";"至極也",黃本"極"上有"謂"字;"謂以辭告越王",黃本"謂"作"請";"子聽吾言與子分國",黃本"與"上有"吾"字。附陸注字不改字而黃本與注字同者:卷六"糾收也",陸"收"旁注"牧"字,黃本同"牧";"本其事行也",陸"本"旁注"求"字,黃本同"求";"赤旂大旂也",陸"大"旁注"火"字,黃本同"火";"遂人不至",陸"遂人"旁注"遠又"二字,黃本同"遠又"。卷九"欲令更命",陸"令"旁注"今"字,黃本同"今"。卷十"愛糞土以毀三常",陸"三"旁注"五"字,黃本同"五"。卷十六"賈唐說",

陸"唐"旁注"虞"字,黃本同"虞";"十億曰兆",陸"十"旁注"萬"字,黃本同"萬"。附明本存字陸校塗去,黃本作空格者:卷十七"楚其難哉",下解明本係"難以爲治"四字,陸校作方□,黃本空格。卷十八"臣何有於死"下解明本係"何惜於死"四字,陸校作方□,黃本空格。其他字體異同,如"于於""侯矦""貌皃""修脩""穌和""寔實""灾災""鄣障""狄翟""鄢鄢""懸縣""麻歷"之類,以無關宏義,舉不勝舉,故不備入記中。("章鈺""茗理題記"印)案卷九"晉莫不急"眉上黏附一條云:"前五行注,硃添兩'也'字,似誤,闌下墨筆云云。'也'字似誤,語同而筆跡不同,是。(鈺)跋中指爲李明古校出而爲沈寶硯寫定者,實非臆測。又保山吳偶能(慈培)新收寶硯臨校義門手校,硯箋與此闌下墨筆係出一手,更不必因沈氏未經署款,作然疑之辭也。承石蓮先生校,繕存清本,復加檢校記之。乙卯仲春。"("式之""消磨夢境光陰""墨汁因緣"印)又清吳枚庵據景宋校張一鯤本。有"吳翌鳳家藏文苑"印。吳氏手跋曰:"戊戌九月朔日,武林盧抱經學士以影鈔北宋本《國語》寄示,蓋宋序未有補音前本也。爰取家塾舊藏對讀,一點一畫不敢脫落,亦珍重古本之至矣。枚菴。"○萬青案:《文祿堂訪書記》的這一著錄詳盡,其記載相當重要。章鈺對黃刊明道本的點勘校閱與評價,對於我們重新認識和估價黃刊明道本的版本價值具有極其重要的學術意義。當然,現在發現了日本國立國會圖書館藏的朝鮮集賢殿校本,這是目前所能見到的明道本的最早刻本。以前,我在我的著作《小學要籍引〈國語〉研究》和《〈國語〉考校——以明本四種校勘條目爲對象》中一直把這個本子稱作"活字本",當時的考慮是,自己所參閱的《國語》傳本中唯此一部集賢殿校本。但是從版本命名的精準度上而言,這個本子應該稱作"朝鮮集賢殿校本"。關於這個本子的基本價值和意義,我在《〈國語〉考校——以明本四種校勘條目爲對象》中已經作了基本判定,引如下:"集賢殿校本從其整體版本特徵上而言,屬於明道本無可置疑。但朝鮮經筵在校訂的時候參照了公序本的某些本子,雖然總體上完全保留了明道本的特徵,但是恐怕不能算作純正的明道本。但集賢殿校本給我們提供了一些新的信息:(1)比如在《國語》韋注之下加注音注,是把《補音》條目散在《國語》相關内容之下,唯不稱《補音》而改稱'音訓'。一直以來,在中國本土認爲是張一鯤首先將《補音》各條散在《國語》正文之下,通過集賢殿校本的比勘可知,集賢殿校本要比張一鯤本早得多。祇是由於文化交流的原因,我們並不知道罷了。和張一鯤本不同的是,張一鯤本、道春點本等把《補音》音注《國語》正文之處置於韋注之前,音注韋注者置於韋注之後,而集賢殿校本所有注音訓均置於韋注之後。(2)在中國本土,明道本系統打破版本壁壘吸納公序本合理成分始於吳曾祺《國語韋解補正》,時間上已經相當晚了。通過集賢殿校本,可以把明道本吸納公序本合理成分這一打破版本壁壘的行爲提前將近500年。(3)可以爲《國語》在海外的傳播增添新的史實,爲中外文化交流尤其中國和朝鮮的文化交流提供佐證。(4)爲明道本在元明時期的流傳提供了有力的證據。集賢殿校本是早於毛鈔本、錢鈔本的明道本刻本。(5)集賢殿校本可以訂正黃刊明道本的某些缺失,也是黃刊明道本及其覆刻本進行校勘方面的重要版本和最爲權威的版本。"(新北:花木蘭文化出版社2015年版,頁362)在《〈國語〉彙校集解輯評(〈周語〉卷)》一書引言中進一步申述了這一説法。朝鮮集賢殿校本在參照公序本的前提下,最大程度地保留了明道本的基本特徵。該本漏刻之字、誤字都比較多。縱然如此,無論對《國語》文本還是對《國語補音》,朝鮮集賢殿校本都可以作爲一種重要的版本參照,對於《國語》明道本系統的重新梳理與進一步探討也具有很重要的學術價值。案宋庠《補音序》,以天聖中得同年生緘之本爲準,【輯證】○萬青案:鈔本"緘"旁增"寄"字,眉批云:"緘乃同年生之名,不得增'寄'字。"又用官私所藏凡十五六種互校,是其所見之本不爲少矣。天聖爲仁宗年號，明道乃仁宗改元。又案：宋庠《目錄》標識諸本題卷，則知明道所據刊刻之元本蓋亦其習見也。錢遵王《讀書敏求記》于《補音》中業已言之詳切著明者，顧弗深考，輒舉明道本之非是者筆之于書，貽誤後學，一何疏也。

《補音》蕪累重複處頗多，然未敢纖毫改易，致毫不躓之譏。其間議論，間有疏謬、不可從者，則舉而訂正之。至韋注中有爲宋氏删去、後人不考《補音》，妄據俗本混入者，輒爲抉摘，皆詳注本句下。【輯證】○萬青案：陳樹華本段所言，當是其校訂《國語補音》的體例，放在《外傳考正敘例》中不盡妥當。當然，陳氏在文末有一句"復爲《補音訂誤》一卷附於後"，故陳氏原意，《春秋外傳考正》和其《補音訂誤》合訂一起，所以其例言中有校訂《補音》體例。前文已經言及，《舊音》《補音》的撰述體例因襲《經典釋文》，在撰寫時恐怕也是隨文注音，後集輯爲一帙，故有一字音注前後凡數十見，"蕪累重複"實際上是其撰述特徵。中華全國圖書館文獻縮微中心北京圖書館1985年攝製的《國語補音》二卷，底本即爲明正德十二年明德堂刻本，清孔繼涵跋，孔廣栻錄，陳樹華校。筆者統計陳氏校訂《補音》條目共357條，《周語上》49條，《周語中》24條，《周語下》31條，《魯語上》22條，《魯語下》25條，《齊語》、《晉語二》、《晉語三》各11條，《晉語一》15條，《晉語四》28條，《晉語五》12條，《晉語六》、《晉語七》各6條，《晉語八》、《晉語九》各13條，《鄭語》7條，《楚語上》19條，《楚語下》16條，《吳語》27條，《越語上》3條，《越語下》8條。書前有題識一篇，云："陳樹華字芳林，號治泉，蘇州元和人，乾隆元年恩蔭貢生，山西鄉寧縣知縣。著有《春秋內外傳考正》五十一卷及《國語補音訂誤》，又有詩集三千七百餘首，生平舉動一一可稽，如白樂天之於《長慶》也。嘗作《遺命篇》曰'早知窮達有命，恨不十年讀書。吾所著惟《內外傳考正》《宋氏補音訂誤》可壽'云云。金壇段茂堂先生作《陳芳林墓志》極稱《內外傳攷正》之精博，謂足補正阮氏《校勘記》之缺失。此書僅有抄本流傳，海昌蔣生沐《東湖叢記》錄其自序一首、題識一首。嘉慶十六年，年七十餘卒，有子女各三人，其一適曲阜孔廣彬云。"《國語補音敘錄》旁書"乾隆乙未二月，借陳君（樹華）本，頁廿行，行廿二字。付兒栻謄一過"一行。書後有跋語云："元大德本、明弘治本、嘉靖本傳注行款皆合。今坊間刻本承譌襲謬，不堪寓目。如萬曆本（張一鯤、李時成、郭子章、周光鎬閱校，則有巴郡張一鯤本）、葛本（穆文熙纂，葛重訂）輒刪補《補音》，逐條附入，取便讀者，失卻古書面目，予所不取。"又孔氏跋云："乾隆癸卯校刻此書，校一過。秋七月六日辛卯，晨起，大雨初止，點完於秀南閣。"又一行語云："弘治十五年刊本，冶泉手校。"又云："壬辰六月假得滋蘭堂主人所藏元刻《補音》並何小山先生手校本，時適抱病。八月抄病起，起互勘一過。"根據孔繼涵《重刊趙注〈孟子〉跋》"癸巳之冬，東原徵赴京師，予謁諸寓，即出是本與宋刻《國語》及《補音》本見付。余喜劇，遂重校授梓"（氏著《雜體文稿》，《續修四庫全書》第1460冊，頁426下），戴震贈予孔氏的所謂"宋本《國語》"恐怕也就是明道本的校鈔本，《補音》本當即張一鯤本系列之本。微波榭叢書本《國語補音》在刊刻之時應該參考了陳樹華《補音訂誤》的研究成果。

凡它書徵引《外傳》字句有節取大義者，有轉寫脫誤顯然者，姑置弗采。其似無關重輕而不可廢者，摘取靡遺。其徵引韋注字句與今本不合者，有見輒錄。俾識古人元注往往為後人增刪，須藉互證也。

一、明道本異同若一一標舉，殊苦煩碎，茲于傳文，則擇其善者從之，兩通者偏錄之，非是者槩置之。其韋注字句亦詳加參定，胥歸至當。至若助語詞，【輯證】○陳樹華曰：如"也""矣"之類。諸家校本互異，第所增損，有與它書徵引相合,或文義較更明順完足者,則從之。無謂而贅者,悉仍見行衆本。元明諸本傳注間有異同去取,放此。

一、余手校《內傳》,字放石經,不事驚俗。《外傳》雖未列于學官,然古字多存,較勝《內傳》。其中字體有互異而不可兩從者,則舉一例其餘。【輯證】○陳樹華曰:如"竟""雍"加"土","絜""原"加"水","放""效"加"人"之類,不可從。今皆勘正。有舊本相承互異及經典所習見而不必改歸劃一者,則仍之。【輯證】○陳樹華曰:如"協""恊","穌""和","流""沊","貌""皃","雕""雍","鍾""鐘","于""於","搜""㨂","修""脩","役""伇","獸""獣","草""艸","灾""災","懺""攙","遅""遲","婚""昏","娶""取","鑑""鑒","罪""辠","驩""歡","嘆""歎","導""道","禦""御","贄""摯","媟""褻","孀""孀"之類。

葉、陸兩家校本號爲詳密,但有不當改而據宋本妄改疑誤將來者。【輯證】○陳樹華曰:如"殺"改"弒","游"改"遊","知"改"智","箸"改"著","蓺"改"藝","逞"改"退","辠"改"罪","雕"改"雍","穌"改"和","㮚"改"栗","盇"改"盍","陳"改"陣","農"改"農","暴"改"暴","烝"改"蒸","大"改"太","敝"改"弊","它"改"他","弦"改"絃","蚤"改"早"之類。是皆不曉字學,並不契勘《補音》,泥轉寫之差誤,蔑僅存之古文。老成名宿猶蹈此獎,毋怪後生矣。《國語》自宋氏《補音》本盛行,衆刻漸就湮沒,海內流傳若明道本者所僅見矣。要之,字句之間,宋氏校訂去從,豈無疏漏?全賴互參得失。即如元大德本、明弘治本,皆宗《補音》本也,間有與明道本合者,足知俗本又微失宋氏之舊矣。至《補音》三卷,由嘉靖本未刊刻,【輯證】○萬青案:嘉靖本,指許宗魯本、金李本,二本皆未刻《補音》。萬曆本妄加增删割裂,此編幾亡。【輯證】○萬青案:萬曆本,指張一鯤本。從此可見,陳樹華並未見聞過朝鮮集賢殿校本。實際上這個本子即便是日本的《國語》研究學者,到目前爲止,也没見到有提及的。故余作《外傳考正》記,復爲《補音訂誤》一卷附於後。【輯證】○萬青案:陳樹華的《春秋外傳考正》没有刻本行世,但是名氣很大,段玉裁、汪遠孫等人都稱引過陳氏的這部書,下面所附的蔣光煦文字也有介紹。檢清蔣光煦(1813—1860)《東湖叢記》卷五《春秋内外傳考證》云:"元和陳芳林樹華,著《春秋内外傳考證》五十一卷。自序云:'樹華性好《春秋左氏傳》,研精覃思久矣,每見俗本承譌,文義益晦,心病之。因念漢石經遺字,僅載于《隸釋》。《東觀餘論》《廣川書跋》諸書,魏晉石經俱已湮没。蜀宋石經年代較近,廼蜀石經絶無,宋石經多行體,未可全據,亦罕覯拓本。唯唐開成石經,歷千百歲劫火之餘,雖遭殘闕,巋然獨存。海内士林取則,此殆有神靈呵護者。至國初,顧亭林先生著《金石文字記》,信劉昫《唐書》,貶石經語,遂詳校《易》《書》《詩》《三禮》《三傳》《論語》《爾雅》,識其謬戾。孰謂所據摹本,屢入明嘉靖西安王堯惠等補刻,正《左傳》誤字計九十餘條,唐刻誤者實止數條。而石經與監本異同處,轉致疏漏,甚或以是爲非。朱竹垞先生弗察全卷,盡録《經義考》中。《開成石經》受誣多矣。竊懼其日就磨泐也,爰取《春秋左氏傳》,校讀再三。復假得南宋慶元重雕淳化元年監本《春秋正義》、南宋相臺岳氏《集解》本及架上元明諸刻本,並舊本陸氏《經典釋文》,悉力互勘,準古酌今,期歸至當,兼審定句讀,俾使誦習。字體放《石經》,通乎俗而不失乎古意,行款則依岳本。《釋文·左氏音義》六卷,附於《經傳集解》三十卷後,庶不紊舊次。又慮人之習,非勝是也。撰《考正》七卷,采異同,羅衆説,無關文字者略焉。明代刻本流傳最廣,間亦標舉其脱誤,使知釐正疑似皆有根據。亭林先生云:讀九經自考文始,考文自知音始。至哉斯言!樹華幼承庭訓,獲侍師嚴,長大無成,端居却埽,聊從事鉛槧,孜孜矻矻,繼晷焚膏,但冀少補藝林,即糾前修微失識者,諒必深鑒苦衷,恕其妄而教之耳。乾隆三十有五年庚寅,吴郡陳樹華識。'又云:'庚申冬晚,余由山右解組歸里,獲覯蕘圃黄君丕烈新刊明道二年《國語》,即用影鈔原書雕板,其嘉惠海内學者,功匪淺鮮矣。又附《札記》若干條,别爲一卷,志異同,評得失,更見公心。鄙著《考正》弄篋有年,因取録之,就正士林諸君子。嘉慶六年辛酉春正月,冶泉陳樹華識於響山書屋。'案:段懋堂大令玉裁《經韻樓集》有《陳芳林墓志銘》,謂所著尚有《國語補音訂誤》及詩集,均未見。"今北京國家圖書館藏有盧文弨抄本,本書所引用的陳氏《考正》條目即是國家圖書館藏盧抄本。該本條列的《國語》語句實際上是經過陳樹華斟酌各本勘定之後的,故陳氏的《考正》不僅僅是一部《國語》校勘學著作,也可以作爲一種新型定本進行參照。陳氏的《補音訂誤》没見單行本,但是有孔廣栻抄本,目前見藏在北京國家圖書館,見前文所述。

讀《國語》

（清）吳俊

【輯證】○萬青案：吳俊（1744—1815），字奕千，一字曇繡，號雲繡居士、竹圃、蠡濤等，江蘇吳縣人。清乾隆三十七年（1772）進士，官山東布政使。《蘇州府志》有傳，並著錄其撰有《救荒徵實》五卷、《榮性堂詩集》二十卷、《文集》十六卷、《榮性堂詞》。本篇出其《榮性堂集》卷十四。

壘培增築事殊奇，百里何堪作繭絲。
戰國不修循吏傳，晉陽尹鐸是吾師。

三晉居然抗祖龍，太行南北是提封。
宵兮面狠瑤心狠，一會藍臺滅智宗。

伯也而王敢僭訑，黃池昏戒計何愚。
可憐如火如荼裏，偏伍無非嬖大夫。

由來郢楚夥卿材，熊繹山林啟壯哉。
父死不教以芰祭，到爲有子建何才。

《增注國語》序

〔日本〕冢田虎

【輯證】○萬青案：冢田虎（1745—1832），號大峰，江户後期儒學家，日本高瀨代次郎著有《冢田大峰》一書（日本大正八年，東京光風館書店出版），對於冢田虎家世、遊學、著述等考述頗詳。據該書記載，冢田虎曾孫冢田翠麓對冢田虎一生著述進行過總結考查，統計冢田虎一生著述有《學庸國字解》《論語講録》《解慍》《孝經》《大學注》《中庸注》《冢注論語》《冢注六記》《皇極和談》《孝經和字訓》《聖道合語》《滑川談》《聖道得門》《冢注家語》《大峰詩集》《發字便覽》《學語》《冢注孔叢子》《補注尚書》《增注國語》《冢注毛詩》《大峰文集》《戰國策略注》《老子道德經》《管子牋注》《昇平日新録》《增注春秋左氏傳》《李伯紀忠義編》《史漢裨解》《冢注周易》《作詩質的》《冢田氏國風草》《畫錦行》《江尾往還蹤》《論語群疑考》《禮記贅説》《爲政講義》《弟子職補解》《正朔斷惑編》《大峰詩集》《大峰文集讀篇》《大峰文集遺篇》《隨意録》《大峰詩集遺稿》《聖道辨物》《孟子斷》《歷史綱覽》《入官第一義》《用字格》《見聞録》《唐宋類題》《禮記正義》《隨意録讀篇》《春秋左氏傳正文》《冢史孝經正文》《冢氏毛詩正文》《周易正文》等。（見該書頁217~222）據載，《增注國語》成於冢田虎五十七歲之時，寬政十二年十月著，亨和元年九月梓。本篇出《大峰文集》卷四。

　　《國語》之與《春秋》，實與《左傳》比，而爲其外傳也。《漢志》以後書録所題，非亦可問。然其爲書也，屬辭之體，文字之用，亦太與《左傳》相類，古而雅、簡而理。且其裁制事誼者，固非戰國諸子之所能也。陳涉之爲王，尊孔子魚，以爲博士太師。而涉讀《國語》，於申生事有疑焉，以咨之子魚，子魚對云："斯設教之言，皆書實事，累累若貫珠，可無疑矣。"以是觀之，從秦以前，魯國孔氏之學，舊以斯書與經典並學，亦可知也已。但斯書以爲《春秋外傳》，則十二諸侯、君臣之事，寧又無猶可以爲外傳焉者乎？而今斯數國之語，《晉語》獨多，《周》與《魯》次之，《楚》又次之，而《齊語》唯記桓公與管仲之事。他若景公與晏子之屬，豈又無可以傳焉者乎？且其所以爲《齊語》，與《管子·小匡》其事大同，而其文辭之正，則若彼優於斯矣。蓋斯取之於彼乎？抑彼取之於斯邪？是則不可知也。《鄭語》亦唯記桓公之事，桓公友是鄭始封之君，而春秋以前也。夫武公以後，子產之儔，其君臣之事，豈亦又無可以傳焉者乎？如《吳》與《越》，是春秋末事，舍吳王闔廬事，則夫差與勾踐之外，固將不有更可傳焉者。若夫秦、宋、陳、衛之國，則在春秋時，其事頗多，何爲其無一事之可以爲外傳焉者邪？如斯則不可亦不疑也。然則斯書亦遭秦之災，乃簡編紊亂，卷第散逸。至於漢興，雖賈生、史遷頗綜述之，劉光祿考校之，猶多殘缺，而非秦以前所傳之全書與？雖則非其全書也，然今斯數國之語，其所以采錄邦家成敗、君臣得失、雅訓懿戒，實亦六經流亞，而尤裨益於學者，則屬之聖學，以爲《春秋外傳》，非亦可閒然矣。虎自少壯好讀斯書，猶讀《左傳》，方其討論經義於斯内外二《傳》，以尋繹古訓，乃殆有獲焉。而至修其章句，則韋弘嗣之解既備悉矣。弘嗣篤學，在鼎足爭競邦，而博覽群籍，旁擇諸説，以作之解，督察大義，可謂勉矣。然而虎之固陋，與同志每讀斯書，於韋氏解未能發矇者,往往猶有焉。且斯版數本,魚魯謬誤,亦不鮮也。宋庠《補音》亦又有缺失。故講習之餘,訂文字之謬誤,補音韻之缺失,又間加愚見焉,以爲《增注》,以貽後生。若夫達士,則謂斯是屋下架屋,不敢辭其謗矣。舊本或有冠二三評語者,實是雞肋,學者舍之而可。傳述之由,則韋氏及宋庠之敍,其始末具焉。

校正《國語》序

(清)趙懷玉

【輯證】○萬青案:趙懷玉(1747—1823),字憶孫(一云字憶生),號味辛,江蘇武進人。乾隆三十八年(1773)任《四庫全書》編校,勘校《韓詩外傳》等。錢泳《履園叢話》卷六"味辛司馬"云:"趙懷玉,字憶生,江南陽湖人,爲恭毅公申喬曾孫。少讀書,刻厲爲學,家本素封。以乾隆四十五年高宗皇帝南巡,獻賦,賜内閣中書,擢侍讀,出爲山東青州府同知,以母憂去官。家漸貧,益自刻勵。發爲文章,粹然而純,淵然而雅,一以韓歐爲宗。所著有《亦有生齋文集》二十四卷,詩詞集若干卷。"

左邱明既爲《春秋内傳》,又稽其逸文,纂其别説,分周、魯、齊、晉、鄭、楚、吳、越八國,事起自周穆王,終於魯悼公,别爲《春秋外傳國語》,合二十一篇。以方《内傳》,或重書而小異,雖入於史家者流,而實則附經義以行者也。故《漢書·藝文志》雜入春秋類,鄭衆、賈逵、王肅、虞翻、唐固之徒皆申以注釋,今諸家並已散佚,所行於世者以韋氏解爲最古。其注簡而有要,大率參摭虞、唐之説而損益之。予嘗得嘉靖間閩中葉邦榮雕本,注多譌舛。又得常熟錢遵王印寫宋刻本校之,而宋本之譌亦復不少。【輯證】○萬青案:趙懷玉所得錢鈔本恐亦傳録本。因與門人嘉興戴經互相勘證,以求其是。【輯證】○萬青案:《皇清書史》云:"戴經,嘉興人,手寫吳文溥《霪林山人詩集》付刻,字皆行楷,洵佳本也。"如《周語》"王將鑄無射"篇,"我太祖后稷之所經緯也"注引《晉語》"辰以成善,后稷是相",蓋辰爲農祥,周先后稷所經緯以成善道。相,視也。宋本乃作"農以成善,后稷是祖",則宋本之誤也。《魯語》"海鳥曰爰居"篇,"抒能帥禹者也"注:"抒,禹後十世。"按《史記》"抒"作"予","十世"當作"七世",是宋本與閩本俱誤也。《齊語》"翟人攻邢"篇"鹿皮四个",閩本注:"个,枚也。"宋本作"分",注:"分,散也。"其説雖皆可通,不如"个"之爲愈也。《晉語》"獻公卜伐驪戎"篇"遇兆,挾以銜骨,齒牙爲猾",閩本注:"大夫占色。"與《周禮》同。宋本改爲"占兆",則又宋本之誤也。大抵宋本之劣者,往往不如後世校本之善。而今之藏書家輒奉爲金科玉律,相率承譌而不敢易,是又好古者之惑也。今舉一二以例其餘焉,非特此也。即韋氏之解,亦有難通處,如《晉語》"獻公伐驪戎"篇"驪姬請使申生主曲沃以速縣"注:"虞御史云:速,疾也。縣,縊也。"夫曰速申生之死,則主曲沃在魯莊二十八年夏,縊於新城在魯僖四年十二月,相距十一年,不可謂速,且不能逆料其必以縊死。是虞既誤於前,而韋引之亦誤也。唐柳子厚作《非國語》固有當理解處,然不揆今古,每以後世臆見懸斷前人,信如所言,則《内傳》可非者亦多,何必《國語》?宜宋江端禮有《非〈非國語〉》之作,而踵之者復有劉章、虞槃輩也。竊謂《國語》既附經義以行,韋氏之解簡,不可無疏以申明之,嘗欲補作正義以繼三《傳》之後。顧斯事體大,謭陋寡學,力思弗勝,又擾於俗緣,卒卒無間積之歲月,畧少端緒,良用自恧。未知它日能稍有成就否也?

讀《國語》

（清）徐經

【輯證】○萬青案：徐經（？1755—1835），字薰圃，祖籍江陰，生於福建永安官署。著有《雅歌堂全集》，分全集和外集，其中有《慎道集文鈔》二十六卷、《慎涉集詩鈔》六卷。另有《樂府》《春秋左氏禮經》《左氏兵法》《孫吳兵訣》《左氏精語》《公穀精語》《國語精語》《國策精語》《讀史存愚》《國風序說》《朱子事彙》《朱梅崖文譜》各一卷。本篇出《慎道集文鈔》卷二。

《國語》文體與《左傳》不同，後人遂疑非左氏筆，別左邱爲一人。不知左氏傳《春秋》，博採列國之史事，以排纂而成篇，故成一家之文。既乃擇諸史之渾厚、雄邁、奇變、駿厲諸作，錄而集之，故其文氣仍是各國之體，不能同於一家之文。且周、魯自異於齊、楚，而吳、越又不同於晉、鄭，當日各國多有史才，其文章因囿於風氣。何以？視《語》與《傳》不同，疑非左氏，並臆爲左邱《國語》。信非左氏自作，而經左編輯，即稱爲左外傳，亦無不可。司馬公謂《國語》不及《左傳》之精，蓋未細加詳審。劉炫、葉少蘊紛紛於姓名而辨別，則豈能知左者乎？

陳楓陛云：似此見解，則《非國語》《非〈非國語〉》可以不作。惜前儒皆未論及。【輯證】○萬青案：陳宸書，字楓階，閩縣人。乾隆間舉人，曾任慈利知縣。著有《養性齋經說》二卷、《李氏孟求詳注》四卷、《性理闡説》二卷、《論語話解》十卷、《陳心泉文稿》四卷、《賜葛堂試帖》二卷、《筠碧山房詩集》四卷等。

《國語》序

〔日本〕葛西質

【輯證】○萬青案：葛西質（1764—1823），字休文，號因是，日本江户後期儒者，生於大阪，定居江户，著有《葛西因是書簡》《大學辨錦》《中庸辨錦》《莊子神解》《道德經輯注》《通俗唐詩解》《葛休文存稿》《因是文稿》等。松村操編述《近世先哲叢談續編》卷下載葛西氏資料頗詳，可參。其《因是文稿》收錄在竹中邦香（1834—1896）編《天香樓叢書》，本篇即出《因是文稿》卷上。日本葛氏上善堂本即出葛西質。

讀書家求善本，猶良工之求利器也。器不利則不能致其巧，書非善本則意義不通。錢竹汀曰："古本可寶，古本而善真寶也。"有味哉，是言也。古本亦不無誤脱。黄氏之刻是書，字畫行款，壹從其舊者，雖云懲妄意，在存原樣，遺好古者。設使其書豕亥爛脱滿紙，好古者被之，覺如玩周鼎漢彝。況如是本，勝宋氏本者不少，不可不寶也。余嘗曰：讀書之法，神明爲先，善書次之。書雖善本，神暗對之，句失其句，讀失其讀。器雖利，拙手弄之，不啻不能其事，祇傷其指。書雖不善，神明對之，訛脱可意。如不可意，闕疑而已，不至壞古作者之文章。吾於《國語》有意而得者幾條焉。吾亦作札記，附之黄氏之後，且舉其尤者。《周語》"羊舌肸聘周"章"單若有闕，必兹君之子孫實續之"，"單"宜作"周"，其誤寫在注以前者也。《吳語》"吳王昏戒"章"孤以下密邇於天子"章注："孤以下,晉辭也。""以下"二字宜刪,蓋誤寫注文欄入正文。宋氏本亦如是。其誤寫在天聖明道以前者也。又有大可議,《越語上》篇文皆與《吳語》相映,其為一筆固亡疑也。至下篇文體異裁,事亦與《吳語》乖離。《越語上》篇云："十年不收於國,俱有三年之食。""國之父兄請報,遂滅吳。"據下篇考之,棲會稽之四年玄月伐吳,居軍三年吳師自潰。居軍初年為棲會稽之四年,吳師潰之年在棲會稽之十三年。且《吳語》寫范子在五大夫中,一寫其語。《越語下》篇專寫范子。意者,此一篇或是范子之書,後人妄取附之。柳子曰："《越》之下尤奇峻,而其事多雜,蓋非出於左氏。"之知其非一筆。先儒又有議《國語》與《左氏》非一家文者,可謂有明者也。今舉一事論之,黃池之盟云："吳公先歃,晉侯亞之。"《左傳》云："夷德輕,請少待之。乃先晉人。"蓋讓晉人先歃,非先晉人歃也。若以為吳先晉人歃,則"夷德之輕少待之""待"將作何解。且下文將囚景伯則云"乃歸景伯",欲伐宋則云"乃歸",事事見其不濟。事三用"乃"字,相炤成章。其不先晉人歃,斷可見也。作《國語》者誤讀《左傳》,注《左傳》亦因《國語》致誤,云："盟不書,諸侯恥之。"《國語》《左氏》非出一筆,如此之昭昭也。《周》《魯》《楚》三語典雅可尚,《齊語》似取之管子書。《晉語》雖詳悉,多見其劣。《鄭語》《越語》奇偉可喜。要之,《國語》不及《左傳》。蓋古作者多借題作文,如《國語》,以《左氏》事跡為題,洩其學問,布其文章,深閎傑異,務駭耳目,以圖不朽。與《左氏》據經文作釋演義者不同。昔人名曰《春秋外傳》,不明之論也。論至此際,固不可與信耳忽目者論也。故吾以神明爲先務。然尚須善本,工倕而操利器,王良而御駃耳。其又何難之有?

内閣文庫藏本《國語》題識

〔日本〕山田直温等

【輯證】○萬青案：内閣文庫藏《國語》本爲道春點本，鈐"林氏藏書""淺草文庫"等印。日本學者山田直温等人以李克家刻本進行校理，凡所勘校，大多識於上欄，偶或識於眉端，多數以"×，李本作×"出之，也有單寫異文者，多用朱筆，間用藍筆，文中對應之處往往朱筆加點或圈標出。並於卷三末頁前半面、卷六末頁前半面、卷十末頁後半面、卷十五末頁前半面有題識，交待校勘時間以及參與人員等。

文化二年仲春初三日，山田直温、依田利和、猪飼傑同校。

【輯證】○萬青案：此見卷三末頁前半面。以上三人參與了前三卷的校對。

二月六日，山田直温、依田利和、猪飼傑同校。

【輯證】○萬青案：此見卷六末頁前半面。以上三人參與了《魯語》《齊語》的校對。

乙丑二月七日，山田直温、野村温對校畢。

【輯證】○萬青案：此見卷十末頁後半面。以上二人參與了《晉語》(一至四)的校對。

乙丑二月八日，野村温、依田利和、横山樵同校。

【輯證】○萬青案：此見卷十五末頁前半面。以上三人參與了《晉語》(五至九)的校對。

乙丑二月初九日,依田利和、横山樵同校畢。

【輯證】○萬青案:此見卷十二十一末頁後半面。以上二人參與了《鄭語》《楚語》《吴語》《越語》的校對。山田直温、依田利和、猪飼傑、野村温、横山樵五人用五天時間校完。山田直温輯有《詞直路》二卷(有東京玉巖堂刻本),該書前有久米千壽(1804—1858)嘉永五年彌生三日序以及山田直温天保十一年十一月所作凡例。山本時亮有《七福神考》寫本著作一部,署"江户北皋山本時亮論輯"、"門人山田直温校訂",知山田直温爲山本時亮門人。其他人的資料則不知。日本文化二年爲1805年,該年在干支上屬於乙丑年。

上《國語定本》牋

〔日本〕秦鼎

【輯證】○萬青案:秦鼎(1761—1831),字士鉉,校著有《世説箋本》二十卷、《今世説》八卷、《春秋外傳國語定本》二十一卷、《春秋左氏傳校本》三十卷、《千字文約説》一卷、《古詩紀》十卷、《文選》六十卷、《楚辭燈》四卷、《補義莊子因》六卷、《韓文起》十卷等相關著作。黄遵憲(1848—1905)《日本國志》卷三二《學術志》云:"秦鼎,字士鉉,號滄浪,尾張人。"王海遠《論日本古代的〈楚辭〉研究》對於秦鼎有較詳細記述,云:"秦鼎是尾張藩藩校明倫堂教授,美濃人,字士鉉,通稱嘉奈衛,號滄浪、小翁、夢仙。其父是苅谷藩儒學家秦峨眉。秦鼎從其父繼承家學,後師從細井平洲。他長於校勘,有《春秋左氏傳校本》《國語定本》《世説箋本》《楚辭燈校讀》等。秦鼎翻刻了林雲銘的《楚辭燈》,同時秦鼎做了下列幾件事。一、卷首加了二篇序(尾張秦鼎《重刻楚辭燈序》《秦鼎又題》)。二、附了日本'訓讀'。三、对卷首附録的《屈原列傳》作了少量評注。四、在《楚辭燈》中並載屈復《新注》,用此方法讓讀者參照並讀。將秦鼎與淺見絧齊相比,淺見絧齊於1711年去世,而秦鼎1761年方纔出生,淺見絧齊的《楚辭師説》比秦鼎的《楚辭燈校讀》要早很多。因此,竹治貞夫將秦鼎確定爲日本最早的《楚辭》研究者,是不恰當的。"(王海遠:《論日本古代的〈楚辭〉研究》,《學術交流》2010年第10期)秦鼎氏《春秋外傳國語定本》於日本文化五年(1808)刊行,此後多次刊刻,流通頗廣,今日本各種圖書館以及研究機構藏有《定本》刊本頗多。在中國,近代很多書店也曾經出售過《定本》的印本,雷夢水(1921—1994)《古書經眼録》也有過著録,云:"《國語定本》二十一卷,(吳)韋氏解,(宋)宋氏補音,日本尾張秦鼎定本,文化六年(己巳)刊,即清嘉慶十四年刊。"(雷夢水:《古書經眼錄》,濟南:齊魯書社 1984 年版,頁 45)秦鼎的《春秋外傳國語定本》一共有兩個版本系統,一個就是秦鼎的《定本》,日本文化五年(1808)初刊,文化六年(1809)刊行,此後文化七年(1810)、文政二年(1819)、文政六年(1823)、天保十三年(1842)、嘉永七年(1854)、明治十七年(1884)續有刊行,多爲日本大阪、名古屋等地的書鋪刻本,皆依據秦氏滄浪居原刊翻刻;另外一個是高木熊三郎《標注春秋外傳國語定本》。近代中國一些書店即曾經在中國本土出售過《國語定本》。但是中國學者利用《國語定本》進行《國語》研究的卻比較少見,比較早的是鄭良樹和張以仁,二氏在 20 世紀 60 年代末期校證《國語》都以《定本》爲主要參據資料,中國大陸學者較早運用《定本》的是彭益林,彭氏 20 世紀 80 年代中期發表的論文中曾經運用到一條《定本》的材料。中國大陸學者較爲充分運用《定本》的材料是近幾年的事情,以俞志慧和筆者爲主。秦鼎《定本》刻本依次爲《上國語定本牋》,《國語定本題言》,《韋昭略傳》,《國語解敘》,《國語補音敘錄》,《國語定本目錄》,定本正文、村瀬誨輔識語,神野世猷《國語定本跋》。

臣鼎言:竊以鳥策代繩,逮虞史而記典;麟經微言,待素臣以明事。故經爲經,章成緯。史雖聖知,聖孰遺賢,傳皆深著而非空,固聳抑之爲要。語在列國,非道前志,胡凝焉?學次稷嗣,欲折衆義,猶難諸?況乎在今,務在循舊。若夫咨故實而師諸侯,藏良罟以爲永規,陳七德於王猷,審三選於國容,升臺則有道義之樂,初冠則進與善之戒、聽德之美,異夫譁囂多物之講,可以致和。是以鑑莫鑑乎人,正莫正乎水。惟持盈之與天,乃守成之在我。如此類者,更僕何終？隨便斷章，難可觀縷。臣鼎惶懼惶懼，頓首頓首，伏惟大藩金楨玉幹，世仰維城，黃燾白茅，永爲磐石。方今翼翼謹於侯度，振振富於春秋，自牖之忠，列于周行，獻芹之誠，充于小僚。兹賤臣所挍《國語定本》奉教，使上一本。臣鼎惶懼惶懼，頓首頓首。賤臣雅諳【輯證】○萬青案：諳，高木本作"暗"。三豕，謾治二《傳》。自《内》涉《外》，猶彼鑿河。雖求不中，亦蓬射革。二十有一，姑仍其舊。三百零七，未閲其數。筆出左丘，唯據"厥有"。書非完璧，疑者闕如。故今挍定，僅在字句。繡梓甫就，謹以獻納。敢塵乙夜青覽，庶亦末涓輸溟。伏願鴻慈曲成蒭蕘，臣鼎惶懼惶懼，頓首頓首。謹言。

　　文化七年庚午四月，儒官臣秦鼎上牋。

　　【輯證】○萬青案：秦鼎氏《上〈國語定本〉牋》約可分三個部分，首言《國語》之大要及其教化作用，次言上《定本》之由，最後言撰作《定本》之側重點。其中還牽涉到《國語》作者、《國語》是否完整，《國語》韋注自發明是否三百零七等。秦鼎遵從舊說，以《國語》作者爲左丘明。同時，他認爲今本《國語》並非"完璧"，懷疑有所缺漏。另外韋昭所言的"凡所發明，三百七事"，他也没有找全。秦鼎提出自己的著眼點所在爲"僅在字句"。高木本云："此序故倉林忠連書，今兹明治十七年甲申八月田中嬰書之。"

《國語定本》題言

〔日本〕秦鼎

　　【輯證】○高木熊三郎曰:《雕題》稱《國語》爲"春秋外傳",其說尚矣。未知創於何人妄說已。蓋一部二十篇,無言及《春秋》者。其一二稱"春秋"者,皆孔子以前之《春秋》矣,非孔子《春秋》。此可以徵焉。《左傳》之於《國語》,《史記》之於《國策》也。《國語》之類古尚有數種,左氏作傳,通觀於諸編,采擷入于其書,故其書或合或離。且其事同者,觀其繁簡,亦可以知其琢磨之巧矣。孰謂二書同手哉?《國語》繁而冗,《左傳》簡而潔,故見峻絶壁立之高,冗亦有温潤悠揚之美,好尚在人,未可以此決其文之巧拙。○高木熊三郎又曰:《左傳》采集諸書以解經者,故有貪簡之意。《國語》各章説一事無意於煩簡,長短任意耳。焉得比擬作論哉?○萬青案:題言在序文之後。

　　定者何? 定誤也。字有正不,書有佳惡,是以有定之。曰:自定之乎? 曰:古人。古人所左,余亦左之;古人所右,余亦右之。然則古人無過乎? 曰:字有正不,書有佳惡,古猶今也,是以取舍在我。大則從某云云,小則從其同同。

　　韋氏何如? 曰:名學。然則其解無過乎? 曰:人無全,說有遺,古猶今也。然則曷爲獨取乎韋? 曰:前此有解矣,後此有解矣,而今唯傳之,則吾舍此何適? 曰:孔晁如何? 曰:一二得之乎《内傳疏》中。

　　曰:近日學者往往異言乎韋? 彼皆非與? 曰:否。我惡夫不細讀韋而輕議之者爾。曲有誤,周郎顧。善聽曲者而後顧之,是以退作《周顧》。【輯證】○萬青按:根據秦鼎的説法,他尚有《國語周顧》一書。而且在文化六年刊本《國語》書後登有廣告。

曰:校書大役也,今獨訂之乎?曰:二三門生而童烏亦與於斯,則説不能廣,以此。曰:事莫若咨,曷爲不與大方君子議?曰:然。我固亦願諸君子顧而教之。

雖然,專則不能,謀則無與,是以敬學而好道,私心雖衷,不敢謂是。必古人之由,范獻子我師也。今所定者字已,事已鄙鄙,業已瑣瑣,然不敢自謂是者,以此。

門有專,家有業。律曆天文,非汝所知,今略及之何?曰:得之乎其人與其書矣。曰:其人其書固無過乎?則亦汝所定,果是耶?曰:循其本子。曰:非汝所知云者。是已知吾不知之也,故曰:吾所待者特未定。

雖所待未定,然而其書則明道本,其人則黃氏、關氏,【輯證】○萬青按:黃氏即黃丕烈,關氏即關脩齡。此其翹翹。今所定多待乎此。

聞昔宋公序取官私十五六本校讎此書,今則亡哉!惟余校讀《內傳》,餘業及此。乃疑杜注、孔疏亦爲此書設,挹彼注此,可以滌瑕。韋、杜之政兄弟也,而孔疏、宋音實爲忠臣。

明人好刪定古書字句就己,陳、閔等本皆是。是不足據也,今或引之何?曰:賢乎取之我臆。

曰:嬴者吾子也。雖然,吾子於二《傳》畢竟何如?曰:余好讀之。讀韋仰韋,讀杜仰杜,未嘗輕議之。而退有獻替,自謂亦忠之屬也。余嘗題《左氏讀本》曰:方今大平二百年,學校如林,閭閻詩書,人亦孰不謂説書?然能説書者未必能讀書。故其施國讀於漢籍,面非愴父,則痒在靴下。余恨之,是以好讀書。

【輯證】○萬青案:由秦鼎《題言》可知:(1)《定本》是秦鼎和自己的幾個門生一起完成的。(2)秦鼎對於輕易否定韋昭的做法是不贊同的,而且秦鼎還做有《國語周顧》一書,尤其在文化六年刊本書後還刊出了"《國語周顧》嗣出"的廣告,但是今檢秦鼎氏無《國語周顧》留下來。則《國語周顧》本爲其撰述計劃,或已在寫中,惟未流傳於世而已。(3)提出了用明道本進行參校,並廣泛採用黃丕烈《札記》、關脩齡《國語畧説》的説法。用明道本爲參照校理公序本《國語》的做法,最早當從清人修纂《四庫全書薈要》開始。薈要本有43條校勘記,都是以明道本改易公序本。當然,除了這43條之外,還有其他一些改易的地方,一直到《文淵閣四庫全書》《文津閣四庫全書》一直保持了這樣一種慣例。此後。董增齡撰作《國語正義》,明確提出"宋公序《補音》本及天聖本兩家並行,近曲阜孔氏所刻用《補音》本。今兼收二家之長,而用《補音》本者十之七八云"。秦鼎氏亦用明道本參校改定公序本者衆多。檢秦鼎《春秋外傳國語定本》多引經籍注疏爲證,且時以明道本改易本文,其本標明"今從明本""今以明本補之"者246處,指明與明道本不同者204處。另外,秦鼎《定本》尚參照盧之頤本、鍾惺評本、《國語評鈔》、閔齊伋《國語裁注》、陳臥子本、陳明卿本等多種。今檢《定本》,參盧本30處,閔本15處,鍾本8處,《評鈔》10處,陳臥子(子龍)本1處,陳本42處,陳明卿(仁錫)本、《古文析疑》各1處。其所引陳本是自陳臥子本還是陳明卿本,因未能見二陳全本,未敢斷言。(4)參酌衆家,按以己意。檢《定本》參《札記》137處,所參《札記》占到黃丕烈《校刊明道本韋氏解國語札記》總條目的20.21%。此外,秦鼎還廣引衆説,檢其所引,有《略説》94條,《增注》81條,

"淇云"(包括"淇園云"1條)47條,太室(大室)16條,渡蒙菴(包括渡氏1條)4條,神氏4條,陶望齡9條,陶云11條,林西仲云2條,林云16條,盧(包括盧氏)、穆文熙(包括穆云)各3條,孫鑛2條,孫云7條,《經史問答》2條,藤子、滕氏、東涯、文徵、翁云、何氏云、鍾評、阮諶各1條。(5)對於明人並不排斥,而是擇善而從。明人在古書刊刻上好弄玄虚。但從《國語》明刻本上看,還是有一些比較好的本子,不能一概否定。秦鼎的做法是可取的,如上所述之盧之頤本、鐘惺評本、《國語評鈔》、閔齊伋《國語裁注》、陳臥子本、陳明卿本皆《國語》明本之列。(6)説明撰作緣由,即"校讀《內傳》,餘業及此"。秦鼎是在校《左傳》的時候因爲《左傳》與《國語》的關係密切,故而也校及《國語》。自漢代以來,學者治《左傳》者多治《國語》,如賈逵、鄭衆、服虔等。即便不專治《左傳》者,亦對《左傳》相當熟悉,如韋昭,其所解《國語》往往引《左傳》以明《國語》之義。至宋人宋庠、清人汪遠孫、董增齡、近人吳曾祺、徐元誥等,則唯治《國語》,不治《左傳》。然其説解中亦時時引述《左傳》以明《國語》。秦鼎則兼治《國語》《左傳》,轉相發明者至夥。

《國語定本》跋

〔日本〕村瀨海輔

【輯證】〇萬青案：村瀨誨輔（1781—1856），是秦鼎弟子，編校有多種漢籍，協助秦鼎校《國語定本》《左氏傳校本》《文選》等書。村瀨氏的這個識語主要交待了兩個方面問題：(1)《定本》的基本理路；(2)諸弟子的分工。從其識語中可知，秦鼎的《國語定本》行世在《左氏傳校本》前。

惡易指，美難察，而用之實難。是匠石之言也。讀書亦然。今治《左》《國》者，必由韋、杜。由焉而背馳之，庇焉而斧斯之，亦學者之弊也。我先生則否。由循之，察用之，枝葉不遺，《定本》乃成。《國》今問世，《左》亦嗣出。余與二三子從事校字，獨奈大木之下，落葉難掃，遺塵猶有，是其罪實在余輩。但律數則永田子適，推曆則箕曲發蒙，亦先生所與議焉。若夫總校，則神野文徽之力居多云。

尾張村瀨誨輔謹識。

《國語定本》跋

〔日本〕神野世猷

【輯證】○萬青案:神野世猷(1772—1854),是日本江戶時期後期的漢學家,秦鼎的弟子,即村瀨氏識語中提到的"神野文徽"。著有《紀平洲先生年譜》《大學簡解》等書,校編有《唐詩選》《韓文起》《孝經》等,並協助秦鼎進行《左氏傳校本》和《國語定本》的撰述。

韋解《國語》,舊刊頗有脱誤。佳不雜糅,學者不察,見以爲正。至或有就之強爲説者,幽昏極矣。秦先生撿閲數本,旁據諸書,一一昭明之。又取其義有異、續有闕,班序而標揭之,物始有所歸矣。夫《春秋》内、外《傳》,高古簡奧,不易輒窺。而《外傳》律曆司載,難讀爲多。今二書《定本》出,乃使夫講貫者不亦眩惑,可謂其光耿於世矣。而此刻先成,又可謂茅於前行矣。

文化六年己巳夏六月,尾藩神野世猷識。

浦墉金李本《國語》題記

（清）浦墉

【輯證】○萬青案：浦墉不知誰氏。原本今在臺北"國家圖書館"。善本題記，由"中央圖書館"特藏組編成《標點善本題跋集錄》一書，由"中央圖書館"於1992年出版發行。本文即錄自《集錄》。文中"[ ]"標識亦爲原書所加。

余得校本《國語》，暇時宋本覆校，一一精確，昔[惜]乎圖章刋去矣。《絳雲樓書目》載之校宋本明刻《國語》二十一卷，未識即此是[此是二字疑倒]本。大抵雍、乾之間，虞山錢牧齋之圖記，諸君以爲惡之而別去，然則牧齋之才，天下名重一時，晚入内典佛老之學紛紛，故而晚年之□[疑爲過或遇]耳。但書畫之圖記盡去，彼名跡不没於天下，如得絳雲樓書畫而藏之，何必割除眉目，愛其才求之不可得，惡其名而拙矣，實謂無關藏之。時嘉慶十五年，歲次庚午，暮春之下旬。

《鄭堂讀書記·國語》

（清）周中孚

【輯證】〇萬青案：周中孚（1768—1831），字信之，別號鄭堂，浙江烏程人。撰有《鄭堂讀書記》《補班馬異同》《孝經集解》《逸周書注補正》《顧職方年譜》《子書考》《鄭堂雜記》等。本處所錄即出自《鄭堂讀書記》。

1.《國語》二十一卷（讀未見書齋仿宋本）

吴韋昭注。昭字宏嗣，雲陽人，官至中書僕射。《四庫全書》著錄：《漢志》作二十一篇，左丘明著；《隋志》作《春秋外傳國語》二十二卷，韋昭注；新舊《唐志》《宋志》俱作《春秋外傳國語》韋昭注二十一卷，《隋志》、二《唐志》載虞翻、唐固注亦俱作二十一卷，惟二《唐志》載王肅注作二十二卷，知《隋志》韋注二十二卷之誤也。《史通·六家篇》稱，左丘明既爲《春秋內傳》，又稽其逸文纂其別説，分周、魯、齊、晉、鄭、楚、吴、越八國事，起自周穆王，終于魯悼公，別爲《春秋外傳國語》，合爲二十一篇。其文以方《內傳》，或重出而小異，此亦六經之流、三傳之亞也。宏嗣序亦稱"其文不主于經，故號曰外傳。所以包羅天地、采測禍福、發起幽微、章表善惡者，昭然甚明。實爲經藝並陳，非特諸子之倫也"，因采鄭衆、賈逵、虞翻、唐固諸家之注，參之《五經》《內傳》《世本》《爾雅》諸書以爲之解。凡所發正，三百七事。黃氏《讀書日鈔》謂《國語》文宏衍精潔，韋昭注文亦簡切稱之。誠哉其簡切也！今鄭氏以下諸注及晉孔晁注久佚不傳，斷推宏嗣注爲最古。而繼此亦無有爲之注者，惟宋公序有《補音》三卷云。此本爲嘉慶四年，吳縣黃蕘圃得宋明道本而校刊之，前有錢竹汀、段茂堂二序，後有蕘圃《校刊札記》一卷。

2. 別本《國語》二十一卷（明刊本）

吳韋昭注，宋宋庠補音（庠字公序，安陸人，徙居雍丘。天聖二年進士第一，歷官檢校太尉平章事、樞密使，封莒國公，以司空致仕，謚文憲）。案：公序《補音》本附韋注之後，後人鈔出別行，故《宋志》載有三卷。明張一鯤與郭相奎取《外傳》之文，各分四國訂之，注仍韋氏，益以宋氏《補音》，條注其下，間多脫誤，蓋非其舊。然便於學者循誦，故坊本俱照此翻刻焉。前仍載宏嗣原序、公序敍錄及張氏刻序，併《校補國語凡》七條，後載萬曆乙酉新都吳肅卿汝紀跋。

3.《國語補韋》四卷（新刊本）

國朝黃模撰（模字相國，號書厓，錢塘人）。書厓以《國語》韋注尚有未備，故爲之補。夫既爲補韋，必如惠松厓之《左傳補注》，究極訓詁，博極羣書，從此毫無賸義，方無忝于"補"之一字。乃僅掎摭近代人書以疏通之，所引古書殊覺寥寥，且併《竹書紀年》亦援以爲證。試與之讀王伯申《經義述聞》第十二卷，當爽然自失矣。

4.《左國腴詞》八卷（文林綺繡本）

明凌迪知編。迪知仕履，見"雜史類"《四庫全書存目》,《明史·藝文志·類書類》亦載之。洪景盧有《左傳法語》,其書不傳。稈哲爲之補編,益以《國語》一書,總曰《左國腴詞》。《左》集分四十類,凡五卷;《國》集分四十三類,凡三卷。門類大同小異,蓋以兩書文詞有判然不相同也。其標明門類,摘字爲綱,而注正文於下,頗便於檢閱,以供修詞之用。殊勝於景盧所編者矣。前有萬曆丙子自序。

5.《國語合評》二十一卷、《國策合評》十二卷(原刊本)

明陳仁錫、鍾惺合評(仁錫字明卿,長洲人,天啓壬戌賜進士第三,官至國子監祭酒,追謚文蔣。惺字伯敬,竟陵人,萬曆戊戌進士,官至福建提舉僉事)。是編蓋明人取《國語》《國策》二書而合刻之,並取明卿評語置之行閒、伯敬評語列于簡端,蓋各據兩家評本采入,而圈點悉依伯敬之舊所有。注釋《國語》用韋昭注、宋庠補音;《國策》用鮑彪注,參以吳師道補正。均略有取删補,非其原文。蓋明人凡刻古書,例皆如是。謂必如是,然後見其有所改定,非徒翻刻舊文也。但兩書正文絕不删節,尚可以供童蒙之誦習云。前有凡例,題曰"二乙堂識",真坊本也。并于《國語》前載宋庠序,《國策》前載劉歆、耿延禧、姚宏、曾鞏、鮑彪、吳師道、陳祖仁七序。

天聖明道本《國語》跋

(清)許宗彥

【輯證】○萬青案:許宗彥(1768—1818),字積卿,一字固卿,號周生,清德清人。精於經學、算學、天文等,有《鑒止水齋集》二十卷傳世。錢林《文獻徵存錄》卷七有許宗彥傳記載其生平事跡較詳。本篇出《鑒止水齋集》卷十一。

宋公序取官私《國語》十五六本,以校其宗人緘之本,可謂詳矣。自宋以後,咸宗其本。近有影鈔天聖明道本,世以爲勝于公序本。蓋不然也。《周語》"昔我先世后稷",天聖本有"王"字。按韋解曰:"后,君也。稷,官也。父子相繼曰世。謂棄與不窋。"下云:"我先王不窋。"章解曰:"不窋,棄之子。周之禘祫文武,不先不窋,故通謂之王。"尋韋于上釋"世"字,于下釋"王"字,則下稱"先王"而上惟云"先世"可知也。戴東原謂:不窋以上闕代系,此本與韋異義,以《史記》爲證可也,以天聖本爲證,則天聖固不足證韋氏誤矣。"瞽獻典",天聖本作"曲",《左傳·襄十四年》正義亦引作"曲"。《補音》云:"本或作曲,非。蓋西周以前未有以聲歌爲曲者,歌曲自是周末語耳。"公序所校當矣。"王耕一墢下"韋解,天聖本無之。考之《詩·載芟》正義與《文選·籍田賦》注,皆與公序本合。"左右免胄而下,超乘者三百乘",天聖本作"下拜",又增韋解廿餘字。按傳明云"師輕而驕,輕則寡謀,驕則無禮",若過門而下拜,雖非禮,不可謂之驕矣。《魯語》"室如懸磬"章解曰:"但有榱梁,如懸磬也。"此釋"懸"字之義,天聖本脱去"但有榱梁"四字,則正文云"如縣磬",解亦云"如縣磬",可乎?《鄭語》"襃人有獄,而以爲入",天聖本脱去此句及章解。考《詩・白華》正義引此傳甚詳,並及章解,又豈得謂天聖本在孔氏前乎?凡如此類,不可悉數。學者惟新異之是尚,而不求其是,又豈獨此本爲然哉?

新刻《國語》序

〔日本〕朝川鼎

【輯證】〇萬青案：朝川鼎（1781—1849），號善庵處士。著有《樂我室遺稿》《善庵隨筆》《古文孝經私記》《大學原本釋義》《古文孝經定本》等。本篇出自《樂我室遺稿》卷一。文末謂爲其三十七歲時所作，則爲1817年。

嗚呼！人生之不幸，豈有甚於不肖鼎者哉！而幸亦莫甚於鼎者。鼎生未週歲，而先考兼山先生遽捐館舍。二兄一姊亦皆幼，加之以家難，内親外戚無可依賴。鼎之呱呱，養於朝川氏，竟爲之子云。嗚乎！不亦不幸之甚乎？人皆已孤則長孤，我獨喪父，父兮生我，母兮鞠我，保抱攜持，日課誦讀。但云："鞠子可哀，誨爾式穀。"然材之薄劣，不堪負荷之重，則又云："是箕裘也，可以已乎？"提撕警覺，無所不至。以鼎之不肖，今日得承箕裘，以窺家學萬一者，是誰之力歟？木欲静而風不止，子欲養而親不待。今也養父已逝，養母亦隨亡。罔極大恩，萬不報一。家庭遺訓，所負亦多。每念及此，未嘗不自悔自怨也。嘗聞先考以不世出之才，立一家言。六經諸子，各有論著。又嘗著《垂統》一書，以抉發聖經奥旨，而自謂君子創業垂統，後世子孫爲可繼也。獨奈後世子孫如鼎者，雖教養有方，亦無可繼之才，徒讀父書而無能仰承先志。每念及此，又未嘗不自慚自懼

也。昔歲，先考門人葵岡先生奉其餘教，著《論語一貫》，
【輯證】○萬青案：葵岡先生即葛山壽（1748—1832），曾整理片山兼山的遺著《論語一貫》《荀子考》等。以振遺業焉。鼎之得於家學者，於斯爲多。蓋先考學術深遠，不易窺測。然其循循善誘，教不躐等，在世日，《詩》《書》《論》《孟》《文選》等書，皆施國讀，以便課習。但天不假之年，其他未及開雕。門人弟子能承其志，《周易》《禮記》次第版行，以大其傳。項又菅葛陵者校正《國語》，施以國讀，去煩就簡，約而能盡，亦先考之讀法也。嗚呼！先考已没三十餘年，門人弟子尚能以繼述爲事。其師教所及，門風之厚，蓋可知矣。夫然，故鼎不肖假口於此，賴以補過。煢煢孤身，猶立宇内，得承箕裘，以窺家學萬一者，亦幸之甚也。是歲六月，《國語》剞劂竣工，問敘於鼎。鼎不肖，先人之書未傳，而何忍遽敘是書哉？然亦屋上之烏，尚蒙人愛。嗚呼！如鼎者，幸更甚矣。是豈可辭？因序。文化丁丑秋七月。（三十七歲）

《國語正義》序

(清)董增齡

【輯證】○萬青案:董增齡,字慶千,號壽羣,清乾嘉時期南潯學者。著有《論語雅言》《國語正義》《規杜繹義》《金匱集解》《江海明珠》等書。關於《國語正義》,筆者《唐宋類書引〈國語〉研究》云:"董增齡爲乾嘉時期南潯學者,其《國語正義》採取傳統的注疏體方式,打破注疏體'疏不破注'的慣例,每對韋注提出商榷反駁,其疏證《國語》正文29處,疏證韋注1396處,總共1425條。凡《國語》及韋注有關地理、禮制相關典制沿革,每每引述古今羣書予以疏證,並引時人如徐養原(1758—1825)等人之語以證成已説。"(見於拙撰博士論文《唐宋類書引〈國語〉研究》)清人徐養原(1758—1825)、施國祁(1750—1824)頗有討論。審徐養原《與董慶千論撰〈國語正義〉書》曰:"承示大著《國語正義》,此書爲《春秋外傳》,治古文者必兼綜焉。而韋注孤行,未有爲之疏者。吾兄此作,洵屬不可少之書。捧讀數過,疏解詳明,條流淹貫,深合體製,必傳無疑,佩服佩服。惟略有可商者:既依注作疏,則注義不可輕駁。劉光伯《規杜》三百事,孔沖遠一一闢之,疏例固當如是。惟楊士勛《穀梁疏》頗糾范氏之失,然亦微文見義,不顯攻也。尊著攻詰韋《注》,詞氣有過峻處,似宜斟酌。又賈逵、孔晁等注,見於他書者凡數十條,統須抄納。有韋《注》暗用舊説者,有孔晁同乎韋《注》者,亦或各有異同,須爲之疏通而證明之。如'女三爲粲',《御覽》三百八十引賈逵曰:'粲,美貌也。'此韋注暗用賈説也。'夫榮公好專利而不知大難',《周易·屯卦》音義引賈逵曰:'難,畏憚也。'此韋注所缺也。'農祥晨正',《御覽》二十引唐固曰:'農祥,房星也。晨正,謂晨見東方立春之日也。'此暗用唐説而小異也。《春秋·文九年》疏引孔晁曰:'陽氣伏於陰下,見迫於陰,故不能升以至於地動。'此孔注同乎韋注也。又有他書引韋書而今本無者,如《禹貢》疏引韋昭云:'以文武侯衛爲安王賓之,因以名服。'今本無此語。此類亦不多見,偶有數條,宜録之以備參考。至宋元以後諸人之説,似可無庸掇摭。近世通儒,若顧氏、閻氏、惠氏、戴氏,其精審處突過前人。然多直抒已見,於疏例亦難闌入。鄙見如此,未識高明以爲然否?去歲承手教論經入、垓極之義,鄙意億、兆、經、垓居十數之四,經與京一聲之轉,字異義同。弟持此説久矣。來諭主韋,義與鄙説不同。鄙説又無顯證,不敢固執,故久而未報。今據韋注作疏,則從韋説例所宜然。固無庸立異也。弟向有箋説及景王鑄無射解,今節録承教,便中即祈指示爲感。"(徐養原:《頑石廬文集》,《清代詩文集彙編》,頁740)徐氏的這番話中,既有對董增齡《國語正義》的肯定,也有對其打破疏不破注成例的批評,同時還言及《國語》逸注的輯佚問題,近世通人學術成果如何採信的問題等。又施國祁《國語新疏説(與董壽羣)》云:"蒙示大著《國語·周語》上、中二卷新疏,訓詁精,援引博,可與邵氏《爾雅疏》、王氏《廣雅疏》並列爲參。且可度越尊先世所製《尚書大傳》《識小編》而上之。允乎不朽之作也。此書少日亦曾校讀,稍附鄙説其間,約得數篇,久爲好友取去,今止記《犬戎章》'茂正其德而厚其性,阜其財求而利其器用'韋解云:'性,情性也。'按數語乃本《大禹謨》三事,義當作'性,生也'。(施氏自注曰:《周官·大司徒》辨五地之物生,杜讀'生'爲'性'。《孝經》毀不滅性,《喪服》四制作生。高誘注《吕覽·本生篇》:'生,性也。'《白虎通·情性篇》:'性者,生也。'《大戴禮·三本篇》'性之本也',《荀子》《史記》皆作'生'。惟《左氏·昭八年傳》'莫保其性'杜預注:'命也。'非。亦可見晉義與漢義之流變。)此係注誤。又《降莘章》王曰:'其誰受之?'對曰:'在虢土。'王曰:'然則何爲?'韋解云:'何爲在虢。'按:下文'逢福''貪禍'之咎並據,然則語氣當作'在虢何爲'。此係刊誤。二說僭識格上。至韋序中率附就商榷，則不過以翦裁詳略之處，小參末議矣。外如《北門章》'免胄而下'，辨無'拜'字，似當先取《左傳》《呂覽》等文而以尊說終之。竊謂'拜'有等差，'擅'字亦有拜義，豈必稽首始稱拜耶？（施氏自注曰：《周禮·九拜》'九曰肅拜'鄭注：'肅拜，但俯下首，今時擅也。'）又《魯朝章》'方上銳下'，韋氏無解，補疏甚核。然柳州之非辨，亦須備引以駁正之。再考《補音序》云：'取官私所藏十五六本，以宋緘大體爲詳。'諸本固不可得，而自元明以迄國朝，亦當有十餘刻。外如《古微書》《五行大義》等書，其文體大略相近，皆宜博采以附證之。凡此，悉不揣之瞽言，不知有合尊聽否？若夫'共和''千畝''鄭南'之疏義，'三川''命圭''請隧'之訂文，自非宿學宏材，安能精當至此。行止恩恩，未敢贊詞。略見一斑，可徵全豹。他日錄成後，即宜仿水周林刻拓，以蜜香紙萬番傳示當世。正所謂左氏孤行，杜氏孤行，董氏亦孤行也。"（氏著《禮耕堂叢說》。萬青案：施國祁，字非熊，號北研，烏程人。肄業於阮元詁經精舍。有《金史詳校》《金史札記》《元遺山集箋注》《禮耕館詩文集》《禮耕堂叢說》等）可見，董增齡書稿將成，即給施氏看過，可見二人關係不錯。施氏的這篇文章提供了很多信息：第一，認爲董增齡《國語正義》可與邵晉涵《爾雅正義》、王念孫《廣雅疏證》相媲美，已經超過了董豐垣；第二，董豐垣是董增齡的家族前輩；第三，施氏曾經校讀過《國語》，唯未能存世；第四，對董氏引證來源提出建議；第五，提供了個人在具體條目上的見解。從董豐垣是董增齡家族前輩這一點上，或許可以爲董增齡爲烏程人提供一個旁證。又王欣夫（1901—1966）曰："清人於羣經皆有新疏，《國語》爲《春秋》外傳，故治經者兼及焉。據張之洞《書目答問》著錄新疏有三家，曰洪亮吉、龔麗正、董斯坦（作'垣'，印誤）。洪書有旌德吕氏刻本，今絕未之見。龔、董二書則云未見傳本。麗正爲段茂堂婿，定庵父，果有成書，不容不刻。烏程諸董，乾隆時通經者有豐垣，今傳《尚書大傳輯本》《識小編》諸書。稍後有增齡，撰《國語正義》。不聞有'斯垣'，必由記憶之誤。是三家者，實無其書。惟增齡書僅存，至光緒間，始由章氏付梓以傳。案：增齡字慶千，諸生，與徐新田爲中表，以學問相切磋，而遺書晚出，流傳又不廣，故論著罕及。惟譚仲儀《復堂日記補錄》云：'規模平正，僅守通行本，所見稍隘。'章太炎先生《檢論·清儒篇》一及之，亦無評斷，聊以備數而已。新田《頑石廬文集》未刊稿，有與慶千論此書云：'承示《國語正義》，疏解詳明，條流淹貫，深合體制，必傳無疑。惟略有可商者：既依注作疏，則注義不可輕駁。劉光伯《規杜》三百事，孔沖達一一辟之，疏例固當如是。惟楊士勛《穀梁疏》頗糾范氏之失，然亦微文見意，不顯攻也。尊著攻詰韋《注》，詞氣有過峻處，似宜斟酌。又賈逵、孔晁等注，見於他書者，凡數十條，統須鈔納。有韋《注》暗用舊說者，有孔晁同乎韋《注》者，亦或各有異同，須爲之疏通而證明之。又有他書引韋書而今本闕者，宜錄之以備考'云云。今讀慶千《自序》，於後說已如新田議，采掇諸家以補宏嗣之義矣。於前說則辨謂'竊意許叔重、鄭康成兩君爲漢儒宗主。自三國分疆，而儒學爲之一變。宏嗣生於江南擾攘之秋，抱闕守殘，視東漢諸儒，已非其時矣。其所解固援經義，而與許、鄭諸君有未盡合者，依文順釋，義有難安。況墨守一家之說，殊非實事求是之心。用是採擷諸經舊說，間下己意，非求爭勝於青藍，不敢面諛鹿馬。檢楊氏《穀梁正義》，間與范氏之注，語具抑揚，則知疏不破注之例，古人亦所不拘。今注釋韋《解》之外，仍援許、鄭諸君舊詁，備載其後，以俟辨章。譬導水而窮其源，非落葉而離其根也。是說也，雖違唐人義疏之正軌，猶存許、鄭舊詁於不廢'，與新田各有所見，可互參焉。慶千又有《規杜釋疑》《論語雅言》二書。新田皆爲作序，惜已失傳。"(王欣夫撰、鮑正鵠、徐鵬標點整理：《蛾術軒篋存善本書錄》，上海古籍出版社 2002 年版，頁 874~875) 王說涉及的方面也比較廣，首先是董增齡《國語正義》傳本以及董增齡生平，次及董增齡對徐養原意見的吸納，再及董氏一生著述。實際上董氏的《論語雅言》一書是存在的，今收在《四庫未收書輯刊》第3輯第9冊中。又書目中對董增齡的記載不盡相同。清人徐養原、王引之、汪遠孫、章壽康等云董增齡爲歸安人，清人汪曰楨以及近代周慶雲修纂《南潯鎮志》衹云董爲歸安廩生，近代學者范希增、王欣夫等以董增齡爲烏程人。最爲穩妥的説法是："董增齡，徐養原、王引之、汪遠孫、章壽康等云董爲歸安人，汪曰楨、周慶雲《南潯鎮志》收入董增齡個人資料及著述並云董爲歸安廩生，未明言籍貫；近代學者范希增、王欣夫以董增齡爲烏程人。"可詳見拙稿《董增齡籍貫問題試探》(《唐山師範學院學報》2013年第4期)。又東京大學人文研究所收有光緒六年(1880)會稽章氏式訓堂刊本《國語正義》12冊，並根據董增齡爲《國語正義》所作自序"今年踰四十，平日所聞於師友者，恐漸遺忘，是以就己撰集者，寫録成編。奮螗蜋之臂，未克當車矣；精衛之誠，不忘填海。歲在閼逢閹茂，始具簡編，時經五稔草創初成"文字，推斷董增齡大約乾隆四十五年(1780)以前生，其《國語正義》成於嘉慶十九年(1814)，可備一説。又張軍有《董增齡及其〈國語正義〉》(《蘭臺世界》2011年第22期)，趙成傑撰有《董增齡〈國語正義〉考論》一文(《東亞文獻研究》第十二輯)，江陽撰有《〈國語正義〉小考》(《廣西職業技術學院學報》2014年第5期)，皆可參。

太史公《自序》："左丘失明，厥有《國語》。"《漢書·藝文志》："《國語》二十一篇，左丘明著。"漢儒之説彰矣。隋劉光伯、唐陸淳、柳宗元始有異議，撫拾異同，毛舉細故。後人遂指《魯語》皇華五善語言六德文與《左》違；《内傳》謂魯哀十七年楚滅陳，魯哀二十二年越滅吴，《外傳》謂吴既滅之後，尚有陳、蔡之君，執玉朝越；黄池之會，《内傳》先晉人，《外傳》先吴人；《周語》自穆王至幽王，《鄭語》獨載桓、武而莊公以下無聞，皆《春秋》以前事，以傳會劉、柳之說。然宏嗣明言《國語》之作，其文不主於經，則固不必以經爲限矣。至内、外《傳》同出一人而文有異同，試以《史記》例之。《鄭世家》以友爲宣王庶弟，《年表》又以友爲宣王母弟；黃池之會《晉世家》謂長吳，《吳世家》又謂長晉。遷一人之說，其不同如此。至《内傳》，則成十六年苗賁皇曰"請分良以擊其左右而三軍萃於王族"，襄二十六年聲子述苗賁皇曰"吾乃四萃於其王族"，是左氏各承晉、楚兩史舊文，慎以闕疑，不敢參以臆斷也；又成十六年"塞井夷灶"二語屬之士匃，襄二十六年又屬之苗賁皇。《内傳》一書如此，又何疑《外傳》《内傳》之有參差乎？班氏《藝文志》言《公羊傳》十一卷，《公羊外傳》五十篇，《穀梁傳》十一卷，《穀梁外傳》二十一篇，則作傳者必有《外傳》以曲暢其支派。《國語》之爲《左氏外傳》正同一例。《公》《穀》二家外傳已逸，安知彼之《外傳》不與其《内傳》亦有牴牾乎？故宏嗣斷以爲出左氏之手。《内傳》之出，獻自北平侯張蒼，《外傳》不知何時始出。賈子《新書·禮容下篇》載單靖公、單襄公事，皆采《國語》，則《國語》之出亦當在漢文帝之世。《儒林傳》載賈生治《春秋左氏傳》，今又兼述《國語》，則賈生亦以《内傳》《外傳》之同出左氏也。班氏《藝文志》既載《國語》二十一篇，又載《新國語》五十四篇，劉向所分。則漢時《國語》有兩本，今所傳二十一篇與班《志》合。然《公羊疏》第六卷引《國語》曰："懿始受譖而烹哀公。"《公羊疏》第二十一卷引《國語》曰："專諸膳宰，僚嗜炙魚，因進魚而刺之。"《史記·夏本紀》裴駰《集解》引《國語》曰："敷淺原，一名博陽山，在豫章。"《水經·河水》注引《國語》曰：

"華嶽本一山當河,河水過而曲行,河神巨靈手蕩腳蹋開而爲兩,今掌足之跡仍存。"《水經·瓠子河》注引《國語》曰:"曹沫挾匕首劫齊桓公返遂邑。"《史記·補三皇本紀》索隱引《國語》曰:"伏羲風姓。"《夏本紀》正義引《國語》曰:"滿於巢湖。"《鄒魯列傳》索隱引《國語》曰:"楚人卞和得玉璞。"《禮·祭法》疏引《國語》曰:"神農之子名柱,作農官,因名農。"《文選·東京賦》注引《國語》曰:"分魯公以少帛綪茷。"《文選·盧諶〈贈劉琨詩〉》注引《國語》曰:"齊大夫子高適魯,見孔子曰:'而今而後,知泰山之爲高,淵海之爲大也。'"今本皆無之,則逸者不少矣。然裴駰引"敷淺原"一條,酈道元引"華嶽"一條,《文選》注引"子高"一條,其文與《國語》絕不類,議者疑之。《齊語》一篇皆《管子·小匡篇》之辭,《管子》遠出《左氏》之前,必不預知《國語》之文而襲之,竊疑《齊語》全亡,而後人采《小匡》以補之與?說者又謂《越語》下卷,疑非《國語》本文,其與他卷不類。又《國語》敘事雖不盡有年月,然未嘗越次,今上卷已書越滅吳,下卷復從句踐即位三年起,他國無此例。《内傳》無范蠡姓名,《外傳》止《吳語》一見,在五大夫之列,旅進旅退而已,至此卷乃專載蠡策,若滅吳之事蠡獨任之者,殊非事實。《藝文志·兵權謀》有《范蠡》二篇,此殆其一,但攙入當在劉向以前。齡案:孔晁本二十卷,則第二十一卷,孔博士已不信其《國語》真文矣。宋公序《補音》本及天聖本兩家並行,近曲阜孔氏所刻用《補音》本。今兼收二家之長,而用《補音》本者十之七八云。爲之注者,有漢鄭衆、賈逵,魏王肅,吳虞翻、唐固、韋昭,晉孔晁七家。今唯韋解尚存,然已間有逸者,如《禹貢》疏引韋解云:"以文武侯衛爲安王賓之，因以爲名。"《文選·東京賦》注引韋解云："縉茷，大赤也。"今本皆無之。鄭注則他書徵引者僅有數條。其餘四家賈、王、虞、唐除韋所引外，則《史記》集解、索隱、正義、《詩》疏、《周禮》疏、《春秋左傳》疏、《公羊》疏徵引爲多。孔出韋後，亦見於諸疏及《史記》注。今皆采掇，以補宏嗣之義。韋解孤行天壤間已千五百餘年，未有爲之疏者。竊意許叔重、鄭康成兩君爲漢儒宗主，自三國分疆而儒學爲之一變，宏嗣生於江南擾攘之秋，抱闕守殘，視東漢諸儒已非其時矣，其所解固援經義而與許、鄭諸君有未翕合者，依文順釋，義有難安，況墨守一家之說，殊非實事求是之心，用是採擷諸經舊說，間下己意，非求爭勝于青藍，不敢面諛夫鹿馬。檢楊氏《穀梁正義》間與范氏之注語具抑揚，則知"疏不破注"之例古人亦所不拘。今銓釋韋解之外，仍援許、鄭諸君舊詁，備載其後，以俟辨章，譬導水而窮其源，非落葉而離其根也。韋解體崇簡潔，多闕而不釋，《史記》集解、索隱、正義及應劭、如淳、晉灼、蘇林、顏師古等家《漢書》注、章懷太子《後漢書》注，凡于馬、班正文採取《國語》者，各有發揮，或與韋解兩歧，或與韋解符合，同者可助其證佐，異者宜博其旨歸，並采兼收以彙古義。鐘、鼓不同音而皆悅耳，荼、火不同色而皆美觀也。國邑、水道以《漢·地理志》《後漢·續郡國志》爲主，而參以《水經注》《元和郡縣誌》、杜氏《通典》諸家，並列我朝所定府、廳、州、縣之名，庶覽者瞭然。至於宮室、器皿、衣裳之制度，則孔、賈諸疏具存，止擷簡要，不事詳敘。唯是賦性顓愚，疏於搜討，況草茅孤陋，既不獲窺秘府鴻章，廣資聞見，又不獲交四方碩彥，共得切磋，固蔽是虞，未敢自信。今年踰四十，平日所聞于師友者，恐漸遺忘，是以就已撰集者寫錄成編。奮螳螂之臂，未克當車；矢精衛之誠，不忘填海。歲在閼逢閹茂，始具簡編，時經五稔，草創初成。勉出所業，就正君子。倘披其榛蕪，匡其繆誤，俾得自知其非，庶免飽食終日無所用心之責，則重拜大賜，感且不朽矣！

【輯證】○稿本《續修四庫全書總目‧史部》曰：《國語正義》二十一卷（光緒庚辰會稽章氏式訓堂刻本）。清董增齡撰。增齡字□□，浙江歸安人。注《國語》者，漢有鄭衆、賈逵，魏有王肅，吳有虞翻、唐固、韋昭，晉有孔晁，凡七家。今惟韋解尚在，孤行天壤間已千五百餘年，未有爲之疏者。增齡以韋解固援經義而許鄭諸儒有未嘗合者，依文順釋，義有難安，況墨守一家之說，殊非實事求是之意。用此作爲正義，采擷羣經舊說，間下己意，並援楊氏《穀梁正義》間與范氏之注語具抑揚，則知疏不破注之例，古人亦所不拘。故如篇中《魯語上》"幕能帥顓頊者也，有虞氏報焉"解："幕，舜之後虞思，爲夏諸侯。"疏謂：《路史》言窮係出虞幕，則幕在頊後舜前，昭八年《傳》史趙先言幕，次言瞍及遂，則幕爲舜祖無疑。故《內傳》孔疏引孔晁《國語注》："幕能修道，功不及祖，德不及宗，故每於歲之大烝而祭焉。"謂之報，言虞舜祭幕，明幕是舜先矣。《晉語四》楚成王以周禮之九獻，"庭實旅百"解："周禮：上公出入，五積饗餼九牢米百有二十筥醯醢百有二十甕禾二十車芻薪倍禾。"疏謂：《周禮‧大行人》"上公九獻，侯伯七獻，子男五獻"，《儀禮》：主人酌以獻賓，賓酢主人，主人又酌以酬賓，乃成一獻之禮。九爲獻酬而禮始畢也。《儀禮‧覲禮》四享皆束帛加璧庭實唯國所有，鄭注四當三，初享或用馬或用虎豹之皮，其次享三牲魚腊籩豆之實，龜也，金也，丹漆絲纊竹箭也，其餘無常貨，非一國所能有。唯國所有，分爲三享，皆以璧帛致之，是爲庭實旅百是也。莊二十三年《傳》"庭實旅百，奉之以玉帛"是也。今宏嗣所引五積九牢之等乃掌客致饗之禮，非享禮也。此糾正韋解皆極允當。又《楚語上》"則三萃以攻其王族，必大敗之"解："萃，集也。時晉有四萃。"疏謂：鄢陵之役，晉止有三軍，古一二三皆積畫而成。襄二十六年《内傳》誤以三作四，故杜注亦但言四面合攻，不言四軍。宏嗣言晉時有四軍，未免依襄二十六年《傳》"四萃"望文生義也。《越語下》"使王孫雄行成於越"解："雄，吳大夫。王孫，姓也。"疏謂：王孫，吳先王之孫。與夫差同族，非姓也，姓則姬耳。《越世家》作公孫雄，則王孫非姓矣。是二條亦核惟出有漏者。《晉語四》"昔管敬仲有言"解："敬仲，夷吾字也。尊敬仲，謚也。"後篇曰季曰："齊桓親舉管敬子。"解："敬字，管子之謚也。"《齊語》"而敬百姓"無解，《周語中》"以備百姓兆民之用"解："百姓，百官有世功者。"此并本注可移補之，保不訾耳。〇余和祥曰：董增齡，生平事跡不詳，據序知爲歸安（今屬浙江湖州）人。《國語》之注，現存最早者爲三國吳韋昭解，其序中提及東漢諸家注，均已散佚，其後有宋宋庠《國語補音》、清洪亮吉《國語韋昭注疏》、汪遠孫《國語校注本三種》，董氏以經書注疏體例爲之正義，彙集前代諸家之説，其後更有近人徐元誥《國語集解》，可互參。書前有録自《南潯鎮志》之王引之跋，贊是書"援據賅備，自先儒傳注及近世通人之説，無不徵引，又於發明韋注之中，時加是正，可謂語之詳而擇之精"。並稱自撰《經義述聞》，間有考證《國語》者，欲以之就正於董君云云。是書於韋昭注詳加考證，《四庫全書總目》卷五十一《國語》提要謂韋昭兼采鄭衆、賈逵、虞翻、唐固之注，而董氏就韋注細加統計，謂其中所引鄭、虞二家僅數條，而賈、唐二家則援據駁正甚多；韋氏自序稱凡所發正三百零七事，董氏統計謂其總數不過六十七事，合計所正譌字衍文錯簡，亦不足三百零七之數，因疑三百七爲六十七之訛。按董氏所統計，可備參考，然所據傳本或已非韋氏解之舊貌，故不足其數，亦未可知。是書首列《國語》正文，次列韋昭解，其下則爲疏，仿《左傳注疏》體例，亦有有解而無疏者。董氏以爲《左傳》《國語》爲内外傳而同出一人，其中或有異同，亦不必怪之。如《史記》述一人之事而世家與年表亦時有不同，敘一事而《晉世家》或與《吳世家》不同。《左傳》記一人之言，前後亦有不同。此皆古書所常見者，故皆慎以闕疑，不作臆斷。又謂《漢書·藝文志》所錄多有一書既有本傳又有外傳者，其同一作者既作內傳，又作外傳，實爲曲暢其支派，《國語》之於《左傳》正同此例。又謂《漢志》載《國語》及《新國語》，則劉向當時所見《國語》已有兩本。其後諸書引《國語》者甚多，所引多有今本所未見者，則《國語》一書之散逸者亦復不少。又《管子·小匡篇》與《國語·齊語》相同，董氏以爲當是《齊語》既亡佚而後人采《小匡》以補之。諸如此類，考鏡源流，頗見其用心之密。是書據宋庠《補音》本及天聖本，兼收二家之長，而用《補音》本者十之七八，以韋解傳承既久而未有爲之疏者，因採擷諸經舊說，間下己意。又謂疏不破注之例，古人亦所不拘，故於銓釋韋解之外，仍援許、鄭諸家舊詁備載其後，以俟辯章。韋解體崇簡潔，多闕而不釋，故博引經傳諸家注解以補之，或與韋解兩歧，或與韋解符合，同者可助其證佐，異者則博其旨歸，並采兼收以彙古義。至於書中地理，則以清朝所定府廳州縣之名釋之；而宮室器皿衣裳制度，則有孔、賈諸疏，言之甚詳，故不事詳解。要之，所疏不墨守陳規，有詳有略，可謂得注疏之大體者。此本據上海圖書館藏清光緒六年章氏式訓堂刻本影印。○萬青案：余和祥所作出自《續修四庫全書總目提要·史部》，倒可以和稿本《續修四庫全書提要》相互參證。董增齡除了運用明道本改易公序本之外，還運用《史記》進行《國語》文本的改易。另外，也有一些以意改之者。整體而言，董增齡有爲《國語》作定本的跡象。祇是有些改易是說得通的，有些改易則過於武斷，並不足取。

《國語正義》敘

（清）王引之

【輯證】○萬青案：王引之(1766—1832)，字伯申，江蘇高郵人。與父王念孫(1744—1834)並稱"二王"，高郵二王之學士乾嘉時期的重要代表，影響深遠。王引之著有《經義述聞》《經傳釋詞》等。王引之的這篇序見收於劉盼遂(1896—1966)輯校《王伯申文集補編》，輯校本目錄題爲"董增齡《國語正義》序"，正文題名則爲"《國語正義》敘"，劉氏在文末別一行云："右文從章氏式訓堂刊本錄出。"章壽康(1850—1906)式訓堂光緒庚辰(1880)刻《國語正義》，王引之序在董增齡自序之後，文字與劉盼遂輯校本稍異。又汪曰楨(1812—1881)《南潯鎮志》卷四十《志餘八》也收錄了這篇序文，並注謂王引之這篇序文作於道光二年(1822)。檢《經義述聞》初刊於嘉慶二年(1797)，不分卷；再刻於嘉慶二十二年(1817)，分十五卷；道光七年(1827)重刻於京師壽藤書屋，分三十二卷。王引之序文種所説"他日寫定"之"寫定"指的當是道光七年本。今檢王章濤《王念孫王引之年譜》繫王引之序文於道光元年之下，引錄王序之後加按云："譜例有'向予爲《經義述聞》'，'有考證《國語》者，他日寫定，當以就正於董君'之説。參見嘉慶二十二年譜，《經義述聞》僅得十五卷本，《國語》之'述聞'尚未寫定；另見道光七年譜，知有三十二卷足本，推想是序撰於這一時間段內。復見道光元年夏譜、二年六月十六日譜，有王念孫致朱彬函，分別言及《經義述聞》增補未竟、年來又添三四百條。綜合上述諸證，將此條折中繫於道光元年爲宜。"（揚州：廣陵書社2006年版，頁256）今檢上海圖書館藏董增齡《國語正義》手稿本所載王引之序，有明確紀年，標爲"道光二年五月戊寅", 可爲確證。

歸安董文學增齡, 博雅士也。所著《國語正義》援據該備, 自先儒傳注及近世通人之説, 無弗徵引。又於發明韋注之中時加是正, 可謂語之詳而釋之精矣。鼐予爲《經義述聞》一書, 謹志家公之説, 附以鄙見, 其中亦有考證《國語》者。他日寫定, 當以就正於董君。【輯證】○萬青案: 劉輯本王序中之"著""釋""予""考", 章氏刊本分別作"箸""擇""余""攷"。又章氏刊本在"就正於董君"之後有"高郵王引之"五字題署, 章刊小字注無"元注"二字, "兹"下有"於"字, "南潯"下有"鎮"字。今檢董增齡稿本中王引之親筆撰序字亦作"擇""余"。又王氏親筆撰序"就正於董君"下有"兹先於董君之書志數語而歸之, 道光二年五月戊寅高郵王引之敍"諸字, 是他本所不具者, 當以王氏親筆撰序爲是。

韓本影寫《國語》題識

〔日本〕細井謨　等

【輯證】○萬青案：該本現藏日本公文書館，是朝鮮經筵校本的抄本。以古抄本、林道春校本相校，校語多識於眉端。每卷之後記有校閱時間以及參加者。分兩行，大字當爲首校日期以及參加者，小字爲復校時間以及校閱人。最後有福知瀏識語，揭明校閱所參之本。

辛巳六月五日至七日，細井薹、爻桂瑛、江目畿。
壬午仲秋，以古寫本校。爻野瑛、鈴木洋。
　　　　　　　　　　　　　　——卷一之後

仝日午後，鈴木洋、江目畿對校。
壬午八月二十四日、二十五日校。爻野瑛、鈴木洋。
　　　　　　　　　　　　　　——卷二之後

細井謨、爻野瑛、福知瀏校正。
壬午仲秋念六七校，千阪圻、鈴木洋。
　　　　　　　　　　　　　　——卷三之後

辛巳季夏十日校，江目圻、鈴木洋。
　　　　　　　　　　　　　　——卷四之後

同日讐,江目圻、鈴木洋。
壬午八月二十九日,細井薑、晦千阪圻校。
——卷五之後

六月十一日,友野瑛、細井謨對校。
壬午九月一二日,鈴木洋、千阪畿校。
——卷六之後

十二日,福知瀏謹校。
壬午九月三日,千阪畿校正。
——卷七之後

十三日,鈴木洋、江目畿謹校。
壬午九月四日,細井謨校正。
——卷八之後

仝日,洋、畿校正。
九月五日,瀏校正。
——卷九之後

文政四年辛巳季秋朔戊申二日己酉校,江目畿、細井謨、鈴木洋。
壬午九月,鈴木洋、友野瑛校。
——卷十之後

九月三日,友野瑛、福知瀏仝校。

壬午九月十二日,友野瑛校。

———卷十一之後

辛巳九月四日,江目坼謹校。
友野瑛再校。

———卷十二之後

辛巳六月十又三日,鈴木洋、江目坼對校。
壬午九月十有二日,鈴木洋再校。

———卷十三之後

六月十四日,友野瑛、細井謨對校。
壬午九月,鈴木洋、友野瑛校。

———卷十四之後

十五日,瀏校。
壬午九月十四日,細井謨校。

———卷十五之後

辛巳六月既望,鈴木洋、江目畿校。
壬午九月望,福知瀏校。

———卷十六之後

仝日,洋、畿對校。
壬午九月既望,洋復校。

———卷十七之後

六月十有七日,友野瑛、細井謨對校。
壬午九月十八日,福知瀏校。

——卷十八之後

十又八日、十又九日,福知瀏、鈴木洋、江目圻校。
壬午九月十有九日,細井謨校。

——卷十九之後

仝日,鈴木洋、江目圻校。

——卷二十之後

仝日,鈴木洋、江目畿校。

右國語二十一卷,照古鈔本、慶長丁未林氏道春所校善本校正。【輯證】○萬青案:從本條可知,林道春點本《國語》的最早時間爲慶長十二年(1607),相當於中國萬曆三十五年。則林道春點《國語》還是比較早的。文政壬午九月二十日,試員福知瀏謹識。【輯證】○萬青案:文政壬午相當於中國道光二年(1822)。

——卷二十一之後

林道春點本《國語》題識

〔日本〕細井謨 等

【輯證】〇萬青案：日本內閣文庫本《國語》一部，爲林道春點本。檢該本批校以及刪改之跡，是要把林道春點本作成朝鮮集賢殿校本，在這個基礎上進行校勘。但做到《周語上》第五篇之後，又用白堊抹去，而以別本校之。每卷之後寫有題識，校語題於上欄空白處，也有少數題於欄外，又有少量墨筆校。

文政壬午九月二十九日，以吳勉學校本校之。細井謨。

壬午十月十二日，以陳子龍校本校異五。鈴木洋。

【輯證】〇萬青案：此二條在卷一之後空白處，仍然分別書寫，"文政××"字大，"壬午××"字較小，與韓本影寫題識近似。從題識可知，第一次用吳勉學本校，第二次用陳子龍本校。就卷一而言，陳子龍校得條目多一些，即鈴木洋所謂"異五"。

仝日謨校。

壬午十月十有六日，異一。鈴木洋校。

【輯證】〇萬青案：本卷之中唯有一條校語，以吳勉學校本校者，恐即鈴木洋所謂"異一"。

九月晦，福知瀏校。

異五。

十月既望，鈴木洋校。

【輯證】〇萬青案：本卷空白處有"文政庚辰"字樣，檢每冊最後空白處左下角都有"文政庚辰"陽文篆印。

壬午十月朔,以吳勉學校本校正。友野瑛。

同年同月十七日,以陳子龍校本對讐。千阪圻。

【輯證】○萬青案:本卷有陳子龍校本異文3處。

壬午暢月初二,以吳勉學本校無一異。洋錄。

同月十八日,據陳子龍訂本校正一過。友野瑛。

【輯證】○萬青案:本卷有陳子龍校本異文3處。

仝日鈴木洋校,無異。

壬午十月十九日以陳子龍本校。鈴木洋。

【輯證】○萬青案:本卷有陳子龍校本異文4處。本卷空白處亦有"文政庚辰"四字篆書印。

仝日校。鈴木洋。

仝日以陳本校。鈴木洋。

【輯證】○萬青案:本卷有陳子龍校本異文1處。

壬午陽月初三,千阪畿校,異二。

十月廿日,照陳子龍校本校。劉謹識。異一。

【輯證】○萬青案:本卷有以吳勉學校本、陳子龍校本校出異文各2處。

仝日,畿校無異。

十月念一日,照陳本校正。瑛。

【輯證】○萬青案:本卷以陳子龍校本校出異文4處。

壬午十月四日,以吳勉學校本校正。細井謨。

同月廿二日,照陳子龍本校讀一過,此卷陳本多訛,不敢不詳。鈴木洋。

【輯證】○萬青案:本卷以陳子龍校本校出異文15處。

仝日,校。細井謨。

仝日校。鈴木洋。

【輯證】○萬青案:本卷以陳子龍校本校出異文2處。

同日校,謨。

是日又校第十二卷。洋。

【輯證】○萬青案:本卷以陳子龍校本校出異文3處。

五日校正。福知瀏。

壬午十月二十三日、二十四日,千阪幾校。

【輯證】○萬青案:本卷以陳子龍校本校出異文3處。

校異二。

壬午十月初六,鈴木洋識。

仝月念六日,與士龍本校。千阪幾。

【輯證】○萬青案:本卷以陳子龍校本校出異文4處,以吳勉學本校出異文1處。

校異一。仝日洋校。

十月念七日,友野瑛校異二。

【輯證】○萬青案:本卷單獨以陳子龍校本校出異文1處,以吳勉學本、陳子龍本校出異文1處。卷尾左下角空白處有"文政庚辰"四字篆文印章。

仝日,洋校無異。

壬午十月廿九日,細井謨校。

【輯證】○萬青案:《鄭語》本卷未出異文。

同日,洋校。

壬午十一月初二日,照陳子龍本校,洋錄。

【輯證】○萬青案:本卷以陳子龍本校,有異文2處。

十月初七,友野瑛校字。

十一月初二,照陳本,鈴木洋校。

【輯證】○萬青案:本卷以陳子龍本校,有異文5處。

十日,友野瑛、福知瀏校。

壬午十一月三日、四日,爻野瑛、千阪畿校正。

【輯證】○萬青案:本卷以陳子龍本校,有異文5處。

十月十一日,友野瑛校字。

【輯證】○萬青案:本卷以吳勉學本、陳子龍本校有異文1處,以吳勉學本校得異文1處。題識書於該頁後半面。

仝日,友野瑛據吳勉學本校本校正。

壬午十一月二二日,千阪畿與陳士龍校完。

【輯證】○萬青案:本卷以吳勉學本校得異文1處,以陳子龍本校得異文5處。題識在該頁後半面空白處。

翻宋本《國語》跋

（清）瞿中溶

【輯證】〇萬青案：瞿中溶（1769—1842），字鏡濤，一字安楷，號木夫，又號萇生，晚號木居士，嘉定人。瞿氏是錢大昕的女婿，博覽經史，尤精於金石之學，著有《湖南金石志》《吴郡金石志》《古泉山館金石文編》《古官印考》《古泉山館宋元板書序録》《彝器圖録》《弈載堂詩文集》《歷代石經考》《錢志補正》《三禮石經辨正》《續漢金石文編》《漢石經考異補正》《魏石經遺字舉正》《蜀石經考異補正》《漢武梁祠堂畫像考》《古鏡圖録》《瞿木夫文集》《古泉山館題跋》等。本篇出自《古泉山館題跋》。

　　大板，每葉廿行，行廿字。板匡左右内有細綫摺口，板心中題"國語幾"，下題葉號。首卷首行上題"周語上"，中題"國語"，下題"韋氏解"，卷末尾行則無"韋氏解"三字，餘同，他卷放此。前有序二葉，每葉十四行，行十五字。首題"國語解叙"次行下題"韋昭"二字，尾行"國語解敍"下旁注"畢"字，其下題小字云："嘉靖戊子吴郡後學金李校刻於澤遠堂。"此本款式古雅，字體端勁，照依宋本翻刻，避諱缺筆之字甚爲周密，一如其本來面目。故骨董家往往去序末"嘉靖戊子"題識，僞作宋本衒售。其文異於今本者甚多，如《周語上第一》："昔我先王世后稷"，無"王"字；"況爾小醜乎"，無"乎"字；"猶其原隰之有衍沃也"，作"猶其有原隰衍沃也"；"川源塞國必亡川源必塞"下無"源塞國必亡"句;及上句之注"水土無所演",無"所"字;"歌舞不息樂禍也",作"歌舞不思憂"五字;"是實臨照周之子孫",無"是"字;"其丹朱之神乎",無"之神"二字;"替其贄","贄"作"摯",下同。《周語中第二》:"由之利内則福利外則取禍","由之"二字在下句"利外"上;"其流别旅於裔土",無"旅"字;"故未承命","未"作"臣";"左右皆免胄而下拜",無"皆"字、"拜"字;"故歲飫不倦",無"故"字。《周語下第三》:"聞仲吕","仲"作"中",注同。《魯語上第四》:"莫不能使共祀",無"能使"二字。《魯語下第五》:"君之所以貺使臣","貺"作"況",下皆同;"夫婦學於舅姑者禮也",無"禮"字。《齊語第六》:"使不凍餒","餒"作"餧";"田狩畢弋","畢"作"畢"。《晉語第七》"夫子誡之","誡"作"戒","之"作"也"。《晉語第九》"若無天乎","乎"下有"云"字。《晉語第十》:"然則請止狐偃",無"然"字;"是君子之言也",無"是"字、"之言"二字。《晉語第十一》:"子金亟索士整","整"作"憖",注同;注"整頓也"作"願也"。《晉語第十四》:"後箴戒圖以待之","箴戒"作"戒箴","圖"作"國";"故不可損也","損"作"捐"。《晉語第十五》:"及斷獄之日","斷"作"蔽",注同;"爾心事君","心"作"□"。《楚語上第十七》:"皆有元德也",無"有"字;"椒舉娶於","椒"作"湫",下及注七字皆同;"鄭幾不克","克"作"封";"居寢有褻御之箴","褻"作"暬",注同;"臨事有瞽史之導","導"作"道"。其注文亦多不同,似皆有可以證今本之譌者。而莊字,漢人避諱多改作"嚴",故古書每以"嚴"爲"莊",乃漢儒相傳之舊本也。此書雖已有改"嚴"爲"莊"者,然如《魯語上》正文及注有十四字,《齊語第六》有二字,《晉語第七》及《楚語上》有七字,皆作"嚴"。黃蕘圃新刊明道本號稱精美,然亦多與此本不合。予草草校一過,尚多遺漏而未盡也。考第十七"湫舉",今本皆作"椒舉",明道本同。考《漢書·古今人表》作"湫",又考第十七"贄御"之"贄",見《毛詩》。錢曾《讀書敏求記》所云"宋公序補音之南宋本",當即此刻之藍本。錢舉"昔我先世后稷""先"下明道本有"王"字,及"皆免冑而下",明道本"下"下有"拜"字二條,以爲此刻不及明道本。然予謂亦有勝於明道本之處,錢未嘗徧考耳。

【輯證】○萬青案:拙著《〈國語〉考校——以明本四種校勘條目爲對象》引述瞿氏本篇,以爲瞿氏持論公允。

讀《國語》

(清)查揆

【輯證】○萬青案:查揆(1770—1834),又名初揆,字伯葵,號梅史。嘉慶舉人,浙江海寧人。著有《篔穀詩文鈔》《藏原堂集》傳世。本篇出《篔穀文鈔》卷八。

《國語》,記言之體也。所記上自穆王,下迄魯悼,明與《春秋傳》不同。蓋左氏非得列國載籍,無由因經作傳。及《內傳》既成,遂即所存列國之史,其言有典則可昭法誡者,別而錄之。曰《國語》者,明各國之史記,而未嘗有所增損,亦與《內傳》不同也。不然,同述一時一人之言,內、外《傳》繁簡各異,而並存之,究孰優孰劣耶?抑於此可以覘列國之文獻盛衰也。《晉乘》最著,董狐而外,良史必有家法。楚則左史倚相之倫,淹通《墳》《典》。二國之史即不能如魯史記,要亦詳慎賅備,燦然可觀,故采錄獨多。鄭則人文頗盛,子產博物,尤為列國名卿所未及,而《內傳》所錄既多,此遂從略。今所存《鄭語》惟周史對桓公之詞,似為《春秋》之鄭張本,其實亦《周語》,非《鄭語》也。《齊語》專采《管子》,間有字句偶異,或傳寫不同,於此尤足為仍各國載籍原文之一証。秦、宋、衛皆大國,而采錄不及者,《秦誓》一篇已經孔子釐正八書,此外未聞有良史如晉、楚之盛,文章言語可取者。勘宋則文獻不足,孔子已歎之。衛有史魚、蘧瑗諸人,亮節高風,當時豈無所建白,乃遭逢衰亂,竟不得與魯之臧僖伯、展禽同被著錄,蓋必其後世史失其官,爲可悲也。若其敘述吳、越尤爲詳贍,記言而兼記事,所以補《內傳》之未備,則體例稍變。吳之季札爲一時聞人,流風所被,其國之彬彬已可概見,所爲史記必有可觀。而越之范蠡、文種,所以佐其君成伯業者,經濟規畫,亦亞於管子,故所載用兵決勝,當必自有載記,而左氏得而取之。噫!吾讀《國語》,而知文獻之繫於其國者蓋重矣。

《左國占義》序

〔日本〕朝川鼎

【輯證】○萬青案：本篇出朝川鼎《樂我室遺稿》卷二。

古之占法不傳久矣。其僅可見者，《左》《國》二傳而已。朱子作《易學啓蒙》，據二《傳》考變占，其意甚善，然至於二爻變、四爻變，猶云"經傳無明文"，故若《筮學研幾》《啓蒙意見》等書，雖專從朱子，亦或異同。要之，二《傳》可據，而不可詳知。況且考究之未盡，何遽謂二《傳》如此乎？毛奇齡《春秋占筮書》旁引曲説，詳則詳矣，然其依文生義，就跡論象，吾恐其不免造車合轍、殺頭適冠之誚也。蓋春秋之時，有用正占者，又有用雜占者。所謂雜占，殆如今《易林》之流，亦自爲一種占法耳。故杜預亦言當是有雜占筮辭，即《漢志》所載《大次雜易》十八卷，蓋此類也。嗚呼！易道廣大，莫不該通。雖瑣瑣小數，必有可觀焉者，況雜占之法何可全廢？晉韓宣子聘魯，見易象與《春秋》曰："周禮盡在魯矣。"則魯之用正占可知也。而成季之生，筮《大有》之《乾》，亦引用雜占。然則正雜參用，以占吉凶，自魯已然，況於他國乎？且至玩占，則其人即己之神合物之神，以開人之神，方此時，靈悟神通，目擊道存，固非可以口傳而筆授也。今若拘其成跡，守其遺文，一概據信以説古占法，豈不謬哉？皆川田龍著《左國占義》，《左》依杜，《國》依章,順文以通大義。其意乃謂後之説《易》者,不失於淺,而失於深。夫易之用活矣,仁者見之謂之仁,智者見之謂之智,要在其人自得耳,何必穿鑿附會,務深其義哉?此雖未《左》《國語》言之,而凡謂《易》者,當作如是觀。是乃田龍之意也。因序。文政戊子秋九月。(四十八歲)

《國語發正》序

(清)汪遠孫

【輯證】○萬青案:汪遠孫(1794—1836),字久也,號小米,別號借閑漫士,浙江錢塘人。嘉慶二十一年(1816)舉人,官内閣中書。家藏書甚富,稱振綺堂。遠孫自是爲根柢之學,日讀《十三經注疏》,於《國語》用力最深。著有《借閑生詩》三卷、《借閑生隨筆》、《借閑生詞》、《三家詩考證》、《世本集證》、《漢書地理考校勘記》等。汪遠孫《國語校注本三種》,道光丙午(1846)年刊刻。從陳奐序文可知,汪遠孫弟子等爲其著作所付出的艱辛。《國語發正》後又收入《續清經解》第六百二十九卷至第六百四十九卷中。《國語發正》廣引舊説,證成己義,共考辨《國語》889條。對汪遠孫《國語》成就的論文目前尚未見到,即便《國語》研究論著中也很少涉及。汪遠孫生卒年頗有不同記載。按照陳奐序文記載,則汪遠孫生於清高宗乾隆五十四年(1789),卒於清宣宗道光十五年(1835),然《補疑年録》卷四云:"汪久也,四十三,遠孫,乾隆五十九年甲寅生,道光十六年丙申卒。"(《補疑年録》卷四)《歷代藏書家詞典》著録汪遠孫生、卒年爲1794、1836,云汪遠孫所著有《國語考異發正古注》(梁戰、郭羣一編者:《歷代藏書家詞典》,西安:陝西人民出版社1991年版,頁128),殊爲不倫。繆荃孫《續碑傳集》卷二十録有清人胡敬《内閣中書汪君墓志銘》一篇,按此即胡敬《崇雅堂文鈔》卷二之文,然原文名《内閣中書小米汪君傳》(《續修四庫全書》第1494册,頁301),不知是《續碑傳集》改作還是本有二名。言汪氏世系頗詳,云汪氏原安徽黟縣宏邨,十世祖汪文宇元臺始遷到錢塘。十歲喪母,嘉慶甲戌(1814)入郡庠,丙子(1816)舉於鄉。戊寅

(1818)在京待銓,其父孔皆公辭世(下文云:"方孔皆公棄養時君年甫二十六")。"君卒於道光丙申五月八日。年四十三。"(繆荃孫:《續碑傳集》卷二○,本卷頁7)又錢泰吉(1791—1863)《曝書雜記》卷下云:"錢塘汪小米舍人遠孫,與余有校史之約,惜其早世,未能成。……歲丙申,小米即世。"(錢泰吉撰,竇水勇校:《曝書雜記》,瀋陽:遼寧教育出版社1998年版,頁79)江慶柏《清代人物生卒年表》即依據胡敬(1769—1845)《崇雅堂文鈔》斷汪遠孫生、卒年爲1794、1836,即乾隆五十九年至道光十六年。(江慶柏:《清代人物生卒年表》,北京:人民文學出版社2005年版,頁351)則汪遠孫確切的生卒年是乾隆五十九年(1794)至道光十六年(1836),其他記述則有誤。

《國語》向稱《外傳》,與《内傳》相爲表裏,綜述義文,說家輩出,自漢迄晉,散佚無存。今所玩存者,唯韋氏注而已。注中都採古訓,又并參己意,實事求是,卓而鉅觀。然學道無窮,而偏漏難掩之,此中得失間有瑜瑕,可資考訂,去就需才。遠孫妄不自揣,研慮多年,搜輯舊聞,博求通語,茍可名者,皆收錄焉;抑有疑者,必備參焉。解譌者駁之,義缺者補之,辭意有未昭晰者復詳說之。爰列三例,依傳作卷,爲《發正》二十一卷,所以發其疑而正其似也。未譜左丘之良史,敢稱宏嗣之諍臣。聊具見聞,竊存知解,至於觀得失、定去就,仍俟後賢爲傳作疏者。錢塘汪遠孫撰。

【輯證】○錢泰吉《甘泉鄉人稿》卷九曰:錢唐汪小米舍人遠孫,與余有校史之約。惜其早世,未能成。小米所校《漢書·地理志》極精審,與大興徐星伯松《西域傳補注》(衍石兄以刻本畀余)可以並傳。其於《國語》用力尤深,嘗輯賈氏逵、虞氏翻、唐氏固之説爲《三君注輯存》,而以王氏肅、孔氏晁兩家附焉,凡四卷;於韋氏注,則解譌者駁之，義缺者補之，辭意有未昭晰者詳説之，搜輯舊聞，博求通語，苟可明者，皆收録焉，爲《發正》二十一卷；又以公序本校明道本，凡他書所引之異文，及諸家所辨之異字，亦皆慎擇而采取之，爲《明道本考異》四卷。歲丙申，小米即世。其弟亞虞延陳碩甫於家，爲編定遺草，碩甫亦得自定所撰《毛詩疏》，皆亞虞主之也。癸卯冬，亞虞又没。小米之子曾撰，年少好學，歲甲辰亦卒。碩甫感念故交，不負委任，力爲小米編定所著書，閲數年而成。亞虞之弟少洪乃延吳門蔣芝生爲繕寫授梓。亞虞名适孫，少洪名邁孫，皆與余善。少洪今亦下世，其子曾本於辛亥得鄉舉，汪氏詩書之澤當未艾也。○萬青案：《稿本續修四庫全書總部·史部》著録"《國語》校注本三種二十九卷（振綺堂本）"云："《國語》校注本二十九卷（振綺堂本），著録。清汪遠孫撰。遠孫字小米，浙江錢唐人。是書總名《國語校本三種》，前有長洲陳奂序，内分《三君注輯存》四卷、《發正》二十一卷、《考異》四卷，共二十九卷。其曰輯存者，三君謂漢賈逵、吳虞翻、吳唐固也，其實鄭、服、孔晁亦並録入。其曰發正者，則以韋注間有瑕瑜，可資考訂，搜輯舊聞，博求通語，苟可明者，皆收入焉；抑有疑者，必備參焉；解譌者駁之，義缺者補之，辭意有未昭晰者後詳説之。爰列三例，依傳作卷，爲《發正》。所以發其疑而正其僞也。曰考異者，則以明道本出大字，宋公序《補音》本輔行小字於下，它書所列之異文及諸家所辨之異字亦皆慎擇而采取之。遠孫之於此書，可謂用功勤矣。而奂序猶以其早卒，草創初成，修飾未備云。"也可以備參考。

《〈國語〉明道本考異》序

(清)汪遠孫

【輯證】○萬青案:《國語明道本攷異》爲汪遠孫《國語校注本三種》之一,共四卷,考校黄刊明道本與公序本(主要以金李澤遠堂本和許宗魯本爲依據)的異文3198條。《考異》本來是《國語校注本三種》中的一種。至於同治己巳,湖北崇文書局重雕天聖明道本,置《札記》於段玉裁序後,附《考異》於全書最後,是《考異》又有崇文書局本。因爲崇文書局的這一做法頗便使用,後來翻刻黄刊明道本的版刻機構則踵足其後,比較易見的如永康退補齋本、成都尊經書院本、上海中華書局《四部備要》本、上海商務印書館《國學基本叢書》本等。

舊題"天聖明道本國語",天聖,宋仁宗年號,明道乃仁宗改元。卷末署云"天聖七年七月二十日開印明道二年四月初五日得真本凡刊正增減",是明道二年以天聖印本重刊也。近代盛行宋公序《補音》,明人許宗魯、金李皆從公序本重刊。兩本各有優劣,而後是非異同判焉。今刻以明道本出大字,公序本輔行小字於下,它書所引之異文及諸家所辨之異字,亦皆慎擇而采取之。讀《國語》者,庶乎知其異而是非可識也!錢塘汪遠孫撰。

【輯證】○萬青案:汪遠孫的《考異》並非純粹個人所爲。檢張人鳳編《張元濟古籍書目序跋彙編中册》云:"又一部,清黄氏士禮居覆宋本,四册,陳碩甫校藏。陳氏以明嘉靖許宗魯及金李兩刊本校過,頗有異同。陳碩甫記:'道光乙未,寓杭州汪小米家。爲校讎許李(當作"金"字,原誤)刻公序本於黃刻明道本上,因自録一過。奐記。'"(北京:商務印書館 2003 年版,頁 493)可見,陳奐在汪遠孫考校《國語》的工作中起過很大的作用。又檢陳奐《詩毛氏傳疏》每每徵引《國語》並加以討論《國語》本文是非,僅以《周語》爲例,《詩毛氏傳疏》徵引《周語》74 處,說明《國語》在陳奐不僅僅是一種引用參證,實際上也是其研究對象,可見陳氏對《國語》的熟悉程度。編者認爲陳碩甫題記中"許李"之"許"是"金"字之誤,這是不對的,"許李"指許宗魯和金李,汪遠孫序文也可以爲證,非"金李"之誤。

《〈國語〉三君注輯存》序

(清)汪遠孫

【輯證】○萬青案:《三君注輯存》四卷,《周語》一卷,《魯語》《齊語》一卷,《晉語》一卷,《鄭》《楚》《吳》《越》四語爲一卷。輯賈逵注330條,唐固注89條,孔晁注47條,虞翻注37條,鄭衆注5條,服虔注10條,呂叔玉、王肅各1條,無法歸屬之注81條(見拙著《小學要籍引〈國語〉研究》,頁9)。當然所輯是否允當,還需要進一步討論。張以仁《國語舊注輯校》序言及結語部分(氏著《張以仁先秦史論集》,頁154~365)《〈國語〉舊注的界定及其佚失情形》(氏著《國語左傳論集》,頁163~182)、《〈國語〉舊注輯佚的工作及其產生的問題》(氏著《張以仁語文論集》,頁203~227)是這一方面的重要文獻,可以參閱。又陳鴻森有補葺《輯存》之作2篇,發表於1996年《大陸雜志》,亦可參。

三君者,後漢侍中賈君逵、吳侍御史虞君翻、吳尚書僕射唐君固也。韋宏嗣采撮三君,并參己意,成《國語解》二十一卷。漢章帝時鄭大司農衆作章句,其書最爲近古,久亡其篇數。魏中領軍王肅、晉五經博士孔晁亦爲章句訓注,後先於韋而《解》不載。今遠孫不揣譾陋,捃羅舊聞,其三君説有見於《解》中,有不見《解》中者,悉錄之,王、孔諸家亦載焉,于以識韋氏作解之去就,而衆説之足資取益也。稱三君者,仍宏嗣之本書也。錢塘汪遠孫撰。

陳奐《國語》校跋

(清)陳奐

【輯證】○萬青案：陳奐(1786—1863)，字倬雲，號碩甫、師竹，晚號南園老人。少從師江沅，精研小學，通六書音韻。後從段玉裁治毛詩，有《詩毛氏傳疏》等著作傳世，與汪遠孫交友，且知汪遠孫最詳。本篇載於陳奐所校黃刊明道本《國語》卷二十一書末。

道光乙未，寓杭郡汪小米家，爲讎許、李刻公序本於黃刻明道本上，因自録一過。奐記。

《春秋外傳國語釋文》敘

(清)王煦

【輯證】○萬青案：王煦(1758—1837)，字汾原，號空桐，浙江上虞人。著有《說文五翼》《文選七箋》《小爾雅疏》《春秋外傳國語釋文》《國語補補音》《空桐子詩草》《毛詩古音》《嘉慶續修湘鄉縣志》等，皆傳於世。光緒間《上虞縣志》有傳。清人書目中很少有著錄《國語釋文》與《國語補補音》二著者，唯《上虞縣志》著錄。此後范希曾《書目答問補正》予以著錄。《國語》研究者更少涉及。徐復先生(1912—2006)《國語譯注序》曾提到王煦《國語釋文》一書，是學者中較早注意之者。今所見爲觀海樓咸豐戊午(1858)重鐫《國語釋文》共399條，對《國語》進行語音、訓詁以及異文方面的考辨。關於王煦生卒，記載也不相同，有記其生年爲1758者，有記爲1745者，都不言其卒年。據《上虞縣志》及《上虞縣志校續》，王煦"弱冠膺乾隆己亥鄉薦，考取覺羅官教習"，"卒年八十二"。若以生年爲1758，則其卒於1839年；若以生年爲1745，則其卒年爲1826。乾隆己亥爲1779，倒推至王煦生年，則當爲1758。假如根據王氏序文所記道光十六年(1836)八十一歲計算，則其卒年當爲道光十七年(1837)，則王氏生年則當爲1756。

《春秋外傳國語》，先儒謂與《内傳》同出左丘氏，或以爲非一人。總之，爲先秦古書，與六經同縣日月也。舊有鄭衆、賈逵、王肅、虞翻、唐固諸注，皆散軼不傳，惟韋宏嗣解獨行於世。雖兼采衆氏，成一家言，而尚未詳善。唐人箸有《舊音》,俚不可訓。至宋公序作《補音》,自以爲深於小學,不婢韋氏功臣,而其實迂疏掛屚,尟所發明。煦不揣谫陋,纂輯漢唐以來及本朝諸儒之說,刺取傳文,逐條箋釋,其有未備,附以愚管,別以"煦按"二字。昔唐陸德明箸《經典釋文》,三《傳》備登,獨不及《國語》。兹特補其未備,題曰《國語釋文》。雖體例稍殊,期有裨於左丘氏,一也。今坊刻流行,率多譌舛。欲求善本,則有吳門黃氏新刻在。

　　道光十六年歲次丙申孟春上浣,八十一老人王煦汾原氏識於菜園之觀海樓。

《春秋外傳國語補補音》敘

(清)王煦

【輯證】○萬青案:《春秋外傳國語補補音》二卷,版同《國語釋文》。其中《周語》《魯語》《齊語》爲一卷,其他爲一卷,共63條。

余束髮讀《國語》,即讀宋公序《補音》。既愛之,而復感(俗作"憾")之,何也?愛其勤遵《説文》,而又感其時與《説文》盭也。其遵《説文》者,如謂"豐"當作"婔"、"昭"當作"佋"之類是也。其盭《説文》者,如謂"萟"即"藝"字、"飱"爲"孫"音之類是也。歲甲戌,客游吴門,得黃蕘圃新鐫景宋本,簡端弁宫詹錢竹汀先生敘云:"錢遵王《讀書敏求記》舉《周語》'昔我先王世后稷'及'皆免胄而下拜'二事證今本之誤,是固然矣。予於《敏求記》所記之外復得四事:《周語》'瞽獻曲'注:'樂曲也。'今本'曲'作'典';'高位實疾顚',今本'顚'作'債';《鄭語》'依䚩歷華',今本'華'作'莘';《吴語》'王孫雒',今本'雒'作'雄'。此皆灼然,知其當從古者。今世盛行宋公序《補音》而於此數事並同。今本則公序所刊正,未免失之牴疏。至如'荆嬀'之譌爲'剃嬀',《補音》初無'剃'字,是宋公序本未譌。然不得此本,校書家未敢决'剃'之必爲'荆'。余嘗論古本可寶,於此本見之矣。"以上錢氏所指各條,皆校諸宋本而得之者也。煦則校諸別書,足證宋本之譌者,復得七事:《周語》"麕穢暴虐",《說文》:"麕,鹿行揚土也。"今作"麤";"墾田若藪",《說文》:"藪,艸木不生也。"今作"蓺";"鄒轚見,其語"見賈誼《新書》,今作"迂";"火無炎燀"見李善《景福殿賦》注,今作"灾";《晉語》黃帝之子一爲苟姓,見《廣韻》,今作"荀";獻詩者使勿兆,《說文》:"兆,䫄蔽也。讀若瞀。"今作"兜";以諒趙鞅之故,《毛詩釋文》云:"'涼',本亦作'諒',佐也。"今作"諄"。此皆灼然知古今本之爲同誤者。因補公序《補音》而並補之,異日質之竹汀先生,或又僂指曰:"共得十三事也。"

　　道光十六年二月花朝,八十一老人王煦汾原氏識於觀海樓西牎。

《國語校注本三種》序

(清)陳奐

【輯證】〇萬青案:陳奐(1786—1863),字倬雲,號碩甫、師竹,晚號南園老人。少從師江沅,精研小學,通六書音韻。後從段玉裁治毛詩,有《詩毛氏傳疏》等著作傳世,與汪遠孫交友,且知汪遠孫最詳。汪遠孫《國語明道本考異》即是在陳奐校本的基礎上撰成。本篇載《國語校注本三種》書首。

昔余在壬申歲受業於金壇段先生,授毛氏《詩傳》。游歷齊魯、燕趙,與當代賢大夫、四方達人博資聞見,廣其學。甲申至武林,與汪中書小米遇,時往還吴越,未嘗晨夕與居也。

癸巳,小米爲吴氏校刻《杭郡詩輯》,余遂館宿其家。余之治《毛詩》也,初爲《義類》,隨類分編。小米曰:"近代法家,治毛必兼鄭。宗傳説者,非君而誰矣?盍爲大毛公《傳》作專疏乎?"余贏弱恒多疾,小米又曰:"吾儕精力不逮古人萬一,中道不諱,又無賢子孫紹其業,不如早爲之所,賴有一二知之者共相確證乎?"此乙未年事也。

先是,小米喜讀《漢書·地理志》,又留心於《春秋國語》及陸氏《經典釋文》。聞京都藏書之家有舊鈔本,出重財購得之,欲作《釋文注》若干卷。余曰:"《釋文》無善本,《集韻》之所散載,猶是不經改之書。對《集韻》校《釋文》,

裁得善本。本子已定,正是非、辨得失,廓清之功偉矣。"于後已《釋文》之學,遂併心致力於《春秋國語》無厭倦。服韋氏解,歎其簡潔,治慮以精,瑜瑕不掩,乃節取宏嗣之注,以表揚左邱之傳。韋氏採舊解,有舊解之佚見於羣籍者,集之曰《古注輯存》。韋解流刻,皆非舊本,據明道本爲主而公序本輔於下,又博取羣籍援引者載記之,曰《攷異》。韋解雖主乎貫,并參已意,意未申,與義不合者,乃申之,乃補之,辯難而駁正之,曰《發正》。都凡前言、懿行、通人、達詁,有可賴以發明,皆錄之。余時時貢其疑,小米或韙之。嗚呼!小米春秋彊盛,深思好學,庶乎同術,齗瑳有功!【輯證】○萬青案:《説文》謂""爲"齒差"之義,段玉裁注謂:"謂齒相摩切也。齒與齒相切必參差,上下之差即今磋磨字也。草創初成,脩飾未備。丙申四月十二日,小米與余共立課程,炷香刻度。晨起得齒痛,余曰:"外疾也,不可醫。"醫之不效,延入内疾。疾篤,猶自注釋密勿無已。五月八日遂卒。卒年僅四十有三耳。

小米姓汪氏,名遠孫,小米其字也。先世黟人,徙居武林,爲名族。家有《振綺堂書目》數十萬卷,甲於郡。丙子舉鄉,官中書,不就仕。性端愨,無嗜好,好讀書以自樂,交知名士徧天下。出與諸前輩讌樂酬穌,消摇乎山水之勝;入則閨房静好,衽席間若遇師友。元配梁孺人,【輯證】○萬青案:汪遠孫原配夫人梁端,是梁玉繩(1745—1819)長孫女。繼配湯孺人,并有著述行刻於世。

杭州自我本朝定鼎,名流輩出,董浦之淹博,大鴻之嚴峻,杭人至今師事稱之。故諸前輩相引成風,好道詞章,作爲吟社,繪圖以盛紀其事。諸前輩願與小米約共入社,小米亦不違諸前輩意。而其胸次磊落,淵雅宏通,獨具巨眼,視密如髮,卓然爲經學名家。諸前輩或不知之,小米不欲諰諰負經學鳴於時,其韜晦有如此也。

辛之日,弟亞虞名适孫陳其兄遺書,請任以校讎之役。余喟然曰:"朋友之道義而合,朋友死,書不可不傳於世。"諾亞虞請,既受書而不辭。維時余作《毛詩疏》稿未脫清,亞虞亟趣爲之。朝夕披覽,寒暑無少間,盤桓於西湖之水北樓。樓後他屬,又優游歲月,信宿於館驛後之觀馴齋。其齋與樓也,皆小米讀書地也。亞虞懸乃兄像於堂壁間,對之如見良友焉。余作句云:"君去更無知己友,我留且讀未刊書。"蓋紀其實也。亞虞曰:"子之書錄稿矣,吾兄之書落成矣。"其將趣而鋟諸版,可乎?亞虞忽得舌强病。余有事於嘉禾,及返,視亞虞病危急,竟目瞑而長逝矣,癸卯十月十八日也。

小米僅一子名曾撰,年十二,沈静好書。甲辰夏,寓書於余,余報之,教以讀書切要之法。未幾,少洪音適,至以六月二十八日凶聞。

蓋余與汪氏交二十有年矣。余少遊學,不輕與人交,交必久,久必敬。識振綺昆季,不思遠出,作流寓於西湖山西之西溪,去就自由,主賓相合。我生無德,會逢不辰。小米少於余八歲,嗚呼!余爲兄騩騩,然常恐余年之日衰,無聞傳於後世,不意小米不得見余之書,而俾余得讀小米之書。亞虞亟切望余書之能有成而不及刊刻余之書,余之子不能讀余書,又私痛友之無子,不能教友之子起而讀父之書,命之悲矣,其又何説!小米善於親,睦於族,宗族稱孝,鄉黨稱弟,沐其德者嘖嘖勿衰。天既不永其年,又不令承其後,報施善人,其何如邪?豈真謂有書可傳,有行可表,固無俟乎象賢之子否耶?少洪名邁孫,倩善書法者蔣君芝生,爲伯兄寫《國語》本,以壽諸版。問敘於余,余爲之哭朋友,直書記其事。

　　道光二十五年乙巳春月,長洲陳奐頓首拜撰。

《春秋外傳國語補補音》跋

(清)王鏗

【輯證】○萬青案:從王鏗的跋文可知,王煦《國語補補音》《國語釋文》咸豐戊午是初刻,之所以標注爲"新鐫",恐怕是因爲道光乙未之稿又經校訂,至於咸豐戊午纔行版刻而已。

先大父富於著述,若《小爾雅疏》《說文五翼》及時藝、詩草等刻,久行於世。是編開梓於道光乙未秋,時大父年已八十,手自校讎,四閱月而神疲棄養。先君痛此,不忍卒讀。而鏗亦以橐筆四方,未暇及也。咸豐辛亥,讀禮家居,始出此編,詳加校正。間有疑竇,持質錢子榮堂。榮堂博極羣書,尤精漢學,與鏗爲莫逆交,遂爲參互考訂,重付剞劂,而此書方成完璧。外此尚有《文選七箋》《毛詩音義》《菜園隨錄》《指北鍼》《越雅》等稿,亦擬次第梓行,以承先志云。咸豐戊午夏日,孫男鏗謹跋。

書《周語》後一則

（清）袁翼

【輯證】〇萬青案：袁翼（1789—1863），字穀廉，號中甫，江蘇寶山人。道光壬午舉人，官山西玉山縣知縣。有《邃懷堂全集》傳世。劉錦藻《清續文獻通考》卷二百七十七《經籍考二十一》云："《邃懷堂文集》四卷、《駢體文集》十六卷、《詩集》十二卷、《哀忠集》三卷、詞二卷，袁翼撰。翼字穀廉，江蘇寶山人。"本篇出袁翼《邃懷堂全集·文集》卷二。

子曰："吾自衛反魯，然後樂正。雅、頌各得其所。"又曰："師摯之始，《關雎》之亂，洋洋乎盈耳哉！"夫子歸老洙、泗，手定《樂經》。當時幸有師摯諸人面相參訂，勒成此書。蓋音必生於器，器貴神於用。雖天縱之聖，不及師曠之聰，非若《易》《書》《禮》《春秋》，刪定贊修，憑一人秉筆也。東遷以後，雅樂淪亡，惟周、魯尚備六代宮懸。至七雄爭長，朝廟所奏皆鄭衛之音、昧任之樂，始皇烹滅諸侯，燔燒典籍，於是夫子手定之《樂經》亦亡。《周禮》樂師所掌止詳其器，《小戴禮》中《樂記》止陳其理，不可以補《樂經》也。明穆文熙《國語評苑》謂單穆公、伶州鳩諫鑄無射二篇，合以天時，應以人事，當是《樂經》所遺。余謂周景王時大臣如單子、伶官如州鳩，猶及見王府遺書，故於陰陽正變之聲、六氣九德之本，剖析入微。此必《樂經》中精義，二人採以立言。當為夫子所取耳。《尚書》載《堯典》《禹謨》，君臣吁咈,后夔典樂,豈無敷奏之言,錄於太史。一經夫子論定,可垂萬世,而秦火亡之。自漢迄今,明其理者不嫻其器,嫻其器者不明其理,或明其理、嫻其器用之不通於神。自非有天子之位、聖人之德、光嶽氣完之運,而又有后夔之臣佐之,不能復興古樂。乃譾譾陋儒,猶欲蒐緝遺文,以補《樂經》,多見其不知量耳。

童思泉本《國語》跋

（清）徐時棟

【輯證】○萬青案：徐時棟（1814—1873），字定宇，一字同叔，號柳泉，又號芙蓉山民，鄞縣人。道光二十六年（1846）舉人，家有煙嶼樓，著有《煙嶼樓詩文集》等。本篇選自《上海圖書館善本題跋輯錄（附版本考）》（上海辭書出版社2017年12月版）。

萬曆本《國語》二十一卷，四本，同治五年三月十九日城西草堂徐氏收藏。余嘗校韋注《國語》，劫後稿失，將多閱諸本，憶錄前作，故頗屬書賈覓《國語》各本，已得仿宋本、明刻小字本、宋氏補音本、近人《三君注輯存》《發明》【輯證】○萬青案："發明"爲"發正"之誤。《考異》諸本，今又得此本。此本有韋解無宋音，前藏家頗或校勘，亦偶有校語而未盡也。卷首有"吴翌鳳家藏文苑"一印，佳作也。其餘卷中多趙氏私印，殊不佳。七月十一夕，徐時棟記。

是歲三月，曾修補重裝。

上海圖書館藏黃刊明道本《國語》題跋

(清)沈善經 等

【輯證】○萬青案:本篇出《上海圖書館善本題跋輯錄(附版本考)》。《國語》刻本爲黃丕烈嘉慶五年讀未見書齋本,清沈善經題識,清鍾文烝校並跋,清佚名籤校,錢振聲過錄清佚名籤校並跋。沈善經爲沈善登(1830—1902)之弟,桐鄉人,字味畬,同治六年(1867)舉人,編有《唐先生文集》20卷。鍾文烝(1818—1877),字殿才,又字朝美,號子勤,浙江嘉善人,道光二十六年(1846)舉人。著有《春秋穀梁傳補注》《論語序説詳正》《河圖洛書説》《鄉黨集説備考》《新定魯論語》等書。沈善登早年即受學於鍾文烝。據徐俠《清代松江府文學世家著述考》,錢振聲,字少鶴,號由敦退士,華亭人。道光二十四年(1844)舉人。著有《梅花老屋存稿》《梅花老屋剩稿》等。光緒二十六年(1900)時,錢振聲曾修葺錢家廟。沈、鍾、錢三人時代仿佛,今依《上海圖書館善本題跋輯錄(附版本考)》彙爲一篇,不再各自爲章。

咸豐乙卯嘉平二十八日,桐鄉沈善經購藏。【輯證】○萬青案:咸豐乙卯爲公元1855年。嘉平,十二月。

是日也,【輯證】○萬青案:是日,蓋即沈善經所記"咸豐乙卯嘉平二十八日"。與味畬觀于郡城集街書坊,遇見此本,正欲問賈,而味畬已買定矣。時將治裝入都,往來于心者久之。後二年,以嘉靖影宋《素問王注》初印本換取抄配之本,而此書暨《戰國策》與焉。《戰國策》亦佳,不及此之精美,遭亂轉徙，完好無恙，是尤可寶矣。當明道本刻成時，世極重之，然如《周語》"先王世后稷"，章但解"世"字，其解"先王"乃在"不窋"句下；《齊語》"鹿皮四分"章解"分，散也"，自是"个"字、"枚"字之誤。("个"即"介"字。)宋公序去取之間，未可輕議，第公序本屢經傳刻，而此本于其所據之十五六本中巋然猶存九百年前之面目，何可忽諸？《國語》雖柳子厚非之，而周之舊典格言多在焉，《吳》《越》三卷又南人文藝之開先也。因識此本，附論之。同治戊辰秋九月，【輯證】○萬青案：同治戊辰爲公元1868年。鍾文烝書。

予讀《河東先生集·非國語》兩卷，甚好之，非直爲其文之古厚簡質也，而其理亦甚正。東坡病其"以禮樂爲虛器，以天人爲不相知"，是大不然。論樂主孟子，有何可議？至于天人之說，夫固有所激也，抑荀卿亦言之矣，乃謂其無所見也，可乎？每篇錄之，用以便讀。庚午閏冬，鍾文烝伯美甫。【輯證】○萬青案：同治庚午爲公元1870年。

丙寅十一月初九日，【輯證】○萬青案：今檢丙寅年爲1866年。但是鍾文烝題跋作在同治戊辰與庚午年間，錢氏不可能早於鍾文烝書跋時得見鍾文烝所書《非國語》，疑此處"丙寅"有誤。避亂至申。遷徙稍定，將此書中另箋校語，妄以朱筆錄入。書中原有《非國語》，爲嘉善鍾子勤先生筆。先生一代經師，桐鄉沈穀城、味盦表伯【輯證】○萬青案：即沈善登、沈善經兄弟。所從受業。振聲借前賢校語低二格附焉，自知非分，錄後仍夾原箋于內，以見前賢慎重名本有如此者。箋內"永康"二字爲前賢名，謹待考核。十一月二十六日，嘉興辛禪錢振聲記。

讀《國語》

(清)汪之昌

【輯證】〇萬青案：汪之昌，字振民，清江蘇新陽人。同治副貢生，光緒年間主講學古堂。治學主博通，有《青學齋集》傳世。胡玉縉(1858—1940)從學於汪之昌，《青學齋集》即胡玉縉編訂。本篇出《青學齋集》卷二十一。

注《國語》者，以韋宏嗣爲最古，而以黄蕘圃刻本爲最善。董增齡撰《國語正義》，凡諸家釋《國語》之說，搜采尤備。近讀《尚書·旅獒》孔疏，有韋昭曰："通道譯使懷柔之。"當爲《魯語》"通道于九夷百蠻"注文，而今韋注無之。是今所傳韋注非完書。夫以《國語》言，即董氏《正義》旁稽博覽，不可謂不勤。《尚書》爲《十三經》之一，治《國語》者斷無不讀之理，而此注獨見遺者，大都以《旅獒》乃晚出古文，不足信。殊不思晚出經傳假名安國，而疏則作自穎達，穎達在唐初所見各書，即非漢儒原本，亦必六朝油素。諸所引據，必當時治經家傳習，不得以經傳之僞，並疏謂爲不足觀也。余聞見陋狹，而適得此韋注於孔疏中，而韋注之散見於他書恐不止此。李次白孝廉《春秋賈服注輯述》、宋于庭《孟子劉熙注》咸稱精博，余於兩家所輯外，各又得若干條。可見訓釋古書，固不易言。即網羅散佚，亦豈易易哉！

書《國語》後

(清)汪之昌

【輯證】○萬青案:本篇亦出《青學齋集》卷二十一。《顧頡剛讀書筆記》卷十四轉引本篇,本文分段亦依顧氏。顧氏並云:"此文指出,《國語》之構成以説禮制爲主要部門,與《左傳》以記事爲主者不同。"亦可與諸説相互參佐。

《史記·太史公自序》:"左丘失明,厥有《國語》。"似撰《國語》者即作《左傳》之左丘明。《漢書·藝文志》"《國語》二十一篇",注:"左丘明著。"與《史記》同,篇數亦與今本合。讀《國語》者謂敘述率與《左氏傳》不符爲疑,則猶《新序》《説苑》同出劉向手而説多歧。

即如《左氏傳·成十六年》苗賁皇曰:"請分良以擊其左右,而三軍萃于王族。"《襄二十六年》聲子述苗賁皇曰:"吾乃四萃于其王族。"又"塞井""夷竈"二語,成十六年《傳》屬之士匄,襄二十六年《傳》則屬之苗賁皇。本書所敘,前後容有出入,況又各自爲書。

嘗綜二十一篇大要而論,大都與禮典相參證,即諸短章無非嘉言懿行居多。《魯語》"海鳥"篇,《禮記·祭法》采之,《晉語》"趙文子與叔向游于九京",亦見《禮記·檀弓》,固不待言。"穆王征犬戎"篇,約舉藩服遠近之差,諸侯朝見之期。"厲王虐"篇,使公卿至列士獻詩云云,與左史倚相相臚舉"在輿有旅賁之規"諸語,具見古昔之求言。"宣王不藉千畝"篇,耕藉之典可稽。"賜晉文公命"篇,錫命之典略備。"單襄公聘宋"篇,所采爲國家用民力,柔遠人之規制。"景王鑄大錢""鑄無射"二篇,則又作幣、制樂之微旨斯存。"文公在翟"篇,"司空季子同姓爲兄弟"之說,"鄭桓公爲司徒"篇,"史伯八姓"之對,則皆分別氏姓最有關係。"隨會聘周"之論穀烝、"子期祀平王"篇之論祀牲、饗賓祀神之品物貴賤正復差殊。"文公問胥臣""莊王使士亹"二篇,可參《大戴·保傅》之記也。"趙文子冠而歷見晉廷諸臣",是即《禮》經見賓之謂也。"吳王爭長黄池"篇,藉見春秋軍制之變也。

若《齊語》一篇,皆《管子·小匡》篇之詞,采摭具有所本。董增齡《正義序》:"説者謂《越語》下卷,措詞、紀年咸與他篇不合,疑非《國語》本文。"吾謂即出《漢志·兵權謀》之《范蠡》二篇,抑亦古書之僅存者。

然則《國語》一書,其犖犖大者,洵可備《禮》家之參訂,寓記事于記言,《漢志》列諸《春秋》家,吾謂兼有子家之長已。

《國語釋地》序

（清）譚澐

【輯證】〇萬青案：譚澐，清湘潭人，舉人，同治十三年（1874）任郴州學正。著有《禹貢章句》四卷、《圖説》一卷，《春秋日月考》四卷，《國語釋地》三卷，《古今冬至表》四卷，《孟子辯證》二卷。根據尋霖、龔篤清編著《湘人著述表》，《國語釋地》有光緒三年（1877）郴州學署刊本、光緒六年（1880）味義根齋刻本和民國鈔本（長沙：嶽麓書社 2010 年版）。2012 年，宋志英選編《〈國語〉研究文獻輯刊》，影印《國語釋地》用味根齋刊本。《國語釋地》以《周語》《魯語》爲一卷，《齊語》《晉語》爲一卷，《鄭語》《楚語》《吳語》《越語》爲一卷，其中《周語》66 條、《魯語》31 條、《齊語》31 條、《晉語》95 條、《鄭語》22 條、《楚語》39 條、《吳語》17 條、《越語》6 條，共 307 條。先引韋昭解，次及《水經注》等地理著作，或直接釋以今名，言其具體方位等，對研究《國語》地名以及地理具有一定價值。

曩讀書山齋，諸生從遊，有誦《國語》者，有疑義，輒以相質。竊謂韋昭注解詳備有體，可稱一家名學。獨惜其於地理尚多闕略。因按籍披圖，詳加考訂，以指示諸生。然草創粗具，未能成書也。光緒乙亥既來閩，閱課之餘，偶檢篋中，尋得舊藁。爰刪其繁蕪，次其先後，輯成此編。蓋不欲遺棄舊聞，非敢當著述之目也。湘潭譚澐序。

《〈國語補音〉札記》序

（清）錢保塘

【輯證】○萬青案：錢保塘（1833—1897），字鐵江，號蘭伯，浙江海寧人，咸豐九年（1859）舉人。同治戊辰（1868）以教習得知縣簽，四川大府重其名，聘主尊經書院。光緒後歷任清遠、定遠、大足等縣知縣。著有《帝王世紀續補》一卷、《攷異》一卷，《春秋疑年錄》一卷，《重校物理論》一卷，《夏氏考古錄》四卷，《辨名小記》一卷，《光緒輿地韻編》一卷，《清風室文集》十二卷，《詩集》五卷，《國語補音札記》一卷。光緒二年（1877），成都尊經書院翻刻崇文書局本《國語》。是年並刻《經典釋文》《國語補音》，錢保塘《札記》即附《國語補音》之後，共65條，包括《敘錄》2條、《周語上》9條、《周語中》8條、《周語下》11條、《魯語上》4條、《魯語下》7條、《齊語》3條、《晉語一》4條、《晉語二》2條、《晉語三》1條、《晉語四》5條、《晉語六》1條、《晉語七》1條、《晉語八》1條、《鄭語》2條、《楚語上》4條、《楚語下》1條。尊經書院本《補音》以《微波榭叢書》本爲底本，錢保塘以明修舊刻本校字，觀其《札記》，主要包括辨別異文譌字、辨明引書、辨別音讀等幾方面内容，對於進一步整理和研究《國語補音》具有學術意義。本序，錢氏《清風室文鈔》卷三亦收入，名爲《校國語補音序》。

盧氏文弨校刊《經典釋文》，署其卷首曰："孫宣公《孟子音義》、【輯證】○萬青案：《文鈔》"音義"下有"兼"字。宋元憲公《國語補音》嗣出。"後衹刻《孟子音義》，未見《國語補音》刻本也。制府盱眙吳公，既重刻盧本《經典釋文》《孟子音義》，思竟盧氏之志，因寓書里中，取所藏孔氏《微波榭叢書》中《國語補音》影鈔寄川，附刻《釋文》後，而命保塘以校字之役。保塘取明修舊刻本校之，方知孔本實源於此。其先後次第稍有不同者，孔氏自據通行《國語》本移正之也。舊刻雖頗漫漶，然有勝孔本者，爰校其異同歧誤之處，別爲《札記》附後。間有所見，可與宋氏之説相參者，亦附列焉。

光緒二年正月，海寧錢保塘謹識。

跋舊本《國語補音》

(清)錢保塘

【輯證】○萬青案:本篇見錢保塘《清風室文鈔》卷十一。

舊刻《國語補音》三卷,得於都門內城書肆,不知其爲何刻也。細審之,有一種字體清勁方整絕類,率更多避宋諱,其爲宋刻無疑;有一種柔婉圓勁,不避宋諱,當是元刻;其板心有監生名氏者,則明刻也。中間稍有漫漶,有宋元刻僅存半截而明刻補成之者,亦有未補者。脫第三卷第一葉,補以《國語》卷三第一葉,板心亦有監生名氏,大題在下,小題在上,尚存古式。當是源於宋刻而《補音》附於《國語》後者。紙背有成化年字,蓋當時以官簿文書餘紙印此者,間存朱方印之半,則不可辨識矣。光緒元年,余據此本爲吳勤惠公校刊《國語補音》於成都,公甚愛此書。明年,公歸淮南里第,贈書四種,此書與焉。其書與近刻之異同,已詳余所校《國語補音札記》中。

【輯證】○萬青案:錢保塘所買的這部《國語補音》當即宋刻元明遞修公文紙本。吳勤惠公即吳棠(1812—1876),字仲宣,號棣華,安徽盱眙人,同治七年(1867)調任四川總督,光緒元年(1875)因病奏請開缺,光緒二年(1876)三月回籍,閏五月病逝於滁縣,謚勤惠。錢保塘所得宋刻元明遞修公文紙本《國語補音》贈於吳棠,吳棠歿後,其藏書不知道是怎樣一種結果。今吉林省圖書館藏有宋刻元明遞修公文紙本《國語補音》一部,今檢吉林圖書館藏本鈐印有"吳同遠印""公望""盱眙吳氏望三益齋藏書之印",另有一方印"茝華吟舫"。"茝華吟舫"爲朱筠(1729—1781)室名。朱筠,字竹君,又字美叔,號笥河,順天大興人。清乾隆十九年(1754)進士,三十二年(1767)授贊善,三十五年(1770)充福建鄉試正考官,三十六年(1771)提督安徽學政,三十八年(1773)建議從《永樂大典》中搜輯遺書以備《四庫全書》編纂,四十四年(1779)提督福建學政,四十六年(1781)卒。著有《風俗通義校正》《十三經文字同異》《椒花吟舫文稿》《椒花吟舫詩稿》等書。其椒花吟舫藏書甚富,有數萬卷之巨,朱筠、朱錫庚(1761—?)編有《椒花吟舫書目》。檢《椒花吟舫書目》著錄有《國語補音》一套三本。根據朱錫庚《宋本蒲陽居士文集》題記,乾隆庚子夏,正陽門外失火,朱氏宅第受災,藏書有損。又根據翁心存(1791—1862)《椒花吟舫跋》,朱氏藏書大半爲劉喜海(1793—1852)所得,翁氏得者僅零篇斷簡。而劉喜海的藏書又被其子斥賣。但是目前看到的這個本子上面沒有劉喜海的藏書鈐印,是否由朱氏流入劉氏,尚不敢斷論。至少,是由朱氏流出,最後流落到書肆,這是可以斷言的。錢保塘在書肆所見或即原藏在朱筠家者。望三益齋爲吳棠室名。檢曲阜孔廟藏雍正三年出土《孔褒碑》之雍正年間拓本有"吳同遠公望父審定印記"。又檢光緒十七年黟縣李宗煝刻《香山詩選》有"吳同遠印""公望""盱眙吳氏念萱室珍藏",吉林省社會科學院藏明刻本《荀子》鈐印有"吳同遠公望甫""勤惠公孫""盱眙吳氏藏書"等。則吳同遠當是吳棠的孫子。根據徐茵《吳棠家世與族譜》(滁州文物網,2014年4月2日發布),吳棠有子三人,分別爲長子炳采(1844—1861),字載甫;次子炳祥(1850—1899),字吉甫;三子炳和(1852—?),字協甫。次子炳祥有二子,公望、公武。公望有二子四女:長子克斌、次子克昶。四女爲:克靜、克琬、克敏、克寧。公武無後,過繼克寧爲後。吳公望1937年抗戰爆發後曾逃難到外地,至於是否到過東北,也還不能確定。檢周退密《文史館感舊錄》有"吳公望(1883—1975)"云:"停雲舊拓思林藻；翠墨高齋記雪泥。予不識君,解放後卻屢見君之藏品散落於冷攤中,曾收得數種,記有停雲館刻《唐林藻深慰帖》。有君長跋多段,視其名款爲盱眙吳公望同愈,室名'望三益齋'。予入館後,翻閲《館員名錄》,始知爲同館前輩,恨未及奉手與談'黑老虎'也。君工書法,偶有所見,率爲小楷,學人之書,自具雅韻。"從目前的材料來看,吳公望精於石刻碑帖之學,而且以字行。吳氏藏品不僅散見於大陸各圖書館,臺灣也有,檢臺北"國家圖書館"藏嘉靖六年震澤王岩喆覆宋本《史記》即鈐有"古鹽張氏"白文方印、"'國立中央'圖書館收藏"朱文長方印、"吳同遠印"白文方印、"公望"朱文方印、"宗樞"白文方印、"詠川"朱文方印、"澤存書庫"朱文方印、"盱眙吳氏望三益齋藏書之印"朱文方印、"盱眙吳氏藏書"朱文方印等。澤存書庫爲陳羣(1890—1945)的私人藏書樓,陳氏藉助雄厚財力以及抗戰亂世,私家藏書散出,故廣收博采,韋力許其爲"中國第一大藏書家"。吳氏藏書可能就是在抗戰爆發之際散出。則此書本藏在朱筠椒花吟舫,後(流入劉喜海處,又由劉喜海之子)散出流落書肆,又經由錢保塘於書肆購得,贈予吳棠,吳棠傳於吳同遠,後歸吉林省圖書館。今此書已入第三批國家珍貴古籍名錄,《第三批國家珍貴古籍名錄圖錄》著錄爲框高21.5釐米,廣15.5釐米。半葉十行,行二十字,小字雙行同,黑口,四周雙邊(見《第三批國家珍貴古籍名錄圖錄》,北京:國家圖書館出版社2012年版,頁147)。

公文紙本《國語》在哪兒呢？目前尚未探得。但是相同版本的信息卻在繆荃孫書目中見到。檢繆氏《藝風藏書續記》卷四"史部第五"下有《國語》二十一卷,著錄云：

宋刊元修明印本。首行篇名在上,大題在下,題曰"韋氏解"。每葉二十行,每行二十字。高七寸,廣五寸。黑口,雙邊。版心有字數及刊工姓名,元修之葉版心"國"字作"囯"。無字數。有"監生某某"銜名。"匡""殷""貞""敬""恒""構

"慎"皆缺避,當爲孝宗時所刻。考至元廿四年,國子監置生員二百人。延祐二年增置百人。興文署廕,刊刻經史,皆屬集賢院,見《元史·百官志》及《秘書志》。此必南宋監板,入元不全,修補完善,所以板心有監生銜名。此本以成化二十餘年册紙印行,尚在弘治許贊重刻之前,殊爲可寶。漢明帝諱"莊",諱"莊"之字曰"嚴"。《魯語》凡"莊公"皆作"嚴公",猶存漢人傳鈔之舊,明道本則皆改爲"莊"矣。"公父文伯飲南宫敬叔"條"魯大夫辭而復之",天聖明道本作"魯夫人辭而復之",當以此本爲長。惜佚去《補音》三卷。首行有"復吾"白文方印,序末有"己亥夏四月得自保定書坊,聽雨樓鐵眉記"。有"李"字圓印朱文、"嘉端"方印白文、"嵐石山房"方印白文,天津李鐵眉中丞藏書也。

藏書印主人爲李嘉端(?—1880),字吉臣,號鐵眉,清大興人。道光八年舉人,九年進士,改翰林院庶吉士。十二年散館第一授編修,十四年充雲南鄉試正考官,任雲南省學政;歷充日講起居注官、詹事府左贊善、翰林院侍講、南書房行走;二十二年任福建省學政;又晉内閣學士,二十七年充會試讀卷官;後補倉場侍郎,署兵部右侍郎;二十九年任安徽學政;實授兵部右侍郎,調補刑部左侍郎,又巡撫安徽,兼提督。以事革職。咸豐五年主講陝西關中書院。同治四年移講直隸蓮池書院;九年講學天津問津、三取書院。光緒流年(1880)十二月卒於天津。(柴汝新編《蓮池書院研究》,保定:河北大學出版社2012年版,頁138)

繆荃孫從李嘉端處購得此書,後又歸入傅增湘雙鑑樓。檢《藏書羣書經眼錄》卷四"史部二·雜史類"下著錄有"國語解二十一卷,吴韋昭解;補音三卷,宋宋庠撰",著錄云:"宋刊元明遞修本,半葉十行,每行二十字,白口,左右雙欄,板心上方記大小字數,下方記刊工人名。宋諱避至構字止,慎字不避。元補板無字數及刊工人名。明補黑口四周雙欄,下方記監生某人,蓋已入南京國子監矣。印紙用明成化、弘治時江南職官户口等册,有鳳陽縣、巢縣、全椒縣、無爲州等處官印。按:此書舊爲繆荃孫氏所藏,前有'已亥四月得自保定書坊聽雨樓錢眉記'墨書識語一行,鈐有'李嘉瑞''嵐石山房'兩印。宋刊存者近百葉,補刊祇寥寥數葉耳,雖爲南監補修,而全帙特爲罕覯,因以善價收之。藏園記。"傅增湘著録該書用紙比繆荃孫要細緻。但是是否附有《補音》,傅氏文字中看不出任何信息。恐怕也没有《補音》。李佳《歷代〈國語〉版本著録匯考》(《古籍研究》2008 卷上)云:"該書與繆荃孫所藏絕非一書。據二書解題:繆氏書僅有二十一卷《國語》,無《補音》,傅氏書除二十一卷《國語》外,還有《補音》三卷;繆氏書黑口雙邊,傅氏書爲白口雙邊;繆氏書'構''慎'等字皆缺避,傅氏明確説其書'宋諱避至構字止,慎字不避'。那到底是怎麽回事呢? 經仔細辨别,我們發現,可以認定兩書共有的印章,識語其實並非完全相同的:其一,繆氏書'首行有復吾白文方印,序末有"己亥夏四月得自保定書坊,聽雨樓鐵眉記"',而傅氏書爲'前有',則識語的位置不同,且傅氏書少'復吾'白文印;其二,繆氏書有'李'字圓印、'嘉端'方印、'嵐石山房',共三印,而傅氏書則僅'鈐有李嘉端、嵐石山房兩印'。則這實際上是兩部書。我們認爲情況很可能是這樣的:清李嘉端曾同時在保定書坊得到兩部善本《國語》,一部歸繆荃孫(再案:實際與陸心源在《皕宋樓藏書志》《儀顧堂題跋》所著録的那部宋本《國語》是同版的兩部,説見上文),一部後歸傅增湘。而傅氏不知李嘉端有兩部《國語》,故以爲自己'善價'所買的是繆氏舊藏的那部。"皆可參,但是由於未見藏本,也祇是推論,無法最終定論。

重刻《左國腴詞》序

(清)徐友蘭

【輯證】○萬青案:徐友蘭(1842—1905),字佩之,號叔蓓、子民居主人,別署八杉齋主人,浙江會稽人。清末藏書家,藏書樓有"鑄雪齋""八杉齋""融經館""述史樓"等,刻有《鑄雪齋叢書》《融經館叢書》《紹興先正遺書》等。所刻《左國腴詞》在《融經館叢書》中,並於目録之末撰有題識一篇。

《左氏》《外傳》無奇不搜,無美不備,泛濫淫洪,極文章之大觀。顧《内傳》卷帙浩繁,《外傳》尤多佶屈聱牙之處,讀之者如遊都市,如入寶山,目眩神迷而詎無所得,輒自空手以回。前明淩氏稚哲憫之,爰有《左國腴詞》之輯,惜書行已久,善本無存,而以譌傳譌,不無顛倒錯亂之弊。因詳加釐訂,校正梓行,庶使味是書者沿流泝源,不至迷於所向云。

光緒八年壬午春仲,八杉齋主人識。

《增注國語定本》序

〔日本〕菊池純

【輯證】○萬青案：菊池三溪（1819—1891），名純，字子顯，別號晴雪樓主人，通稱純太郎，日本明治時期漢學家，晚年移居京都。著有《晴雪樓詩鈔》《本朝虞初新志》等，福井辰彥編有《菊池三溪自筆文稿目錄》。本篇在高木熊三郎《標注春秋外傳國語定本》書首。

《左》《國》則秦、晉匹也，門望地位，相持不少遜也。敘事簡潔，措詞謹嚴，相持不少遜也。然而舉世藉藉推尊《左氏》，以爲混元以還未嘗有之弌大奇書。獨至於《國語》，則讀者寥寥，束閣弗顧，擯斥笑罵，以爲村婆絮談，甚矣哉！世人喜新而弗怡故，貴奇而弗重正也。蓋《國語》之文簡明質實，絕不見左氏衒淫競奇之跡。其束閣弗顧者，蓋以此爲耳。先是，尾張秦士鉉著《左》《國》校本，並梓行於世，而《左氏校本》獨擅其場，《國語》則弗甚顯也。夫門望地位相持不少遜也，敘事簡潔、措詞謹嚴相持不少遜也，而顯晦異地、盛衰易位，此識者所深慨。安得起俠烈義勇，折強救弱，如郭隗、季布其人者，攘臂而振之乎哉？浪華高木君夙慨《左氏》與《國語》星淵異位，欲起而振之。自度非單身獨力所措辯，乃借助前龜井元鳳氏所著《國語考》以爲根據，與秦氏《定本》參錯交互，以補正韋解誤謬。於是晦者再顯,而衰者復盛。要之,咸高木君俠烈義勇所挽回,其折强救弱,郭隗、季布曷足道乎哉?吾聞大阪之役,東照公使人誘後藤基次曰:"苟啓東兵,則封以播没。"【輯證】○萬青案:後藤基次,俗稱後藤又兵衛,黑田家家臣,大阪七將星之一,勇猛善戰,日本元和元年(1615)五月戰死,終年五十六歲。基次辭曰:"東西決勝,使西强東弱,則歸東矣。今東强西弱,去弱就强,臣之所恥也。"今《左》《國》決勝,《左氏》强而《國語》弱,吾安得不攘弋臂救其弱乎哉?

明治十七年甲申十月,平安後學菊池純識。

《增注國語定本》例言

〔日本〕高木熊三郎

【輯證】○萬青案：高木熊三郎，別稱高木穀叔敏，日本德川幕府時期儒者。根據許春艷《二種の〈全體新論訳解〉》(《北海道大學大學院文學研究科研究論集》第10號)，高木氏輯纂編著訓點有《全體新論語解》《勸善新編》《重鐫文家必用附錄》《新撰幼學詩韻》《新撰詩語粹金》《修身要言》《隨園文粹》《古文孝經標注》《增補元明史略》《標注國語定本》等。許春艷根據相關材料，得出高木熊三郎生平不詳，爲大阪府平民，嘉永元年至明治元年在江戶歲寒書院學習，明治七年至明治十七年著述漢籍標注訓解等。其《標注國語定本》，日本明治十七年(1884)大阪府溫古書屋藏板，松村九兵衛刊行。《標注國語定本》依次爲《增注國語定本》序、上《國語定本》牋、例言、《標注國語解敘》、《國語補音敘錄》、國語定本目錄、韋昭略傳、《國語定本》題言、標注國語定本。

一、是編與《左傳》並行者舊矣，【輯證】○萬青案：此"舊"字疑爲"久"字之誤。其爲古文深奧雄健，固莫有軒輊者。然人皆知其購索《左傳》，瀏覽繙閱，而或不肯復自寓目於此編。亦唯以其敘事頗寡，而議論尤衆故也。蕭後進之十，識見狹陋，動輒厭於議論之艱澀難解，而唯喜其敘事之簡潔易讀，亦其所也。渠眼中纔能辨"之""無"二字，故其閱古文，輒自厭倦生睡，何足怪乎？然《左》《國》二書，猶車之有兩輪，固不可以廢其一也。抑秦士鉉之《左》《國》校本已盛行，而後進皆受其賜。然諸家之説，猶頗有缺漏，故近世識者或復論駁，毫不惜餘力，亦自不失其爲《左》《國》之忠臣矣。獨築前龜井元鳳翁所著《國語考》，【輯證】○萬青案：築前，是日本九州島的九個令制國之一，今屬日本福岡。識見高邁，辨析微意，固足以駁摯士鉉，亦足以使世之讀《國語》者驟自掩卷，拭其鬖眉，擊節三歎矣。吁後進之士，若能據龜、秦二家之説以解本文，則大路坦然，街衢洞達，而其兩輪之所運轉者，不必借指南車而自至矣。

一、是編固章解是由。然章解誤謬固多，吾儕後進，不可不辨。然章之解是編，猶杜征南之解《左傳》也。其筆力密緻，頗能吐露深奧，故古今之人皆不敢廢也。今特揭出其誤謬一二，以忠告童稺而已。識者鑒諸！

一、古書篇章，詰屈聱牙，固難了解，不獨是編爲然。吁後進之士，唯能注眼於字句，以諳知章法，則他日必能運其椽筆，成大文章，以珠湧玉迸矣。故欲閱是編者，其字句之末，固不容不研究。苟欲研究本文，則宜就章解以玩索神味。夫如是，章解誤謬指斥不遺，亦何憚之有？

明治十七年十月，浪華高木毅叔敬謹識。

詩禮堂本《國語》王錢記

（清）王錢

【輯證】○萬青案：該本爲詩禮堂本的早期刻本。《中國善本書目·史部》對該本有著錄，謂清孔繼涵錄洪榜校跋、清孔廣栻校注、清王錢校並跋。該本今藏北京中國國家圖書館。今檢該本韋昭《國語解敘》前半面鈐有"世居趙北燕南地"篆書陰文方印、"壽彭曾觀"篆書陽文長方印。又《周語上》前半面有"昭美""玉如"等印。袁芳榮《古書犀燭記續編·洛陽伽藍記》謂其所收藏有汲古閣本《洛陽伽藍記》，經王壽彭博采各家刻本詳細校對。"王壽彭在本書上題記的署名，大多寫'壽彭記'，偶寫'聯生題記''王錢記'及'壽彭王錢記'，鈐印'王思錢印''壽彭'。我原來以爲此王壽彭是光緒二十九年（1903）狀元王壽彭。狀元王壽彭（1875—1929），字次錢，號眉軒，山東濰縣人。早年家境清寒，苦讀出身，17歲中秀才，26歲中舉人，光緒二十九年（1903）考上狀元，時年27歲。光緒三十一年（1905）他隨著載澤、端方等五大臣被派往日本考察政治、教育和實業，回國後著有《考察錄》一書，提倡改良教育及創辦實業。宣統二年（1910）出任湖北省提學使，創辦兩湖優級師範學堂，並制定學款獨立章程，讓辦學經費專款專用，爲全國首創。民國後，曾任山東都督府及巡按使署秘書、北京總統府秘書及山東省教育廳長。他在教育廳長任內，將山東原省立農、工、礦、醫、法、商各專門學校合併，並增設文科，成立山東大學，自己兼任校長。但是這些題記所寫的干支紀年，是從丁丑至壬午，亦即 1937 年至 1942 年；而王壽彭狀元於 1929 年即已逝世，年代顯然並不相符。而且從他的題記中看來，他曾經取張宗祥的《洛陽伽藍記合校稿本》來校勘過，因此其年代應在張宗祥之後，但查詢相關數據，均無其他名爲'王箋壽彭'之人，此一疑惑有待他日再解。"（杭州：浙江大學出版社 2013 年版，頁 9）但是根據王壽彭的籍貫和其"世居趙北燕南地"的鈐印來看，《國語》王箋似乎就是濰縣王壽彭。王氏的四段識語，首在函面，次在《晉語四》"郭偃答晉文公"章上，次在《楚語下》"不能寶也"本行空格中，次在"周言棄德不淑也"所在頁加浮簽上所書。

此書函面舊籤題云"洪榜校本"。據卷尾孔氏所臨洪跋，則所據者明金李澤遠堂本耳。至孔氏所過明道本，則不言傳自何人。余案莊谷題注《孟子》跋云："癸巳之秋，東原徵赴京師，予走謁諸寓，即出是書與宋刻《國語》及《補音》本又付。"蓋孔氏所臨者，東原本也。段茂堂明道本《國語》序云："乾隆己丑，予在都門，時東原師有北宋《禮記注疏》及明道二年《國語》，皆假諸蘇州滋蘭堂朱丈文游所照校者。"是戴本乃出自滋蘭堂也。據黃蕘圃跋，又知滋蘭堂本臨自惠松厓，而惠氏所校一爲沈寶研所藏陸敕先校本，一爲錢士興宋本，而又參以宋公序本。陸校則借自葉石林所藏錢遵王之影寫明道本也。余持此本以與黃氏所刻明道本，亦多違異。一因於摹傳者不免失真，一因於惠校固亦參合公序本也。明道本在黃氏未刻之前傳校者頗多。吾昔於孔氏所校，不知其究據何本。今以諸家題跋參稽推求，而流傳淵源遂燦然明備矣。丁卯六月初九日，聃生王箋記。

《治要》引此文與刻本正同（惟曰難時至下無注），與所校之明道本多異。據此，則宋公序所據必唐人善本。自錢、段、黃、顧諸家盛推明道本，世人從之如風，見有與明道本不合者，輒目爲宋公序妄改。殊不知以《治要》校之，公序本實多與唐人著帙合，而號爲原本之明道本反多違異。使公序本未必不爲隋唐舊本，而明道本未必不爲後人妄改也。

　　《羣書治要》所錄《國語》凡九章。丁卯六月十二日取校一過，注文頗與公序本合。以是知後人譏宋公序妄改者非也。聃生校畢記。

　　辛丑前五月十一日癸未刻新晴記。

《國語》跋

(清)翁同龢

【輯證】○萬青案：翁同龢跋並錄翁俸評點於崇文書局本《國語》上。根據翁同龢的記述，其五世祖翁俸挍本《國語》原非此本。翁氏在病中迻寫於此本並作跋語。今檢翁同龢光緒十四年十月二十日日記云："看《國語》。"(陳義傑整理《翁同龢日記》，北京：中華書局1989年版，頁2233) 廿二日記云："看《國語》畢，即裝釘之。"(《翁同龢日記》，頁2234) 或即記此事。根據沈潛《常熟翁氏家族源流及文化傳承》，翁俸爲常熟翁氏第十代，父翁大中(1638—1706)，翁俸兄弟四人，翁俸無子，以翁倓第三子翁汝明爲嗣。翁汝明亦無子，又以其長兄翁汝弼次子翁謙爲後。翁謙有子三人，分別爲翁咸封(1750—1810)、翁泰封、翁穎封，翁咸封有子翁心存(1791—1862)，翁心存有子三人，即同書、同爵、同龢。該本現藏國家圖書館，三册，每册上書"國語上册"、"國語下册"，上册封面旁書"天申府君評點同龢謹迻寫於此册"。卷二十一末有翁同龢親筆撰跋文一篇。從翁同龢所錄校語可知，翁俸校本爲《國語》公序本，翁同龢在迻寫過程中也自爲校勘，以明翁俸校本與迻寫本不同之處。

光緒十四年秋，余既得五世祖天申府君手校《國語》，跽而讀之，然後歎少時所喜者，文辭而已，於左氏之心，槩乎未有得也。左氏明王道、黜霸功，窮天人之微而驗之於威儀動作之際,淵乎懿哉!余又有感於《齊》《越》二篇,以爲果有人焉師其法而變其意,亦足扶屛弱而政隆平也。是歲十月,肝疾大作,呻吟中,乃取府君校本評點,迻寫於此,囙記其略。翁同龢。

抄本《國語補音》跋

（清）李文田

【輯證】〇萬青案：李文田（1834—1895），畬光、仲約，號芍農、若農，謚文誠，廣東順德均安人。咸豐九年進士，曾主講廣州鳳山書院、應元書院等。著有《元秘史注》《元史地名考》等書。本跋錄於鈔本之末。該本今藏北京國家圖書館。

光緒十五年十二月，廠肆攜書來，售中有此種，與孔莊谷户部各鈔本大小紙式相似，知此亦《微波榭遺書》散出也。以銀二兩易之。其無圖書印記，蓋偶漏耳。今記於此。李文田記於五千卷室。

讀《國語》

(清)賀濤

【輯證】○萬青案：賀濤(1849—1912)，《清史稿·列傳二百七十三》有傳，云："濤字松坡，武强人。光緒十二年進士，官刑部主事，以目疾去官。初，汝綸牧深州，見濤所爲《反離騷》，大奇之，遂盡授以所學，復使受學於張裕釗。濤謹守兩家師説，於姚鼐'義理考據詞章三者不可偏廢'之説，尤必以詞章爲貫澈始終，日與學者討論義法不厭。與同年生劉孚京俱治古文。濤言宜先以八家立門户，而上窺秦漢。孚京言宜先以秦漢爲根柢，而下攬八家。其門徑大略相同。濤有文集四卷。"本篇出賀濤《賀先生文集》卷二。

左氏既采諸國之史爲《春秋傳》，所未采者更編次之爲《外傳》。其曰《國語》，諸史舊名耳。以《傳》之因之也，故亦名《傳》爲《國語》。《傳》有内外之異，而其爲《國語》則同。太史公曰："左丘失明，厥有《國語》。"殆指《傳》而言，豈有稱人著作舍其所自爲書，而舉所編次者乎？後人不察，以比於《春秋》者爲傳，其別行者爲《國語》，而《國語》乃爲《外傳》之專稱。故班氏因太史公之言，遂以《外傳》爲左丘明著，亦不思之甚矣。《藝文志》："《國語》二十一篇，劉向《新國語》分爲五十四篇。"《隋·經籍志》所載賈逵、虞翻、王肅、韋昭、孔晁諸家《國語》，或二十卷，或二十一卷，或二十二卷，迭經更竄，不可考究其詳矣。

《周語》多典雅之辭，西京盛時，公卿内諫於王，多稱述成憲,其循守者素也。東遷後,王室微弱矣,而列邦不恭,猶能以禮折之,雖彊大不敢辨。蓋其時天子不復有事於諸侯,諸侯相侵,亦以周爲共主,莫之敢逼,故兵革之禍視列邦爲少,君臣皆得從容學問,服習舊聞,非他邦所能及。此周公之澤也,然其微弱益甚矣。

諸子之書往往言晉之趙氏。《晉語》則以簡子、襄子事坿焉。太史公敘六國世家,亦惟趙爲詳,將由趙史美備而傳誦者多與?秦焚《詩》《書》,諸侯史記尤甚。趙與秦同祖,史多稱其先德,故得獨存,而太史公因得以爲據也。簡子夢寤告,語諸大夫,董安于受言而藏之,趙之有史也久矣。左氏時,其史當未出,而《晉語》載之,後人羼入耳。

《吳語》以越事爲主,所述越事,又詳言大夫種之謀,而不及范蠡,《越》之上篇亦如之。其下篇則專言范蠡,而不及大夫種。既皆非史法所宜,而造端離辭,亦不類史氏所纂,而近於晚周諸子之所爲。《漢·藝文志》兵權謀家有《大夫種》二篇,《范蠡》二篇。疑後人取此二書坿之《國語》。不然,宋、衛諸夏大國,《春秋》經傳具其事甚備,而獨無史存,吳、越處乎蠻荒,通中國最晚,而又先亡,乃能有史以傳世,何哉?

《皕宋樓藏書志·國語》

(清)陸心源

【輯證】○萬青案:陸心源(1838—1894),字剛父,號存齋,又號潛園老人。著名藏書家。

1.《國語》二十卷(汲古閣毛氏影寫宋天聖明道本)

吴韋氏解、自序。

按:末有"明道二年四月初五日得真本"一行、"天聖七年七月二十日開印"一行、"江陰軍鄉貢進士葛惟肖"一行、"鎮東軍權節度掌書記魏庭堅"一行。汲古本即黄氏士禮居刊本所祖也。

2.《國語》二十一卷(宋刊本,孫慶增舊藏)

吴韋氏解、自序。

案:此南宋官刊本。每頁二十行,每行二十字,小字雙行。版心有字數及刻工姓名,卷中有"盧山孫仲孝維考藏圖書"朱文方印、"主司巷人家"朱文長印。"讓"字缺筆,蓋孝宗時刻本也。明弘治覆本行款同,惟字體粗惡耳。

3.《國語》二十一卷(明弘治覆宋本)

吴韋氏解、自序。

李士實序,弘治十五年。

4.《國語補音》三卷(宋刊本)

宋宋庠撰、敘錄。
案:此南宋官刊本,行款與《國語》同。

5.《國語補音》三卷(明弘治刊本)

宋宋庠撰。

宋槧《國語》跋

(清)陸心源

【輯證】○萬青案：此出《儀顧堂題跋》。

《國語》二十一卷，首行篇名在上，大題在下，題曰"韋氏解"。宋刊元修本。每頁二十行，每行二十字，版心有字數及刊工姓名。元修之頁，版心"國"字作"国"，無字數，有監生某某銜名。"匡""殷""貞""敬""恒""桓""構""慎"皆缺避，當爲孝宗時所刻。考至元廿四年，國子監置生員二百人，延祐二年增置百人，興文署掌刊刻經史，皆屬集賢院。見《元史·百官志》及《秘書志》。此必南宋監板，入元不全，修補印行，所以板心有監生銜名也。明宏治十五年，先如崑公官清豐令，得宋板于許讚，重爲付梓，行款一仍宋刊舊式，惟無版心字數及刊工姓名耳。宋初《國語》諸本題卷次序各異，文憲疑其妄。天聖初，據其宗人同年緘本，取官私所藏十五六本，校正魯魚，附以《補音》，即此本也。漢明帝諱莊，諱莊之字曰嚴。《魯語》凡"莊公"皆作"嚴公"，猶存漢人傳抄之舊。明道本則皆改爲"莊"矣。"公父文伯飲南宮敬叔"條"魯大夫辭而復之"，天聖明道本作"魯夫人辭而復之"，當以此本爲長。《補音提要》云："惜其前二十一卷全失，僅存此音。"是四庫館中祇見孔傳鐸刻本，未得此本，其爲罕覯可知。《提要》所舉孔本"公父文伯"條注之誤,此本及天聖本皆同,未知孔本出于何本也。卷中有"虞山孫孝維考藏圖書"朱文方印、"主司巷舊家"朱文方印、"李承祖印"朱文方印、"西齋"二字朱文方印、"虞山孫氏慈封堂丙舍圖書"朱文長印、"小山勞長齡章"朱文方印、"寶晉山房"朱文方印,蓋自明以來,已爲藏書家所珍矣。

毛抄天聖明道本《國語》跋

(清)陸心源

【輯證】○萬青案:此出《儀顧堂題跋》。

天聖明道本《國語》二十一卷,題曰"韋氏解",毛氏汲古閣影宋抄本。每頁二十二行,每行二十一字,小字雙行,每行三十一字。前有韋昭序,末有"天聖七年七月二十日開印,江陰軍鄉貢進士葛惟肖再刊正,鎮東軍權節度掌書記魏庭堅再詳,明道二年四月初五日得真本,凡刊正增減"四行。嘉慶中,黃蕘圃影摹板行,絲毫不爽。此則其祖本也。卷首有"毛晉"二字朱文連珠印、"宋本"二字朱文楕圓印、"甲"字朱文方印,卷三、卷七末有"毛晉"連珠印、"汲古主人"朱文方印、"毛扆之印"朱文方印、"斧季"二字朱文方印,卷四、卷八、卷十二、卷十七前均有"毛晉"連珠印,卷十一末有"汲古閣"朱文方印、"毛晉之印"朱文方印、"毛氏子晉"朱文方印、"筆研精良人生一樂"朱文方印、"毛扆之印"朱文方印、"斧季"朱文方印,卷十六末有"毛晉書印"朱文方印、"汲古得修綆"朱文長印、"毛扆之印"朱文方印、"斧季"朱文方印,卷二十一末有"毛晉私印"朱文方印、"子晉朱文方印汲古主人"宋文方印。此書從絳雲樓北宋本影寫,原裝五本,見《汲古閣秘本書目》。後歸潘稼堂太史，乾嘉間爲黃蕘圃所得。黃不能守，歸于汪士鐘。亂後歸金匱蔡廷相。余以番佛百枚得之。毛氏影宋本尚有精于此者，此則以宋本久亡，世無二本，故尤爲錢竹汀、段懋堂諸公所重耳。

宋槧《國語補音》跋

(清)陸心源

【輯證】○萬青案:此出《儀顧堂題跋》。

《國語補音》三卷,題曰宋庠撰。宋刊十行本,與《國語》韋昭注同時所刊,前有叙錄。《國語》有《舊音》一卷,不著撰人名氏。文憲據"犬戎樹惇"句解有"鄜州羌"語,考唐以前無鄜州之名,改善鄜國爲鄜州實始于唐,定爲唐人所箸。惟音釋簡陋,不足名書,因而廣之,凡成三卷,故曰補音。《目録》末云:"《補音》三卷,庠自撰,附于末。"附于末者,附于《國語》韋昭注之後,非散附各條之末也。宋初刊書,注疏、音義皆別行,今單刊單疏音義猶有存者,如《尚書》單疏、《儀禮》單疏、《穀梁》單疏、《爾雅》單疏、《經典釋文》《漢書音義》《晉書音義》是也。至南宋而有附陸氏《音義》于諸經各條之後者。此本別行,固宋代撰音義者之通例也。

《日本訪書志·國語》

（清）楊守敬

【輯證】○萬青案：楊守敬（1839—1915），字惺吾，號鄰蘇，湖北宜都人。編有《鄰蘇園書目》《觀海堂書目》《日本訪書志》《歷代輿圖沿革險要圖》《水經注圖》《隋書地理志考證》等，今人輯其生平著作爲《楊守敬全集》。本處所錄出《日本訪書志》。

1.《國語》二十一卷（明刊本）

此爲明嘉靖戊子吳郡金李仿宋刊本。章敘後有"金李校刻于澤遠堂"記，中間宋諱並缺筆，故知原于宋本也。按宋元憲公序作《國語補音》，取官私十五六本參校，今以此本校《補音》，皆合。則知此即公序定本。自明人穆文熙等刻《國語》，以《補音》注于當文之下，時多謬誤。而公序定本並《補音》單行本皆亂。自國朝黃堯圃士禮居刻天聖明道本，而公序本遂微，不知明道本固有勝公序處，而公序之得者十居六七。即如卷一"昔我先王世后稷"，公序本無"王"字，錢遵王、顧千里、汪小米皆以明道本有此字爲奇貨，而許宗彥云："韋解于下'先王不窋'始釋'王'字，則此唯云'先世'可知。明道本未必是，公序本未必非。"今明道本有武昌書局重刊，而公序本竟如星鳳，世有知言君子以此本重刊，與明道本並傳，豈非合之兩美？

2.《國語補音》一卷

宋元憲作《國語補音》，取官私所藏十五六本參校，得多失少。自明人附刊入韋注中，而單行本遂微。自黄蕘圃刻明道本，顧千里爲《札記》、汪小米爲《考異》，宋氏之書遂多疵議，傳世舊本唯見孔氏《微波榭叢書》中。近日盱眙吳氏又從孔本翻刻于成都，末附錢保塘《札記》。稱以明修舊刻本校孔本，知孔本實從明本出，又以舊刻校正孔本數處。今以照此本，則與錢君所稱舊本多合，而錢君不言是明嘉靖正學書院刊本。豈錢君所據本佚趙仲一序耶？【輯證】○萬青案：錢保塘所據爲宋刻元明遞修本，非正學書院刊本。此本澁江道純舊藏，余從森立之得之。

《國語》葉德輝跋

（清）葉德輝

【輯證】〇萬青案：葉德輝(1864—1927)，字奐彬，號直山，又號漁水，一號郎園，湖南湘潭人。清光緒十八年(1892)進士，1915年組織籌安分會，擁戴袁世凱，1927年爲革命農民所殺。葉氏一生長於經學和版本目錄學，著有《書林清話》《郎園讀書志》《六書古微》《説文解字故訓》《同聲假借字考》《釋文疏證》《説文讀若考》《説文籀文考證》《説文段注校三種》等，校刻有《郎園叢書》《觀古堂彙刻書》《雙梅景闇叢書》等。本處所録前三篇即出其《郎園讀書志》，第四篇録自《上海圖書館善本題跋輯録(附版本考)》。第四篇與《郎園讀書志》所收葉氏許宗魯本題跋不同。

1.《國語》韋昭解二十一卷（明萬曆乙酉吴汝紀刻本，盧抱經以宋本校過）

抱經先生收校《國語》，其底本爲明萬曆乙酉吴汝紀刻本，注用吴韋昭解，附宋宋庠《補音》，其宋本則未經宋庠校定之本。第一卷上方有先生手書小楷云："影宋鈔《國語》，乃未經宋公序校正之本，宋指以爲俗本者是也，然其中煞有好處。盧文弨識。"案：影宋鈔出自常熟錢遵王藏書，錢撰《讀書敏求記·經部》"韋昭解《國語》二十一卷"云："吾家所藏《國語》有二，一從明道二年刻本影鈔，一事宋公序補音南宋槧本。間以二本參閱，明道本《周語》云'昔我先王世后稷'，注曰：'后，君也。稷，官也。'則是'昔我先王世君此稷之官也'，考之《史記·周本紀》亦然。而公序本直云'昔我先世后稷'，讀者習焉不察，幾譌爲周家之后稷矣。襄王二十四年'左右皆免冑而下拜'注曰：'免冑，則不解甲而拜。'蓋介冑之士不拜，秦師反是，所謂'無禮則脫'也。公序本又去'拜'字，與注文大相違背。微明道本，於何正之？"今世所行《國語》，皆從公序本翻雕，知二字之亡，由來久矣。盧即據以校勘，與世行黃氏士禮居影刊明道本一一符合，雖一筆一劃小有異同，亦必照校。前輩讀書心細，下筆不苟，如此可見。卷一上方闌邊上有"抱經堂印"四字朱文篆書方印，下方有"文弨讀過"四字朱文篆書方印，卷末吳跋後有"盧文弨"三字白文篆書方印、"紹弓別字磯漁"六字朱文篆書方印。前張一鯤序下亦有"文弨讀過"一印，又有"胡氏豫波家藏圖書"八字朱文篆書長方印。卷第一闌邊外有"胡爾榮印"四字白文篆書方印、"豫波"二字朱文篆書方印。胡爲浙之海昌人，道光時學者，著有《破鐵網》二卷，上卷記所見古書，下卷記所見書畫碑貼、一二古物，蓋亦藏書故家也。其餘一二印記，無足重視。從子矚甫購自友人，出以呈覽。爲考其收藏原委於此，以見珍秘。

2. **又一部**(明嘉靖戊子金李澤遠堂刻本)

錢遵王曾《讀書敏求記》稱宋明道本《周語》云"昔我先王世后稷"，宋公序直云"昔我先世后稷"；又襄二十四年"秦師將襲鄭，過周國門，左右皆免冑而下拜"，公序本又失去"拜"字。錢竹汀大昕爲黃氏士禮居影宋刻本作序，於此二事外復得四事。《周語》"瞽獻曲"，注"曲，樂曲也"，今本"曲"作"典";"高位實疾顛",今本"顛"作"債";《鄭語》"依疇歷莘",今本"莘"作"萃";《吳語》"王孫雒",今本"雒"作"雄"。而皆歸咎於宋公序補音本誤。今此嘉靖刻本亦同。明道本,嘉慶五年,黃丕烈士禮居重刊之,已為世重。其餘明刻本皆訛謬相承,不獨此本也。明道本原有汪遠孫《考異》,附所撰《國語發正》《國語三君注輯存》,謂之"《國語》三種",別為刊行。其與此本及他明刻異同,皆已詳舉,茲不復述。惟此本前序補鈔一葉,上鈐"劉"字朱文篆書圓印,下鈐"燕庭藏書"四字朱文篆書長方印,蓋諸城劉方伯喜海舊藏。卷首有"毛晉"二字朱文篆書聯方小印、"汲古主人"四字朱文篆書方印。流傳有緒,朱泥爛然。知前賢愛惜古書,並不專於佞宋矣。

3. 又一部(明許宗魯靜宜書屋刻本)

此明嘉靖中許宗魯刻《國語韋昭解》二十一卷,全書用《說文》字為楷書。余藏陸鉞刻《呂氏家塾讀詩記》字體亦同。自是一時風氣如此,實則無關要義也。前列《古文音釋》,即釋古體字。似此詞費,又何如不用古字之為愈乎?善乎宋岳珂《刊正九經三傳沿革例》論字劃云:"所校字通之以可識者,謂如'宲'為'宜'、'晉'為'晉'之類,非若近世眉山李肩吾從周所書古韻及文公《孝經刊誤》,純用古體也。"是誠明通之論,凡刻書者可引以為師法矣。

4.《國語》二十一卷《古文音釋》一卷(明嘉靖四年許宗魯宜靜書堂刻本)

《國語》韋昭解二十一卷,明嘉靖中許宗魯刊本。書中字畫悉遵許書，在明刻中別有一種風味。坊估往往割去首序，僞充宋本，不能逃明眼人覷破也。此爲吴邑胡氏藏書，散入市肆，予以伍金得之。曾以明張一鯤本校之，絶無佳處，讀者愛其古雅可也，資其校讎不可也。甲午十月二十八日裝訂畢工漫記。德輝。

《國語韋解補正》敍

吳曾祺

【輯證】〇萬青案：吳曾祺(1852—1929)，字翼亭，亦作翊庭，晚近著名出版家、文章學家，福建侯官人。著述頗豐，編著有《涵芬樓文談》《歷代名人書劄》《歷代名人書劄續編》《國朝名人小簡》《國朝名人小簡》《涵芬樓古今文鈔簡編》《左傳菁華錄》《重訂中學國文教科書》《中國歷史讀本》《清史綱要》《漪香山館文集》《禮記菁華錄》《國語韋解補正》《舊小說》《戰國策補注》《趙文敏公松雪齋全集》等。《國語韋解補正》由朱元善校訂，上海商務印書館初版於宣統元年(1909)，此後不斷重版，普及度極高。關於吳曾祺的研究主要集中在文章學和文體學方面，其《國語韋解補正》目前專門研究者較少，對吳氏《國語韋解補正》較早進行研究的當爲徐仁甫，其撰有《書吳曾祺〈國語韋解補正〉後》一篇，詳見下文所引。拙撰有《吳曾祺〈國語韋解補正〉(鄭楚吳越)補箋》(《淡江中文學報》第30期)、《吳曾祺〈國語韋解補正〉(周魯齊)補箋》(《東華中文學報》第6期)、《吳曾祺〈國語韋解補正〉校補(晉語)》(《健行學報》第33卷第2期)，收入《近百年來〈國語〉校詁研究》一書中，亦可參。《國語韋解補正》號稱以黄刊明道本爲底本，實際上已經根據董增齡《國語正義》改易了黄刊明道本的文字，這種作法對後來的《國語詳注》《國語集解》甚至上海師範大學古籍整理研究所整理點校本《國語》都具有一定的影響。吳楓主編《簡明古籍辭典》著錄吳氏《補正》，云："吳氏以《國語》一書流傳既久，訛誤甚多，而韋注故訓尚疏，又感近人論著多不完備，乃以黄丕烈印行天聖明道本爲主，參校公序本，廣搜各家撰述，多依高郵王氏所釋，乃擇其說之合者,悉纂而輯之,於韋注有所補正。其中箋注者約八九百條,取於前人者居十之三四,出於己意者居十之六七,又有校對異文者百餘條,總計在千條以外,逐條俱加案語。"(《簡明古籍辭典》,長春:吉林文史出版社1988年版,頁516)評騭較爲全面。今檢《國語韋解補正》全書共加案語1042條。就其所加案語而言,大體可分爲這樣幾個方面:(一)解釋韋注未及者,是爲補釋;(二)認爲韋注有誤而加案斷者,是爲辨正;(三)言文字之正俗、通假、訛誤者;(四)釋句法;(五)釋篇章分合;(六)釋地名;(七)明公序本與明道本之異。其案語多引王引之《經義述聞》、董增齡《國語正義》、黃丕烈《校刊韋氏解明道本國語札記》、汪遠孫《國語明道本考異》、汪遠孫《國語發正》等諸家之説,有些注出,有些没有注出。

　　昔左丘明既成《春秋傳》,復取周穆王以來、迄魯悼公之世,爲《國語》二十一篇。至漢世,始有《春秋外傳》之名。蓋《春秋傳》專主魯史,故曰《内傳》;《國語》則國自爲篇,故曰《外傳》。自太史公即斷爲丘明所作,歷數百餘年,而隋劉光伯、唐陸淳、柳宗元輒發異議。平心而論,秦火以後遺文間出,率缺而不全,如此書者謂其篇簡屢奪,誠所不免,而顧擯之,謂決不出於聖人之徒,斯亦自用者之過也。今取而讀之,凡三代之遺文墜典,往往而在,匪直詞義之美而已。其傳寶藝林,非苟然也。漢之通人如賈生、劉更生之屬皆喜是書。厥後,鄭衆、賈逵、虞翻、唐固、孔晁諸人悉爲之注,惜皆軼而不存。今之存者,獨有韋氏一家之言。韋氏多採取鄭、賈、虞、唐之説而折衷之,其詞嚴潔不蕪,深得漢人注書義法。惜其於故訓尚疏,不及東京諸儒遠甚,故其中遷就舊文以附己説者所在多有。近人論,蓋則有董氏《正義》及汪氏《考異》《發正》、黃氏《劄記》等書。然董氏之書多徵引舊典，而於文義之不可通者反忽而不及，似博而實略，似精而實疏。汪、黃二家，其心得之語比董爲多，而未及成書，僅足以供參究而已。夫以左氏距今代數懸遠，而書成之久，迄無一人焉爲之疏通證明，使讀者豁然開朗、無所觝滯，庸非憾歟？竊維我朝開國以來，通人輩出，其治經之精，爲唐宋以來所未有。余以暇日，瀏覽諸家撰述，見其於《國語》一書亦時有箋疏，惜其寥寥無幾，獨高郵王氏所得爲多，乃擇其説之合者，悉纂而輯之，其有不足，輒以己意謬爲附益。歲月既久，楮墨遂滋，因彙爲一編，名之曰《國語韋解補正》。補者，補其所未備；正者，正其所未安。備且安，而是書之本末具矣。惜余之陋，未足以及此。或曰：如子所爲，不近於訑謀前人而妄以爲得矣乎？曰：讀書之法，與其過而信之也，寧過而疑之。善用其疑，則其信之也，決非徇衆口以爲然者比也。且韋氏惟非通人，則已如其通人也，則於抱殘守缺、挾恐見破之私意者，吾可決其無是也。用是，敢以一得之愚自附於眇見跂聞之末，後之治是書者，容有取焉。宣統元年六月，侯官吳曾祺敘於滬上懌園。

《國語韋解補正》凡例

吴曾祺

　　《國語》一書,古本無傳。世所見者,乃宋仁宗明道二年取天聖印本重刊,謂之天聖明道本。顧其書流傳既久,譌誤實多。我朝嘉慶間,吴人黄丕烈得其初刻本,梓而行之,於是坊間所售者得藉以是正。此本之外,則有宋庠公序《補音》本,相承謂之"公序本"。而錢竹汀、段玉裁諸通人皆謂其不如黄氏所刻遠甚。今校是書,以黄氏本爲主,而以公序本互相參考,擇其説之長者注於本文之下,亦有數條用董氏《正義》本者,亦同斯例。

　　古人校書以勇於改竄爲大戒,蓋以漏改之弊可以俟之後來,而亂改之弊便無從還其本始。此書於正文一字不敢更易,祇於每條下注云"某本作某",其他本不能勝於此本者亦不復注,凡以明所從也。其有兩本俱可通者,則仍注之。惟韋氏之解或顯係其譌誤,非韋之舊而他本固明白可通者,則徑改而從之。其有兩義不妨並存,則仍用正文之例,注曰"某本作某"。

　　《國語》之文其見於古籍及各注家者,所在多有。擇其義之長者從而録之,注於各條之下,云"某書作某"。

　　是編所采通人之説頗多,書内祇列其姓,如云"王云"者,王引之也。汪云者,汪中也。段云者,段玉裁也。惠云者,惠周惕也。洪云者,洪頤煊也。程云者,程瑶田也。陳云者,陳奐也。惟董氏增齡所作《正義》爲讀《國語》之專書。黃氏丕烈所作《劄記》,汪氏遠孫所作《考異》《發正》二種專爲此書校勘而設。則書云"董氏正義""黃氏劄記""汪氏考異、發正"云。

書中所箋注者約近八九百條,取之前人者居十之三四,自出己意者居十之六七。又有校對異本者亦百餘條,統計總在千條以外。逐條俱加一"案"字,"案"字之上俱空一格以醒眉目。

【輯證】〇萬青案:對吳氏《國語韋解補正》較早進行研究的當爲徐仁甫,其撰有《書吳曾祺〈國語韋解補正〉後》一篇,既有總體評價,又有具體條目辨析。其文云:"侯官吳曾祺有《國語韋解補正》。補者,補其所未備;正者,正其所未安。通觀全書,十得五六,蓋韋解尚須補正者爲不少也。吾謂治《國語》者,皆視《國語》爲《左傳》之餘,往往熟於《左傳》而反疏略於《國語》,於古人專精之力有間矣。雖吳氏亦不免。《周語上》'其與能幾何'韋解:'與,辭也。'吳氏曰:辭也,謂語助辭。《內傳》'其與幾何'義同。按《外傳》凡三言'其與幾何'。又'子國爲客'吳氏曰:古之饗禮,必尊一人爲客,如《內傳》所云'臧紇爲客''趙孟爲客'是也。按《外傳·魯語下》有'露堵父爲客'。《晉語六》'疾自中起是難'吳氏曰:是難猶實難也,《左傳》云'人犧實難',語同。按《周語下》亦有此語。吳氏皆不引本書而引《內傳》,蓋熟於《左傳》而生於《國語》。於注疏之體,則當引而不引,不當引而又引也。《晉語三》'共賜曰',謂困人不知而背其言不信,'可'字似衍。按共賜曰:'孰知之?'謂人不知也。共華曰:'不可。'謂不可去也。'知而背之不信'謂人雖不知而己知,己知而背之不信也。且'知而背之不信'與下文'謀而困人不智''困而不死無勇'三句句法一律。若作'不知而背之不信',則句法不一律矣。吳氏謂'可'字似衍,不知於'可'字句絕,此誤讀之過。《晉語四》'晉公子亡長幼矣',吴氏曰:不分長幼,故曰無。按下文曰'亡在長幼',亡謂出亡。'晉公子亡'當句絶,不當讀爲'無'。吴氏連'長幼矣'作一句讀,亦非。《周語下》'以爲飫歌'吴氏曰:《晉語》有'王公立飫'語。按此《周語中》文,非《晉語》也。《齊語》'政不旅舊,則民不偷'韋注:'不以故人爲師旅。'引孔子曰:'故舊不遺,則民不偷。'吴氏曰:謂不以官爵私舊故,引孔子語不合。按'旅'當以俞越訓'拒',韋、吴俱非。然韋引孔子語,未爲失也。《越語下》'持盈者與天'吴氏曰:《越世家》注作'天與''人與''地與'。按張爾岐曰:'注家以爲天與之,人與之,地與之,誤甚矣。'(見《蒿庵閑話》卷二)吴氏失之不察。又'妄其欺不穀耶'吴氏曰:謂妄言相欺也。按'妄'當從王引之讀'無',吴説非也。"(氏著《乾惕居論學文集》,北京:中華書局2014年版,頁26~27)可爲參考。

《增訂四庫全書簡明目錄標注·國語》

(清)邵懿辰、邵章

【輯證】○萬青案:邵懿辰(1810—1861),字位西,仁和人。道光十一年(1831)舉人。著有《半岩廬集》《禮經通論》《尚書通義》《孝經通論》《尚書傳授同異考》等,編有《四庫簡明目錄標注》。邵章(1872—1953),邵懿辰之孫,清末進士,曾任翰林院編修、東三省法政學堂監督、北洋政府平政院廳長,1951年任中央文史研究館館員,著有《倬庵文稿》等。邵章在邵懿辰《四庫簡明目錄標注》的基礎上進行增訂,成《增訂四庫簡明目錄標注》,其撰寫於宣統三年(1911)的《增訂四庫全書簡明目錄標注後序》備言該書始末,可參。

1.《國語》二十一卷,吳韋昭注

明張一鯤刊本,翻刻甚多。明嘉靖戊子金李刊於澤遠堂本,十行,行二十字,與龔雷刊《國策》同時同式。明中葉邦榮刊本。黃氏仿宋明道二年刻本,附黃丕烈《札記》一卷,最善。又明許宗魯刊本多古字。葛端調刊本,盧之頤刊本,清段玉裁校刊本,衍聖公本。朱修伯【輯證】○萬青案:朱學勤(1823—1875),字修伯,仁和人,咸豐三年(1853)進士。藏身處名結一廬,有《結一廬書目》四卷,著有《結一廬文集》《讀書雜識》《樞垣日記》等。黃永年(1925—2007)在上海得朱學勤批本《四庫簡明目錄》,北京圖書館出版社於2001年影印出版。曰:

"曾見一明翻宋本,後附《補音》。於'敬'字、'讓'字並闕筆。每葉二十行,行二十字。刻印精妙。錢士興臨惠松厓識語於上下方。較之黃氏《札記》所引,惠校增多十之八九。"又曰:"坊間所行《語》《策》合刻,多出嘉靖諸刻本。即嘉靖原本,亦不足重。"《國語》《國策》均有明硃墨本。吳勉學刊《國語》《國策》白文。【輯證】○萬青案:邵氏增訂之本,多有與朱學勤批本相合者。可參彼本。

【附錄】明刻宋本,余家亦有之,凡宋諱皆缺筆,惟"惇"字不諱。蓋依南宋初本覆刊者。(詒讓)

弘治十五年,大名郡守韓福得許節推贊家舊本。屬清豐令陸崑刻補音本。有李士實序,黑口,每半葉十行,行二十字,附《補音》三卷。(懿榮)

【續錄】金板小字本,元板中字本。昭文張氏有元刊本,附《補音》三卷。明樊川許宗魯宜靜書堂刊本,半葉十行,行二十字。

明萬曆乙酉新都吳汝紀重刊張本,云張、李、郭、周四先生南都校本《國語》,張歸蜀,其本入蜀,此又重刊。閔齊伋刊本。《國語》注,有宋紹興十九年刊本,半葉十行,行二十字。《國語》明刊無注本,分八卷,半葉十行,行十七字。朱墨套本。清同治八年崇文局本。高麗刊本。日本文化元年江戶葛氏上善堂重刊嘉慶五年吳門黃氏本。

2.《國語正義》二十一卷,清董增齡撰,光緒庚辰會稽章氏式訓堂刊本

3.汪遠孫撰《國語古注輯存》四卷,《韋注發正》二十一卷,《明道本考異》四卷,有刊本

【續錄】道光丙午汪氏振綺堂刊本。

4.《國語補音》三卷,唐人舊本,宋宋庠補輯

微波榭刊本。

【續錄】宋治平元年本,元刊本,明翻宋刊本附《國語》後本,明嘉靖刊本,明刊黑口本。

《國語義疏》凡例

（清）廖平

【輯證】○萬青案：廖平（1852—1932），初名登廷，字旭陵，號四益；後改字季平，改號四譯，晚年號六譯，四川井研縣人。晚清著名經學大師。一生著述宏富，其生平著作最後輯爲《新訂六譯館叢書》，共一百多種，1921年四川存古書局刊本。本篇出自《六譯館叢書》第20冊。根據廖門弟子所輯《廖平學案》，廖平有《國語發微》八卷，《國語補亡》二十卷（存提要），今《六譯館叢書》不見收，或已散佚，亦或並未撰成，祗是存目。

韋氏誤以内傳、外傳分《左傳》與《國語》爲一人之作。前人駁之詳矣。然其敘傳曰："昔孔子發憤於舊史，垂法於素王。左氏因聖言以攄意，托王義以流藻。"其敘《國語》，以爲"與經藝並陳，非特諸子之倫"。蓋韋以《傳》因《春秋》而作，《語》因羣經而作。實則左氏全書分國繫事，本名《國語》，爲羣經作傳，史公所稱"左傳""春秋國語"是也。後來左氏弟子專取《春秋》一門，編爲《左傳》，加入經説，遂與《國語》歧而爲二。《語》先《傳》後，非先作内、後作外傳，固章明較著者也。

昔者聖人作經，《春秋》以外之《詩》《書》《禮》《樂》《易》，其筆削同《春秋》。賢者作傳，《春秋》以外之《詩》《書》《禮》《樂》《易》，其解説亦同《春秋》。聖人因事加王心，賢人即事明經制，亦莫不相同也。服子慎注《傳》季札觀樂事，以爲傳家據已定言之實。則不但《詩經》如此，六蓺莫不皆然。六經微言大義，因事以傳，左氏固古今弟一大經師也。舊以《國語》編入古史，殊失其旨。

羣經皆有大傳。今有考者，《喪服》《尚書》《春秋》而已。《國語》，則羣經之總大傳也。一大傳之中可以分出六七門。孔子因史事加王心，因卦爻繫吉凶。《國語》之因時事託經説，其意同也。後人論《國語》之文，以爲尤蕪，不知意在備錄禮例，籍事寓言，非有意爲文。如救火一事，以奏對言之，不過數語已盡，特救火典制，別無所坿，不得不備言之。必知爲經説，爲據已定言之，方能知其用心所在也。

《國語》，今惟存周、魯、齊、晉、鄭、楚、吳、越八國。以春秋名國言之，如宋、陳、衛、蔡、秦、曹、莒、邾、滕、薛、杞、及燕十二國皆無之。洪氏、林氏皆有補《左氏》之例。舊撰《左傳補證》，以爲傳文已極縣重，別補於《國語》。今用《繹史》爲藍本，所有諸子史由《國語》采入之文，仿裴氏補《三國志》之例，分國補之。除春秋諸名國以外，有事蹟專屬一國者，悉照國名補入，補文低一格，於末注引用書名。

考《周語》《晉語》文例，是《國語》原文，乃一君一篇。晉由武公至昭公，共九代。此《國語》原例。又以《晉語》論每代之文亦爲摘錄，非全文。《齊語》一篇，只桓公初年謀伯事，餘皆缺。《鄭語》只桓公與史伯謀遷一事。是所存八國亦爲殘本。今據《史記》譜帙各國，每公一卷，按代補入。所有《左傳》已具之事，文見別書。有異同者，亦行補入，以《左》《國》今本原有同見小異之事，管、晏、荀、韓、商、賈子、劉【輯證】〇廖氏自注曰：子政。尤多《國語》佚文。

傳用《國語》紀事，間截去原文首尾，又多分紀瑣事。

《左傳》乃鎔化貫串之，如晉、楚鄢陵之戰，《晉語》臨戰言鄢之戰、鄢之役凡五段。靡笄之戰，《國語》亦分數段。《傳》則補綴其文，以數篇爲一篇。又《國語》一事互見二國，文不無互異。《傳》或單錄，或兼取。見經之事，今《國語》有之，《傳》乃間以文多不錄。《國語》與《傳》異者，爲異本，或別國異文。

諸國分代補完之後，所有制度、典禮、義理、得失各門，按照各經分篇，編爲大傳。如論律呂編入《樂經》，命官佐賢編入《尚書》，救火編入《春秋》，以外皆用此例。事兼兩經者可以並存。左氏不空言經文義例，必因事見義者，即《春秋》深切著明，《左傳》不以空言解經之意也。大傳既立，然後微言隱義愈見昭明。大傳之書亡佚者十之七八，得此輯錄，尚可恢復舊觀。

《國語》於分國之中，仍有編年之意。每條之末多具斷語，與其後來得失成敗之微驗。今傳不錄，但詳後事。又與《傳》年月不無差迕，或《語》有而《傳》無，或《傳》詳而《語》略。今悉審訂一是。又《國語》各國自紀年，今《傳》易爲魯，有改易未盡之條，於《傳》下注明之。

諸經師法大義與典章舊說，其存《國語》中者，今務考證推廣，扶微繼絕，悉引以說各經。於《國語解》中亦詳引各經原文義例，以證明其義。至其事蹟典禮，有與《傳》及各經傳小異者，各以參差本末例推求，細心考校，折中一是，如封國、律呂、職官、祭祀之類是也。

二《傳》解經引師說，《左傳》則必託之當時名公巨卿，又《左傳》經說多不見本條，別出前後，實則《國語》之例，因事坿見，不專在經本條。如二《傳》刻桓公桷典禮文，見《晉語》張老對趙文子。諸如此類，舊誤以爲間文，今悉引注本條之下，以相印證。總之，《左》《國》無一條不爲經發也。

兩戴《記》中，有《國語》專篇典禮，如《祭法》是也。其分條攷解説之文尤多。今悉引互相印證，以收兩美之效。又有《國語》紀事之文，如《檀弓》趙文子論隨會事，悉互證之。

《國語》依經立説而無解經釋例之文，與《傳》有説者異。然與《傳》同爲一家。《傳》之凡例，如侵、伐、襲、社、雩之類，原文皆出今本《國語》。又《異義》引《左氏》説董伯爲尸、日祭、月祀之類，亦見今《國語》。又《國語》多緣經立説之文，今解《傳》用《國語》爲詳，解《國語》取《傳》文爲證。

春秋時事，諸子以外，如《史記》所紀之事，《國語》有《左傳》無者爲《傳》失引，當據《語》補《傳》。《國語》《左傳》皆無者，《史》所據全本，當據《史》補《語》《傳》。《左傳》有《國語》無者，當爲《國語》今本脱佚。《左傳》略、《國語》詳，爲《左傳》摘録《國語》。【輯證】○廖氏自注曰：如晉文出奔之類。其文小異者，非別本，則兼採二國之文。三書必務求貫通與所以異同之故。

聖門四科，言語居次。受命專對，古人所難，見在時艱，使才尤切。今取使命之文，編爲一冊，分別門目，詳見解説，以爲達辭正宗。文有不足，取之於《傳》。至於《國策》之文，按類附入，低一格書之。

舊以語屬今學，與《周禮》不同，故從來兩漢舊法劈分二門。今既博通，不立今古名目。道一風同，無取區分。所有《王制》《周禮》典禮，務須貫通一是。至於官制，《國語》最詳，藉以考訂《周禮》官屬次弟，故論説尤詳。

　　國朝治《國語》名家最多，先以校勘爲主，諸先達校本訂義，擇善而從。凡所遵用，略注所從，不錄詳文，以歸簡要。《國語》有舊説見韋注者，爲古書，韋多駁之。今以爲正義，所有近人義疏，凡涉訓詁者，但錄要語。於典禮事體得失，不厭推詳，務求歸之實用，可見施行。《國語》傳而兼史，于通經致用尤爲切要。

　　按《國語》凡例，多與《左傳》相關。今不取繁複，參悟可也。

《國語賈注補輯》自序

劉師培

【輯證】○萬青案：劉師培（1884—1919），字申叔，號左盦，江蘇儀征人。著述頗豐，其生平著作輯爲《劉申叔遺書》《劉申叔遺書補遺》。據李帆《劉師培與中西學術》，劉師培堂兄劉師蒼（1874—1902）輯有《國語注補輯》（李帆《劉師培與中西學術》，北京師範大學出版社 2003 年版，頁 199），而《劉申叔遺書》所收劉師培《國語賈注補輯自序》則云劉師蒼尚未寫完。袁鑣《劉張侯傳》謂劉師蒼著有《周語注補》、輯有《元代帝王世系表》數種，皆未卒業。《國語賈注補輯自序》出自《劉申叔遺書》之《左盦集》卷二，劉氏自注較多，今一依其舊，不再標識。別有研討，仍以"【輯證】○萬青案"出之。

近人輯《國語》賈注者，以歷城馬氏、甘泉黃氏爲較備。【輯證】○萬青案：指馬國翰和黃奭。嗣錢塘汪氏撰《國語三君注輯存》，雖捋集不僅賈注，然別白精審，恒出馬、黃二家右；惟慧琳《一切經音義》注未克睹。夫《音義》所引賈注約六百則，【輯證】○萬青案：劉師培是把重複條目也計算在內了。若汰去重複，恐怕祇有二三百條而已。説爲他籍所未引亦不下三百則。所因之文均標賈逵注《國語》，或曰賈注《國語》，或曰賈逵《國語》注。有引《國語》而並引賈注者，如卷四引"醉而怒，醒而喜"賈注云"醉除爲醒"、卷八引"偃五刃"賈注"刀、劍、矛、戟、矢之屬，是五也"、卷二十引"親戚饗宴"

賈注"不脫屨升堂曰宴"是也。惟以僅引注文爲恒例。有僅引賈本異字而弗引注文者,如卷六、卷七十引賈逵注《國語》"纔"並爲"財"字,二十一引賈逵注《國語》"瓣"字作"埤"字是也。有僅標《國語》及《國語》云而亦爲賈注者,如卷一引《國語》"遂,信也,從也",《選注》引"遂,從也"作"賈逵曰",則此確爲賈注。有可由本書所引證明者,如卷二十四引《國語》云"該,備也",卷三十、三十九、四十九均引爲賈注。卷二十九引《國語》"叡,明也",卷五十一、六十六均引爲賈注是也。亦有僅標《國語》莫克定其果屬賈注者,如卷二引《國語》"慧,智也"、卷二十七引《國語》"謂勸教之"、卷四引《國語》云"爰居,海鳥也,漢元帝時琅琊有大鳥如馬駒,時人謂之爰居"是也。【輯證】○萬青案:"選注"當爲"文選注"之省。有僅標"賈逵曰"而亦爲《語》注者,如卷五引賈逵曰"眩,惑也",卷二、卷三十二、三十九、四十五、五十三、六十九、七十五、八十八、九十五均引爲"國語注";卷二十四引賈逵云:"以刀有所鋸斷也。"卷七則先引《國語》,後引賈注此文;又卷八十七引賈逵云:"非先王之法曰擔。"卷一、卷二十一均引作《國語》注,此均確爲《國語》注者。若卷七十七引賈逵云:"叫,呼也。"此或《左傳》賈注之文,非必《國語》注也。有同一注文而數引者,如卷十一、卷十七、二十九、三十、三十二、三十九、四十、四十一、四十二、四十四、四十七、五十一、六十二、六十三、六十四、六十六、六十七、六十八、八十九均引"羸,病也",卷七、卷十五、三十、三十九、五十一、六十二、六十三、六十六、六十七均引"誑,惑"是也。有併兩注之文合引者,如卷七十六引"阜,厚也,長也",訓"厚"爲《周語》"所阜財用"注,訓"長"

爲《魯語》"助生阜也"注。卷四十六引"祚,祿也,又位也,報也",訓"祿"爲《周語》"天之所祚"注,訓"位"爲《晉語》"天祚將在五族"注是也。彙而觀之,有足證《集解》襲用賈注而不著所本者,如《周語》集解"給,足也",卷四十一引賈注同。"濟,成也",卷一、卷七及三十二、五十七、七十七引賈注同。"静,潔也",九十六引賈注同。《晉語》集解"竁,隱也",卷十一及十八、六十四引賈注同。"秉,執也",卷十七及二十九、六十四、八十九引賈注同。"蓺,極也",卷七引賈注同是也。此均足證韋說之所出。【輯證】○萬青案:劉師培此處所謂"集解"即指韋昭《國語解》。韋昭《國語解》實亦集前人之說而復案以己意,故劉氏以"集解"稱之。有足證賈注與他注互有同異者,如二十一引"憤,盛也"與《舊音》所引孔晁注同。又卷十、卷十八、二十九引"沃,美也"與《史記集解》引唐固"有溉曰沃"稍殊是也。有足證賈本異於韋本者,如卷三十、卷四十五均引"耀,明也",則《周語》"燿德",賈本作"燿"。四十六引"媮,苟且也",則《周語》"守固不偷"賈本作"媮"。五十三引"懱猶滅也",則《周語》"蔑棄五則"賈本作"懱"。四十六引"偄,下也",則《魯語》"不懦"賈本作"偄"是也。又有明引《國語》而確爲賈本者,如卷四十六、卷七十、卷七十二引《周語》"天地之所祚"下引賈注,是賈本"所"上有"之"字。卷十一引《齊語》"疲士""疲女"下引賈注,卷四、卷八、卷十三、卷十六引賈注並作"疲,勞也",是賈本"罷"作"疲"。十六引《魯語》"計成而後動"下引賈注,是賈本"行"作"動"。五十四、八十引《晉語》"勴力一心"下引賈注,則賈本"戮"作"勴"。五十一引《楚語》"大能掉小也"下引賈注,則賈本"小"下有

"也"字。四十六引《吴語》"驟救傾危以時"下引賈注,則賈本有"危"字。卷四十三引《越語》"赢縮轉訛"下引賈注,則賈本"化"作"訛"是也。有足證賈注別本異文者,如卷十三、卷五十四引"邀,求也",九十五又引"徼,求也",則《周語》"徼徼",賈注有作"徼"、作"邀"二本。四十一引"鑠,銷也",八十五又引"鑠,消金也",則《周語》"鑠金",賈注有作"鑠"、作"爍"二本。卷二十、二十三、二十四、四十、六十三、七十引"擐,衣甲也",四十八、六十八又引"摜,衣甲也"。則《吴語》"擐甲",賈注有作"摜"、作"擐"二本。十五、二十三引"偶,對也",十九又引"耦,對也",則《越語》"乃必有偶",賈注有作"偶"、作"耦"二本是也。有足證他籍節引注文者,如《選注》引"耀,明也",卷十四所引則作"耀,示也,明也"。《華嚴經音義》引"鮮,寡也",卷二十一所引則作"鮮,寡也,寡猶薄也"。《選注》引"涸,竭也",卷十一所引則作"涸,竭,竭亦涸也",二十九所引又有"涸,盡也"之文。《選注》引"綴,連也",卷十所引則作"綴,連也,續也"。《衆經音義》引"縮,退也",三十六、四十四、五十二所引則作"縮,盡也,退也"。以上所舉,或係賈注分釋兩語,《音義》引而合之,與"祚"、"阜"同例。有足證前籍節引者,如《選注》引"旌,表也",五十七所引下有"取其標幟"四字。《選注》引"釁,兆也",八十二所引下有"言有禍兆也"五字。《衆經音義》引"霸,把也,言把持諸侯之權也",八十五所引"也"上有"行方伯之職"五字。《選注》引"鷟鷟,鳳之別名也",八十一所引"鳳"上有"神鳥也"三字是也。有合他籍所引乃成全文者,如《論語》皇疏引"十六斗曰庾",九十九所引又有"大曰倉,小曰庾"之文。《舊音》引"跛,蹇也",十六、三十一、七十六所引又有"跛,行不正也"之文。《選注》引"權,秉也",卷六所引有"執勢謂之權"五字,十七所引又有"權,平也"之文。《選注》引"暇,間也",卷三、卷四、卷五所引又有"暇,安也"之文是也。有足證他籍所引有挩字者,如《華嚴經音義》引"遽,疾也",七十五引"疾"作"速疾"。《衆經音義》引"捃,拾穗也",八十引"穗"作"禾穗"。《後漢書》注引"折其鋒曰挫",六十引"鋒"作"鋒銳"是也。有足勘他籍所引文字訛誤者,如《衆經音義》引"肴,菹也",十三、十九、二十七、三十三、三十七、六十四引"菹"作"俎",則"菹"爲"俎"之誤。有足證他籍所引舊注非賈注者,如《魯語》"中刑用刀鋸",《周禮》疏引《國語》注"用刀以劓之,鋸以筓之",今觀卷七引賈注云"以刀有所鋸斷,謂大辟宮劓刖等刑"是也,則彼非賈注矣。惟《音義》卷帙浩繁,研尋匪易。昔伯兄張侯先生致力《國語》,欲集賈注爲一編,未成而歿。師培思承兄志,頻年流離,未遑編錄。及旅金陵,蟄居多暇,【輯證】○萬青案:1908年至1909年一段時間,劉師培住在南京大行宮,兼任兩江師範學堂教習。爰仿汪書之例,輯《音義》所引各注文,附撰《國語》本文之下。如二十九引"纂,集也",知爲《周語》"纂修其德"注;八十、八十八引"箴,教也",知爲《周語》"師箴"注;卷二、卷六、卷十一、三十二、三十五、四十二均引"險,危也",知爲《周語》"險而不懟"注;七十八引"佚亦淫也",知爲《周語》"淫佚"注;卷三及卷三十九引"度,揆也",知爲《周語》"度衷"注;卷六引"遷,易也",知爲《齊語》"不見異物而遷"注;四十六、四十八、七十八並引"沮,非也",知爲《晉語》"衆孰沮之"注;卷八及十二引"辱,恥也",知爲《晉語》"辱也"注是也。又如二十二引"珍,寶也"爲《魯語》"珍玉"注,二十二引"珍,美也"則爲《楚語》"珍異"注,十一及二十三引"填,加也"爲《晉語》"既填其蕆"注,與《吳語》"填之以土"注別,均分列注文使之不相雜同。誤者正其訛字,如卷十一引"重昏曰媒","媒"爲"媾"之誤。十六引"懷,來也","來"爲"末"之訛。三十二引"肴,俎豆也"爲衍文。八十七引"黷,媾也","媾"爲"媒"之訛。八十八引"鷃,亦名鴈","鴈"爲"鳫"之訛。卷九十二引"露,蓋也","蓋"爲"蓋"之訛是也。疑者別著按詞,如卷四十五引"軍猶屯也,從車勹聲。旅,軍五百人也,從从,以旅,相俱也。故從从",六十一引"該從言,有作'垓',非也",六十六引"霖,滯雨也,從雨林聲",似非賈注,存以俟考。成《國語賈注補輯》一卷。《慧琳音義》而外有爲希麟《續音義》所引者,卷一六則、卷二三則、卷三五則、卷五五則、卷六一則,計二十則。亦按文附列。有《書抄》不誤而汪氏據誤本摘錄者,汪引《書抄》,蓋據朱竹垞舊藏本,然遠遜孔刊。以孔刊勘之,《周語》"班三之"及"帥音官",各注訛挩數十字。《吳語》"出火竈"注亦挩引數語,均當據孔刊補正。又《周語》"民之蕃息"注,注據陳禹謨本增"蕃,息也"三字,亦當據孔刊刪省。惟孔刊《書抄·禮儀部》引《齊語》注"上下主天神也,言輩臣也",亦有訛挩。亦據孔刊訂正,附綴卷末。若夫《國語》異文,《慧琳音義》及他籍所引恆出汪氏《考異》外,別爲《考異補》,擴而充之以成《集釋》。雖有志未逮,然海內達儒從事斯業,以補董《疏》,固師培之所深冀也。

《國語精華》序

上海中華書局

【輯證】〇萬青案:《國語精華》由上海中華書局編輯發行,是該社出版的《中國文學精華》叢書之一種。雖然序稱民國四年(1915)鑄版,爲教科自修適用本,分上、下卷。但是《中國文學精華》叢書初版卻在 1937 年,此後續有重版。書分上下欄,下欄印《國語》正文,上欄印段落大意及文章分析。這部書實際上是以清代高塘《國語鈔》爲藍本,刪去高塘文中夾批和篇末總評而成。該書所選《國語》六十四篇,亦是高塘《國語鈔》之舊。其中《周語》十六篇,分別爲祭公諫征犬戎、密母戒子、召公諫厲王止謗、芮良夫論榮公專利、虢文公諫不藉田、仲山父諫立戲、仲山父諫料民、伯陽父論地震、襄王不許請隧、倉葛呼晉師、襄王不許殺衛侯、定王論饗禮、單襄公論陳亡、單子論齊晉君臣、太子晉論壅川、單穆公諫鑄大錢;《魯語》十四篇,分別爲臧文仲如齊告糴、臧文仲論請免衛侯、展禽論祀爰居、里革斷罟、季文子論妾馬、仲尼論觀羊、敬姜告季康子、敬姜弗應季康子、敬姜戒妾、敬姜論勞逸、仲尼論骨節專車、仲尼論楛矢、齊閭丘來盟、仲尼論田賦;《齊語》,爲齊桓公霸諸侯;《晉語》十九篇,爲欒共子對晉武公、郤叔虎論伐翟柤、驪姬夜半譖申生、優施計動里克、秦立惠公、胥臣論教因材質、郭偃論難易、范武子杖擊文子、趙文子冠、趙文子爲室、叔向賀韓宣子貧、夙沙釐對中行伯、董叔取于范氏、趙簡子使尹鐸爲晉陽、尹鐸增壘培、壯馳兹論興亡、竇犨對趙簡子、智果諫立瑶、士茁論室美;《鄭語》一篇,爲鄭桓公謀遷國;《楚語》六篇,分別爲左史倚相戒申公、伍舉論章華之臺、白公子張諫靈王、鬭且廷論子常必亡、昭王賞鬭公兄弟、王孫圉對簡子;《吳語》七篇,分別爲越行成於吳、吳許越成、申胥諫伐齊、吳王殺申胥、王孫雒決策、吳晉晉盟、越王句踐滅吳;《越語》二篇,分別爲句踐滅吳始末和句踐陰謀。

秦以前之載籍,學子所喜諷誦者三,曰《左傳》,曰《國語》,曰《國策》。《國策》自爲部類,《左傳》《國語》時相爲出入。《漢志》載左邱明著《國語》二十一篇,司馬遷亦曰:"左邱失明,厥有《國語》。"論者遂以《左氏春秋》爲內傳,《國語》爲外傳,二者異流而同源,讀《左傳》者不可不讀《國語》焉。和陽高塘梅亭爲之語曰:"《周》《魯》肅穆,見先王之遺澤;《晉》《楚》雄邁,有霸國之餘風;夫差以侈心致敗,故《吳語》多悲壯;句踐以陰謀取勝,故《越語》多沈鷙;齊霸諸侯,載管子之政令;鄭謀遷國,詳列姓之興廢。《左氏》所有者,可互相發明;無者可補所未備。實足以翼《傳》而行。"其言善矣。然吾以爲讀《國策》者尤不可不讀《國語》。《國策》者,古今文字升降變遷之樞紐也。周秦以降,天地萬物豁然改觀,而文字之渾顥流轉於氣數之中者,或龐駁而奧衍,或劗削而矯戾,以之副物情而盡事變,蠭起錯出,不可殫述。詐僞萌而淳固之氣漓江河者必於濫觴,其端實自《國策》發之。求其機軸相近、趣昭事博,一簡之內,卓然有三代之遺,將以救詐僞而稍稍還之於淳固,懿與其《國語》與?民國四年五月,《國語精華》鑄版告成,遂書是義以爲之弁。

《國語詳注》例言

沈鎔

【輯證】○萬青案:沈鎔(1886—1949),浙江吳興(今湖州)人,名一作沈熔,字伯經,號天貺生(因生於農曆六月六日天貺節,故自號)。光緒二十八年(1902)中秀才,入南洋法官養成所習法政。參加南社。擅長詩文,愛好繪畫及篆刻。1912 年曾在《民權畫報》發表《外債救國》及《愛國納捐》漫畫。早年任中華書局編輯,曾編字典等。後又任職吳江農民銀行,任教南潯國學講習館(抗戰爆發一度遷上海)。曾與王建民發起"愚社",編印《愚社唱和》二集。編纂有《書翰文作法》(上海大東書局 1923 年版)、《虛字指南》(東方文學社 1935 年版)等。《國語詳注》,沈鎔輯注,王懋校訂,上海文明書局 1916 年 9 月初版,這部書的普及度也很高,幾乎每年重印一次。沈鎔《詳注》實際上是在吳曾祺《補正》的基礎上而成。沈鎔《國語詳注》襲用了《補音》每語之首下的解釋文字,分章,每篇按數字編排。正文祇在某些文字下面指明正借字、古今字以及異體等文字關係,某些字下面標注讀音或聲調。注文置於每篇之後。書前亦根據張一鯤本補上宋庠《國語補音敘錄》。總體上看,《詳注》內容約有如下數點:(1)凡地理名詞,沈鎔皆用最新地理歷史釋之;其他的有最新科學研究之物名,《詳注》亦以最新成果出之;(2)凡韋注中所釋平常之語如"難"字等,沈鎔不注;(3)原注語繁,則以清通之語出之;(4)時引《述聞》《補正》之說爲注;(5)凡與《左傳》魯國紀年對應之周天子以及各諸侯國君紀年下往往於正文之下注明魯國紀年;(6)"玄"字等少數清諱仍闕筆爲諱,此前文已言之者;(7)前文已注,後文又有該詞者,則以"見××"出之。要之,沈鎔

《國語詳注》在近代《國語》注釋史上起著承前啓後的作用。

　　○《國語》二十一卷，惟韋昭解傳於世，今所見者，有宋庠公序補音本及黄氏丕烈重刊之天聖明道本。二書互有出入，本編折衷於二者之間，一義之長，一字之衍，取捨删存，必謹必慎。

　　○韋氏作解，采摭賈逵、虞翻、唐固三君之説，參下己意。詞嚴事覈，深得漢人注書之義法，顧其疎漏之處，或所不免。漢之鄭衆、魏之王肅、晉之孔晁，其書雖不傳，而其詁訓之散見於他書者，多有可采，清儒若王引之、汪中、段玉裁、惠周惕、洪頤煊、程瑶田、陳奂諸子，【輯證】○萬青案：所舉諸人中，程瑶田關於《國語》之説未見。今人整理有《程瑶田全集》亦無《國語》論説，未知沈氏何據。於此書多所發明，而董氏增齡之《正義》、黄氏丕烈之《札記》、汪氏遠孫之《考異》《發正》、吳氏曾祺之《補正》，其用力尤勤。本編於韋解存其半，其餘各家多有取擷。審其所長，去其所不安。不標別某氏説者，非敢掠美前人，欲清眉目，以便讀者也。

　　○本編除采輯各家注外，間以附以己意，然必考證明確，無影響武斷之談。

　　○前人注書，於地理多未深考，即如吳氏之書，去今僅數年，而所注今地多有舛譌。本編悉爲訂正。凡一古地之下，必注今爲某地。其萬難查考者，則附於不知蓋闕之例。

　　○補音本所列音切，多有未備，本編依據他籍爲增益之。

　　○本編區分節目，多列符號，凡此皆爲便於讀者計也。

桐城吴先生點勘《國語》識語

吴闓生

【輯證】○萬青案：吴闓生(1877—1950)，吴汝綸(1840—1903)之子，原名啓孫，字辟疆，又名北江。吴汝綸是桐城派古文大家，同治四年(1865)進士，與張裕釗(1825—1894)、黎庶昌(1837—1898)、薛福成(1838—1894)並陳"曾門四弟子"，歷任深州、冀州知府，主保定蓮池書院，著有《易説》《尚書故》《深州風土記》等，後人輯有《吴汝綸文集》《吴汝綸東遊叢録》《吴汝綸尺牘》《桐城吴先生文集》《吴摯甫全集》等，其生平著述輯爲《吴汝綸全集》四册，列入《安徽古籍叢書》，由黄山書社出版。早年留學日本，1912年任北洋政府總統府内使，1916年任北洋教育部次長，後任北洋國務院參議，1928年任奉天萃升書院教授，後任北京古學院文學研究員，著有《周易大義》《尚書大義》《詩義會通》《左傳微》等。本文見於《桐城吴先生點勘國語目録》之後。《桐城吴先生點勘國語》是吴汝綸點勘、吴闓生續成的一部《國語》標點本，民國七年(1918)都門書局排印。《桐城吴先生點勘國語》一書全録《國語》正文，審其所據刊本，恐爲崇文書局同治己巳(1869)重雕天聖明道本《國語》。而注文則簡省頗多，保留了一定數量的注文和音注。檢全書注文409處，多釋語詞、人物、器具、音注等。根據吴闓生的記述，吴汝綸除了《鄭語》有評點一條外，别無評語，則注文之簡省與勘定，亦出吴闓生之手。

先大夫點勘《國語》本，唯前三卷及第十六卷有圈識，而評語則唯第十六卷後一條,別有臨録姚姬傳先生點定本。今校付印,並載姚氏圈識,以便學者。其眉上加圈,亦姚氏所爲也。韋昭注頗多訛謬,略采取其可者,付期易通貫,亦間以鄙見附焉。《國語》之書,蓋輯録而成,非出一人手。其與《左氏傳》相同甚者,則皆緣録《左氏》以附益之,知言者可望而決也。庚戌十月初,男闓生謹記。

《國語》劉咸炘題識

劉咸炘

【輯證】○萬青案:劉咸炘(1896-1932),字鑒泉,別號宥齋,雙流柑梓鄉人。曾主講於尚友書塾,曾任成都敬業書院哲學系主任以及成都大學、四川大學教授,1932年病逝於成都。在史學、目錄學、校讎學、方志學等方面都有著述。著有《呂氏春秋發微》《太史公書知意》《漢書知意》《後漢書知意》《三國志知意》《史學述林》《校讎述林》《續校讎通義》《舊書錄》《舊書別錄》《目錄學》《蜀通》《雙流足徵錄》《辭派圖説》《白話文平議》等,其著述總名爲《推十書》。本篇出自劉咸炘《推十書·舊書別錄卷二甲二》。

《四庫提要》曰:《國語》二十一篇,《漢志》雖載《春秋》後,然無《春秋外傳》之名也。《漢書·律曆志》始稱《春秋外傳》。王充《論衡》云:《國語》,左氏之外傳也。左氏傳《經》,詞語尚略,故復選錄《國語》之詞以實之。劉熙《釋名》亦云《國語》亦曰《外傳》。《春秋》以魯爲内,以諸國爲外,外國所傳之事也。考《國語》上包周穆王,下暨魯悼公,與《春秋》時代首尾皆不相應,其事亦多與《春秋》無關,繫之《春秋》,殊爲不類。至書中明有《魯語》,而劉熙以爲外國所傳,尤爲舛迕。附之於經,於義未允。《復堂日記》曰:《國語》別行,不當謂之外傳,必出左氏之前,故爲《春秋》採獲。或左氏得百國寶書提要爲此書,文字不出一手。按:此說皆非也。漢人皆云《國語》出左氏,不可不信。劉熙自謬解耳。論《國語》者，以朱子、胡元瑞之言爲最確。朱子跋《通鑑紀事本末》曰：《春秋》編年通紀，以見事之先後，《書》則每事別記，以具事之首尾。左氏依經作傳，復爲《國語》，國別事殊，或越數十年而遂其事，蓋亦近《書》體以相錯綜云爾。胡氏《少室山房筆叢》曰：謂《國語》出左氏，胡以徵也？丘明作傳之後，文或餘於紀載也，字或軼於編摩也，附經弗燕郢乎？入傳弗贅疣乎？故別創篇名也。翼《春秋》爲內傳，稱《國語》爲外傳，猶之子內篇、外篇也，文內集、外集也。內外《傳》或矛盾焉，兩存之以備考也。或致疑焉，非也。趙翼說同。胡氏又曰：汲冢書有《國語》三篇，言楚、晉事，即此見《國語》不獨左氏。今按：是書詳言而略行，多載嘉言典訓，疑是百國寶書中自有此體。觀《楚語》記申叔時告莊王言，教之令，教之語，教之故志，教之訓典，疑古者別有一書專記嘉言者，謂之語。左氏撮要爲此，與《傳》相輔耳。觀吳、越《語》文詞誅麗，自是其國史筆，與諸國不同。各依本書，何怪文字不出一手耶？太史遷錄《尚書》《春秋傳》《國策》，是其比矣。《周語》多載末世王者辭命，爾雅深厚，有先王之風，足見禮教維持之效。而吳、越《語》恢張，雜子家之筆，左氏編次始終，殆有《下泉》《匪風》之思焉。若夫時代不與《春秋傳》相合，則別勒一書，固不足怪。觀其託始穆王，意殆遠紹《尚書》歟？或曰：如此說，則反爲以《尚書》爲記言之史者作證矣。曰：不然。紹者事相接，非體相同也。《太史遷書》於左氏所以詳者不詳，惟論管、晏軼事，斯亦紹左氏也。而一編年、一紀傳，固非同也。《尚書》終於《費誓》《秦誓》，猶《詩》之終商、魯《頌》也。《國語》終於《吳》《越》，正《雅》序所謂《小雅》盡廢,四夷交侵也。旨有遙契,好學深思者,自心知之,豈泥體哉。

俞樾《筆談》曰:《樂記》曰:女獨未聞牧野之語乎?疑古史記載自有語名《牧野之語》,乃周初史書。左邱著《國語》,亦因周史之舊名。孔門論撰夫子緒言,而名之曰語,固有所仿矣。按:此證甚確。疑語者,古者記言書之通名也。

嘗疑六經皆記事,而諸子忽空言理,中間當有變遷之跡。或謂起於《論語》,然諸子未必皆法孔氏,而《論語》亦必非突然而生。以今觀之,其殆出於古之語乎?養老乞言,書之惇史,其徵也,而《國語》則其標也。《國語》之外,有《周書》,亦多記言,而其文體亦與《國語》相類。蓋《易》《書》之詞簡而渾,諸子之詞繁而析,而《左傳》《國語》《周書》之詞則居其間,繁而較整,渾而未析也。《國語》有《越語》,文獨詄麗,而《周書》中亦有陰謀之言,以較《尚書》《左傳》,又可見學術之變矣。自是以降,其《管子》《晏子》乎?皆齊人所盛稱,而其書則後世言行錄之類,與《國語》《論語》同。《管子》首數篇文尤近《國語》也。或曰:《老子》奈何?曰:《老子》者,關尹所記也,亦《論語》之類也。其詞簡,不似後諸子也。惟其為關尹所記,同於《論語》,故其言渾略而其體零碎,後之說《老子》者不免於強牽,正坐不知此耳。(戊辰五月二十日補記)

《國語集解》敘例

徐元誥

【輯證】〇萬青案:徐元誥(1876—1955),字寒松,號鶴仙,江西吉安人。曾赴日本攻讀法律。歸國後,在南昌創辦江西法政專門學堂,任堂長。歷任江西省司法司(廳)司長、上海道尹、河東道尹、大元帥府秘書長、江西省高等法院院長、中央最高法院院長、上海敵僞產業處理局法律總顧問、上海市文史館員。除主編《中華大字典》和倡修《辭海》外,還著有《管子釋疑》《說文》《法學通論》《民主》《國語集解》等書。《國語集解》,上海中華書局初版於1930年,至2012年之前沒有重新刊印過。審徐氏《集解》多引前人著作,但大體上依照汪遠孫《國語校注本三種》、王引之《經義述聞》、汪中《國語校譌》、董增齡《國語正義》、俞樾《羣經平議》、吳曾祺《國語韋解補正》、沈鎔《國語詳注》等。在點校本上所展現的即加圈("〇")以和韋注相區別。徐氏《集解》的內容包括這樣幾個方面:(1)詮釋地名。地名詮釋一直是古代著作的一個方面。賈逵、韋昭、宋庠、董增齡、譚澐、吳曾祺、沈鎔等也都在做,徐元誥在此基礎上仍然做了很多條目;(2)比較各種說法,判斷是非取捨。徐氏在《發正》《正義》《補正》的基礎上又徵引了其他一些說法,比如戴震、李冶等等,在臚列各種說法之後判斷是非取捨;(3)比較明道本、公序本《國語》文字異同,斟酌去取。這部分校語主要采自《札記》《考異》,基本不是徐氏的自創,和吳曾祺《補正》的處理方式相同,吳曾祺《補正》中大量的校勘條目實際上就是采自《札記》或《考異》而不出注;(4)訓詁語義,有時直釋語義,有的則引證他說繼而進行論斷;(5)闡明文字關係。徐氏《集解》多處明文字假借、古今、異體、同源等關係。徐仁甫較早有專論論及，此後王樹民發表論文進行評價，詳見後文所引。徐元誥的《國語集解》是第一部《國語》集解類著作，也是目前唯一公開出版的一部《國語》集解類著作。楊樹達(1885—1956)也曾撰寫過一部《國語集解》，惟有手稿傳世，今藏中央民族大學圖書館，雷夢水《古書經眼錄》有著錄。根據楊伯峻先生的目驗，"叔叔遺著散在外者我所見尚有《國語集解》藏民族學院圖書館，僅集鈔前人成說（由鈔手所抄），叔叔僅校閱一紙，未作定稿，故不能出版，亦無從整理。我已複製一份，交人參考"（楊伯峻致楊德豫信函，轉引自楊逢彬《楊樹達先生的遺稿》，《東方早報》2014 年 8 月 17 日"筆記"版）。可見楊樹達的《國語集解》祇是一個初稿，還主要在集輯前人成說而未有個人獨得之見。此後，臺灣"中研院"張以仁撰《國語集證》，祇發表《周語上》全卷和《周語中》一部分。20 世紀 80 年代，徐復先生曾有編纂《國語集解》的倡議（見徐老《國語譯注序》，《徐復語言文字學叢稿》，南京：江蘇古籍出版社 1990 年版，頁 407～408）。近來，俞志慧教授和筆者都頗著意於此。

　　大史公稱"左丘失明，厥有《國語》"，又謂左氏欲傳《春秋》，先作《國語》。故《國語》在漢時有《春秋外傳》之名，與《左傳》稱《内傳》者相表裏也。自葉少蘊謂《春秋傳》作於左氏，《國語》爲左丘氏，不得爲一家，文體不同，亦非一家書。劉炫謂鄢陵之敗苗賁皇之所爲，《楚語》云"雍子之所爲"，與《傳》不同，《國語》非丘明作。柳宗元謂《越語》之下篇非出於左氏，異議囂騰而莫可究詰。竊嘗論之，《國語》之文異於《左傳》之大者，莫如越滅吳一事。《左傳》以伐吳後三年圍吳，又三年而滅之；《越語》則自反國後四年伐吳，遂居軍三年，待其自潰而滅之。《左傳》自伐吳至滅吳凡六年,《越語》自伐吳至滅吳凡三年。《左傳》自吳及越平至滅吳凡二十二年,《越語》自越及吳平至滅吳凡十年。其重要牴牾如此,誠令人不能無疑於作者,不得徒諉曰"傳聞異詞"也。顧考其書,於三代之遺文墜典,春秋之嘉言善行,粲然在目,經國行事所取資,博物君子亦所不廢,即與《左傳》出入,正可藉供參校,初不因作者爲誰略掩其洪美也。是書注有鄭、賈、虞、唐、孔、韋諸氏,今多散佚,唯韋《解》備,本有賈、許、明道、公序諸刻,公序本精,唯《補音》傳。且云本經亦時有訛漏,注備仍難免附會。後之學者有董氏《正義》,汪氏《考異》《發正》,黃氏《劄記》,陳氏《翼解》,王氏《述聞》,俞氏《平議》,吳氏《補注》,【輯證】○萬青案:吳氏書名《補正》。用力勤矣,所得爲多,然詳此略彼,入主出奴,時可考見,蓋未薈集而折衷之,則無由劑其平而究其用也。閑嘗采識諸説於簡端,闕者補之,疑者存之。念治斯學而未能專者,或疲於翻檢,昧於是非之辨也,乃纂理以請益於世,不復自揣其愚,假曰有一得焉,則更知所以淬厲矣。纂例如次:

傳文以明道、《補音》二本爲據,則其是者從之。其疑異脱衍,胥注句下。有依他説訂正者,仍列原文於《集解》,證以他説。

注文以韋《解》爲準,字句訛者,胥依《考異》《劄記》改正,有依他説改正者,於注中注明。韋《解》未采之三君注,間據《輯存》補入於《集解》。

韋《解》訓詁,有説可易者易之,仍列韋《解》與《集解》,復引他説解之。

地名今釋,幾經考定,即用他説亦然,爲便於行文計,或不詳載書名,但非盡歷其境,倘有訛誤,諸待教正。

傳文闕注,無説可采者,搜集他書補之。韋《解》訓詁,無説可易者,則附存鄙疑,聊資商榷。

各篇分章,或同《補音》本,或同明道本,要視文義分合爲斷。

注上有圈者爲《集解》,否則爲韋《解》。

中華民國十四年十二月,徐元誥識於海上。

【輯證】〇萬青案:我在博士論文《唐宋類書引〈國語〉研究》中提到:"徐氏《集解》共 1893 條,其中有些加'元誥按'三字以爲按斷者 1056 條,另外有幾條未加'元誥按'而是加'今按'。徐氏《集解》以《補正》《詳注》爲基礎,復旁采清人《國語》研究成果且按以己意,采掇較繁,其説多用王引之《經義述聞》、俞樾《羣經平議》,凡采摭汪遠孫者多不注出。廣采前人,此其可取之處,而輕信、武斷則其所短。故一版而止,自 1930 年由中華書局版行之後,未見再版,故海外治《國語》者少見有引用者。張以仁爲二十世紀《國語》研究之重鎮,於徐氏《集解》曾無半言提及,包括其爲英國漢學家魯惟一主編《中國古代典籍導讀》所撰《國語》條目亦未涉及徐氏《集解》,可見徐氏《集解》影響甚微。王樹民(1911—2004)《評〈國語集解〉》(《河北師院學報》1988 年第 3 期)爲徐氏《集解》第一篇公開評介文字,該文前半部分綜述《國語》基本情況以及《國語》研究概況,後半部分則對《集解》進行評介,指出《集解》存在的諸多問題。2002 年,王樹民、沈長雲點校《國語集解》由北京中華書局出版,《國語集解》一書纔爲研究者多得閲覽。可以説,王樹民對《國語集解》的貢獻很大,自點校本出,而後則《國語集解》成爲《國語》研究、《國語》韋注研究之外研究論作較多的《國語》分支研究。《國語集解》點校本出版之後截至目前,共有碩博論文 3 篇,分別爲周靜《〈國語集解〉校注探微》(南昌大學 2006 屆碩士學位論文)、戎輝兵《〈國語集解〉訂補》(南京師範大學 2007 届博士學位論文)、李丹丹《〈國語集解〉獻疑》(陝西師範大學 2008 届碩士論文),周静及《集解》56 條,戎輝兵及 115 條,李丹丹及 138 條。研究論文 10 篇,分別爲戎輝兵(4 篇)、李丹丹、俞志慧、周静、賀碧晴、尹琪、葉傑鋒等,這些論作中有些雖名爲《集解》之校釋,實則多數更側重於《國語》本體研究。"(拙撰《唐宋類書引〈國語〉研究》,南京師範大學 2013 届博士學位論文,頁 10)實際上徐仁甫、彭益林在 20 世紀 80 年代發表的公開文字中已經利用徐元誥《國語集解》了。2014 年 1 月,《徐仁甫著作集》出版,其《乾惕居論學文集》收録《書徐元誥〈國語集解〉後》一篇,撰寫時代較早。今徵引如下:

近人徐元誥《國語集解》,中華書局排印本,訛奪甚多,當爲抄寫印刷之誤。然亦有徐氏自誤,而不能諉之别人者,兹舉數事。

(一)謬誤

《晉語三》"慶鄭曰:説"。説者,司馬説也。上文"君令司馬説刑之"韋注:"司馬,軍司馬。説,其名。"是也。徐氏不顧上文,而謂:"説,尚有説也。"此謬誤者一。《晉語五》"其主朝升之而暮戮其車"韋昭曰:獻子因趙盾以爲主,盾升之於公(句)朝暮喻速也。按韋氏注語"於公"絶句,"朝暮"連文,諦也。《集解》於韋注,誤斷其句,謂韋訓爲"公朝"似未允當,而不自知讀韋注句誤也。此謬誤者二。

(二)歧出

《周語上》"艾人必豐",《集解》既引洪頤煊"艾"當作"刈",訓"刈"爲"穫"。又引俞越謂"艾"爲"養",以韋訓"報"非古訓。而《晉語》曰"樹於有禮必有艾"下,徐氏又自爲説曰:艾即乂,乂即刈,穫也。故韋訓報。此前後歧出者一。

《周語上》"耆艾修之"。《集解》已引王念孫修之謂脩飾,王氏曰《楚語》"交修"與此"修之"同義,又引吴曾祺"修,儆也",而於《楚語上》"必交修余"又襲俞越《楚語下》"思有怨以修其心"訓"修"爲"勉",而云"修,勉也"。此自相歧出者二。

《周語中》"乃出陽民"韋解:"放令去也。"《晉語四》"迺出陽人"韋解:"出降也。"前後歧出也。徐氏於《周語》引《左傳》杜注曰:"出陽樊之民取其土而已。"於《晉語》引吳曾祺説"出謂徙而出之",又自爲説曰:"解圍而令不服者去也。"其與韋氏同病,此前後歧出者三。

《晉語三》"雖微秦國,天下孰弗患"。《集解》既引吳曾祺訓"微"爲"獨",又自爲説:"微,非也。言非秦國患之而已,天下莫不以爲患也。"而《楚語上》"雖微楚國,諸侯莫不譽",徐氏又自爲説曰:"微,獨也。猶言非楚國也。"雖於語意未失,此前後歧出者四。

《國語》四言"還軫"(《晉語四》二、《楚語上》二),韋氏兩注"回車",釋字義也;一言"出奔",釋文意也。《集解》於《晉語》引陳瑑説後,謂韋氏注"回車"不誤,何以於《楚語》訓"出奔"之後,又謂"還軫"爲"往反"?此前後歧者五。

(三)引書之誤

《周語上》"伯陽父",徐氏《集解》引《北堂書鈔‧設官部二十四》引唐固曰:"伯陽甫,周柱下史老子也。"案此《史記‧周本紀》,《集解》所引非《北堂書鈔》也。徐氏蓋據汪氏《三君注輯存》輯唐固下書"同上"二字,看跳一行,不知"同上"爲"同上《史記‧周本紀》",《集解》内誤以爲同上《北堂書鈔》也。《周語下》"是其藏而翳其人也",《集解》引王引之曰"此當從一曰滅也之訓"云云。案此俞越之説,非王引之也。徐氏蓋雜陳《經義述聞》《羣經平議》而鉤纂之,因誤俞爲王也。《晉語四》"子犯授公子載璧",《集解》引沈鎔曰:"古者祭祀用璧。"云云。《楚語上》"余左執鬼中,右執殤宫",《集解》引沈鎔曰:"此言能役使鬼神。"云云。案此皆吳曾祺説,非沈鎔也。

徐氏又雜陳《韋解補正》《國語詳注》而誤吳爲沈也。此引書之誤也。(《晉語四》"將殘其民"，《集解》引汪遠孫而未出人名，亦未加案語，與全書體例不合。)

（四）據誤本之過

《周語中》"縮取備物"韋解："縮，引也。"《集解》據誤本"引"作"弘"，乃引陳瑑之曲説。《魯語上》"令德替矣"，《集解》據誤本"令"作"今"，乃曰"今疑當作令"。《齊語》"多其資幣"，《集解》本"資"作"質"，乃曰此文"質"爲"資"誤。此皆據誤本之過也。置於全書地名今釋之誤，不可勝數(《齊語》"北伐山戎"韋昭曰："山戎，今之鮮卑。"徐氏因謂山戎在今西北利亞境。《吳語》"三歲於沮汾以服吳越"韋昭曰："沮、汾，水名，楚東鄙沮汾之間乾谿也。"乃徐氏謂沮水出今湖北房縣西南二百里之景山，汾水出今山西静樂縣東北一百六十里之管涔山，所謂南轅北轍，毫無地理常識)，徐氏固自謂非盡歷其境，待諸教正者也。(氏著《乾惕居論學文集》，頁 29~30)

徐仁甫的這篇文字應該是比較早的《國語集解》研究。至於具體撰寫年代，由於《乾惕居論學文集》所收各文不是按照著述時間次序編排的，且編訂者又没有説明，很難推斷具體時間。但是徐仁甫 1984 年發表的《晉語辨正》就已經運用了徐元誥《國語集解》，可見此前應該就對《國語集解》深有了解。《書徐元誥〈國語集解〉後》所揭出的問題也是徐氏《國語集解》的確存在的。尤其引書問題，實際上從吳曾祺《國語韋解補正》開始，就大量徵引前人之説而不注出了，至於沈鎔，囿於《詳注》體例，故不出所自，徐元誥爲書倉促，故未能細審。王樹民在《河北師院學報》1988 年第 3 期發表《評〈國語集解〉》一文，後收入其《曙庵文史雜著》一書中(北京：中華書局 1997 年版，頁 355~358)。王樹民的這篇文章用了將近三分之二的篇幅對徐氏《國語集解》進行評介，比較全面。引如下：

徐元誥之《國語集解》行世最晚，而能網羅各家之説，取補注形式，較其前各家爲加詳，讀《國語》者從而得到一定的便利。

《國語集解》之編撰方式雖善，其編撰工作則甚爲粗疏，成爲其書之最大缺陷，不僅多文字之誤，更時有硬性謬誤及自相脱節或畫蛇添足，甚至無的放矢者。如《敘例》首稱：﹁大史公稱'左丘失明，厥有《國語》'，又謂左氏欲傳《春秋》，先作《國語》。﹂按所謂﹁左氏欲傳《春秋》，先作《國語》﹂乃司馬光之説，竟强加於司馬遷，直爲常識性的謬誤。又如《周語上》﹁昔我先王世后稷﹂句下，《集解》引汪遠孫云：﹁不窋非棄之子。﹂下文﹁我先王不窋用失其官﹂句下，韋解云：﹁不窋，棄之子也，﹂吳曾祺《國語韋解補正》云：﹁《路史》：'稷生台璽，台璽生叔均。'是不窋非后稷棄子，注有誤。﹂《集解》引《路史》之文後，略作申釋，得出結論：﹁不窋不得爲稷子明矣。﹂此乃全取吳氏之説而不具其名。在﹁自竄於戎狄之間﹂句下又引戴震《毛鄭詩考正》之説，論證不窋非棄之子，而後作：﹁元誥按：不窋非棄之子，已上汪、吳説已言之，得戴説益詳矣。﹂所謂﹁已上汪、吳説已言之﹂，惟見汪説，而吳説則無其名，明爲自相脱節。又如同卷有大段衍文，自韋解﹁祭其神爲農祈也﹂，下接正文﹁太史贊王﹂韋解：﹁贊，導也。﹂正文﹁王敬從之，王耕一墢﹂皆爲重衍之文。又時有全句脱落者，如《周語下》脱去正文﹁諸侯會於柯陵﹂六字，又韋解﹁慶克通於靈公之母聲孟子，國佐召慶克而謂之﹂十九字全脱。最爲謬妄者，爲作無的放矢之考證。如《齊語》﹁多其資幣﹂一句，各本皆無異文，本書則﹁資﹂誤作﹁質﹂，《集解》作﹁元誥按﹂云：﹁《管子·小匡篇》作'多其資糧，財幣足之'，疑此文'質'爲'資'誤，資幣即資糧財幣之省。﹂以﹁資﹂爲﹁財﹂，或爲初稿一時筆誤，檢查原文，即可改正，而竟爲此寫成一條考證，最足以説明其工作之粗疏。又如《魯語下》有﹁諸夏﹂一詞,《集解》引《論語》包注:"諸夏,中國也。"於意已足,下文又引邢疏詳釋"華夏"亦謂中國,可謂畫蛇添足。而所引邢疏之文,以《左傳》"諸華必叛"誤作"諸夷必叛華夏",竟未指出其誤,尤爲失當。又如《晉語四》集解云:"元誥按:晉常以蒐禮改政令。文公四年,蒐於被廬,作三軍。……六年,蒐於夷,舍二軍。……八年,蒐於清原,作五軍。"按,文公四年、八年,皆晉文公之紀年,六年則魯文公之紀年,當晉文公之子襄公七年,此文竟混爲一談,荒謬之至。又如《晉語七》"公伐鄭,軍於蕭魚"章内有集解祇作"元誥按",其下無文,亦一極爲荒疏之例。

其書在浪費筆墨之外,有時則過於簡澀。如《鄭語》有句云:"物一無文。"其下韋解云:"五色雜,然後成文。"以韋解相較,則"物"字應爲"色"字之誤,故汪遠孫《國語攷異》云:"《考正》云:'物當作色。'"本書徑改爲"色一無文",而注中不言"色"原作"物",亦不著汪氏之名,僅書"色字,依《考正》",因正文與韋解皆有"色"字,使人無從辨别其爲何所指者。其引用前賢之文多不著本名而近於攘奪,如《晉語六》韋解云:"發鈎,楚公子茂。""茂"字,各本原作"茷",汪氏《國語發正》予以校正,本書即據以改正,而《集解》作:"元誥按:發鈎合聲爲茂。"不言爲汪氏之説。在引述前賢之文時又多作妄作删改,致失原義,如《周語中》引項名達之説:"日後十八度之星,恒朝見東方。日前十八度之星,恒夕見西方。""朝"字、"夕"字均被删去,時間觀念爲之不明。又如《魯語下》,《國語發正》引《周禮》注吕叔玉之説後指出其説,"或是相傳古義",《集解》則改爲:"汪遠孫曰:'吕説當是西京舊説。'"所謂"古義"原不以西京舊説爲限,妄改遂失本義。又如王念孫、引之父子之説皆見於《經義述聞》,而每條則標明"家大人曰"或"引之謹案",極爲明晰,《集解》二名多錯舉,亦其疏舛之一證。

《國語集解》之疵誤如此明顯,似所刊者爲其初稿而非定稿。如能正其疵誤,則嘉惠學者可收事半功倍之效,因而略論其得失若是。

徐仁甫所提及的《國語集解》的一些疏漏,王樹民的這段文字同樣提到了。王文同時也論及了徐元誥《國語集解》的優勝之處,總體比較公允。徐仁甫和王樹民兩位先生的評介文字是《國語集解》研究的開拓性文獻,具有很高的指導意義和學術價值。

張一鯤本《國語》題識

單鎮

【輯證】○萬青案:該篇題識見於國家博物館藏張一鯤本。徐建霞《國家博物館藏〈國語〉三種明刻本考釋》(《收藏家》2016年第2期)全錄該文並有書影可參。審徐氏所記該本,書中鈐有:"晚村"朱文葫蘆形印、"南陽講習堂"朱文方印、"得此書費辛苦後之人其鑒我"白文方印、"仲魚圖象"小像印等藏書印。單鎮(1876年—?),字東笙,又字殿侯,江蘇吳縣人,曾爲清代光緒年間農工商部官員。則單氏所得爲呂留良舊藏本。錄文用徐氏。

余於丙子季冬,在護龍街博古齋見明板《國語》一部。宋諱桓、匡、恒等字,均缺末筆,是明翻宋刊。字形樸茂,每兩卷有葫蘆式"晚村"印,"南陽講習堂"小方印。爰以法幣二十枚購得之。歸檢《黃葉村莊詩集》,【輯證】○萬青案:《黃葉村莊詩集》,清人吳之振(1640—1717)著。初集八卷有康熙三十五年(1696)。有南陽村友晚村氏序。又檢《東莊詩存》《倀倀集》【輯證】○萬青案:《東莊詩存》《倀倀集》,呂留良撰。有"南陽村舍盡清幽""嫁得南陽老""泛埽南陽舍""只有南陽好耦耕",詫爲晚村先生舊藏,甚愛重之。一日與潘季孺丈談及,季丈借閱《晚村家訓》(國學保存會鄧實於清光緒丁未得錫山王氏所藏呂晚村手書家訓真跡,付之石印),其第二卷《論大火帖》,第十四通末段云:"鄭汝器,吾欲乞書堂額三:一'南陽講習堂',正廳用者;一'明農草堂',東廳用;一爲'善讀書',將來後樓下用。俱須方二尺許大。暇時先與説,俟寄筆去再懇之。十一日,燈下字付大火。"其第五卷《得澹生堂藏書示大火》,詩上有晚村印章,亦葫蘆式,與此書所印相同。卷末康熙癸未冬十月三原門人員賡載跋有云載:"壬申歲始得造南陽講習之堂,而先生謝世已近十年矣。"是"南陽講習堂"確爲晚村先生讀書所,而大火爲先生之子無黨小名。此書經晚村先生硃筆圈點到底,首尾完密,硃色鮮明,間有批校,筆意渾厚。首册有"仲魚圖象"印、"得此書費辛苦後之人其鑒我"印,又經陳仲魚先生收藏。晚村先生爲明末遺老,邃於理學,身後被禍甚烈,片紙隻字,毁滅無遺,乃於三百余年後得此藏書,均經親筆批校,碩果僅存,其可寶貴爲何爲耶!諷誦把玩,不勝欣幸之至。丙子嘉平上浣單鎮。

《國語》書録

【輯證】○萬青案：此見於《縮本四部叢刊初編書録》，上海商務印書館中華民國二十五年（1936）十二月初版。《縮本四部叢刊初編》同時印行，版權頁標注"精裝本一百十册""平裝本四百四十册"。

吴韋昭注。《國語》自士禮居影刻宋天聖明道本，宋公序本遂微。兩本互有短長，實未可甲彼而乙此。此明重刻公序本，序後有"嘉靖戊子吴郡後學金李校刻于澤遠堂"一行，宋諱並闕筆。每葉二十行，行大小均二十字。舊爲盛伯義藏書，卷首有題字。【輯證】○萬青案：今檢《四部叢刊》本《國語》，《國語解叙》後原來題識挖去，墨筆書"嘉靖戊子吴郡後學金李校刻于澤遠堂"一行，又另起一行題："光緒癸巳，見一本于廠肆，具有刻書姓名，此剜去，贗宋者也。三月一日伯義記。"即《書録》"舊爲盛伯義藏書，卷首有題字"之所本。盛昱（1850—1900），字伯熙，亦作伯兮、伯義、伯希，號韻蒔、伯蕴，室名鬱華閣，滿洲鑲白旗人。光緒二年（1876）進士，曾任國子監祭酒、山東學政等。精於古籍考訂、彝器銘文、書法等，著有《鬱華閣遺集》《意園文略》《蒙古世系譜》等。

《國語》張元濟跋

張元濟

【輯證】○萬青案：張元濟(1867—1959)，字筱齋，號菊生，著名出版家、古文獻學家，主持編輯有好幾部大型類書，著有《涵芬樓燼餘書録》《寶禮堂宋本書録》《涉園序跋集録》等書。其生平著述後被輯爲《張元濟古籍書目序跋彙編》《張元濟全集》等。

1.《國語》二十一卷《補音》三卷，吳韋昭注、宋庠音，宋刊本六册

前有《國語解序》。每卷首行書名題"某語第幾"，下題"國語"，再下題"韋字解"，《補音》卷首《國語補音敘録》直連目録，每卷首行題"補音卷第幾"。半葉十行，行二十字，間有至二十二字者，小注雙行，行二十字。宋諱避玄、弦、眩、朗、敬、儆、驚、竟、境、弘、殷、匡、筐、胤、耿、恒、貞、徵、懲、讓、署、樹、豎、項、姞、桓、垣、完、構、媾、購、慎等字。刻工姓名：王進、張昇、江孫、李棠、江泉、劉寶、楊思、楊明、單宥、張明、牛明、方迁、駱元、成通、方通、駱昇、明刁、王玠、陳良、尹忠、孫昇、孫日□爲一類。蔣榮、蔡邠、陳浩、馬松、何澤、陳彬、陳壽、徐義、詹世榮爲一類。字體鐫法，稍有圓峭渾畫之别。又有板心上記字數者，其刻工爲陳新務、陳秀、何建、丁銓、楊十三、陶□、齊明、良富、徐良、盛久、繆

珍、熊道瓊、石茂、王桂、文玉、應華、徐文、陳允升、張三、王榮、徐泳、係元、洪福、朱曾、徐榮、茅文龍、周鼎、王六、蔣佛老、汪亮、吳千七、趙遇春、朱六、金交、今友、蔣蠶、王壽三、李祥、視明、李庚、何慶、何通、章文一、陳寧、曹榮、胡勝、沈貴、李德瑛諸人，蓋爲元代覆刻也。自天聖明道本出，世人均不滿於公序本。錢遵王舉《周語》"昔我先王世后稷"及"皆免胄而下拜"二事；錢竹汀又舉《周語》"瞽獻典"、"高位實疾顛"，《魯語》"笑吾子之大也"，《齊語》"鹿皮四分"，《鄭語》"依睬歷華"，《吳語》"公孫雒"六條，以爲公序本不如明道本之證。陳芳林、許周生多有駁辨，汪遠孫《明道本考異序》亦謂兩本各有優劣。觀其所列他書所引之異文及諸家所辨之異字，是本之勝於明道本者，亦指不勝屈。且汪氏所見者，爲明人許宗魯、金李之覆本，猶未能盡公序宋刻舊本之長。《周語》"陽伏而不能出，陰迫而不能蒸"解，是本云"陽氣在上，陰氣在下，陰氣迫之使不能升"，明道本則作"陽氣在下，陰氣迫之使不能升"，意已不完。金李本、張一鯤本乃將明道本"陽""陰"二字互易，語意更不可通。即此二事，亦足證公序本之勝，而明人覆本之更多訛謬矣。板心高標準尺二十二寸二分，廣三十寸四分，而紙幅乃高至四十五寸一分，廣至六十寸。本式之鉅，極所罕見。書用蝶裝，疑猶是宋代舊制。

2.《國語》二十一卷，吳韋昭注，明覆宋刊本，八册，段玉裁、顧抱沖、顧千里校，黃蕘圃汪閬源汪柳門舊藏

段氏後跋指此爲明嘉靖時金李刊本，惟以韋氏敍後無澤遠堂牌記爲疑。按書中多避宋諱，韋敍末葉適損角，必牌記爲人割去。半葉十行,行二十字。段氏讎校精審,卷中復有逯按、廣圻按若干條,則顧抱沖及其從弟千里所續增也。

段玉裁跋　此《國語》爲孔繼涵浦伯所贈,與嘉靖戊子澤遠堂刊本無異,於時本爲勝,而闕誤尚多。因借東原先生以明道二年刻本合宋公序補音刻本校補者正之。明道二年本,蘇州朱奐文游所藏;嘉靖本,有"嘉靖戊子吳郡後學金李校刻于澤遠堂"十六字,在韋氏敘後。書中多避宋諱字,蓋仿宋刻也,或鑱去十六字,僞爲宋刻。【輯證】○萬青案:盛伯羲藏本即段玉裁所謂"僞爲宋刻"者。乾隆己丑五月五日,跋於櫻桃斜街寓齋,時將之山右,段玉裁。【輯證】○萬青案:此跋文並未見收於段玉裁《經韻樓集》中,當補入。

藏印"顧千里印""黃丕烈""蕘翁""汪士鐘藏""萬宜樓藏善本書印"。

3. 又一部,清黃氏士禮居覆宋本,四册,陳碩甫校藏

陳氏以明嘉靖許宗魯及金李兩刊本校過,頗有異同。

陳碩甫記:道光乙未,寓杭州汪小米宇。爲校讎許李(當作"金"字,原誤)刻公序本於黃刻明道本上,因自錄一過。奐記。

藏印:"曾在三百堂陳氏處。"

《善本書所見錄·國語》

羅振常

【輯證】○萬青案：羅振常（1875—1942），字子經，號邈園，浙江上虞人。曾設蟬隱廬進行藏書，精於校勘，編有《善本書所見錄》等。本篇即出自《善本書所見錄》。

1.《國語》二十一卷

吳韋昭注，明覆宋本。白口，半頁十行，行二十字，韋昭序後有"嘉靖戊子吳郡後學金李校刊于澤遠堂"小字一行。序大字，半頁七行，行十五字。宋諱字缺筆。觀其行式，爲覆宋本無疑。案：《國語》宋刊，除明道本外，有紹興九年刊本，【輯證】○萬青案："九"恐"十九"之誤。其行款字數與此同。【輯證】○羅氏自注曰：見《邵亭書目》。知此爲覆紹興本，特紹興原本必有字數刻工，金氏覆刻削去之耳。黃蕘圃校明道本，謂自有宋庠《補音》本後，此間更無一異本，乃明道本外又有此本，亦可謂鳳毛麟角矣。黃氏於明道本致極尊崇，紹興跋在明道之後，然於《補音》本外，獨樹一幟。試取明道、《補音》兩本互勘，必有異同，苦未暇耳。此本近代目錄極罕見收藏，惟孫仲容有明覆宋刊，謂宋諱皆缺筆，惟淳字不缺，此本亦然，因定爲南宋初年刊本，【輯證】○羅氏自注曰：見《半岩廬書目》。疑亦金李本也。丁巳冬得於海上，戊午七月理架書,再檢之,因書其端,並記歲月。羅振常。

2.《國語》二十一卷

前有韋昭《國語解》敘,大字,半頁七行,行十五字,敘末有小字"嘉靖戊子吳郡後學金李校刊于澤遠堂"一行。每卷第一行題"國語第〇〇 國語韋氏解",半頁十行,行二十字,白口,宋諱缺筆。

明嘉靖中金李刊本《國語》,雖見著錄,然書極罕見,不知其精否？今觀此本,半頁十行,行二十字。【輯證】〇羅氏自注曰:謂之十行本,宋刻如此最多。每卷首小題在上,大題在下,每卷末隔一行,書題亦如之,宋諱又缺筆,無疑爲覆宋刻本。更觀其字畫及大小字每行同爲二十,則所據原本非北宋而爲南宋,亦無疑也。【輯證】〇羅氏自注曰:宋板式之未具者,僅少字數及刻工姓名,明人覆宋多刊除之。案:《國語》南宋本,見著錄者有二,同爲十行二十字,一爲紹興十九年刊本,【輯證】〇羅氏自注曰:見《邵亭書目》。一爲孝宗時官刊本,【輯證】〇羅氏自注曰:見《皕宋樓書目》。以"讓"之缺筆知之。此本"讓"字亦缺筆,則陸氏所藏宋刊,即爲此刻底本,又無疑矣。《國語》自有宋庠補音本,他本皆廢。自士禮居覆刊北宋本出,世間始見別本,而明道本之佳處爲他本所難及,而舛誤不如別本之處亦甚多,蓋莨圃嘗論之。此刻既出《補音》本之外,必可與明道本互有短長,可資校勘。陸氏所藏,既歸海外,則此本作真宋刻觀之,亦無不可矣。上虞羅振常。

3.《國語》二十一卷

明郭子章等校刊,萬曆大字本,初印。吳枚庵以朱筆據宋本校，校處極多，蓋此本原不佳也。大約所據即士禮居之底本，曾略對過無差。第一卷後有枚庵跋，稱盧抱經學士以影抄北宋本《國語》見示，爰取家藏本校之。有"枚庵藏本（朱印）"、"吴翌鳳家藏文苑（白長方）"諸記。

戊戌九月朔日，武林盧抱經學士，以影抄宋本《國語》寄示，蓋宋犀未有《補音》前本也。爰取家塾舊藏對讀，一點一畫，不敢脫落，亦珍重古本之至矣。枚庵翌鳳。

《藏園羣書經眼錄·國語》

傅增湘

【輯證】○萬青案：傅增湘(1872—1950)，字潤沅，號沅叔，又署雙鑒樓主人、藏園居士等。著有《藏園群書經眼錄》《藏園群書題記》等著。

1.《國語》七卷

明弘治刊本，十一行，行二十一字，黑口，四周雙闌。前有弘治十五年壬戌刑部右侍郎豫章李士實序，言太穀郡韓君福得許節推讚舊本，屬清豐令陸君昆書梓以行云云。後有題銜四行："天聖七年七月二十日開印。江陰軍鄉貢進士葛惟肖再刊正。鎮東軍權節度掌書記魏庭堅再詳。明道二年四月初五日得真本，凡刊正增成。"（庚申）

2.《國語解》二十一卷，吳韋昭解；《補音》三卷，宋宋庠撰

宋刊元明遞修本，半葉十行，每行二十字，白口，左右雙闌，板心上方記大小字數，下方記刊工人名。宋諱避至構字止，慎字不避。元補板無字數及刊工人名。明補黑口四周雙闌，下方記監生某人，蓋已入南京國子監矣。印紙用明成化、弘治時江南職官户口等册，有鳳陽縣、巢縣、全椒縣、無為州等處官印。

按：此書舊爲繆荃孫氏所藏，前有"己亥四月得自保定書坊聽雨樓錢眉記"墨書識語一行，鈐有"李嘉瑞""嵐石山房"兩印。宋刊存者近百葉，補刊祇寥寥數葉耳，雖爲南監補修，而全帙特爲罕覯，因以善價收之。藏園記。

3.《國語解》二十一卷，吳韋昭撰；《補音》三卷，宋宋庠撰

宋刊元明遞修本，半葉十行，每行二十字，注雙行同，版心記字數及刊工姓名。

按：此本有明修之葉甚多，與余所藏印本相同，蓋入南監後所印，陸氏謂爲元修者非也。（日本靜嘉堂文庫藏書，己巳十一月十三日閱）

4.《國語解》二十一卷，吳韋昭撰；《補音》三卷，宋宋庠撰

宋刊元明遞修本，十行二十字。高郵王氏舊藏。（南皮張氏藏書，壬戌見於日知報館）

5.《國語解》二十一卷，吳韋昭撰

明刊本，十行二十字，黑口，四周雙欄。

按：此本行款與嘉靖七年金李澤遠堂刊本同，然審其版刻當是成、弘間本也。（戊午）

6.《國語解》二十一卷，吳韋昭撰，缺卷五至九。《補音》三卷，宋宋庠撰

明嘉靖五年陝西刊本，九行二十字，白口，左右雙欄，前有嘉靖五年唐龍序，言侍御史雨山郭公自微以是書布之

學官。序後有"華州學正吳嘉祥、韓城縣教諭魏琦同校正"二行,是知爲秦中刻本也。(邢贊亭藏書,甲戌)【輯證】○萬青案:此即正學書院本。

7.《國語解》二十一卷,吳韋昭撰;《補音》三卷,宋宋庠撰

明刊本,九行二十字,板心記字數人名,卷末有"新建李克家校正"一行。(滬市見,癸丑)

8.《國語解》二十一卷,韋昭撰

明嘉靖七年金李澤遠堂刊本,十行二十字。序後有小字一行,文曰:"嘉靖戊子吳郡後學金李校刻于澤遠堂。"(壬子會文堂見,索四十元)

9.《國語解》二十一卷,吳韋昭撰

明末汲古閣影寫宋刊本,半葉十行,每行十九至二十字不等,注雙行三十一字。鈔楷極爲古雅,見《汲古閣秘本書目》。黃氏士禮居刊本即從此出。(日本静嘉堂文庫藏書,已巳年十一月十三日)【輯證】○萬青案:"黃氏士禮居刊本即從此出",陸心源《儀顧堂題跋》亦言之,見前。傅氏此説或本陸氏。

重刊《國語補韋》序

邵瑞彭

【輯證】○萬青案:邵瑞彭(1887—1937),一名壽錢,字次公。淳安縣人。邵瑞彭早年就讀浙江省立優級師範,參加同盟會、南社。先後任北京大學、民國大學教授,與吳承仕、高步瀛等建思辨社,研究樸學。1931年任河南大學國文系主任,寓居開封,潛心治學。工詞章、精古曆算學。著有《泰誓決疑》《揚荷集》《山禽餘響》等著作70餘種。《國語補韋》即邵氏在開封時所刊,署爲古鑑齋刊,"歲在乙亥刊於汴京",乙亥即1935年。該書初刻在嘉慶、道光年間,丁任《八千卷樓藏書目》即藏有此時刊本。《國語補韋》第二次刊刻即在1935年開封鑑古齋刊本,第三次行世爲1959年北京中華書局輯印《史學叢書》。《國語補韋》作者黃模,字相圃,號書厓,錢塘人,嘉慶五年(1800)歲貢生,具體生卒年不詳,大體和黃丕烈同時。著有《壽德堂詩集》八卷、《夏小正分箋》四卷、《異議》二卷及《武林先雅》《竹書詳證》《國語補韋》《蜀書箋略》《三家詩補考》等書。清潘衍桐(1841—1899)《兩浙輶軒續錄》卷二十引李堯棟《序略》:"棟髫年從黃書厓先生授經於閩中官舍,行醇學粹,獲與杭堇浦、厲樊榭諸老輩游,又與龍泓丁隱君居隔一牆,過從甚密。其詩氣格超逸,神韻淵永,真詩人也。"又引張雲□序略:"書厓先生□深經術,所著《夏小正分箋》《異義》,初槀蠶紋細書,字箆句櫛,不媿説經硜硜。余嘗於吳穀人司成講座得親見之。"《鄭堂讀書記》卷十九云:"《國語補韋》四卷,新刊本。國朝黃模撰。模,字相國,號書厓,錢塘人。書厓以《國語》韋注尚有未備,故爲之補。夫既爲補韋,必如惠松厓之《左傳補注》,究極訓詁,博極羣書,從此毫無賸義,方無忝于補之一字。乃僅掎摭近代人書以疏通之,所引古書殊覺寥寥,且併竹書紀年亦援以爲證,試與之讀王伯申《經義述聞》第十二卷,當爽然自失矣。"(周中孚:《鄭堂讀書記》,上海古籍出版社2002年輯印《續修四庫全書》第924册,頁260上)這個評價還是比較公允的。整體而言,黄模的這部著作缺乏新義,但也不是毫無價值。檢《國語補韋》四卷分部,分別爲周語一卷,魯語、齊語一卷,晉語、鄭語一卷,楚語、吴語、越語一卷,其中周語57條,魯語36條,齊語22條,晉語64條,鄭語9條,楚語23條,吴語22條,越語14條,總247條。審其所補,多引諸家之説,少有個人創發。247條之中明確加"模案"者唯28處。其中引《補正》49條,引《札記》7條,引陶望齡(1562—1609)18條,徐文靖(1666—1756)8條,賈逵7條,顧大韶(1576—?)6條,儲欣(1631—1706)、孫鑛(1542—1613)各5條,惠棟(1697—1758)4條,趙一清(1709—1764)3條,孫志祖(1737—1801)、王鳴盛(1722—1797)、顧棟高(1679—1759)各2條,引齊召南(1703—1768)、黄震(1213—1281)、黄宗羲(1610—1695)、趙佑(1727—1800)、唐固、孫琮、閻若璩(1636—1704)、顧炎武(1613—1682)各1條。此外尚引《史記》《尚書》《爾雅》《三禮》《説文》《竹書紀年》《説苑》《水經注》等書以及相關注解等等。徵引較富,蒐輯之功不可没。

《國語》者,漢世中秘古文舊書之一,與《左氏春秋》相表裏者也。《七略》列之春秋家,賈生著書,子長作史,小戴説禮,穎叔推曆,皆取資焉。東漢迄晉,鴻生碩師每每爲此書訓釋,如賈景伯《解故》,鄭仲師、王子雍二家章句,虞仲翔、唐子正、韋弘嗣、孔晁四家注並見於著録,今惟韋注孤存。唐以後,《左氏》盛行,此書獨晦,柳子厚且作《非國語》二篇以相訾謷。而劉子玄造《史通》,頗推重之,以爲紀事之權與，蓋亦不祥之祥矣。嘗謂《尚書》家之有《逸周書》，《禮》家之有《大戴禮記》，《春秋》之有《國語》，不惟六籍之羽翼，抑亦古文之淵棷，顧唐宋儒臣爲經傳疏義者屏棄弗係。自宋宋公序、明陶望齡而外，絕少頫治《國語》者，豈真書有通塞，猶人之有祿命歟？近三百年樸學昭明，說經之書積若丘山。《逸周》《大戴》既爲士林肆業所及，治《國語》者亦比肩而起。如劉氏台拱、汪氏中、董氏增齡、洪氏亮吉、姚氏鼐、陳氏瑑、王氏煦、王氏念孫、黃氏奭、龔氏麗正、汪氏遠孫、陳氏奐、譚氏澐、俞氏樾、劉氏師培，凡十許家。或造專書，或爲條記，類能闡發古義，析難解疑。學者苦其不能盡見，而黃氏模《國語補韋》四卷尤屬難得。《書目答問》雖舉其名，注則云"未見傳本"。昔王葵園祭酒刊《續經解》於江陰南菁書院，曲園、越縵二先生爲草目録，黃氏此書在焉，而《續經解》竟遺之。殆搜采未逮歟？民國二十二年夏，於大梁市肆見黃氏《夏小正異義》及此書，版式與浙刊《杭氏七種》相類。《異義》收入《續經解》，傳世已廣。此書爲同光以來難得之本，不圖無意遇之，喜不自勝。適涵楚使君建牙汴水有網絡文獻之思，【輯證】○萬青案：李培基(1886—1969)，字涵礎，生於河北獻縣，屢任軍職。1928 年 11 月，被委任爲代理察哈爾省主席，未就任。1929 年 8 月，被委任爲綏遠省政府委員兼主席。1933 年 5 月，南京國民政府委任李培基爲河南省政府委員兼民政廳長；1935 年 6 月，國民政府任命李培基爲河北省政府委員兼民政廳廳長；同年 12 月，又改任李培基爲河南省政府委員。1936 年 12 月，國民政府委任李培基爲河南省地政局局長。李氏在河南主政的時期，也正是邵氏刊刻《國語補韋》之時。因出資授梓，依原書景刻，予弟子武福鼐爲之校字。

【輯證】○萬青案:武福鼐(1900—1982),字慕姚,號守拙、秋士、拙老人、拙叟,齋號嘯秋室、適齋、六賦齋、翠山堂、守拙軒等。原籍直隸廣平府永年縣,生於湖北京山,17 歲時考入北京中國大學國學系,從吳承仕、黃侃、邵瑞彭等問學。武氏 1931 年開始,在河南省第一高師、河南省立第一高級中學、河南大學等校教書。七七事變以後,隨學校遷徙。1950 年,從許昌調至開封,1965 年退休。竣工之日,輒書所懷,以爲之序。黃氏字相圃,杭人。與吳聖徵祭酒友善。他所著有《壽花堂詩集》,事蹟略見《杭郡詩輯》。列名參校之吳清漣諸人,則祭酒之子姓也。

民國二十又四年八月歲,陰在娵訾,日在鶉尾,邵瑞彭記。

《國語索引》凡例

〔日本〕鈴木隆一

【輯證】○萬青案：鈴木隆一（1904—2005），日本著名漢學家。編有《國語索引》《大戴禮記索引》《淮南子索引》等，又續補新美寬（1905—1945）編的《本邦殘存典籍による輯佚資料集成》，並和市原亨吉、今井清合作《禮記》。《國語索引》於1934年由日本東方文化書院京都研究所出版，1967年大安株式會社再版。北京燕京大學圖書館當年入藏鈴木的這部索引並由于式玉（1904—1969）將《索引凡例》譯成中文發表在1934年10月1號《燕京大學圖書出版報》第69期上。于式玉，于明信（1882—1948）長女，于道泉（1901—1992）之妹。1924年赴日，先學音樂，後攻讀文史。1930年歸國，在燕京大學教日本史並在燕京大學圖書館日文部編目。同年，與李安宅（1900—1985）結婚。于式玉編有《日本期刊三十八種中東方學論文篇目》《東方學篇目附引得》等目錄。鈴木氏確立了以黃刊明道本爲底本編制索引的先例，此後鮑吾剛的《國語索引》（1973）、張以仁的《國語引得》（1976）、劉殿爵（1922—2010）等人編的《國語逐字索引》（1999）、李波與姚英等編的《國語索引》（2013）等亦皆以黃刊明道本或者黃刊明道本的重刻、重校本作底本。

本館最近收到日本東方文化學院京都研究所寄贈《國語索引》一册，純用漢文筆畫爲序，條列詳明，頗便檢索，茲爲國人應用便利起見，特請于女士將其凡例迻譯如左。田洪都識。【輯證】○萬青案：田洪都字京鎬，武昌文華圖專畢業之後赴美留學，於 1928 年接替洪業代理燕京大學圖書館主任，1931 年正式被聘爲燕京大學圖書館主任。田氏爲燕京大學圖書館的發展做出了重要貢獻。田氏撰有序跋題記以及圖書館學論文多篇，並譯有《意大利圖書館》等，同時爲章鈺四當齋藏書入藏燕京大學做出了很大貢獻。

（一）此書就《國語》之本文與韋昭之解說，以人名地名爲始，凡與天文、律曆、政治、道德、學術、教育、經濟、法制、祭祀、軍事、音樂、儀禮、器用、服食、傳說、俚諺、成語、訓詁等有關之文字，皆標出之以便檢尋。但韋昭之解說，祇取其訓詁考據之部分，未及其他。

（一）《國語》一書板本頗多。此書乃以士禮居覆刻天聖明道本爲準；以其內容較爲精善，且流行較廣也。其中譌脫之處，除照閔閔公序本對勘外，餘皆仍舊，以存原書流傳之真意。

（一）排列法，以所列文字筆畫之多少爲次，其筆畫相等者，從《康熙字典》部首之順序，所列文字在二字，則字數少者居先。一項索引而兼列數條時，則依見於原書之順序爲先後，但關於訓詁者，則同一訓詁爲一類，不必從原書所有之先後。

（一）所列文字由二字或二字以上組成者，依其第一字爲排列順序之原則，但因意義之輕重，亦有以第二字或二字以下之字排列者。又在上下文字之間，不能定其語句之輕重，有時即將同一語句，復見於各字之下。

（一）天聖明道本本字、俗字混用，且其字體亦有因前後而不同者。其專用俗字處,此書亦從俗字,而不參之以本字;至於本字俗字混用之處,則標出其一,另以其他爲參照。

（一）帶括弧之字乃係本有此字,但爲檢索之便利而省去者,或本無此字,爲檢索之便利而添加者。原書中原有此字與否,當視下段引用之句爲何。至於下段引文有括弧者,則係編者將原文節約或添補之處。

（一）此書乃編者受東方文化學院京都研究所之囑託,在小島博士指導之下編纂而成。雖細心從事,然疏漏之處或所難免。不備之處,當俟他日補正。

昭和九年(一九三四)三月,鈴木隆一識。

《國語》例言

葉玉麟

【輯證】○萬青案：葉玉麟(1876—1958)選注《國語》，收入王雲五主編之《萬有文庫》第一集中，上海商務印書館1933初版。共選注《國語》五十四篇，包括：《周語》八篇，分別爲穆王將征犬戎、恭王遊於涇上、厲王虐國人謗王、魯武公以括與戲見王、晉文公既定襄王於郟、秦師將襲鄭、景王將鑄大錢、景王既殺下門子；《魯語》八篇，分別爲魯饑、莒太子僕弑紀公、季文子相宣成、季桓子穿井、季康子問於公父文伯之母、公父文伯之母如季氏、公父文伯退朝、公父文伯之母；《齊語》二篇，分別爲桓公欲從事於諸侯、桓公問；《晉語》二十七篇，分別爲武公伐翼、獻公伐驪戎、獻公田、公作二軍、優施教驪姬夜半而泣、反自稷桑、惠公入而背外内之賂、元年春、文公問於郭偃、文公問於胥臣、臼季使舍於冀野、陽處父如衛、宋人弑昭公、范文子暮退於朝、趙文子冠、悼公與司馬侯升臺、叔魚生、平公射鴳不死、趙文子爲室、叔向見韓宣子、范獻子聘於魯、董叔將娶於范氏、梗陽人有獄、趙簡子歎、智宣子將以瑤爲後、智襄子爲室美、還自衛；《鄭語》一篇，爲桓公爲司徒；《楚語》四篇，爲屈到嗜芰、左史倚相廷見公子亹、司馬子期欲以妾爲内子、鬬且廷見令尹子常；《吳語》三篇，爲吳王夫差既許越成、吳王還自伐齊、吳王夫差既殺申胥；《越語》一篇，爲越王勾踐棲於會稽之上。每篇又分若干段，段下施注。注基本從韋昭，涉及地理等則以新地名釋之。書前有例言一篇、緒言一篇，都署爲葉玉麟。關於葉玉麟，錢基博《現代中國文學史》在"馬其昶"之後曾附論之，謂葉玉麟字浦蓀，刊有《靈䀹軒文鈔》一卷。根據葉揚《祖父葉玉麟散記》(揚之水著《無軌列車》，上海書店出版社 2008 年版，頁 14~33）云："至於在外面流行的以祖父名義發表的著作，比如《白話句解老子道德經》《白話譯解莊子》《白話譯解韓非子》《白話譯解墨子》《白話譯解戰國策》《白話譯解國語》《白話譯解孫子兵法》等等，大多由廣益書局出版，其實大多數是父親和我叔伯等一班子弟兵的作品，其中好像還包括葉家的'長房長孫'、我的大堂哥葉羣，當年完全是爲了應付生計，真正是英文所謂的 potboilers 而已，當然凡是碰到疑難之處，他們隨時可以請教祖父。其中的《白話譯解孫子兵法》據說是同類書中的濫觴之作，頗受好評。另外，祖父還有《書經選注》《荀子新釋》《三蘇文選注》《歷代閨秀文選》等幾種，很可能倒是他自己做的。"葉揚的這段文字提供了比較精準的資料。

一、是編取《國語》全書，纂輯菁華，共錄文五十四，以津逮初學。每章之首，本無題目，今依先輩選《國》《策》之例，皆以其首句列爲目次。學者如欲觀其全，除韋氏解外，近代若沈鎔之《詳注》、徐元誥之《集解》，雖尠創獲，不妨互參，藉資考證。

一、凡所錄舊注，則不復詳姓氏。其獨抒心得，闡明奧義者，乃各書姓氏於上。《國語》所載事多與《內傳》相同，故是編徵引《內傳》以附益之，便學者稽古之助。

一、《國語》刊本叢雜，是編皆依宋天聖明道本，而又以諸家刊本考定之。

《國語》緒言

葉玉麟

漢鄭衆作《國語章句》，賈逵著《解詁》，其後有王肅《章句》，虞翻、唐固、韋昭並傳注釋，以及孔晁之《春秋外傳》，宋庠之《補音》，尚矣。清季，如王引之、汪中、段玉裁、錢大昕、惠周惕、陳奐、黃丕烈之《札記》、姚鼐之《補注》。或二十一篇，或二十二卷，醇駁互見。然今世唯韋書盛行，爰擷撫諸家，擷其粹美，采其精懿，而補苴之。其紛歧譌舛不一者，從而折衷之。校讎竟，爲弁言冠首。

論曰：衰周之世，道術盪滅。宣聖西觀周室，論史記舊聞，而次《春秋》。左丘明采世成敗，上自周穆王，下至魯悼公，綜周、魯、齊、晉、鄭、楚、吳、越八國之史乘，爲《國語》。韋氏序之，以謂："包羅天地，探測禍福，發幽微、表善惡，昭然明甚，實與經藝並陳，非特諸子倫比也。遭秦之亂，幽而復光，賈生、史遷頗綜述焉。"昭洵能發明左氏微意矣。

是故究觀終始，抉擇幽眇，可約舉其旨趣焉。其中若祭公諫穆王、邵公告厲王，見周室之危殆；晉文請隧，見諸侯僭侈；季文子妾不衣帛、馬不食粟，文伯母效績，見勤儉興治；與康子闈門言，明男女之別；管子對桓公，遊聘召賢，甲盾金矢贖罪，明齊致霸；郭偃對文公、史伯對桓公，明晉、鄭之興；至若武子擊范文子，明尊卑也；胥臣舉冀缺、司馬舉羊舌肸，昭薦賢也；叔向諷平公、趙文子因張老止蘧篨、叔向賀聘、范文子問具敎、魏獻子辭梗陽，賢者改過之風也；又若屈建去芘，違命合道；夫差許越伐齊，申胥鴟夷沈江，吳遂以亡。勾踐用文種，葬死問傷，人民以蕃，越遂以霸。覽觀當世之事，考鏡得失，知盛衰之由矣。

故有《内傳》，而述聖尊王之義明；有《外傳》，而列邦之時勢與政敎廢興之跡著。雖嬴秦楚坑煨缺，至乎漢而有賈、董、鄭衆崛起，湛深經術，蔚為文景之郅治。豈非賢聖道統相承，遞嬗流衍之功烈也哉！方今文學彫弊，深曠世變，亟思補救之方。學者於訓義章句，固不容忽；亦毋庸循經生積習，侈談漢儒家法，轉茫昧經旨也。索居黔陋，又自恧，尟所發明，姑備學者揚攉云爾。

葉玉麟，廿二年三月，上海。

《白話譯解國語》序

朱太忙

【輯證】〇萬青案:《白話譯解國語》,葉玉麟(1876—1958)譯,上海大達圖書供應社 1935 年 8 月初版,1938 年上海廣益書局再版。該書隨文施注,注文多依韋昭解,每篇後有譯文。共收《國語》六十三篇。其中《周語》十三篇,爲穆王將征犬戎、恭王游於涇上、厲王虐國人謗王、厲王説榮夷公、魯武公以括與戲見王、幽王二年西周三川皆震、襄王十三年鄭人伐滑、王至自鄭、溫之會、秦師過周北門、柯陵之會、靈王二十二年穀洛鬭、敬王十年劉文公與萇弘欲城周;《魯語》八篇,爲魯饑、齊孝公來伐、莒太子僕弑紀公、季文子相宣成、季桓子穿井、季康子問於公父文伯之母、仲尼在陳、齊閭丘來盟;《齊語》三篇,爲桓公自莒反於齊、桓公欲從事於諸侯、狄人攻邢;《晉語》三十一篇,武公伐翼、獻公伐驪戎、優施教驪姬半夜而泣、獻公、虢公夢在廟、惠公即位、秦師侵晉、文公在狄、齊侯妻晉文公、齊姜謀遣公子行、曹共公不禮晉公子、寺人勃鞮、豎頭須、文公伐原、楚成王伐宋、文公伐鄭、文公學讀書、文公論治國、白季使舍於冀野、靈公虐、趙文子冠、反自鄢、無終子嘉父、悼公使張老爲卿、叔魚生、平公射鷃不死、叔向見韓宣子、范獻子聘於魯、冀叔將娶於范氏、智宣子將以瑤爲後、智襄子爲室美;《鄭語》二篇,分別爲桓公爲司徒、周宣王時童瑶;《楚語》四篇,分別爲屈到嗜芰、左史倚相廷見申公子亹、司馬子期欲以妾爲内子、鬭且廷見令尹子常;《吴語》《越語》各一篇,分別爲吴王夫差既許越成、吴王使王孫雒行成於越。根據《南匯縣志》,朱太忙(1895—1939),初名惟恭,後改名惟公,字益明,南匯縣周浦鎮人。曾任上海大東書局及大達圖書供應社編輯，校點、注釋古書多種，多冠以序文，詳明原委。除本篇外，尚可稽者，如《標點水滸後傳序》《閨秀錄序》《艷異編序》等。

　　《國語》一書，自選入《古文析義》《古文觀止》等書外，外世祇讀其數篇，罕見全書，轉不若《戰國策》有全讀者。《國語》注自鄭衆《解詁》以下，諸書並亡，存於今者，惟吳韋昭爲最古。黃震《日鈔》嘗稱其簡潔，而先儒舊訓，亦往往散見其中。如朱子注《論語》"無所取材"，毛奇齡詆其訓"材"爲"裁"不見經傳，改從鄭康成"桴材"之說，而不知《鄭語》中有"計億事，材兆物"句，昭注曰："計，算也。材，裁也。"已有此訓。以毛氏之博洽，雄視一世，而猶有此失，倘《鶡冠子》所謂"至博不給者非"歟？韋昭字宏嗣，雲陽人，官至中書僕射，《三國志》作"韋曜"，裴松之注謂爲司馬昭諱也。《國語》出自何人，說者不一。或謂左邱明撰，所記之事與《左傳》俱迄智伯之亡，中有與《左傳》未符者，一詳一略之故也。如"倉葛不服晉"篇，《左傳》止載五句，簡而賅，《國語》至二百餘言，則詳而盡矣。《漢書·藝文志》作二十一篇，雖載《春秋》之後，然無《春秋外傳》之名，《漢書·律曆志》始稱"春秋外傳"。王充《論衡》云："《國語》，左氏之外傳也。左氏傳經，詞語尚略。故復選錄《國語》之詞以實之。"【輯證】○萬青案：此即可證外傳之說非始於韋昭。然說者謂《國語》上包周穆王，下暨魯悼公，與《春秋》時代首尾不相應，其事亦與《春秋》殊爲不類，附之於經，於義未允。《四庫全書》歸之"雜史"類焉。也是翁曰："參閱明道本《周語》云：'昔我先王世后稷。'注云：'后，君也。稷，官也。'則是昔我先王世此后稷之官也，考之《史記·周本紀》

亦然。又云：'左右免胄而下。'天聖本'下'下有'拜'字，今本皆脫去。"太忙案：《古文觀止》等書俱作"周之后稷"解，殊誤。得錢氏之說，可資訂正。"展禽論祀爰居"篇內所引，多出《祭法》，此殆後儒采輯其言以入《禮記》，亦如"敬姜論勞逸"篇，劉中壘采入《列女傳》耳。戴剝源先生《讀國語》曰："先儒奇太史公變編年爲雜體，有作古之材。以余觀之，殆放於《國語》而爲之也。"則太史公《史記》亦自《國語》得來，是書顧可不讀哉？夫古列國之語，後儒尊之爲經、爲史、爲古文，異夫今所稱《國語》者。吾願人亦多研此《國語》而一觀列國之政績也可。

民國二十四年五月上澣，南匯朱太忙撰序。

《國語讀本》編輯大意

秦同培

【輯證】○萬青案:《言文對照國語評注讀本》,上下冊,錫山秦同培選輯,上海世界書局1924年1月石印本。該書也是《國語》的選本,共選《國語》六十篇,其中《周語》九篇,分別爲祭公諫征犬戎、邵公諫厲王止謗、富辰諫襄王、周襄王不許晉文請隧、單襄公論陳必亡、單襄公論晉將亂、叔向論單子必興、單穆公諫鑄大錢、單穆公諫鑄無射;《魯語》八篇,分別爲曹劌諫莊公觀社、展禽使乙喜犒齊師、展禽論祀爰居、里革諫漁、季文子儉德、敬姜論勞逸、孔子答專車骨之問、孔子答楛矢之問。《齊語》三篇,分別爲齊桓公用管仲、齊桓公服諸侯、齊桓公定伯功;《晉語》二十八篇,分別爲史蘇知難本、驪姬譖申生、申生伐東山、驪姬殺申生、晉惠改葬共世子、韓之戰、呂甥逆君、慶鄭就戮、晉文自狄適齊、齊姜醉遣晉公子、寧莊諫禮晉公子、晉文過曹、晉文過鄭、晉逆懷嬴、勃鞮求見、晉文使陽處父傅讙、白季舉冀缺、寧嬴去陽處父、鉏麑觸槐、趙武始冠、祁奚舉親、醫和視晉平疾、叔向賀貧、中行伯克鼓、閻叔諫納賄、尹鐸爲晉陽、尹鐸增晉陽壘、趙襄子走晉陽;《鄭語》一篇,爲鄭桓公寄孥虢鄶;《楚語》五篇,分別爲屈建去芰不薦、倚相見申公、倚相止子期內妾、觀射父答昭王重黎之問、王孫圉論楚寶;《吳語》五篇,分別爲諸稽郢行成、申胥諫許越成、申胥諫伐齊、申胥死諫、吳晉黃池之會;《越語》一篇,爲越滅吳。每一篇後附有評語,下附注釋,最後附譯俗(即譯文)。《廣注語譯國語精華》,秦同培注譯、宋晶如增訂,上海世界書局1943年11月、1948年5月新版,多次重版。比《國語評注讀本》篇目要多,如《周語》"邵公諫厲王止謗"下增"邵公保宣王"、"周襄王不許晉文請隧"下增"王孫滿言秦師必敗",《魯語》"展禽使乙喜犒齊師"下增"重館人告臧文仲"、"里革諫漁"下增"里革答成公"、"季文子儉德"下增"仲尼答桓子",《晉語》"勃鞮求見"下增"晉文伐原以信"、"文公問治國於郭偃"、"鉏麑觸槐"下增"范文子師勝後入"、"祁奚舉親"下增"叔向母善相"、"閻叔諫納賄"下增"董叔娶范祁",共增多十篇。另外有的篇題增字,如"齊桓公定伯功"改爲"齊桓公立定伯功"。另外,《國語精華》祇有注釋和語譯,沒有評析。《國語精華》所錄《編輯大意》也和《國語讀本》相同,惟有些文字不同。秦同培,近代錫山人,編輯、選譯圖書多種,如《左傳精華》《國語國策精華》《史記精華》《左傳評注讀本》《史記評注讀本》《漢書評注讀本》《國語評注讀本》《兩漢書精華》《評注孔子家語讀本》《評注老子讀本》《精選廣注姚氏古文辭類纂》《評注文選讀本》《言文對照清代文評注讀本》《歷代文評注讀本》《撰聯指南》《易明尺牘句解》《品性論》《小學作文入門初集》《高級國文讀本》《言文對照高等論說新範》《新國文教授法》《新體學生大字典》等,另編纂有《中學新文範》等教材多種,此外還譯有日本原寶吉的著作《代數學問題詳解》。但是關於這位學者的資料很少,其生平也不詳。宋晶如履歷也沒有任何信息。從各種資料顯示看,他編輯、選注了很多圖書,還在姚江中學、慈溪小學擔任過教師、校長等。

一、本書便學生考究周代文藝之用,特擷取《國語》中詞尤精善,爲學生不可不讀者,精選成書。蓋古書叢雜,非盡必讀之文,而學子莽鹵,容無審取之力。兹編擇要纂輯,可省甄錄之勞,藉供研修之助,洵稱便利。

一、本書所列,皆興味濃厚,神采煥發之作。讀之既足以窺當時奇古簡勁之文辭,又可以增長識見,涵養性情。

倘用爲課外補助讀本,最爲合宜。

一、本書專供學生課外閱讀之用。故所選各文,以短篇爲多,間有長幅,或節或析。不可節析者,於篇中劃分段落。學者可臨時自區數篇讀之。

一、本書於當時重要事實,爲學者必當知曉者,均一一列入,以爲探討史材之助,從而想見當時風會習俗之不同。即於古代社會如何蛻變之故,亦得窺其一斑。

一、無論中外,苟求文藝精進,必以搜集詞料典實爲第一義,猶之設肆必先販貨,未有貨不販、肆能興盛者也。是以本書遇有通常引用之成語甚多者,雖無關宏旨,亦必採選,以求充實學人之腹笥,藉明典實之來歷。學者苟多讀而志之,百貨之存貯豐,斯不患不爲所財之善賈矣。

一、原書用國別爲編,本書仍之。特標各國語字樣於前,又將各子目系之於後。如是而綱舉目張,讀者之意識上,自能愈形醒豁。

一、古書難讀,往往不得其句讀,即不能通其文義。是書皆由編者細心校閱,每篇皆加斷句,以鼓讀者興會。

一、自來學子苟趨率易,往往於名物訓詁不加深考。及操筆爲文,則又任意引用,致成比附不當、徵隸謬誤諸病。此非不欲求解,亦以搜索之難,備書不易,不得不姑安簡陋也。本書有鑒於斯,力革斯弊,凡遇澀難之字句典實及人物地名故事等,不憚詳爲注釋,以節讀者翻檢探索之勞。惟較易領會,只參閱語體文可明者,悉略之。

一、古書【輯證】○萬青案:《精華》"書"作"語"。簡略,詞少意多。一經索解,即有怡然渙然之樂。今爲省學者腦力之故,特每篇皆對照語譯於下,學者苟先覽語譯,然後紬繹原文,必能增益文藝中之智慧不少,從而熟讀長吟,久之下筆爲文,自能獨出心裁,迥超流俗,且必能臻無意不達之快境。謂予不信,盍試爲之!

《左國選讀》例言

張寄岫

【輯證】○萬青案：張寄岫的生平資料無從查考。祇是從《民國總書目》中看到他曾經編過很多書，如《左國選讀》《晚明小品文選》《楚辭選讀》《婦女專冊》《復興國語教科書》《中學國文補充讀本》等。《左國選讀》選取《左傳》《國語》《戰國策》三書中的一些篇章而成。全書分三册，其中上册爲《左傳選讀》，中册爲《國語選讀》，下册爲《國策選讀》，上海商務印書館1937年5月版。《國語》部分選錄自葉玉麟譯注本。全書前有例言一篇，今僅錄其所説《國語》部分"《國語》的來源與内容"。

衰周之世，學術澌滅。孔子西觀周室，論史記舊聞而次《春秋》。左丘明更上自周穆王，下至魯悼公，綜周、魯、齊、晉、鄭、楚、吴、越八國之史乘爲《國語》，推究終始，抉擇幽眇。也可以約舉他的旨趣：其中説周室的危殆、齊桓的致霸、晉文的勃興、吴越的興亡，都可以考鏡得失，用資儆戒。兹特擷取其菁華以饗初學者。每篇之首本無題目，依先輩選《國策》之例，均以其首句列爲目次，藉醒眉目。

王白田《國語存校》識語

馬敘倫

【輯證】○萬青案：馬敘倫(1885—1970)，字彝初，更字夷初，號石翁、寒香，晚號石屋老人。浙江杭縣人。一生出入報界、教育界、政界。著述宏富，長於小學、諸子。本篇出自其《讀書續記》卷二。

王白田《國語存校》謂：韋序中"實爲經藝並陳"，"爲"字當作"與"；"觀其亂義"，"亂"當作"辭"。宋序中"當漢出"，"出"當作"世"，或作"初"。第一卷"王既齋宮"，"既"當作"即"；"乃命魯存公於夷宮"，"存"當作"孝"；"其惠足以同其氏人"，"氏"當作"民"；"夫神壹不遠徙遷馬"，"馬"當作"焉"。

倫案：鍾人傑本正作"與"，作"辭"，作"世"，作"即"，作"孝"，作"民"，作"焉"。是王所據爲劣刊也。又王謂樊穆仲曰"魯侯孝"，"孝"字本誤，蓋以"孝"爲魯侯名也。魯侯名擢，倫爲孝字不誤。宣王欲得國子之能導訓諸侯者，樊穆仲稱魯侯之孝以爲可以訓導諸侯耳。白田之學長於性理，校勘疏證，均其所疏。

李克家本《國語》題記

張元濟

【輯證】○萬青案：張元濟(1867—1959)，字筱齋，號菊生，浙江海鹽人。光緒十年(1884)以童子試第一入縣學，光緒十五年(1889)中舉，光緒十八年(1892)中進士。光緒二十八年(1902)，應夏瑞芳之邀，入商務印書館。編印《四部叢刊》《百衲本二十四史》等。生平著述，輯爲《張元濟全集》，由北京商務印書館 2010 年出版。本篇題記有確切紀年，故錄於此。

錢遵王舉天聖本《周語》"昔我先王世后稷"及"左右皆免冑而下拜"二語，謂公序本脫"王"字、"拜"字爲遜。此亦爲公序本，檢二字故脫，然汪遠孫撰《明道本考異》，謂二本亦互有優劣。明代所刻有張一鯤本，有金李本，有許宗魯本，有葛端調本，有盧之頤本，此爲新建李克家所刊，極罕見。舊藏拜經樓吳氏，兼有兔床先生手校之字，可珍也。公魯仁世兄命題，張元濟識。(1937 年 3 月 20 日)

【輯證】○萬青案：張元濟題記的李克家本，今藏臺北"國家圖書館"。闕曉雲《吳騫及其拜經樓藏書研究》曾經對該藏本進行比較詳細的著錄，謂該本"四周單邊，每半葉 9 行，注文小字雙行，行均 20 字。版心花口，單黑魚尾，其下簡記篇章次第及葉次，再下方則記鐫手姓名，某些卷之首葉並兼及書寫者姓名，後記字數，唯不分大小字，祇記總數。首卷第一葉首行頂格題'國語卷一'，二、三兩行皆低十格分題'吳高陵亭侯韋昭解/宋鄭國公宋庠補音',第四行亦頂格題'周語上',其下即雙行小字注釋。卷末有尾題,而在正文末左下方有'新建李克家校正'一行。書中有吳兔牀眉批,復有張元濟手書題記一紙,以花箋書寫,浮貼於第一冊序文前之護葉,並附印記。"(花木蘭文化出版社2008年版,頁100~101)可參。

《僞書通考·雜史類·國語》

張心澂

【輯證】○萬青案：張心澂(1887—1973)，字仲清，號泠然，廣西臨桂人。京師大學堂畢業。曾任計政學會理事。曆職交通鐵道兩部合設之交通史編纂委員會總纂、交通部會計長、廣西省經濟委員會委員、廣西省政府會計長兼會計人員訓練所所長等。撰辨僞目錄學專著《僞書通考》，上海商務印書館1939年初版，1957年三版修訂本。編者將宋濂《諸子辨》、胡應麟《四部正訛》及姚際恒《古今僞書考》三部書合併，以書名爲綱，把關於某一部書辨僞之説，先合在一起，再徵他書有關材料，彙編而成。其取材範圍有五：一、凡一書的全部或一部分是僞造的，和發生過疑問的；二、原書不是僞造，因誤認撰人或時代，照所誤認的撰人或時代論，即成僞書的；三、已亡佚之書，合於上兩項的；四、已列入之書，它的來源和辨僞有關的；五、如有駁議或辨其不僞，或批評他人所辨者，都一一列入。凡所稱引，短篇全錄，專書或篇幅較長者摘要錄入。引文都注明出處，或注明轉引。編者按語，列於各説之末以"澂按"出之。全書按經、史、子、集、道藏、佛藏六部排列，同類者再以作者序次。初版時，辨書一千零五十九部，修訂本增加了四十五部，共一千一百零四部。内容方面也有增删，考證相當豐富。洵爲集大成之作。是古籍研究及古籍版本鑒定的重要參考書。對張氏《僞書通考》的研究論文較多，此處不贅。張氏的其他著作還有《中國現代交通史》《交通會計》《鐵道會計》《銀行新會計教程》等。

《國語》二十一卷,撰人存疑,《書經》割裂

周左丘明撰。

《漢書·藝文志·春秋家》有《國語》二十一篇,注曰:"左丘明著。"《新國語》五十四篇,注曰:"劉向分《國語》。"

班固曰:"孔子因魯史記而作《春秋》,而左丘明論輯其本事以爲之《傳》,又纂異同爲《國語》。"(《漢書·司馬遷傳贊》)

韋昭曰:"昔孔子修舊史以垂法,左丘明因聖言以攄意,可謂博物善作者也。其雅思未盡,復采錄前世穆王以來下迄魯悼、智伯之誅,以爲《國語》,其文不主於經,故號曰《外傳》。"(《國語解序》)

《隋書·經籍志·春秋類》有《春秋外傳國語》二十卷,賈逵注;又二十一卷,虞翻注;又二十二卷,韋昭注;又二十卷,晉五經博士孔晁注;又二十一卷,唐固注;又《春秋外傳章句》一卷,王肅撰。

《舊唐書·經籍志·春秋類》有《春秋外傳國語》二十卷,左丘明撰。又二十一卷,虞翻撰;又二十一卷,韋昭注;又二十一卷,唐固注;又《春秋外傳國語章句》二十二卷,王肅注。《唐書·藝文志》同,但無唐固《注》,有孔晁《解》二十一卷。

宋代有左丘明《春秋外傳國語》二十一卷,韋昭注。柳宗元《非國語》二卷。葉真《是國語》七卷。(《宋史·藝文志》)

李燾曰:"昔左丘明將傳《春秋》,乃先采集列國之史,國別爲《語》,旋獵其英華作《春秋傳》,而先所采集之《語》

草藳俱存，時人共習傳之，號曰《國語》，殆非邱明本志也。故其辭多枝葉，不若《內傳》之簡單峻健，甚者駁雜不類，如出它手，蓋由當時列國之史材有厚薄，學有淺深，故不能醇一耳。不然，丘明特爲此重複之書何耶？先儒或謂《春秋傳》先成，《國語》繼作，誤矣。惟本朝司馬溫公父子能識之。"（《文獻通考》引）

晁公武曰："班固《藝文志》有《國語》二十一篇，《隋志》云二十二卷，《唐志》云二十一卷，今書篇次與《漢志》同。蓋歷代儒者析簡併篇，互有損益，不足疑也。要之《藝文志》審矣。陸淳謂與《左傳》文體不倫，定非一人所爲，蓋未必然。范寧云：'《左氏》富而豔。'韓愈云：'《左氏》浮夸。'今觀此書，信乎其富豔且浮夸也，非左氏而誰？"（《郡齋讀書志》）

陳振孫曰："自班固《藝文》有《國語》二十一篇，左丘明所著，至今與《春秋左傳》並行，號爲《外傳》。今考二書，雖相出入，而事辭或多異同，文體亦不類，意必非一人之手也。司馬子長云：'左丘失明，厥有《國語》。'又似不知所謂。唐啖助亦嘗辨之。"（《書錄解題》）

黃震曰："昭謂左邱明作。跡其事事必要禍福爲驗，固與《左傳》類。然考其歲月，《春秋傳》以謐載趙襄子，已非出於孔子所稱之邱明。今《國語》避漢諱，謂魯莊嚴公，又果左邱明之作否耶？"（《黃氏日鈔》）

顧炎武曰："《國語》'句踐之伯，陳、蔡之君皆入朝'，其時有蔡無陳。"（《日知錄》）

姚際恒曰："《漢志》《國語》二十一篇，不著撰人名。史遷曰：'左丘失明，厥有《國語》。'傅玄、啖助、陸淳皆以爲

與《左氏》文體不論。李仁父熹曰：'丘明將傳《春秋》（見上）……'此雖近是，然終屬臆測耳。"（《古今僞書考》）

《四庫提要》曰："《國語》出自何人，說者不一，然終以漢人所說爲近古。所記之事，與《左傳》俱迄智伯之亡，時代亦復相合。中有與《左傳》未符者，猶《新序》《説苑》同出劉向，而時復牴牾，蓋古人著書各據所見之舊文，疑以存疑，不似後人輕改也。"

姚鼐曰："太史公曰：'左邱失明，厥有《國語》。'吾謂不然。今左氏傳非盡邱明所錄，吾固論之矣。若《國語》所載，亦多爲《左傳》采錄。而采之者，非必邱明也。又其略載一國事者，周、魯、晉、楚而已。若齊、鄭、吳、越，首尾一事，其體又異。輯《國語》者，隨所得繁簡收之。而《鄭語》一篇，吾疑其亦《周語》之文，輯者別出之者。周自子朝之亂，典籍散亡，後之君子，掇拾殘闕，亦頗附會，非實喜言神怪。若《周語》房后爲丹朱馮，及是篇龍漦之說，何其誕耶？夫襃姒之事，鄭桓公所親見，如是篇史伯所述，後世紀前代之辭，非同時辭也。鄭桓公，周賢人也。而謂寄賄誘虢、鄶取其地，用小人傾詐之術。且當西周時，史伯惡能知周必東遷，鄭必從之哉？此可謂誣善之詞矣。秦仲居幽王時，僅一附庸，不足云小國，而何以云國大？造飾之詞，忘其時之不合，以邱明君子，必不取也。若鄭人爲鄭語，宜載有鄭東建國後之事。子產引鄭書'安定國家，必大焉'，先司馬叔游引'惡直醜正，實蕃有徒'，然則鄭固有語，輯《周語》者，卒未得邪？"（《辯鄭語》，《姚姬傳全集》）

崔述曰："《史記》自序云：'左丘失明，厥有《國語》。'由是世儒皆謂《國語》與《春秋左傳》爲一人所傳，東漢之儒遂題之曰《春秋外傳》。余按《左傳》之文，年月井井，事多實錄，自相矛盾者甚多。《左傳》記事簡潔，措詞亦多體要；而《國語》文詞支蔓，冗弱無骨。斷不出於一人之手明甚。且《國語》周、魯多平衍，晉、楚多尖穎，吳、越多恣放，即《國語》亦非一人之所爲也。蓋《左傳》一書，采之各國之史，師春一篇，其明驗也。《國語》則後人取古人之事而擬之爲文者，是以事少而詞多，《左傳》一言可畢者，《國語》累章而未足也，故名之曰《國語》。語也者，別於紀事而爲言者也。黑白迥殊，雲泥遠隔，而世以爲一人所作，亦已異矣。又按《史記·自序》自文王、孔子以下凡七事，文王羑里之誣，余固已辨之矣；孔子之作《春秋》，亦不在於陳、蔡；《離騷》《兵法》《呂覽》《說難》之作，皆與本傳之說互異，然則此言亦未可盡信也。且列左邱於屈原後，言失明而不言名明，尚未知其意果以爲即作傳者之左丘明否，不得強指爲一人也。"(《洙泗考信錄餘錄》)

　　康有爲以《國語》經劉歆割裂爲《左傳》，今本《國語》爲其割裂之殘餘，說見前經部《春秋左氏傳》。又云："或疑作《國語》者爲左丘，作《春秋傳》者爲左丘明，分爲二人。則《報任安書》明云'及如左丘明之無目'，則明明左丘明矣。二人之說，蓋不卒疑。"(《新學僞經考》)

　　梁啓超曰："左丘或稱左丘明，今本《左傳》公稱爲彼所撰。然據《史記》所稱述，則彼故名丘，不明邱明，僅傳《國語》而未傳《左傳》。或稱今本《左傳》乃漢人割裂《國語》以僞撰。"(《中國歷史研究法》)

　　衛聚賢作《國語之研究》，茲摘錄其概要如左：

　　作期　（一）用比較明顯法。視《國語》及《左傳》記載同一事實之語句孰爲明顯。明顯者其作期當在後，或係後者採取前者。《鄭語》記在春秋前，與《左傳》上無相同之事，又《左傳》記越事甚簡，且多附在吳事，即偶有與《越語》相同之事，亦無語名相同者，故《鄭語》《越語》不適用此法。除《鄭語》《越語》外，比較結果：《周語》《齊語》《楚語》《吳語》未採取《左傳》，是未見到《左傳》；《魯語》《晉語》已採取《左傳》，是見到《左傳》。卜子夏在魏西河作《左傳》，其徒吳起於西元前三八四年奔楚，帶往楚國，楚人採取《左傳》作《魯語》《晉語》兩篇（爲詳地）。是《周語》《齊語》《楚語》《吳語》係西元前三八四年前之作品；《魯語》《晉語》西元前三八四年後之作品。

（二）用記載之異同法。研究同一事實，甲乙兩書之記載如相同，非甲取乙，即乙取甲，或取自同一史料。用《國語》與《左傳》比較，用《國語》本書比較，除《鄭語》在春秋前外，其結果：《周語》《齊語》均與《左傳》記載相違，與《晉語》非一人作品；《魯語》與《左傳》記載不違；《晉語》與《左傳》記載相同；《楚語》與《左傳》記載相違；《吳語》與《左傳》記載相違，與《越語》非一人作品；《越語》與《左傳》一部分不違，上下兩篇非一人作品。

（三）用布局異同法。研究各篇布局大多數一致者，必出於一人之手，否則必非一人手筆。（甲）結證法：《國語》多列事實於前，而加結證得失於後。用此法者，《周語》三十三段中占二十二段，《魯語》三十八段中占二段，《齊語》三段中占二段，《晉語》一百十段中占二十三段，《鄭語》只一段即用此法，《楚語》十八段中占四段，《吳語》六段中占二段，《越語》十八段中占一段。（乙）結論法：（子）指名的結論:如《魯語》下第十三段末爲"仲尼聞之曰……",《晉語》三十八段中占七段,《晉語》一百十段中占三段,餘皆無。(丑)無指名結論:如《晉語一》第三末段爲"君子曰……",《晉語》一百十段中占七段。布局異同法研究之結果,《鄭語》《周語》《齊語》《楚語》《吳語》爲一類,《魯語》《晉語》爲一類。

　　(四)用文體異同法。研究全書各篇文體大多數一致者,必爲一人所作,反是則非一人手筆。(甲)對偶文:《周語》三十三段中占十八段,《魯語》三十八段中占十段,《齊語》三段《鄭語》一段皆然,《晉語》一百十段中占十三段,《楚語》十八段中占九段,《吳語》六段中占三段,《越語上》九段中占一段。(乙)排韻文:《越語下》五段皆然。(丙)散文:除上列對偶及排韻外,皆係散文。研究結果,《齊語》《鄭語》《楚語》《吳語》《周語》《晉語》《越語上》爲一類,《越語下》另爲一類。

　　(五)用逞顯本能法。研究書中記某類事精詳,即知作者長於某類事。若全書一致,常爲一人之作品,否則非一人之作品。(甲)言禮:《周語》三十三段中占十六段,《魯語》三十八段中占七段,《晉語》一百十段中占五段,《楚語》十八段中占七段。(乙)言軍事:惟《齊語》述《管子》練兵,《吳語》述吳王排陣。研究結果,《周語》、《楚語》爲一類,《齊語》、《吳語》爲一類。

　　(六)用文法變遷法。研究全書文法全同,則非一時代之作品;否則非一時代之作品。如甲骨文、金文、《尚書》、《春秋》、《左傳》爲戰國初年以前之文法,皆用"自……以至於……",多一"以"字。《國語》則《周語》、《楚語》用

"自……至于……",係戰國初年作品;《晉語》用"自……以至於……",係戰國中年作品。

（七）用本身考定法。就書之本身考定其作期。（甲）《周語》有定王,記在景王後,當爲貞定王。貞定王爲謚法,其後爲考王。則《周語》最早爲周考王初年即西元前四四○年之作品。《楚語》之惠王亦爲謚法,惠王後爲簡王,則《楚語》最早爲周簡王初年即西元前四三一年之作品。是《周語》《楚語》爲西元前四三一年的作品。（乙）《齊語》《吳語》文字中無作期之證,而《齊語》《吳語》即未見《左傳》,當在《魯語》《晉語》見到《左傳》之前,而與《魯語》《楚語》不爲一類,當非《周語》《楚語》同時作品。《齊語》只記齊桓公事,《吳語》只記吳王夫差事,即如此之短,無論何種史書,不應開首即載如此不全之兩篇,故證明《齊語》《吳語》在《周語》《楚語》後,《魯語》《晉語》前。（丙）《魯語》《晉語》前證明其見到《左傳》,係西元前三八四年以後作品,今就文學考證,《魯語》對於孔子有識土怪、識大人骨、識石砮三段,吹噓太過者,如親見孔子之左丘明作,何以有此種神話?可見《魯語》乃去魯國甚遠之地在孔子甚後之人所作。《晉語》有趙襄子之謚,襄子死於周威烈王元年即西元前四二五年,則《晉語》係是年以後所作。《魯語》《晉語》及見《左傳》,皆西元前三八四年以後作。但係何年以前作,則證以《晉書·束晳傳》言魏襄王墓中有《楚語》《晉語》兩篇,魏襄王卒於西元前三一九年,《晉語》與《魯語》爲一類,則皆係是年以前作。又孟子於西元前三三六年至晉,見《國語》(詳作地),則《魯語》《晉語》係西元前三八四年後三三六年前之五(原書五字下當脫一"十"字)年間作品。(丁)《越語上》作期難定,《吳語》以越人使行成於吳者爲諸稽郢,《越語》以爲大夫種,與《左傳》同,是及見《左傳》。又《越語》記越滅吳在魯哀公十三年,與《左傳》所記在二十二年不同,而與《吳語》同,是《越語》以《左傳》誤而據《吳語》,即見《左傳》,則爲西元前三八四年後之作品,但不與《魯語》、《晉語》爲一類,當較之更晚。(戊)《鄭語》有"羋姓夔、越,不足命也。蠻、羋蠻矣",《周官‧職方氏》鄭注引《國語》作"閩、羋蠻矣"。按《越世家》:"楚威王伐越,殺王無疆而越以此散,諸子爭立,或爲王,或爲君,濱於江南海上,服朝於楚,後七世至閩君搖。"是《鄭語》作者見楚破越,越以此散,故言"越不足命也"。其時越種族退至浙江南岸,據浙江、福建一帶,建國號爲閩,爲蠻族接近,故言"閩、羋蠻矣"。楚威王破越在西元前三二九年,是《鄭語》係是年以後作。又《鄭語》有"曹姓鄒、莒,皆在采衛",楚滅莒在西元前四三一年,滅鄒,據趙岐《孟子題辭》謂:"爲魯所併,又言爲魯所併,非魯也。"魯在戰國末,弱小不足自立,安能併鄒?《漢書‧韋賢傳》曰:"韋賢,魯國鄒人也。其先韋孟家作諫詩曰:'王赧聽譖,實絕我邦。'"是鄒於周赧王時被處滅。《鄭語》及見楚滅鄒,是作於西元前三一四年後矣。(己)《越語下》文體思想均不與各篇同,當係《國語》中最後一篇。

總結以上研究作期之結果:(一)《周語》《楚語》係西元前四三一年一個人作品,(二)《齊語》《楚語》係西元前四三一年後三八四年前一個人作品,(三)《魯語》《晉語》係西元前三八四年後三三六年前一個人作品,(四)《越語上》係西元前三八四年後更後一個人作品,(五)《鄭語》係西元前三一四年以後一個人作品,(六)《越語下》係西元前三一四年後更後一個人作品。《國語》全部八國二十一篇,係六個人在六個時間輯錄而成。

作地　用下列四種方法證明:(一)記載詳確法。《國語》記載越滅吳之年,較《左傳》所記爲確。《墨子·非儒下》:"孔子聞齊伐魯……乃遣子貢之齊……勸之伐吳……勸越伐吳。三年之內,齊、吳破國之難。……"田常伐魯,在魯哀公十一年,《墨子》言三年吳國破,正魯哀公十三年。此據第三者之證明,《左傳》記載錯誤,《國語》記載詳確。《左傳》之作地前證明在晉西河,去越甚遠,故記越事有此誤。而《國語》記之詳確,其作地當去越不遠。

(二)記載袒護法。(甲)名稱。楚公子作王子,楚子作楚王。(乙)迴避。《晉語》記優施通驪姬,《左傳》不載,乃袒晉。《左傳》記楚平王納子妻,《國語》不載,乃袒楚。(丙)明楚世系。《左傳》獨於晉無史之前,詳記晉世系,可證明係晉國作品。今《鄭語》獨於楚無史之前,詳記楚世系,則《國語》當係楚國作品。

(三)所用方言。除《晉語》用晉方言爲當然者外,《國語》中用楚方言者十一條,齊方言者三條,吳、越方言者二條。用楚方言爲多,當係楚人作品。兼用少數吳、越方言,因吳、越距楚較近。又用遠在北方之齊方言,當有特別原因。(詳作者)

(四)他人見證。《孟子》曰:"晉之《乘》,楚之《檮杌》,魯之《春秋》,一也。其事則齊桓、晉文,其文則史。"趙岐《注》曰:"乘者,興於田賦乘馬之事,因以爲名。"《梁惠王篇》疏引《司馬法》,以地方若干,出賦若干井,戎馬若干匹,車若干乘,是乘含有戰爭之書。晉國記春秋時代之史書,一爲《竹書紀年》,一爲《左傳》。《紀年》當孟子到梁時,尚未作成。《左傳》在孟子到梁前八十年,子夏在魏西河業已作成,孟子到梁,當能見之。《左傳》長於軍事,故孟子謂之《乘》,是《乘》即晉之《左傳》。趙岐《注》曰:"《檮杌》者,囂凶之類。興於記惡之戒,因以爲名。"《國語》證明係楚人作品,中多記惡之戒,除《越語上》《鄭語》《越語下》三篇較晚不記外,記惡戒者約占全書四分之一,其書名《檮杌》,可想而知。是《檮杌》即楚之《國語》。孟子甚遵《春秋》,而列爲第三,當係以其多寡爲序。《左傳》約十八萬餘字,《國語》約七萬餘字,《春秋》約一萬六千餘字也。【輯證】○萬青案:恐怕衛聚賢是最早對《國語》文本字數進行較爲精準統計的學者,後來的《國語》本文字數統計結果有多種,筆者曾根據上海師範大學古籍整理研究所點校的《國語》統計爲70399字,進一步估測《國語》本文字數爲七萬四百字左右。然言《國語》全書字數,至今日尚有不及衛氏之精準者。黃侃《白文批校十三經》引述鄭耕老統計《左傳》字數爲196845,阮葵生《茶餘客話》卷十引述鄭耕老統計數據爲201350字,錢泰吉統計爲198945字,《經義考》引石經字數爲197265字,《國學數典》統計字數爲197294,而張猛根據阮刻《十三經注疏》本和楊伯峻《春秋左傳注》本製作成的電子文本統計《左傳》字數爲178621,鄭耕老等人的統計數據應該是包括《春秋》字數在內的。又孟子對齊宣王曰:"仲尼之徒,無道恒、文之事者,是以後世無傳焉,臣未聞也。"即如此云云,而此時又言其事,則齊桓、晉文,是孟子未到梁前,未見《春秋》等書,故不知也。

孔子傳《春秋》於子夏,子夏攜往夏,故魯學者不知。

《論語》《禮記》中不言及作《春秋》。孟子至梁見之,故《孟子》書內言及。子夏傳《春秋》及《左傳》於吳起,起攜赴楚,其子孫在楚宣傳,故莊周亦批評及之。

《國語》《左傳》作者在楚,據楚史作《國語》。而周王子朝於西元前五一六年奉周之典籍以奔楚(見《左傳·昭二十六年》),作者即據此典籍作《周語》。作者同派或其子弟在《周語》、《楚語》成後若干年,作《齊語》《吳語》。吳起於西元前三八四年攜《左傳》赴楚,作者據以作《魯語》《晉語》。魏人好研究歷史,將楚地之《國語》搜集至魏,故魏襄王墓中埋《楚語》《晉語》二篇。孟子至梁在《楚語》《晉語》入土前十七年,得見《國語》,謂之楚之《檮杌》。

總結上研究作地之結果:(一)《國語》記吳、越事較《左傳》詳確,證明係近吳、越地作品。(二)《國語》袒護楚國,證明係與楚國有關係之人所作。(三)《國語》多用楚方言,證明係楚國作品。(四)彼時有學者見《國語》,謂爲楚國產品。

作者　(一)與左丘明有關。《魯語》"齊閭丘來盟",《左傳·哀八年》"齊閭丘明來涖盟",《國語》作者避諱左丘明之名,故只稱閭丘。《通志·氏族略》云:"《論語》之左丘明,居於左丘,以地爲氏。"《元和姓纂》:"齊國臨淄縣有左丘。"則左丘明係齊人。《國語》有用齊方言,是作者原係齊人,與左丘明有關者。後至楚,作《國語》。

(二)與左史倚相有關。《左傳》對於左史倚相有貶諷意(昭十二年),《國語》則有吹噓意(《楚語上》第七段、第九段、《下》第七段),可見《國語》作者與倚相有關,作者與左丘明、倚相均有關係,《氏族略》以此二人乃齊國左姓之支脈，是作者與齊國姓左有關之人在楚所作。

（三）屬於儒家一派。《國語》爲孔子吹捧處有三條（見前），稱孔子字者十七條，稱孔子名者三條，則皆孔子自述語，古以字爲尊稱，是《國語》作者與孔子有關係。《國語》研究《禮》者三十五條。《禮》爲孔子《六經》之一，則作者當係孔子弟子或再傳弟子。

孔子弟子與齊國姓左者有關，而到楚居住，作《國語》者，《史記·仲尼弟子列傳》中之左人郢字行，鄭玄云"魯人"者，最相當。左氏乃齊產。左丘明姓左丘，當原姓左，後居丘地，因姓左丘。左史倚相當原姓左，後居丘地，因姓左史。如此，左人郢原姓左，後移居楚，表示原係左地人，因姓左人；因居楚都郢，故名郢；行者，走也，因由齊遷居楚，故字行。

左丘明乃孔子以前人。左史倚相，據《韓非子·說林下》，在越滅吳以後仍存。假定左丘明之子爲倚相，倚相之子爲左人郢。左丘明爲齊人，在孔子前，倚相亦齊人，與孔子同時，左人郢係楚人，少孔子四五十歲，係倚相由齊奔楚所生。倚相於西元前五三〇年在楚，楚靈王謂其爲良史，至西元前四八二年尚存。是倚相以壽八十計，當係五五〇年以前生，奔楚時約二十餘歲，至四八〇年左右卒。其子郢亦以八十歲計，五一〇年左右生。是倚相以四十歲左右而生郢，郢於老年始成《周語》《楚語》兩篇。孔子四九〇年至楚時，左人郢年二十左右，隨孔子至北方求學，在孔門十年左右，而孔子卒。

《史記·自序》云："左丘失明，厥有《國語》。"是左丘明受非法重刑，乃發奮著書。《國語》之作，起意於左丘明，而成於其子孫,如《史記》起於司馬談而成於遷,《漢書》起於班彪而成於固。

　　《國語》作期,前經證明。《楚語》《周語》即爲左人郢作,則《吳語》《楚語》其子作,《魯語》《晉語》其孫作,《越語上》其曾孫作,《鄭語》其玄孫作,《越語下》當更在其後。由左人郢於西元前四三一年作《楚語》《周語》起,至其玄孫於西元前四三一年後作《鄭語》止,共一百七十年。以四世平均分配,每三十年爲一世;《吳語》《齊語》在《楚語》《周語》後三十年,爲西元前四〇〇年作品,正在前云四三一年與三八四年之間;《魯語》《晉語》在《吳語》《齊語》後三十年,爲西元前三七〇年作品,時吳起攜《左傳》赴楚已十四年,吳起死已十一年,作者在起手中採取《左傳》作此時,下據孟子至梁見《國語》尚有三十四年,在此時期,《國語》當能傳至晉;《越語上》《魯語》《晉語》後三十年,爲西元前三四〇年作品,上距孟子至梁見《國語》時只數年,恐孟子未及見《越語上》。《越語上》假定再後三十年,爲西元前三一〇年作品;《越語下》爲更在其後之作品。

　　辨偽　子書係研究哲理,易爲同派或後人增加;史書係記載事實,事實久則湮沒,後人不易捏造加入。《國語》爲史,當無後人加入者。劉歆欲立《左傳》,故竄入解《經》之語;《國語》視爲《外傳》,當無竄入,故《國語》無須辨偽。惟《越語下》有三疑問:(一)全用韻語,與全書各篇文體不同;(二)語意全由道家脫化而來,與全書各篇乃儒家派所作不同;(三)全爲范蠡一人吹噓,與全書各篇序多數人以權戒者不同。因此三疑,加以考證:《越語下》之"死生因天地之刑,天因人,聖人因天"與《管子·形勢》"死死生生,因天地之形"略同；又"人自生之，天地形之，聖人因而成之"，與《管子·形勢》"天地之形，聖人成之"略同；而語句均較《形勢》明顯，是《越語下》在《管子》後。前證明《形勢》在《論語》後，今《越語下》尚在其後，可知作期更晚。又言爲范蠡鑄銅像，恐係受秦始皇鑄十二金人之影響。又有與《越世家》略同之語，而語較明顯，當係《史記》盛行後，黄老一派學者採《越世家》及其傳説作此篇，附於《國語》末。又《後漢書·班彪傳》，彪作《略論》言《國語》二十篇。其子固作《漢書·藝文志》，則言二十一篇。是彪時尚爲二十篇，至固時，作僞者因感受官廳待遇不加，借范蠡以自述，作《范蠡傳》附於《國語》後。後人以爲原有《越語》一篇，遂併此篇分爲上下兩篇，因成二十一篇。(《古史研究》第一輯）

　　黄雲眉曰："《僞經考》他説多近武斷，此説似不可奪。劉歆竄改《左傳》，劉逢録《左氏春秋考證》言之綦詳。其所舉文闕，或某篇年月無考慮，即爲劉歆穿鑿不得處。劉歆彊分一書爲二書，冀以抵制《公羊傳》，故於彼則多設條例以比附之，於此則掇拾雜書以補綴之，而不知兩書離合之際仍顯然也。如《左傳》記齊桓公霸業甚略，《齊語》則專記此事；《晉語》記霸業甚略，《左傳》則甚詳；《吳語》專記夫差伐越而致亡國事，《左傳》記之又甚略；非由一書瓜分，何以'此詳則彼略，彼詳則此略'如是？（參閱錢玄同《與顧頡剛論獲麟後續經及春秋例書》）故今從康説，定今本《國語》爲劉歆補綴之本。若衛聚賢撰《古史研究》，謂《國語》係楚國之產品，《楚語》《周語》乃左邱明後人左人郢所作（左人郢見《史記·仲尼弟子列傳》），《吳語》《齊語》爲郢子所作,《魯語》《晉語》爲郢之孫所作,《越語上》出郢之曾孫;《鄭語》出郢之玄孫;惟《越語下》與全書異點頗多,當爲另一人所作。一書而撰者六人,而五人又皆爲左邱明之子孫,恐無此事實,今不取。"(《古今僞書考補證》)

　　心澂按:今本《國語》是魯國史官左邱氏做《春秋傳》所用剩的史料,已於上面春秋類《春秋左氏傳》下"心澂按語"內說明。《國語》是魯國的書,是魯國史官左邱氏的記載,記所知所聞本國及他國的事實和言語,以備修史之用,是史料性質,所以不稱爲《春秋》,不稱爲史,而稱爲《國語》。是左邱氏相傳,不是出於一人之手,所以文體不很一致。又係照所得別國的資料記載,有時是該國的原文,故有各該國的方言,如衛聚賢所說《晉語》用晉方言,《楚語》用楚方言之類。有的又是由別國展轉得來,故如衛氏所說,有用楚、齊、吳、越方言的。不能因此而定它的作地,若因此而定它的資料來源地,是可以的。

《國語校本》題記

潘景鄭

【輯證】○萬青案：潘景鄭（1907—2003），原名承弼，字寄漚，江蘇吳縣人。曾學詞曲於吳梅（1884—1939），又學訓詁於章太炎（1869—1936）。1935年任蘇州國學講習會講師，並負責編輯《制言》雜志，創辦太炎文學院。現當代著名版本目錄學家、收藏家。著有《日知錄補校》《著硯樓書跋》《著硯樓讀書札記》《詞律校異》等，編校有《絳雲樓題跋》《汲古閣題跋》等，又輯佚有《著硯樓輯佚書》。本篇出自氏著《著硯樓書跋》。

《國語》以士禮居仿宋明道本爲最善，次則明嘉靖戊子金李覆宋本譌字較少。嘉靖以下，等之自鄶，不足重矣。吾家舊藏元槧及金李刊二本，惜皆殘齾過半，未快人意。黃刻則時置案頭，以資循覽而已。金李本自近歲涵芬樓影印流傳，益更盛行，實則黃本以外，無足資證也。此明季張一鯤刊本六冊，蓋丁丑新正得之崑山方氏者。張本《解》仍韋氏，而以宋氏《補音》條注其下，不別自爲帙，取便省覽，無復舊觀矣。開卷首行頂格，題"國語第幾"；次行題"吳高陵亭侯韋昭解，宋鄭國公宋庠補音"；三行題"明侍禦史蜀張一鯤、楚李時成閱，虞部郎豫章郭子章、選部郎東粵周光鎬校"；前有張一鯤重刻序，次韋昭舊序及宋庠《補音》序，而目錄則銜接《補音》序後，別有《校補國語凡》，申述校補條例。每半葉九行，行二十字，版心下有刻工姓名，字體臃腫,漸失正、嘉摹古之風。全書經沈氏鎬生以三色筆校正,所據有宋、元、明各本,別取《史》《漢》《蕭選》比勘異同,間附前賢案語,眉端行間,硃墨殆遍,審於斯書致力之深,方之蕘翁《札記》,有過無不及矣。沈氏僅署印記,而不識里居及校勘年月,致無由核其事實耳。全書殘破殊甚,經方氏重裝,而文字校語猶多斷爛,不可卒讀,爲可憾耳。暇思羅列諸本,勘其異文,博采校語,勒爲一帙,俾與蕘翁《札記》附驥並傳。蕘翁有知,當不以續貂見嘲於地下焉。戊寅九月六日,雨窗識。

《國語選》前言

傅庚生

【輯證】○萬青案：傅庚生（1910—1984），筆名肖岩、齊争等。祖籍山東蓬萊，出生於遼寧遼陽。1923 年就讀於沈陽三中，1926 年考入省立東北大學國文系預科，次年升入哲學專科，不久輟學，1931 年復學於東北大學國文系，同年寄讀於北京大學中文系，次年正式入學，1934 年北京大學國文系畢業。歷任北京宏達學院中學部教師、湖北省教育廳秘書、東北大學中文系副教授兼校長室秘書、四川銘賢學院副教授、成都華西大學中文系副教授、北京大學中文系講師、私立東北中正大學教授、東北女子文理學院中文系教授兼遼東學院中文系教授、西北大學教授，1949 年以後，任西北大學文學院院長、西北大學中文系主任等。著有《中國文學欣賞舉隅》《中國文學批評通論》《杜甫詩論》《杜詩散繹》《國語選》《文學鑒賞論叢》《杜詩析疑》等。其生平學術，有《傅庚生自述》可以參考。西北大學教授閻琦曾發表《傅庚生先生的學術風采》（《西北大學學報》2015 年第 4 期）對傅庚生的古代文學研究成就有所評介，讀者可參。其《國語選》一書，初版於 1959 年，北京人民文學出版社出版；再版於 1972 年，由中華書局香港分局出版。此外，香港新月出版社 1962 年 7 月出版有傅庚生選注《國語選注》，世界上是《國語選》的翻印本。前曾在孔夫子舊書網上看到《國語選》的書稿定額稿酬質量單一份，該質量單在"書稿質量"一欄對《國語選》的評價是："一般。作者作的是選，注，校；標點工作。寫有前言一篇。提意見再經改寫。""一般"的原因主要包括兩個方面，其一是選，不是針對全書；其二，認爲該書作的祇是校注和標點，而非深層研究。

該質量單日期爲1958年10月30日。從其"編輯加工情況"一欄作者與出版社往還三次的修改可知,此前已有多次交流。傅庚生在《人文雜志》1957年第1期發表《國語選序》一文,該文一共分三部分。第一部分主要涉及《國語》的作者、"外傳"的稱謂等問題,徵引《史記》《漢書》《論衡》《釋名》《四庫全書總目》《國語韋解補正》《直齋書錄解題》《非國語》《郡齋讀書志》《文獻通考》《新學僞經考》諸家之説。作者最終結論:《國語》原是各國的史料。並從《國語》内容出發進行了分析。第二部分主要涉及對《國語》思想内容以及語言特點的認定問題。作者以《周語》《魯語》爲例,認定《國語》"基本上是屬於儒家思想範疇的一部史書",認爲《國語》有:民本思想、尚德、道忠恕、主謙和、奉勤儉、隆制度、知天命、崇禮、正名,並以《非國語》爲例對《國語》提出了批評意見。作者又舉例説明了《國語》的語言表發和藝術手法之高妙,影響後世。第三部分主要涉及《國語》及其注解的流傳以及版本系統以及《國語選》等問題。在明道本和公序本優劣問題上,傅庚生認爲:"一般地説,明道本是比較要好很多;但也有些地方又覺得公序本較長,我們不必太拘泥了。在這些不盡相同的處所,正是我們參校學習的肯綮之處,費些功力去深思一番,往往也就有些收穫;若固執一隅之見,就自然有所偏蔽了。"這個意見還是通達可采的。傅庚生對韋昭解的評價較高,認爲韋昭《國語解》"言簡意賅,往往一語破的,有時更能發人深省。它著重在疏導文義,溝通古今,有時旁及史事,卻没有蕪蔓之累,是很值得我們取法的"。最後論述了《國語選》的目的、内容、工作方法等等。該書之選校注釋,"爲的是要給初學古典文學的人一些幫助,也著重在篇章字句間的疏解,希望能做到章無遺句,句無遺辭,俾使自修的讀者,可以援此而得解,不假外求,循序漸進,不致再有齟齬之處"。按照傅氏的説明,其《國語選》以明道本爲準,注釋上參考前人説法,擇善而從,共選125章,每章標題。1959年版《國語選·前言》,應該是在《國語選序》的基礎上修改而成的。仍然分爲三個部分,每一部分的基本内容和《國語選序》大致相同,增改了很多處,加入了一些具有時代特徵的段落和文句。另外,在所選篇目上,由《國語選序》的 125 章改爲《國語選》實際包括的"一百一十章"。1972 年版《國語選·前記》祇保留了 1959 年版《前言》中的 7 段内容,其他的都删去了。今檢《國語選》110 篇中,《周語》11 篇,《魯語》16 篇,《齊語》3 篇,《晉語》58 篇,《鄭語》1 篇,《楚語》《越語》各 8 篇,《吴語》5 篇。在近現代的《國語》諸多選本中,傅庚生《國語選》無疑是選取《國語》篇目最多的,其標目也別具自己的特徵。殷孟倫先生曾經評價該書"基於前人研究成果,用現代漢語作注,語言通俗,有助於初學者的閲讀"(《中國古典文學名著題解》,頁 26)。

    春秋戰國是我國歷史上經濟文化發生巨大變革的時代,決定的因素在於生産工具、生産方式的改變。大約在春秋的中葉,一般的生産工具,尤其是農具,已經較普遍地用鐵鑄成了。《國語·齊語》裏就有這樣的記載:"美金以鑄劍戟,試諸狗馬;惡金以鑄鉏夷斤斸,試諸壤土。""美金"就是青銅,用它鑄兵器;"惡金"就指的是鐵,用它鑄農具。到了春秋的後半期,晉國就已用鐵鑄刑鼎(見《左傳·昭公二十九年》),可見鑄鐵的技術到那時已經相當進步了。

    馬克思説:"物質生活的生産方式決定著社會生活、政治生活以及精神生活的一般過程。"(《馬克思恩格斯文選》第一卷,第三四一頁,蘇聯外國文書籍出版局一九五四年版)由於生産工具的改變,西周末以至東周這一時期,農業生産力顯著提高,手工業也因有了比較堅固和鋭利的工具而迅速進步,影響到商業在諸侯各國間廣泛的發展。因而土地所有制也發生了變化。公田制遭到破壞，農村裏出現了不同於領主的地主階級以及有土與少地或無地的農民階級。宗法制也發生了動搖，家族制代之而起。從此遂形成諸侯、卿大夫兼併的局面，產生了世卿的官僚制度。所以在這一時期內，諸侯各國的戰爭、締和或朝聘、會盟，卿大夫之間的互相勾結或彼此傾軋的事情，顯得空前的頻繁。這些事實，由各國史官記錄下來，就積累了豐富的史料，經過史家的整理，而後成《國語》一書，它繼承著歷史散文的傳統，並得到進一步的發展。

這期間由於物質生活的生產方式的急遽改變，社會上階級的變化很大，反映階級意識的各種思想派別都已在這一時期產生了萌芽，為戰國時代百家爭鳴準備了條件；所以緊跟在歷史散文發展的後面，哲學散文也空前地發展起來了。在《國語》這一部書裏，除了體現歷史散文的進展之外，在它的思想方面，也與當時到以後的哲學思想有千絲萬縷的關係和一定程度的影響；從這些發展與過渡中，就可以衡定《國語》一書的價值。

《國語》二十一篇，分別記載周、魯、齊、晉、鄭、楚、吳、越等八國的事跡，從周穆王記敘起，到魯悼公止，共歷五百餘年。《周語》裏從西周的穆王到東周的敬王，中間的厲、宣、幽、惠、襄、定、簡、靈、景等朝，都有記載，比較全面；《鄭語》記西周末事；其它各國之語記的都是春秋這個階段的史實，與《左氏傳》同樣地結束到三家分晉。宋、衛、秦各國，在《國語》裏雖説沒有專篇，卻也有小部分的材料散見在有些關涉的其它各語中，如在《晉語》裏就穿插著一些有關秦國的記載。在春秋時，大小的"諸侯"還有一百多個國家,較大的有十幾個,而這些史料就都來自若干部落兼併後的幾個大國,所以這一時期主要的大國互相爭霸權的史實和它們所標榜的"尊王攘夷"的政治主張,都已作爲重點地反映在《國語》裏了。

西漢以來,大多數的人都認爲《國語》和《左傳》同是孔子的弟子左丘明的作品,因此在漢、唐兩代都有把《左傳》叫作《内傳》、《國語》叫作《外傳》的。後來也有些人懷疑這個説法。異説紛紜,莫衷一是。我們今天一般的意見是:《國語》可能是各國史乘的原始記載,也許經過當時史家(假定他便是左丘明)的整理——作爲史料的整理,基本上還保存著各國史乘的本來面目;不過詳略去取之間有些更動罷了。

説它是經史家整理過的史料,我們也可以從《國語》記載的内容得到一些線索。所載八國之語,祇有《周語》因爲總算是天下的共主,所採擷的範圍應該較廣些,所以它這部分的材料也比較全面而闊略;其餘各國的史料都比較地是集中或偏重在某幾個人物和事蹟的上面。如《魯語》對臧文仲、里革以至公父文伯之母等人的記載較多,《齊語》祇記管仲桓公的政治和外交上的措施;《晉語》的大部分材料也都是關於重耳走國興霸天下的史蹟,下面便著重地記敍著范文子、叔向、趙簡子幾個人的事;《鄭語》僅載史伯論天下興衰的話,《楚語》祇著重記靈王、昭王二君;《吴語》祇取夫差不從申胥之諫,《越語》祇取勾踐能用文種、范蠡之謀。這些都是特別突出與明顯的。倘若不是經過史家的刪存,任何一國的史料也不會像這樣的簡括而集中。

史家在整理史料的時候,往往想集中某一部分材料去解釋某一個問題，剪裁删汰和重點突出的結果，便自然在若干部分中都形成它自具的重心，這是可以理解的。它既經過史家在紛雜的材料中有規劃、有目的地擷取，又經過改編和潤色，有一定程度的系統性，所以我們覺得《國語》還不是自然散佚而偶然餘存的一部分殘缺不完的史料；大約也因此纔爲後世一些人認作它也是左丘明的一部著作的吧？

　　毛主席指示我們説："中國的長期封建社會中，創造了燦爛的古代文化。清理古代文化的發展過程，剔除其封建性的糟粕，吸收其民主性的精華，是發展民族新文化提高民族自信心的必要天劍；但是決不能無批判地兼收並蓄。必須將古代封建統治階級的一切拂袖的東西和古代優秀的人民文化即多少帶有民主性和革命性的東西區別開來。中國現時的新政治新經濟是從古代的舊政治舊經濟發展而來的，中國現時的新文化也是從古代的舊文化發展而來，因此，我們必須尊重自己的歷史，決不能割斷歷史。但是這種尊重，是給歷史以一定的科學的地位，是尊重歷史的辯證法的發展，而不是頌古非今，不是讚揚任何封建的毒素。對於人民群衆和青年學生，主要地不是要引導他們向後看，而是要引導他們向前看。"(《毛澤東選集》第二卷，第六七九頁，人民出版社一九五二年三月北京第一版)這對我們今天整理研究古代典籍來説，是無比重要的先決問題。我們一面要實事求是地肯定了那些豐富的、燦爛的文化遺產的精華部分，一面也要對那些糟粕的、帶有毒素的部分予以批判。然後纔能夠正確地從古代文化吸取到營養，以豐富並發展今天的新文化。在這個原則下選注古代的典籍,除了對它們的思想性和藝術性進行科學的分析批判外,還要掃除古今文字間形音義的隔閡,做一些普及工作,目的仍然是要做到古爲今用,不應該抱殘守闕。"向前看"而不是"向後看",毛主席所指示的是再明確不過的了。

《國語》一書,我們雖說不相信它是左丘明一人所作,也不管左氏是否孔子的弟子;但它的整理者的思想卻是基本上屬於儒家的。從它對歷史材料的甄選和論述中,看出它帶有像儒家所標榜的"民本""忠恕""崇禮""正名""天命""綱常"等思想。

"民爲邦本"的主張是儒家思想中比較有些進步意義的一面,這種主張的啓蒙思想表現在《國語》的記敘裏是屢見不鮮的。如曹劌對魯莊公說"惠本而後民歸之志",伍舉對楚靈王說"安民以爲樂……今君爲此臺也……是聚民利以自封而瘠民也",鬭且批評令尹子常說"古者聚貨不妨民衣食之利,聚馬不害民之財用",這些都還是以民爲重的。又如芮良夫論榮夷公好專利,雖說指的是周厲王時統治階級内部的矛盾,也在申論著君與民的關係;邵公諫厲王所說的"防民之口,甚於防川",也流露著"國人"——儘管它還不同於人民——的願望。這些也應該部分地予以肯定。當然,在這些論述中,它的出發點都是爲統治者著想的,正也是民本思想的不徹底處,我們又不可以把它們提得過高。譬如里革對魯成公說,臣殺其君,是君之過,這樣對國君的衝撞是大膽的,也帶有一定程度的民主性和革命性,但是他在下面仍然說:"君也者,民之川澤也。"用水去比喻君,用魚來比喻民,意思仍在說明民必須仰仗著君纔能夠生存。這是儒家民本思想的精義,它是有局限性的。可是在這些地方到底把民強調一下，就比較地有些進步意義了。

　　還有值得我們注意的是：《國語》在記述中，往往或有意或無意地批判暴露了階級對立的矛盾，反映了當日的現實生活。如果單襄公和邵桓公談論到郤至的時候，說起的"諺曰：獸惡其網，民惡其上"，就清楚地記下了民間的流行語，表白出階級的矛盾。又如鬪且提起楚國的社會情況是"民之羸餒，日已甚矣，四境盈壘，道殣相望"，也較深刻地說出當日被壓榨的人民在戰爭與苛政交迫之下求生不得的生活現實。這些地方，不但是歷史記載中的真實的資料，就文學的領域說，也是有較強的感染力的。

　　另方面，《國語》裏屬於落後意識的東西也很不少。如公父文伯之母朝哭穆伯而暮哭文伯，因爲拘於禮法，把悼念丈夫和兒子的感情截然分成兩段，幾乎有些不近人情。孔子卻稱贊說："季氏之婦，可謂知禮矣，愛而無私，上下有章。"這一類的記載是迂腐可笑的。又如伯陽父論地震，劉文公、萇弘欲城周，都在闡論著天命，宣揚那些神權迷信的思想，給統治階級做辯護，找理論的根據。這些篇章，就其思想內容說都是沒有價值的。再如邵公以其子代宣王死、荀息殉君、鉏麑觸槐等，都是奴隸社會裏臣僕對奴隸主盡愚忠的材料，史家用表揚的方式記敍著，就爲後來儒家的"君爲臣綱"思想之所本。所有這些落後的部分，都是應該予以批判的。《國語》裏大半部分都藉著記敍一些足資利用的史實，闡發著儒家的思想，它的整理者的傾向性從這裏可見一斑。我們對這些材料，以如何分析批判儒家思想的原則爲準繩去處理它們，就大致不差了。

但是儒家的思想並沒有支配了《國語》的全部材料,因爲它基本上還保留著各國史乘的本來面目,當時儒家思想也並沒有像後世那樣地定於一尊,史料的整理者也不可能全部給它改變。因此,散見在各語中的一部分材料也還有溢出儒家思想範疇以外的。如公父文伯之母所説的一段話:"昔聖王之處民也,擇瘠土而處置,勞其民而用之,故長王天下。夫民勞則思,思則善心生;逸則淫,淫則忘善,忘善則惡心生。沃土之民不材,淫也;瘠土之民莫不嚮義,勞也。"強調勞動在歷史發展中的作用,頗有進步的意義,是值得我們肯定的;同時這又是後來墨家一部分思想的萌芽了。齊桓公用各種各樣的方法拉攏天下的諸侯,"諸侯之使,垂橐而入,捆載而歸。故拘之以利,結之以信,示之以武;故天下小國諸侯既許桓公,莫之敢背,就其利而信其仁,畏其武。"公子縶勸秦穆公立公子夷吾爲晉君,說:"君若求置晉君而載之,置仁,不亦可乎?君若求置君以成名於天下,則不如置不仁以猾其中。"史伯給鄭桓公出主意説:"君若以周難之故,寄孥與賄焉,不敢不許。周亂而弊,是驕而貪,必將背君。君若以成周之衆,奉辭伐罪,無不克矣。"像這些事例,都是運用權謀詐術,爲達目的不擇手段的,又是後來法家思想的淵源所自了。《越語》記范蠡事,從前到後,貫穿著跡近道家的思想,分明是一個陰謀家的形象。對這些接近法家與道家和儒家思想大相徑庭的"慘礉少恩"的史實,原書在記敘或議論中並沒有顯示出對它的非議,祇管客觀地記敘著,或者把它們作爲正確的策略去渲染鼓吹著,可見原執筆者的思想是並不囿於儒家的一隅之見的。

由於《齊語》論霸術，與《管子》相終始，近於法家；《越語》下篇尚陰柔，持盈定傾，頗類道家之言，都不合於儒術。這樣，就跟孔子弟子左丘明作《國語》的主張有些說不下去了。為了找另外的理由，所以前人多有疑《齊語》大約是已經全部散佚了，後人採取《管子·小匡篇》的內容把它補上的；又說《越語》的下篇或許是《漢書·藝文志》所載"兵權謀十三家"裏面的《范蠡》二篇攙入的。我們現在既認為《國語》是一部分經過整理的史料，這些考證問題就不是如何重要的了。

柳宗元作《非國語》，有些地方很能夠教人深省，是可以參閱的。如"里革更書逐莒太子僕"章，柳氏非之云："里革其直矣，曷若授僕人以入諫之為善？公之舍革也美矣；而僕人將君命以行，遇一夫而受其更，釋是而勿誅，則無以行令矣。若君命以道，而遇奸臣更之，則何如？"這樣的挑別是有理由的。《魯語》載此事，祇顧表彰里革是一個直臣，宣公能夠從諫，似乎祇理會用儒家的"忠恕"為題在那裏作文章了，卻沒有從制度上銓衡一下，竟全面地肯定下來，具見史家在思想意識上是有所偏蔽的。又如"鉏麑觸槐"章，非之曰："使不及其假寐也，則固以殺之矣；是宣子大德不見赦，而已小敬免也。"這對史家執筆時的態度說，也有指摘的餘地。儘管所記的是事實，但這裏除客觀地記述外，史家是在表明對這件事的看法的。史家的原意是祇偏重於寫出趙宣子因為忠敬而免於一死，想藉著這一個偶然的事例向天下後世說教，以宣揚忠敬之道的。但它到底不能服人之心，所以柳氏提出異議來了，他當然不是反駁這一件史實，而是批評史家的思想和態度。

也有些地方,柳氏祇提出一般的見解,仍然需要我們今天再深入地考慮的。如"桓公霸諸侯"章,柳氏不同意原來的記載說:"桓公之苟能弔天下之敗,衛諸侯之地,貪強忌服,戎狄縮匿,君得以有其國,人得以安其堵;雖受賕於諸侯,樂而歸之矣,又奚控焉悉國之貨以利交天下?若是耶,則區區齊人,惡足以奉天下?己之人且不堪矣,又奚利天下之能得?若竭其國,勞其人,抗其兵,以示霸名於天下,又奚仁義之有?予以爲桓公之霸,不如是之弊也。"所駁斥的也有一部分的理由。但我們今天又有進一步的瞭解:春秋時代的爭霸,互爲盟主,是大國迫使小國納貢,用和平的方式進行的掠奪。桓公暫時行些小惠,用威脅利誘的種種方法謀取霸權,"以利交"不過是釣鈎上的魚餌罷了。從這裏,我們又可以瞭解"叔向論務德無爭先"章,晉、楚在宋國舉行的弭兵大會上,爲什麼要爭爲盟主的道理了。再說,大國掠奪小國,受災難的自然是人民,正如鄭國子產所說的"用幣必百兩(輛),百兩必千人"(《左傳·昭公十年》),小國人民的負擔是極重的。從此我們也可以領悟到當時造成"室如縣罄,野無青草"的主要原因,又是什麼。

另外,柳氏非難《國語》,多數是從反鬼神、天命等立論的。如"單襄公知晉將有亂"章,"非曰:視遠步高、犯迂伐盡者,皆必乎死也,則宜死者衆矣!夫以語之迂而曰宜死,則單子之語,迂之大者,獨無譴耶?"他反對察言觀行,可以預卜吉凶。"劉康公聘於魯"章,"非曰:泰伓之德惡矣,其死亡也有之矣;而孰能必其時值蚤暮耶?設令時值可必,又孰能必其君之壽夭耶?若二君而壽,三君而夭,則登年載毒之數,如之何而準?"他不相信能推定事二君或三君之數。"叔向之母知食我必滅宗"章,"非曰:今去赤子之形聲以命其死亡則何耶?或者以其鬼事知之乎?則知之未必賢也。是不足書以示後世。""王孫說請勿賜公孫僑如"章,"非曰:且夫惡叔孫者,泰侈貪陵則可矣;方上而銳下,非所以得罪於天子。"他反對迷信,也不相信相人之術。這些駁議都是鞭辟近裏的。《國語》裏有許多章都強調這種不合乎科學的預見,在篇末還一定要記明這些預見都準確地實現了。這樣安排的目的在於用那種特定的因果關係證明那些愚妄的天命、吉凶等觀念的正確性。這些都是在當日歷史的偏見之下產生的史觀,當然是應該批判的。"劉文公與萇弘欲城周"章,柳氏下了斷案說:"若夫當身速及之說,巫之無恒者之言也;追爲之耳。"就這方面的材料說,古史是頗近於巫的。古時太史兼掌星曆,正如司馬遷所說的"文史星曆,近乎卜祝之間",因此迷信的說法,也成爲那時史觀的主要內容之一。

綜上所述。可見《國語》一書,除了它的內容對後世研究那一階段的歷史提供一些較可靠的資料外,從思想上說,雖也有一部分帶有進步性,有意或無意地批判暴露了現實;但它仍然是有很大的歷史局限性的,也就是說應該批判的地方委實不少。不過從它的形式上說,在散文的發展史上卻有較重要的價值。我國古代的歷史散文保存到今天的,當然要從《尚書》說起。它除掉後世僞託的部分,餘下的就量說已不很多,內容多屬天命貞卜之辭,雜以文告,簡略樸素,質而不文。孔子的《春秋》,雖說創立了編年體,有了系統,比較《尚書》前進了一步;不過文句也失之過簡，祇可說是歷史記載的一個綱目。那些"微言大義"，多半出於後世經師的揣測；王安石曾說《春秋》不過是"斷爛朝報"，雖不免有些苛刻，卻也表示出他不像別人那樣地崇拜偶像。在這些歷史記載的基礎上，發展到《國語》《左傳》，歷史散文纔顯示出長足的進步。這時期的歷史散文和表現哲學思想的散文，一時蓬勃地發展起來，幾乎壓倒了較爲先進的詩歌。這原因在前面已經談過，由於生產工具的改變，社會發展到了一個新的階段，就要求適於表達實用功能的散文形式，它纔應運用突飛猛進地發展起來了。

　　《尚書》和《春秋》的兩大特色：尚實錄，寓褒貶，在《國語》裏都很好地保存下來。邏輯思維和形象思維又都比較地縝密和生動了，能夠把當時的政治情況作較完整的敘述，把人物性格也刻畫得栩栩如生；通過史家愛或憎的感情把它們分別美化或醜化起來，使讀者受到較強烈的感染。如"里革更書逐莒太子僕""里革論君之過"兩章，都從一些對話裏描畫出里革骨鯁抗上的性格；"臧文仲如齊告糴"章也從輾轉對話裏介紹出一個忠國事、恤民生的卿大夫的形象。《周語》裏記邵桓公轉述郤至自己夸功的那些言談行徑，活畫出一個自衒自媒的小人的醜惡面目。《晉語》裏記優施唆使驪姬在獻公面前構陷申生，也出色地運用細膩而深刻的描寫，揆情度理地摹寫出口蜜腹劍的驪姬的聲容笑貌，並且從側面顯示著優施毒辣的陰謀。裏面又配搭上一個"中立"的里克，前既怕狼，後又怕虎；筆下把一個彷徨不安的渺小的心靈也寫得維妙維肖。這些都是在形象描寫的同時，把史家對那些正反面人物的褒貶寄寓在裏面了。

　　在敘事中，史家提出自己的斷案（如在篇末寫著"君子曰"如何如何，又如《齊語》《吳語》之末，稱讚桓公、構建能夠聽從群臣的謀劃，遂能成功），或是引用別人的評語（如引孔子、子夏的話讚美公父文伯之母），明白表示褒貶的地方是不多的。往往在一面記敘史實的過程中，一面已經把對它的讚同或反對的意見不露痕跡地表達出來了。如記晉獻公立奚齊爲世子以後，寫出"國無公族"；記趙襄子守晉陽時，寫著"沈竈產蛙，民無叛意"。都不需要對前者再加什麼貶辭，對後者再加什麼褒辭，史家的孰向孰背已經很清楚地交代給讀者了。諸如此類，不一而足。在許多章節中，我們細心地覆案一下，都可以揣摩出史家的意向來。多半依靠形象的描寫，不淪於概念化，《國語》在運用表達方法上，是比較成功的。

　　因爲古時有右史記言、左史記事，言爲《尚書》，事爲《春秋》的說法，又見《國語》多爲記言，《左傳》多爲記事，所以也有人認爲《國語》是右史所述，《左傳》是左史所記。我們今天雖不必當真就相信這種後世的臆測之辭，機械地把它們分開，卻不妨把《國語》和《左傳》相互參看，領會一下《國語》記言的特點，較多地注意它的語言藝術和表達方法。我們祇要稍稍留心，就會發現《國語》裏所載的朝聘、饗宴、諷諫、辯詰、應對之辭，邏輯性都是很嚴密的。並且在對話中時時結合人物的性格、身分和處境來表現，顯得頗爲真實而生動。篇中往往出現一些警策，言詞也很精煉。這些實例，不消多舉了。

　　又因爲《國語》這個記言的特點，它把《尚書》以當時的口語行文這一歷史散文的優良傳統保全下來了,並且發展了它。顯而易見的是語助字能夠充分運用了,還利用它達成記敘上生動活潑和富於形象性的資佐。在先秦時期《國語》在運用接近口語的散文寫作方法上就已有了很大的成就,也祇值得我們注意的。

總之,《國語》表現人物情節的手法是高妙的,變化多方的,把人物寫得形象而有個性,把故事情節寫得帶萼相生,合情入理。同時,通過這些生動的描寫,把史家的思想與史觀都滲透到裏面而藉著藝術的語言表達出來。我們覺得這些表現方法直接影響了後世的史家,司馬遷的《史記》不但在史料上有一部分依據著它,連描述史實與歷史人物的手法也是它和《左傳》的繼承與發展。惟其如此,就結成了史籍與文學的不解之緣,以史為鑑的說服目的之下就恒常地伴有感染的美麗;儘管是歷史的典籍,在另一個角度去看,卻也是文學的名著了。

今本《國語》二十一卷,和《漢書·藝文志》所記載的相同。據《四庫全書總目提要》所考,卷數"互有增減,蓋偶然分併,非有異同",大約今日的通行本和漢代的傳本不致有多大出入;諸書引文偶而有些不同處,可能有傳寫之誤。

《國語》比較早的各家注本,現在祇存韋昭《國語解》一種。在它的原敘中提到鄭眾、虞翻、唐固各家的注本,現在都已經亡佚了。汪遠孫有《國語三君注輯存》四卷,在諸書中輯得賈、虞、唐三君的注釋若干條,還附有王肅、孔晁二人之注。既已不是全豹,祇可供參考罷了。

現存的《國語》基本上有兩種刊本。一種是宋明道二年天聖七年印本重刊,叫作"天聖明道本",清嘉慶年間,黃丕烈把這種宋刊本的影寫本刊於《士禮居叢書》內，後來有些印本就是依此翻刻的。一種是宋宋庠《國語補音》本。庠字公序，所以叫作"公序本"；明張一鯤刊本、澤遠堂刊本和清孔傳鐸（衍聖公）刊本等都依據此本。這兩種刊本——明道本和公序本——的正文和注語都頗有異文，許多人做過校勘。黄丕烈《校刊明道本韋氏解國語札記序》云："《國語》自宋公序取官私十五六本校定爲《補音》，世盛行之，後來重刻，無不用以爲祖。有未經其手，如此明道二年本者，乃不絕如縷而已……至於勝公序本者，文句煩簡，偏旁增省，隨在皆是。既有此本，自當尋案而得，苟非難憭，不復悉數矣。"黄氏重雕此本，並附《札記》一卷，對善本《國語》的流傳是有功績的。一般地說，明道本是比較要好得多；但有的地方似乎公序本又好些，我們不必太拘泥了。

　　韋昭的《國語解》言簡意賅，往往一語破的。著重在疏導文義，溝通古今，有時候援引些古史的記載，都很簡明精當。當然，它也存在著一些缺點，正如吳曾祺《國語韋解補正敍》裏所說："惜其於故訓尚疏，不及東京諸儒遠甚。故其中遷就舊文，以附己說者，所在多有。"他對韋解補正的地方，也頗有精到的見解；不過也有一部分不一定合適的，因爲見仁見智，不見得都能夠考慮周到。

　　這一本《國語選》編寫的目的，是要給初學古典文學的人一些方便，志在普及，所以著重在篇章字句的注釋，有時還加一些照原文翻譯式的順解。旁及史事的地方也有些，祇能簡略扼要地寫幾句。我們雖不信從內、外《傳》的說法，可是《國語》和《左傳》確實有許多章節可以互相發明，至少應該彼此參考；因此在二書有關聯的地方，就注出《左傳》的年數。

注釋上基本依據韋氏解，另外也參照董增齡《國語正義》，汪遠孫《國語發正》，王引之《經義述聞》《經傳釋詞》，黃模《國語補韋》和吳曾祺《國語韋解補正》等，在各家注釋裏面選擇一個比較妥切的説法，用現代語言把它解釋清楚。前人無注的，也多有增補。卑之無甚高論，祇求沒有遺漏罷了。爲了節省讀者的心力，凡有疏解，祇擇取一家之言，不多羅列，以醒眉目。除非遇到兩種解釋各有長短，不容偏廢時，才兼存其説。也有徧查諸家注釋，都感到與本文尚有距離，就試出淺見，俾與讀者共作商榷的；這一類爲數甚少。

《國語》共二十一卷，内計：《周語》三卷，《魯語》二卷，《齊語》一卷，《晉語》九卷，《鄭語》一卷，《楚語》二卷，《吳語》一卷，《越語》二卷。這一個選本也參照著原書的比重，多的多選，少的少選，一共選注了一百一十章，還不夠原書的一半。各章原來没有標題。前人編選《國語》《戰國策》，有的取每章的首句爲題，有的另外給加一個題目；這裏採用了後一個方法，因爲這樣做既可以概括章旨，又可以避免重複。照録正文，以天聖明道本爲準。爲了節省篇幅，在一般不太重要的文字間，就不作某字某本作某的校勘了。偶爾遇到明道本的某些字不如公序本的更好些，或者可以兩存的時候，纔在注釋裏把公序本的異文列入。段玉裁序云："校定之學識不到，則或指瑜爲瑕，指瑕爲瑜，而玼類更甚。轉不若多存其未校定之本，使讀者隨其學之淺深，以定其瑜瑕，而瑜瑕之真固在。"定古本的瑜瑕確是一件難事，在不敢自信的時候，祇好兩存，給讀者留一個思考的餘地，這樣會比筆者勇於自用比較好些。

　　限於參考資料不足，尤其是筆者的理論和業務水平不高，這一個選本中可能有很多缺點與錯誤。希望讀者們不吝指正，以便再版時修改。

　　傅庚生。
　　一九五八年四月於西北大學。

《國語翼解》跋

嚴一萍

【輯證】○萬青案：嚴一萍（1912—1987），原名城，又名志鵬，字大鈞，以號行。嘉興新塍人。東亞大學法科政治經濟系畢業。抗戰時，任浙江省政工隊二隊中隊長，幹事，新塍區區長，嘉興縣政府主任秘書。抗戰勝利後，曾任國民黨上海市黨部總幹事、總務科長。1950年由香港去臺灣。嚴一萍專治甲骨文，在臺北創辦藝文印書館，任經理並編輯《中國文字》雜志，主編《百部叢書集成》《叢書集成續編》《叢書集成三編》等。著有《甲骨學》《帛書竹簡》《殷墟醫徵》《殷商史記》《殷墟第十三次發掘所得卜甲綴合集》《甲骨古文字研究》《甲骨綴合新編》《甲骨綴合新編補》《殷虛書契續編研究》《北京大學國學門藏殷虛文字考釋》《戩壽堂所藏殷虛文字考釋》《陸宣公年譜》《新塍新志初編》等，藝文印書館1991年輯有《嚴一萍先生全集》。《國語翼解》即收在《百部叢書集成》中，線裝排印，兩冊。《國語翼解》，清陳瑑（1792—1850）撰。陳瑑，清嘉定人，字聘侯，一字小蓮，江蘇嘉定人。其父陳詩庭（1760—1808），清嘉慶時期進士，學於錢大昕。彭蘊璨《歷代畫史彙傳》卷十四云："陳詩庭，字令華，號妙士，嘉定人。乾隆□□孝廉，山水得婁東法。"《清史稿·藝文志》收《讀說文證疑》一卷，又清桂文燦（1823—1884）《經學博采錄》卷十一云："嘉定陳令華詩庭，嘉慶己未進士也。一字蓮夫，又字妙士，深於小學，著《讀書證疑》六卷，語多精確，道光乙巳付梓。"可見陳詩庭在經史、小學、繪畫等方面皆有造詣。又《清代學人列傳》謂陳瑑"年十七而孤"，"卒年五十九"，則1808年時陳瑑十七歲，前17年則為1792年，則陳瑑的生卒年代大體爲1792—1850。

《國語翼解》六卷，【輯證】○萬青案：《嘉定縣志》卷十九"文學"有陳氏之傳，卷二十四著録其《六九齋撰述稿》三卷、《説文引經考證》八卷，卷二十五著録其《國語翼注》六卷，卷二十七著録其《六九齋詩稿》。《國語翼注》下注云："陳瑑著。周二卷，魯、齊、晉、吳各一卷。以韋氏爲本，疏通其義，間補其闕，尤詳於訓詁。"（《嘉定縣志》卷二十五，本卷頁五）徐仁甫對《國語翼解》的評價比較低，徐仁甫《陳聘侯〈國語翼解〉跋》云："嘉定陳瑑字聘侯，一字恬生，長於書數之學，故自稱六九學人。有《六九齋撰述稿》《説文引經考證》《春秋歲星算例》《説文舉例》，皆精深閎遠，發前人所未發。又取經傳及近儒惠、戴、錢、段、邵、盧、王、程氏諸家之説，以輔韋昭之所不及，成《國語翼解》六卷。其書多以聲音解釋字義，而不免於穿鑿附會。如《越語》'先人有言曰，伐柯者其則不遠'韋解：'先人，詩人也。'以'伐柯伐柯，其則不遠'明見於《詩》，故知先人爲詩人也。而陳氏必謂先從'之'，詩之也，同取義於'之'，聲亦相近，故以先人爲詩人，斯穿鑿矣。《晉語九》'少曫於難'，俗作'釁'，韋解：'釁猶離也。'謂遭難耳。陳氏必讀'離'爲'儷偶'之'麗'，而以'釁'應作'亹'，其音若門若眉，即其義亦爲門若眉，皆物之偶儷者，故曰'猶離'，斯附會矣。又'以諄趙鞅'解：'諄，佐也。'王引之已證《國語》《玉篇》'諄'皆爲'諒'之誤，而陳氏猶引《玉篇》以證《國語》，何也？《周語》'縮取備物'解：'縮，引也。'而陳氏所見本'引'誤爲'弘'，遂謂韋以'弘'訓'縮'，取相反之義，猶'亂'訓'治'之例，其可笑乃至於此。且韋解《國語》引《詩》，皆與《詩序》相合。《晉語》《鄭語》《楚語》注（《楚語》注'《毛詩序》曰'）明引《詩序》者凡四見。陳氏獨據韋解《時邁》'巡守告祭'，謂韋不明言《詩序》，而説與之合。據此亦可以破鄭漁仲魏黃初四年，始行《詩序》之説。夫建安黃武之間，虞翻、唐固已注《國語》。宏嗣爲解,又在虞、唐之後,時《詩序》已大行於世。欲破漁仲之説,當別有説。若僅據韋引《詩序》,則不足以破之也。又陳氏既謂伯御與括非一人,又謂韋以括爲即伯御,當別有所據,此故爲闕疑之説也。賈侍中云:'隧,王之葬禮。'昭謂:'隧,大隧也。'兩説不同,韋自刎之。而陳氏乃謂賈、韋之説皆是,韋兼用賈義,此故爲調停之説也。余恐學者讀陳氏之書而不知去取,故舉而正之。"(氏著《乾惕居論學文集》,北京:中華書局2014年版,頁27~28)徐仁甫的這篇文章撰寫於1949年1月4日,是目前所見到的最早對陳氏《國語翼解》進行研究的論撰。今所見《史學叢書》流傳之本皆缺卷二之第九、第十、第二十三、第二十四及卷四之第二十九、第三十,卷五之第第十五、第十六,凡共八頁。【輯證】○萬青案:陳瑑《國語翼解》較廣傳播者即爲廣雅書局刊本,刊本上没有著録具體的刊刻年,但是有的收藏機構標注爲光緒十八年(1892)刊本。北京中華書局1991年以及上海古籍出版社2002年輯印《續修四庫全書》第422册所收録的本子即爲廣雅書局刊本。檢傅斯年圖書館藏有朱絲欄原鈔本,日本東京大學東洋文化研究所藏有《國語翼解》的覆傳鈔本。此外,南京圖書館藏有1965年的油印本一部。今所檢廣雅書局原刊本與《續修四庫全書》所收《國語翼解》,頁碼齊全,廣雅本六卷,卷一有十三頁,卷二、卷三各有二十五頁,卷四有三十一頁,卷五有二十八頁,卷六有十五頁。恐缺頁之事,爲嚴氏所見之本所獨有,非廣雅本皆有缺頁。筆者所撰《周語彙校集解輯評》所用即爲廣雅書局本,嚴氏所輯《百部叢書集成》本有與廣雅本不同者則出之,簡稱爲"嚴輯本"。檢《六九齋撰述稿》所附《國語翼解》十六卷,頗多不同。【輯證】○萬青案:劉毓慶、張小敏編著《日本藏先秦兩漢文獻研究漢籍書目》著録有《國語翼解》十六卷,云東京大學文學部中國哲學中國文學研究室藏藤塚氏望漢盧鈔本,小島文庫、學習館圖書館藏清光緒十八年廣雅書局據傳鈔本刊。藤塚氏鈔本不知道是不是真正十六卷，起碼廣雅書局本實際上是六卷而非十六卷。今在日本所藏中文古籍數據庫中檢索，《國語翼解》皆六卷本，未見十六卷本。十六卷本的信息，除了嚴氏在此提出的外，還有桂文燦《經學博采錄》所云陳瑑"未刊之書尚有《國語翼解》十六卷"。廣雅書局之《史學叢書》輯刊於光緒間，《六九齋撰述稿》爲陳氏生前手定，所附《國語翼解》則於卒後由王宗涑氏所編定者，【輯證】〇萬青案：清人有王宗涑，字不作"涑"。清人桂文燦《經學博采錄》卷十云："嘉定王倬甫秀才宗涑，西莊光禄族裔也。少從同縣陳恬生孝廉及寶山毛生甫騎尉遊，並示以形聲訓詁通轉之奧。博覽群書，貫通經傳，尤深於禮經、宮室、許氏說文之學，以解經見重於某學使，補附學生。嚴取與敦行誼，家貧，親老不遑家食，年將四十，猶困諸生。壬子之春，乃出遊，從寶山航海，抵京師，晉江陳頌南給諫勸之，應京兆試，因入國子監。時余留寓都門，往還頻數，與人和易謙遜，而論學則斷斷不阿，所好精思妙論，多發前人所未發。所著有《經史笞畢》一卷、《〈尚書〉顧命、康王之誥考辨》二卷、《考工記匠人職考辨》二卷、《說文解字刊誤》二卷、《說文解字原聲》二卷、《說文解字會通》一卷、《說文解字箋疏》二卷，共爲倉史居撰著七種，又著《周五禮考辨》未卒業。"所述甚詳。孫詒讓《周禮正義》引其說頗多。又王氏對陳澧稱私淑弟子，陳氏《東塾集》卷四收錄有王氏與陳澧書一篇。前於廣雅者數十年。道光二十九年王氏有跋曰："《國語翼解》初無編第，但國別爲說。今次爲十六卷。宗涑搜采先生簡札，綴輯增成者也。"據此，知《翼解》初稿不分卷第，則《史學》本之分爲六卷當亦後人據初稿所編次，故與王氏綴輯者多寡不同也。兹依王氏本補《史學》本之缺頁，其内容皆有增益，故篇幅較多。何者爲綴輯簡札，所增則不可知矣。

秀水嚴一萍記。

【輯證】○余和祥曰：陳璞(1793—1851)，字聘侯，一字恬生，又號六九學人，嘉定(今上海嘉定)人。道光舉人。其父陳詩庭，精於文字學，嘗從錢大昕治學，著有《說文聲義》《讀書證疑》等。璞家學淵源，更著有《說文引經考證》七卷附《說文引經互異說》《春秋歲星算例》《說文舉例》等。《清儒學案》卷八四有傳。是書據諸經傳及近儒諸說，考據參證，補韋昭所不及。於《國語》之文句字意，作條辨式考證，而非全書注解，多有精闢之見，能就字義訓詁推廣深入，求其特定義訓。如《周語》"夫兵戢而時動"，韋昭解曰"戢，聚也"，僅爲基本義訓；陳氏則據《爾雅·釋詁》《說文》《詩經》《尚書》《史記》等書及馬融等注詳加考證，以爲"戢"本爲凡聚之義，又有藏、斂、收等義，而《說文》專釋以藏兵，因知聚、藏、斂、收爲泛指，而藏兵爲專指，後者即《國語》此"戢"字特定義訓，又引《左傳·隱公四年》"夫兵猶火也，弗戢將自焚也"，以證實之。諸如此類，每有獨到之見。又能據韋解以辨傳疑，如《周語》"是故周文公之頌曰"，韋解以爲文公爲周公旦之謚，所頌爲《時邁》之詩。武王既伐紂，故周公作此詩，以爲巡守告祭之樂歌。陳氏以爲《詩序》已言"《時邁》，巡守祭告柴望"，韋不明言《詩序》，而說與之合，據此亦可破鄭漁仲魏黃初時始行《詩序》之說云。又於常見字義深入考察，如《周語》"肆于時夏"，韋昭以爲"于，於也"，所釋過簡，陳氏則據錢大昕之說，以于、於義同而音稍異，《尚書》《毛詩》例用于，《論語》例用於，唯引《詩》《書》時作于，今字母家以於屬影母，于屬喻母，而古音無影、喻之別。此類辨析甚細密，爲常人之所忽。又據一字而釋古之風俗，如《周語》"三女奔之"，陳氏據《周官·媒氏》謂"奔者不禁"，謂不禁其爲人妾；《禮記·內則》則曰"奔則爲妾"，由奔字而及古之婚俗。此類甚多。此本據上海辭書出版社圖書館藏光緒廣雅書局刻本影印。○萬青案：余和祥之說是其爲續修四庫全書總目提要編纂委員所編之《續修四庫全書總目提要·史部》所撰條目，其說未知徐仁甫之說全面周詳。

主要參考文獻

一、《國語》及《國語補音》版本

（三國吳）韋昭注：《國語》（附《國語補音》三卷），北京：國家圖書館出版社2006年輯印《中華再造善本工程》第二輯影宋刻宋元遞修本。

（三國吳）韋昭注：《國語》，日本國會圖書館藏朝鮮經筵正統庚申（1440）夏校本。

（三國吳）韋昭注：《國語》（附《補音》二卷），明正德十二年（1517）明德堂刊本。

（三國吳）韋昭注：《國語》（附《補音》三卷），明正德十二年（1517）明德堂刊本，顧廣圻校，瞿熙邦題識。

（三國吳）韋昭注：《國語》，明嘉靖四年（1525）許宗魯刻本。

（三國吳）韋昭注：《國語》二十一卷（附《補音》三卷），明嘉靖五年（1526）陝西正學書院刻本。

（三國吳）韋昭注：《國語》二十一卷，明嘉靖七年（1528）金李刻本，國家圖書館藏王篆跋本。

（三國吳）韋昭注：《國語》二十一卷，明嘉靖七年（1528）金李刻本，國家圖書館藏沈寶研校跋本。

（三國吳）韋昭注：《國語》二十一卷，明嘉靖七年（1528）金李刻本，南京圖書館藏丁丙跋配補本。

（三國吳）韋昭注：《國語》二十一卷，明萬曆六年（1578）童思泉刻本。

（三國吳）韋昭注，（宋）宋庠補音：《國語》二十一卷，明萬曆年間張一鯤本。

（三國吳）韋昭注，（宋）宋庠補音：《國語》，明萬曆年間李克家本，國家圖書館藏顧廣圻臨校本。

（三國吳）韋昭注，（宋）宋庠補音，（明）穆文熙輯評：《國語鈔評》八卷，明萬曆年間胡東塘刻本。

（明）穆文熙：《四史鴻裁》，明萬曆十八年（1590）朱朝聘刻本。

（三國吳）韋昭注，（宋）宋庠補音，（明）穆文熙輯評：《國語評苑》六卷，明萬曆二十年（1592）鄭以厚光裕堂刻本。

《國語》二十一卷，明萬曆年間吳勉學刻本。

（明）閔齊伋裁注：《國語》九卷，明萬曆四十七年（1619）閔氏刻本。

（明）公鼐、呂邦燿：《國語髓析》，明萬曆年間刻本。

《國語》，鍾人傑明天啓六年（1626）校訂本。

（明）陳仁錫：《奇賞齋古文彙編》，明崇禎七年（1634）刻本。

（明）陳仁錫、鍾惺合評：《國語》二十一卷，明末二乙堂刻本。

《國語》，盧之頤訂正本。

（三國吳）韋昭注：《國語》二十一卷，清康熙間曲阜詩禮堂之孔毓圻本。

（三國吳）韋昭注：《國語》二十一卷，清乾隆丙戌（1766）曲阜詩禮堂之孔傳鐸本。

（三國吳）韋昭注：《國語》二十一卷，《摛藻堂四庫全書薈要》本。

（三國吳）韋昭注：《國語》二十一卷（附《國語補音》三卷），《景印文淵閣四庫全書》本。

（三國吳）韋昭注：《國語》二十一卷（附《國語補音》三卷），《文津閣四庫全書》本。

（三國吳）韋昭注，（宋）宋庠補音，（明）穆文熙輯評：《國語》二十一卷，日本林道春訓點本。

(三國吳)韋昭注,(宋)宋庠補音,(明)穆文熙輯評:《國語》二十一卷,日本林道春訓點本,日本京都大學圖書館藏皆川淇園批校本。

(三國吳)韋昭注,(宋)宋庠補音,(明)穆文熙輯評:《國語》二十一卷,日本林道春訓點本,日本內閣文庫藏山田直溫等批校本。

〔日〕千葉玄之重校:《韋注國語》二十一卷,日本天明六年(1786)平安景古堂藏版本。

《重雕天聖明道本國語》二十一卷(附《札記》一卷),清嘉慶五年(1800)黃丕烈讀未見書齋刊本。

《重雕天聖明道本國語》二十一卷(附《札記》一卷),清嘉慶五年(1800)黃丕烈讀未見書齋刊本,國家圖書館藏陳奐校跋本。

〔日〕冢田虎:《增注國語》二十一卷,日本亨和元年(1801)刊本。

《天聖明道本韋注國語》二十一卷(附《札記》一卷),日本文化元年(1804)江戶葛氏上善堂覆刻黃丕烈本。

〔日〕秦鼎:《春秋外傳國語定本》二十一卷,日本文化六年(1809)刊本。

〔日〕秦鼎:《春秋外傳國語定本》二十一卷,日本文化六年(1809)刊本,日本愛知縣圖書館藏批校本。

《重雕天聖明道本國語》二十一卷(附《札記》一卷、《考異》三卷),同治十四年(1869)崇文書局本。

《重雕天聖明道本國語》二十一卷(附《札記》一卷、《考異》三卷),同治十四年(1869)崇文書局本,國家圖書館藏翁倰評點、翁同龢跋本。

(宋)宋庠:《國語補音》三卷,清光緒二年(1876)尊經書院刊本。

《重雕天聖明道本國語》二十一卷(附《札記》一卷),清光緒三年(1877)上海斐英館《士禮居叢書》本。

《重雕天聖明道本國語》二十一卷(附《札記》一卷、《考異》三卷),光緒三年(1877)永康退補齋本。

(清)董增齡:《國語正義》二十一卷,上海圖書館藏周慶雲原藏稿本。

(清)董增齡:《國語正義》二十一卷,清光緒庚辰(1880)會稽章氏《式訓堂叢書》本。

〔日〕高木熊三郎:《標注春秋外傳國語定本》二十一卷,明治十七年(1884)溫古書屋藏版本。

吳曾祺:《國語韋解補正》,上海:商務印書館1915年版。

沈鎔:《國語詳注》,上海:文明書局1926年版。

《國語》,上海:商務印書館輯印《四部叢刊》本。

(宋)宋庠:《國語補音》,國家圖書館藏清李文田鈔本。

(宋)宋庠:《國語補音》,沔陽慎始基齋據《微波榭叢書》本輯印《湖北先正遺書》本。

《國語》,上海:中華書局輯印《四部備要》本。

《國語》,上海:商務印書館1937年輯印《叢書集成初編》本。

徐元誥:《國語集解》,上海:中華書局1930年版。

《國語》,上海:商務印書館《國學基本叢書》本。

上海師範大學古籍整理組點校:《國語》,上海:上海古籍出版社1978年版。

《國語嶄新校注本》,臺北:里仁書局1980年版。

上海師範大學古籍整理研究所校點:《國語》,上海:上海古籍出版社1988年版。

李維琦點校:《國語》,長沙:嶽麓書社1988年版。

徐元誥撰,王樹民、沈長雲點校:《國語集解》,北京:中華書局2002年版。

徐元誥撰,王樹民、沈長雲點校:《國語集解》(修訂本),北京:中華書局2002年版2006年第3次印刷本。

胡文波點校:《國語》,上海:上海古籍出版社 2015 年版。

(戰國)左丘明撰,(三國吳)韋昭注:《國語》,上海:上海古籍出版社 2015 年版。

二、《國語》研究著作

(清)汪遠孫:《國語三君注輯存》,清道光丙午(1846)振綺堂本。

(清)馬國翰:《玉函山房輯佚書》,上海:上海古籍出版社 1989 年影印本。

(清)黄奭:《黄氏逸書考》,《續修四庫全書》第 1206~1211 册。

(清)王謨:《漢魏遺書鈔》,《續修四庫全書》第 1199~1200 册。

(清)蔣曰豫:《蔣侑石遺書》,清光緒三年(1877)蓮池書院刊本。

(清)王仁俊:《玉函山房輯佚書續編》,《續修四庫全書》第 1206 册。

張以仁:《國語舊注輯校》,《張以仁先秦史論集》,上海:上海古籍出版社 2010 年版。

賈逵:《國語解詁》,臺北:藝文印書館 1972 年刊行《四部分類叢書集成三編》影黄氏《黄氏逸書考·子史鈎沉》輯本。

賈逵:《國語解詁》,臺北:藝文印書館 1970 年刊行《四部分類叢書集成續編》影王謨《漢魏遺書鈔》輯本。

賈逵:《國語解詁》,香港:聚文書局 2008 年刊行《經籍叢刊》影王謨《漢魏遺書鈔》輯本。

《甘肅藏敦煌文獻》編委會:《甘肅藏敦煌文獻》,蘭州:甘肅人民出版社 1999 年版。

吉林師範大學歷史系編譯:《柳宗元〈非國語〉譯注(選)》,北京：人民出版社 1976 年版。

柳宗元《非國語》評注組評注：《柳宗元〈非國語〉評注》，長沙：湖南人民出版社 1976 年版。

（宋）黃震：《黃氏日鈔》，《景印文淵閣四庫全書》第 707～708 冊。

（宋）王觀國：《學林》，北京：中華書局 1988 年版。

（明）劉城：《春秋外傳國語地名錄》，《四庫全書存目叢書·經部》第 128 冊。

（明）劉城：《春秋外傳國語人名錄》，《四庫全書存目叢書·經部》第 128 冊。

（明）鄭維岳：《國語旁訓便讀》，明萬曆年間刊本。

（明）張邦奇：《張文定公養心亭集》，《續修四庫全書》第 1336 冊。

（明）鍾惺：《史懷》，《四庫全書存目叢書·史部》第 287 冊。

（明）葉明元：《國語抄評》，明萬曆間刊本。

（明）徐肇森編纂：《春秋國語公穀合編》，日本公文書館藏本。

（明）李元吉：《讀書嗺語》，《續修四庫全書》第 1143 冊。

（清）王鐸：《王覺斯批校國語讀本》，瀋陽：遼海書社 1934 年影印本。

（清）臧琳：《經義雜記》，《續修四庫全書》第 172 冊。

（清）王懋竑：《讀書記疑》，《續修四庫全書》第 1146 冊。

（清）高嶸：《國語鈔》，北京：北京圖書館出版社 2005 年影印《華東師範大學圖書館藏稀見圖書匯刊》第十七冊。

（清）孫琮：《山曉閣國語選》，南京圖書館藏清康熙間刊本。

（清）儲欣：《國語選》，清雍正戊申（1728）受祉堂刊本。

（清）姚鼐：《國語補注》，南菁書院《惜抱軒全集》本。

（清）汪廷璵：《春秋左國公穀分國紀事本末》，榕城李東峰編輯，松風堂藏版，乾隆十四年（1749）刊本。

（清）周龍官輯：《四書左國輯要》，清乾隆三十九年（1774）寶樹堂刻本。

〔日〕渡邊操：《國語解刪補》，皇都書林永田調兵衛、風月喜兵衛寶曆十三年（1763）刊本。

〔日〕服部元雅：《國語考案》，早稻田大學圖書館藏寫本。

〔日〕谷川順：《左國易一家言》，日本京都藤井左兵衛刊本。

〔日〕帆足萬里：《帆足萬里全集》，東京：帆足紀念圖書館大正十五年（1926）版。

（清）朱亦棟：《群書札記》，《續修四庫全書》第1155册。

〔日〕關脩齡：《國語略說》，大阪前川嘉七寬政四年（1792）刊本。

（清）陳樹華：《春秋外傳國語考正》，國家圖書館藏盧文弨抄本。

（清）陳樹華：《國語補音訂誤》，國家圖書館藏孔廣栻校錄本。

（清）孔廣栻：《國語解訂譌》，國家圖書館藏寫本。

（清）王煦：《國語釋文》，觀海樓咸豐戊午（1858）重鎸。

（清）王煦：《國語補補音》，觀海樓咸豐戊午（1858）重鎸。

（清）黃丕烈：《校刊明道本韋氏解國語札記》，黃丕烈讀未見書齋嘉慶庚申（1800）重雕天聖明道本《國語》後附。

〔日〕戶琦允明：《國語考》，寫本。

〔日〕恩田仲任：《國語備考》，寫本。

（清）黃模：《國語補韋》，1935年邵瑞彭古鑒齋刊本。

（清）汪中：《經義知新記》，上海：商務印書館1937年輯印《叢書集成初編》本。

（清）劉台拱：《國語補校》，《皇清經解》本。

（清）王引之：《經義述聞》，道光七年（1827）壽藤書屋刊本。

（明）淩迪知：《左國腴詞》，光緒辛巳（1881）八杉齋刊本。

（清）嚴元照：《娛親雅言》，《續修四庫全書》第1158册。

（清）汪遠孫：《國語發正》，清道光丙午（1846）振綺堂本。

（清）汪遠孫：《國語發正》，《皇清經解》本。

（清）汪遠孫：《國語明道本考異》，清道光丙午（1846）振綺堂本。

（清）汪遠孫：《國語明道本考異》，清同治己巳（1869）崇文書局重雕天聖明道本《國語》後附。

（清）汪遠孫：《國語明道本考異》，清光緒三年（1877）永康退補齋本。

（清）汪遠孫：《國語明道本考異》，《四部備要》本。

（清）汪遠孫：《國語明道本考異》，《國學基本叢書》本。

〔日〕皆川淇園、谷田部等：《國語考》，日本弘化二年（1854）寫本。

（清）陳瑑：《國語翼解》，廣雅書局刊本。

（清）陳瑑：《國語翼解》，嚴一萍主編《百部叢書集成》本。

（清）錢保塘：《國語補音札記》，清光緒二年（1876）成都尊經書院本。

（清）譚沄：《國語釋地》，清光緒三年（1877）譚氏《味根齋全書》本。

（清）俞樾：《群經平議》，《續修四庫全書》第178冊。

（清）陳偉：《愚慮錄》，《續修四庫全書》第1165冊。

（清）于鬯：《香草校書》，北京：中華書局1984年版。

（清）李慈銘撰，王利器輯錄：《越縵堂讀書簡端記》，天津人民出版社1981年版。

〔日〕桂湖村：《國語國字解》，東京：早稻田大學出版部大正六年（1917）版。

〔日〕林泰輔譯：《國語》，東京：國民文庫刊行委員會《國譯漢文大成》大正十三年（1924）第四版。

中華書局編輯部：《國語精華》，上海：中華書局1924年版。

〔日〕鈴木隆一編:《國語索引》,東京:東方文化學院京都研究所 1934 年版。

葉玉麟譯:《白話譯解國語》,上海:大達圖書館供應社 1935 年版。

張以仁:《國語虛詞集釋》,臺北:"中央研究院"歷史語言研究所專刊之 55,1968 年版。

〔日〕新美寬編,鈴本隆一補:《本邦殘存典籍による輯佚資料集成》,東京:京都大學人文科學研究所昭和四十三年(1968)版。

張以仁:《國語斠證》,臺北:臺灣商務印書館 1969 年版。

〔日〕大野峻:《國語》,東京:明德出版社昭和四十六年(1971)版。

張以仁:《國語引得》,臺北:"中央研究院"歷史語言研究所 1976 年版。

〔美〕大野峻:《國語》,東京:明治書院 1979 版日本《新釋漢文大系》第 66~67 册。

張以仁:《國語左傳論集》,臺北:聯經事業出版公司 1980 年版。

顧立三:《國語與左傳的比較》,臺北:文史哲出版社 1983 年版。

何永清:《國語語法研究》,臺北:文史哲出版社 1986 年版。

顧頡剛講述,劉起釪筆記:《春秋三傳及國語之綜合研究》,香港:中華書局香港分局 1988 年版。

張以仁:《春秋史論集》,臺北:聯經出版事業公司 1990 年版。

薛安勤、王連生:《國語譯注》,長春:吉林文史出版社 1991 年版。

劉殿爵、陳方正主編:《國語逐字索引》,香港:商務印書館(香港)有限公司 1999 年版。

〔美〕David Schaberg,*A Patterned Past Form and Thought in Ear-*

ly Chinese Historiography,Published by Harvard University Asia Cebter,2001.

劉瑛:《〈左傳〉〈國語〉方術研究》,北京:人民文學出版社2006年版。

尚學鋒、夏德靠譯注:《國語》,北京:中華書局2007年版。

王芳、丁福生譯注:《國語》,太原:山西古籍出版社2007年版。

曹建國、張玖青注説:《國語》,開封:河南大學出版社2008年版。

郭萬青:《〈國語〉動詞管窺》,成都:四川大學出版社2008年版。

金良年導讀,梁谷整理:《國語》,上海古籍出版社2008年版。

劉倩、魯竹:《國語正宗》,北京:華夏出版社2008年版。

俞志慧:《〈國語〉韋昭注辨正》,北京:中華書局2009年版。

張以仁:《張以仁先秦史論集》,上海古籍出版社2010年版。

蕭旭:《群書校補》,揚州:廣陵書社2011年版。

宋志英選編:《〈國語〉研究文獻輯刊》,北京:國家圖書館出版社2012年版。

張以仁:《張以仁語文學論集》,上海古籍出版社2012年版。

史繼東:《〈國語〉文學研究》,北京:中國社會科學出版社2013年版。

張鶴:《國語研究》,北京:學苑出版社2013年版。

劉偉:《史之思——〈國語〉的思想視界》,濟南:山東人民出版社2013年版。

夏德靠:《〈國語〉研究》,北京:知識産權出版社2013年版。

李波、姚英編:《國語索引》,北京:商務印書館2013年版。

陳長書:《〈國語〉詞彙研究》,北京:中國社會科學出版社2014年版。

夏德靠:《〈國語〉敘事研究》,北京:知識産權出版社2014

年版。

徐仁甫:《乾惕居論學文集》,北京:中華書局2014年版。

郭萬青:《小學要籍引〈國語〉研究》,新北:花木蘭文化出版社2014年版。

仇利萍:《〈國語〉通釋》,成都:四川大學出版社2015年版。

郭萬青:《〈國語補音〉異文研究》,臺北:蘭臺出版社2015年版。

郭萬青:《〈國語〉考校——以明本四種校勘條目爲對象》,新北:花木蘭文化出版社2015年版。

李佳:《〈國語〉研究》,北京:中國社會科學出版社2015年版。

裴登峰:《〈國語〉研究》,北京:社科文獻出版社2016年版。

郭萬青:《近百年來〈國語〉校詁研究》,南京:鳳凰出版社2016年版。

徐朝暉:《〈國語〉韋昭注研究》,長沙:湖南師範大學出版社2017年版。

三、《國語》研究論文

賀松坡:《賀松坡先生讀國語記》,《四存月刊》1922年第11期。

衛聚賢:《讀〈論左傳與國語的異點〉以後》,載《陸侃如馮沅君合集》第12卷《馮沅君早年文史論集》附錄,合肥:安徽教育出版社2011年版。

鄭良樹:《國語校證》(上),《幼獅學志》第七卷第4期。

鄭良樹:《國語校證》(中),《幼獅學志》第八卷第1期。

鄭良樹:《國語校證》(下),《幼獅學志》第八卷第2期。

陳槃:《"左丘失明,厥有《國語》"辨》,《書目季刊》1983年第1期。

孫望:《柳宗元〈非國語〉譯注(選刊)》,《南京師大學報》1974

年第 1 期。

彭益林：《淺談〈國語〉韋注的特點與價值》，《華中師範學院研究生學報》1985 年第 3 期。

劉光勝：《〈國語〉校點本漏收底本"段玉裁、錢大昕兩〈序〉"，特作校點注補正》，手稿之二次稿。

李炳海：《〈國語〉瑣記》，《古籍整理研究學刊》1990 年第 6 期。

〔新加坡〕林徐典：《〈國語〉的人物、結構與語言》，新加坡國立大學中文系《學術論叢集刊》三集，新加坡國立大學中文系 1990 年。

苗文利、劉聿鑫：《韋昭〈國語解〉的内容、體例和特點》，載山東大學古籍整理研究所編《古籍整理研究論叢》（第二輯），濟南：山東文藝出版社 1993 年版。

陳松青：《〈史記〉所言"春秋國語"系指〈國語〉小考》（《婁底師專學報》1994 年第 1 期。

樊善標：《韋昭〈國語解〉成書年代初探》，《大陸雜志》第 92 卷第 4 期。

樊善標：《韋昭〈國語解〉成書年代再探》，《大陸雜志》第 93 卷第 4 期。

陳鴻森：《〈國語三君注輯存〉摭遺》（上），《大陸雜志》1996 年第 5 期。

陳鴻森：《〈國語三君注輯存〉摭遺》（下），《大陸雜志》1996 年第 6 期。

樊善標：《韋昭對〈國語〉底本的整理》，《大陸雜志》第 94 卷第 1 期。

樊善標：《孔晁〈國語注〉與韋昭〈國語解〉》，《大陸雜志》第 103 卷第 3 期。

李步嘉：《韋昭〈國語解〉"發正三百七事"清人説辨正》，見載於《人文論叢》2001 年卷。

李步嘉:《唐以前〈國語〉舊注考述》,《文史》2001 年第 4 輯。

徐復觀:《釋"版本"的"本"及士禮居本〈國語〉辨名》,氏著《兩漢思想史第一卷》,上海:華東師範大學出版社 2001 年版。

郭萬青:《試說"三女爲粲"之"粲"本字爲"姦"》(《東南文化》2006 年第 2 期。

李寶通:《"左丘失明,厥有〈國語〉"新解》,《西北師大學報》2006 年第 6 期。

張居三:《〈國語〉韋解的特點和價值》,《古代文明》2008 年第 3 期。

李僅:《杜預〈左傳〉注、韋昭〈國語〉注比較》,《儒家典籍與思想研究》第 2 輯,北京大學出版社 2010 年版。

高橋康浩:《〈國語〉舊注考——賈逵、唐固、韋昭の比較》,《人文科學》第 16 期,2011 年 3 月。

張建軍、張懷通:《〈芮良夫論榮夷公專利〉節次辨正》,《文獻》2011 年第 2 期。

〔日〕池田秀三撰,金培懿譯:《韋昭之經學——尤以禮學爲中心》,《中國文哲研究通訊》第 15 卷第 3 期。

〔日〕小方伴子:《顧千里撰〈校刊明道本韋氏解國語札記〉成立考》,《人文學報》第 463 號(2012 年 3 月)。

〔日〕小方伴子:《宋明道二年刊本〈國語〉の黄丕烈重刻》,《人文學報》第 403 號。

郭萬青:《李慈銘〈讀國語簡端記〉補箋》,《"中央大學"人文學報》第 52 期,2012 年。

韋力:《芷蘭齋書跋:惠棟批校〈國語〉二十一卷存卷一至卷三》,《收藏家》2012 年第 11 期。

蕭敬偉、郭鵬飛:《王引之〈經義述聞・國語上〉斠正》,《人文中國學報》第 18 輯。

郭萬青:《宜靜書堂本〈國語〉考略》,《國學週刊》2013 年 11 月

28日B版。

郭萬青:《日漢文寫本類書殘卷〈秘府略〉引〈國語〉校證》,《齊魯文化研究》第13輯。

郭萬青:《董增齡籍貫問題初探》,《唐山師範學院學報》2014年第3期。

郭萬青:《〈書目答問·史部〉"〈國語〉類"補證:以現行三種匯補著作爲主》,《圖書資訊學刊》第12卷第2期。

辛德勇:《公序本〈國語〉"我先世后稷"文證是》,《文史》2014年第2期。

劉立志:《韋昭〈詩經〉研究資料析論》,《南京師範大學文學院學報》2014年第4期。

〔日〕吉本道雅:《國語成書考》,《京都大學文學部研究紀要》第53號,2014年。

郭萬青:《〈國語〉研究歷時鳥瞰》,《海岱學刊》2015年第1期。

林麗玲:《韋昭〈國語解〉據異文爲訓詁考》,《臺北大學中文學報》第20期。

郭萬青:《張一鯤刻〈國語〉及其系統考述》,《海岱學刊》2016年第2期。

郭萬青:《日本〈國語〉主要刊本考略》,《古籍整理研究學刊》2016年第6期。

徐建霞:《國家博物館藏〈國語〉三種明刻本考釋》,《收藏家》2016年第2期。

郭萬青:《日本江户及明治時期〈國語〉著述綜論》,《古籍研究》第66卷。

郭萬青:《〈士禮居藏書題跋記〉"〈國語〉二十一卷校宋本"輯證》,《國學》集刊第5輯。

郭萬青:《〈國語〉明道本的流傳、鈔校與刊刻》,《華夏文化論壇》總第17輯。